ZWINGLIANA

BEITRÄGE ZUR GESCHICHTE ZWINGLIS
DER REFORMATION UND
DES PROTESTANTISMUS
IN DER SCHWEIZ

HERAUSGEGEBEN VOM ZWINGLIVEREIN
UNTER MITWIRKUNG DES INSTITUTS
FÜR SCHWEIZERISCHE REFORMATIONSGESCHICHTE

BAND XXX

2003

THEOLOGISCHER VERLAG ZÜRICH

ZWINGLIANA ist die Mitgliederzeitschrift
des Zwinglivereins Zürich

ZWINGLIANA erscheint ab Band XX 1993 einmal pro Jahr
in einem Band

Adresse der Redaktion:
c/o Institut für schweizerische Reformationsgeschichte
Kirchgasse 9
CH-8001 Zürich

Nichtmitglieder können ZWINGLIANA ausschließlich
über folgende Adresse beziehen:

Theologischer Verlag Zürich
Postfach
CH-8026 Zürich

ISSN 0254-4407

ISBN 3-290-17260-0

Gedruckt mit Unterstützung der Schweizerischen Akademie der Geistes- und
Sozialwissenschaften

Inhalt

Benützungshinweise

Die verwendeten bibliographischen Sigel stammen aus: Theologische Realenzyklopädie. Abkürzungsverzeichnis, zus.gestellt von Siegfried Schwertner, 2. Aufl., Berlin 1994.
Die Angaben der Bibelstellen richten sich nach der Zürcher Bibel.

Ausserdem werden folgende Abkürzungen verwendet:

HBBibl Heinrich Bullinger, Werke, 1. Abt.: Bibliographie, Zürich 1972ff.
HBBW Heinrich Bullinger, Werke, 2. Abt.: Briefwechsel, Zürich 1975ff.
HBT Heinrich Bullinger, Werke, 3. Abt.: Theologische Schriften, Zürich 1983ff.
HBLS Historisch-biographisches Lexikon der Schweiz, 8 Bde., Neuenburg 1921–1934.
SI Schweizerisches Idiotikon. Wörterbuch der schweizerdeutschen Sprache, Frauenfeld 1881ff.
S Huldreich Zwingli's Werke. Erste vollständige Ausgabe durch Melchior Schuler und Joh. Schulthess, 8 Bde., Zürich 1828–1842.
Z Huldreich Zwinglis Sämtliche Werke, Berlin/Leipzig/Zürich 1905ff (Corpus Reformatorum 88ff.).
ZS Huldrych Zwingli, Schriften, 4 Bde., Zürich 1995.
Zwa Zwingliana. Beiträge zur Geschichte Zwinglis, der Reformation und des Protestantismus in der Schweiz, Bd. 1ff., Zürich 1897ff.

Die weiteren Abkürzungen lehnen sich im allgemeinen an die Abkürzungsverzeichnisse in Z und HBBW an.

Heinrich Bullingers Privatbibliothek[1]

VON URS B. LEU

Von Bullingers Privatbibliothek konnten 217 Druckschriften wiedergefunden werden. Sie repräsentieren mit Sicherheit nicht den gesamten Buchbestand, der sich im Besitz des gebildeten und belesenen Reformators befand. Dies geht einerseits aus dem Briefwechsel Bullingers hervor, in welchem sich verschiedene Hinweise auf Bücher finden, die er gehabt haben muss, die sich aber nirgends mehr nachweisen lassen.[2] Andererseits notierte der Zürcher Arzt, Naturforscher und Universalgelehrte Konrad Gessner (1516–1565) in seinem Handexemplar der von ihm verfassten «Bibliotheca universalis» von 1545 bei sechs Titeln an den Rand, dass Bullinger sie besitze.[3] Auch von diesen Werken konnte keines wiedergefunden werden. Zudem legt der Vergleich mit dem Umfang von Buchsammlungen verschiedener Zürcher Zeitgenossen nahe, dass Bullinger deutlich mehr Bücher besessen haben muss. Aus der Bibliothek Konrad Gessners konnten gegen 400 Drucke[4] und aus derjenigen von Bullingers Zögling Rudolf Gwalther (1519–1586) 369 identifiziert werden.[5] Selbst Bullingers Vorgänger, Huldrych Zwingli (1484–1531), der relativ jung starb und zu einer Zeit lebte, als die Schweizer Buchproduk-

[1] Vortrag, gehalten vor der Jahresversammlung des Zwinglivereins am 25. Juni 2003. Der Beitrag stellt eine stark gekürzte Fassung der Einleitung zu folgendem Werk dar: Urs B. Leu und Sandra Weidmann: Die Privatbibliothek Heinrich Bullingers. Heinrich Bullinger Bibliographie, Bd. 3. Heinrich Bullinger Werke, 1. Abteilung, Bibliographie. Zürich 2003 (in Vorbereitung). Für ausführlichere Informationen, insbesondere zu den einzelnen Handexemplaren Bullingers, vgl. ebd.

[2] Berchtold Haller schrieb am 6. Dezember 1531 an Bullinger, dass er gehört habe, dass seine Bibliothek im Zusammenhang mit den Wirren des 2. Kappelerkriegs zerstört worden sei, was aber nicht stimmt. Vgl. HBBW 1, S. 229, Fussnote 8.

[3] Gessners Handexemplar befindet sich in der Zentralbibliothek Zürich (ZBZ), Dr M 3. Vgl. dazu: Urs B. Leu: Marginalien Konrad Gessners als historische Quelle. In: Gesnerus 59 (1993), S. 27–47; ders., Konrad Gessner : Bibliotheca universalis 1545 : das Handexemplar des «Vaters der Bibliographie». In: Alfred Cattani et al.: Zentralbibliothek Zürich – Alte und neue Schätze. Zürich 1993, S. 62–65, 189–192; Bruno Weber: Zeichen der Zeit : aus den Schatzkammern der Zentralbibliothek Zürich. Zürich 2001, S. 66 f.

[4] In der Sammlung Alte Drucke der ZBZ befindet sich eine im 20. Jahrhundert angelegte Kartei von Gessners Privatbibliothek. Einen ersten, wenn auch nur provisorischen Überblick ohne Angabe der Bibliothekssignaturen gibt: Urs B. Leu: Conrad Gesner als Theologe : ein Beitrag zur Zürcher Geistesgeschichte des 16. Jahrhunderts. Bern, Frankfurt, New York, Paris 1990, S. 167–187. Der Autor bereitet ein überarbeitetes und detaillierteres Verzeichnis von Gessners Privatbibliothek zur Publikation vor.

[5] Urs B. Leu: Die Privatbibliothek Rudolf Gwalthers. In: Librarium 39/2 (1996), S. 96–108. Bis 1996 konnten 368 Titel gefunden werden. In den folgenden Jahren kam ein weiterer hinzu.

tion noch in den Anfängen steckte, besass über 200 Werke.[6] Im Laufe des 16. Jahrhunderts mehrte sich die Anzahl der greifbaren Titel. Darin liegt möglicherweise der Grund, dass die Sammlungen Gessners und Gwalthers wie auch diejenige von Johann Rudolf Stumpf (1530–1592), welcher der Zürcher Kirche ab 1586 als Antistes vorstand, umfangreicher als diejenige Zwinglis waren. Von Stumpfs Bibliothek ist ein handschriftlicher Katalog überliefert, der gegen 1000 Titel verzeichnet.[7] Es handelt sich dabei um ein wichtiges Dokument zur Bibliotheksgeschichte, da sonst bloss ein weiteres Inventar einer Zürcher Privatbibliothek des 16. Jahrhunderts erhalten geblieben ist, nämlich dasjenige des Zürcher Stadtschreibers Hans Escher vom Luchs (1508–1564) mit 32 Titeln.[8]

Warum aber ist Bullingers Bibliothek nur als Torso erhalten? Aufgrund von Besitzvermerken in Handschriften und Drucken der ZBZ wird klar, dass er verschiedene Werke bereits zu Lebzeiten verschenkte. So übergab er auch seine Sammlung von vielleicht 77 Dokumenten aus dem Zeitraum von 1533

6 Walther Köhler identifizierte 93 Werke (sieben unsichere) aus dem Besitz Zwinglis, kam aber aufgrund der von Zwingli zitierten Bücher zum Schluss, dass er etwa 320 Werke gekannt und benutzt hat. Vgl. Walther Köhler: Huldrych Zwinglis Bibliothek : Neujahrsblatt auf das Jahr 1921 : zum Besten des Waisenhauses in Zürich, 84. Stück : als Fortsetzung der Neujahrsblätter der Chorherrenstube, No. 143. Zürich 1921. Ausserdem ordnete er fünf Bücher aus den Beständen der späteren ZBZ dem Besitz Heinrich Bullingers zu (vgl. ebd., S. *48). Jakob Werner, Bibliothekar an der vormaligen Kantonsbibliothek, führte in seiner Rezension von Köhlers Arbeit 26 weitere Bücher aus Zwinglis Besitz an. Vgl. Jakob Werner: Zwinglis Bibliothek. In: Neue Zürcher Zeitung, 24. Februar 1921, Nr. 287 und 293. Gegenwärtig sind 188 Titel aus Zwinglis Bibliothek aus den Beständen der ehemaligen Stiftsbibliothek am Grossmünster identifiziert. Weitere etwa zwei Dutzend Bände sind aus der alten Stadtbibliothek bekannt. Vgl. Martin Germann: Die reformierte Stiftsbibliothek am Grossmünster Zürich im 16. Jahrhundert. Wiesbaden 1994 (Beiträge zum Buch- und Bibliothekswesen ; Bd. 34), S. 166f. Eine weitere Schrift aus Zwinglis Bibliothek wurde vom Schreibenden unlängst im Staatsarchiv Zürich (StAZ) entdeckt: Leonhard Huber [Pseud.]: REVOCATIONEM VOLVN||TARIAM, NEC NON ET || VERAM CONFESSIO=||nem Euangelicae ueritatis.|| Leonardi Huberi Gachlin=||gensis ...|| Schwäbbogen. 1528. ||...||
[Konstanz: Jörg Spitzenberg]. [4] Bl. 8°. VD 16 H 5290 (StAZ E II 339, 171; mit handschriftlicher Widmung an Zwingli). Ein ebenfalls im StAZ aufbewahrter und Zwingli gewidmeter Einblattdruck wurde beschrieben von: Frank Hieronymus: Oberrheinische Buchillustration 2 : Basler Buchillustration 1500–1545. Basel 1984 (Publikationen der Universitätsbibliothek Basel ; Nr. 5), S. 362f. Ein neues Verzeichnis von Zwinglis Bibliothek wird von Alfred Schindler (Zürich) vorbereitet.

7 ZBZ, Ms D 193. In der Sammlung Alte Drucke der ZBZ befindet sich eine Kartei zur Bibliothek Stumpfs. Vgl. auch: Martin Germann: Die reformierte Stiftsbibliothek am Grossmünster Zürich im 16. Jahrhundert. Wiesbaden 1994 (Beiträge zum Buch- und Bibliothekswesen ; Bd. 34), S. 200.

8 Vgl. StAZ X 306, Nr. 2, [S. 19f.]. Diesen Hinweis verdanke ich Christian Sieber (StAZ). Das drittälteste Inventar einer Zürcher Privatbibliothek stammt aus dem frühen 17. Jh. Gemeint ist die Privatbibliothek des Bäckers Hans Heinrich Grob, die 96 Drucke und 23 Manuskripte umfasste. Vgl. Jean-Pierre Bodmer: Hans Heinrich Grob (1565–1614), der Pfister. In: Zürcher Taschenbuch auf das Jahr 2000, S. 76.

bis von 1573 an Prodigienliteratur seinem in Berg am Irchel wohnhaften Sohn Johann Rudolf Bullinger (1536–1588). Diese möglicherweise aus einer Flugschrift, elf handschriftlichen Stücken und 65 Einblattdrucken bestehende Kollektion übersandte dieser wiederum drei Monate nach dem Tod seines Vaters mit einem vom 27. Dezember 1575 datierten Begleitschreiben dem Zürcher Chorherrn Johann Jakob Wick (1522–1588), dessen imposante zeitgeschichtliche Nachrichtensammlung er damit nicht zum ersten Mal unterstützte.[9]

Ein weiterer Grund für die fragmentarische Überlieferung von Bullingers Bibliothek liegt darin, dass es den Erben nicht gelang, sie zusammenzuhalten. Nachdem Bullinger am 17. September 1575 gestorben war, bemühte sich sein älterer Sohn Heinrich (1534–1583) um den gedruckten und ungedruckten Nachlass des Vaters. Dank der Vermittlung von Obmann Hans Keller (1537–1601) stimmten die Bürgermeister Hans Kambli (1507–1590) und Hans Bräm (1521–1584) am 24. November 1575 zu, dass Heinrich Bullinger dem Jüngeren aus dem Studentenamt des Grossmünsterstifts 500 Pfund geliehen würden[10], damit er seinen Bruder Johann Rudolf[11] auszahlen und dessen Anteil an der väterlichen Bibliothek abkaufen könne. Diese Summe entsprach etwa zwei Dritteln eines Jahreslohns des Zürcher Antistes. Heinrich verpflichtete sich, das Geld nach drei Jahren samt Zinsen zurückzuzahlen, an der väterlichen Bibliothek nichts zu verändern oder davon zu verkaufen, ein Inventar derselben anzufertigen und dieses beim Studentenamt zu hinterlegen. Sollte er zwischenzeitlich sterben, so durfte die Bibliothek auch von den Erben bis zur Begleichung der Schuld nicht angetastet werden.[12]

Der geschuldete Betrag wäre im November 1578 fällig geworden. Heinrich Bullinger der Jüngere lieferte das vereinbarte Verzeichnis nicht ab und zahlte auch das geliehene Geld mit den aufgelaufenen Zinsen nicht zurück. Am 22. April 1580 unterhielt sich Wolfgang Haller erneut mit Bullinger über

9 Franz Mauelshagen: Die «portenta et ostenta mines lieben Herren vnsers säligen ...», Nachlassdokumente Bullingers im 13. Buch der Wickiana. In: Zwa 28 (2001), S. 74f. Siehe dort auch Anm. 4 mit weiterführenden Literaturangaben zu Wick und seiner Sammeltätigkeit. Die erwähnten 77 Dokumente sind Bestandteil der in der ZBZ aufbewahrten Wickschen Sammlung (Ms F 12–19, 21–29, 29a, 30–35) und sind in den Band Ms F 24, ab f. 387 eingebunden, wobei die Einblattdrucke in die Graphische Sammlung der ZBZ versetzt worden sind. Der Beweis, dass sich wirklich alle diese Dokumente im Besitz von Antistes Bullinger befanden, konnte bis jetzt nicht erbracht werden.

10 Es wurde seitens des Studentenamts darauf verzichtet, eine Rechnung auszustellen, weshalb dieser Handel in den Studentenamtsrechnungen (StAZ, G II 39.6) nicht dokumentiert ist. Vgl. StAZ, E II 453, 11r. Vgl. auch das entsprechende Schreiben des Unterschreibers in: ZBZ, Ms F 87, f. 118r.

11 Als Bullinger starb, lebten noch seine beiden Söhne Heinrich (1534–1583) und Johann Rudolf (1536–1588) sowie die beiden Töchter Veritas (geb. 1543) und Dorothea (geb. 1545).

12 StAZ, E II 453, 17 (die Paginierung bzw. Foliierung in E II 453 ist uneinheitlich).

seine Schulden[13], was aber nichts fruchtete, denn am 9. November 1580, also zwei Jahre nach Fälligkeit der Summe, klagte Haller: «So hatt auch her heinrich alle diese zyt noch nitt einzigen pfennig an die verzinsung der 500 Pfund gegeben, und sich alweg erklagt, das er mit sinem bruoder so vil behafft, Jmme siner schulden halben zehilff zekommmen, das im das nit müglich.»[14]

Schliesslich starb Bullinger der Jüngere am 22. Oktober 1583 und hinterliess einen enormen Schuldenberg von 5756 Pfund[15], darunter auch die 500 Pfund Anleihe und 200 Pfund Zinsen, die sich über acht Jahre angesammelt hatten.[16] Die Gläubiger einigten sich, auf ein Drittel der Ansprüche zu verzichten, womit sich der Betrag auf etwa 3800 Pfund reduzierte. Der Besitz des Verstorbenen wurde auf insgesamt 3505 Pfund veranschlagt, und zwar mit folgenden Posten: 85 Pfund an Geld und Gold, für 1000 Pfund Wein, Hausrat im Wert von 1000 Pfund, Güter zu Berg am Irchel für 300 Pfund, Früchte für 120 Pfund und «die liberij hattend sij geschezt für 1000 Pfund».[17] Wäre es gelungen, das genannte Eigentum zum Schätzpreis zu veräussern, hätte den reduzierten Schuldverpflichtungen bis auf ca. 300 Pfund entsprochen werden können.[18] Nun wurden aber Ludwig Lavaters (1527-1586) Schwiegersöhne Rudolf Körner[19], Rudolf Wirth[20] und Jakob Koller[21] vorstellig und behaupteten, dass ihnen als Erben Bullingers des Jüngeren die Bibliothek laut einem Passus im Testament[22] für 100 Pfund zustehe. Als sich die Gläubiger am 5. Januar 1584 abermals auf dem Rathaus versammelten, sandten sie Boten zu Lavater und seinen Schwiegersöhnen und konfrontierten diese mit dem entsprechenden Artikel im Testament. Darauf zogen sie ihre Ansprüche zurück. Am nächsten Tag erschien Obmann Keller vor dem

13 StAZ, E II 453, 11r.

14 StAZ, E II 453, 15r.

15 Für die Anhäufung dieser immensen Schuld zeichnete Heinrich Bullingers Bruder Johann Rudolf mitverantwortlich. Vgl. StAZ, G I 30, 173.

16 StAZ, E II 453, 19. 200 Pfund Zinsen für 500 geliehene Pfund, verteilt auf acht Jahre, ergibt einen jährlichen Zins von 25 Pfund bzw. einen Schuldzinssatz von 5%. Beim Ankauf von Zwinglis Bibliothek durch das Grossmünsterstift betrug der Schuldzins gegenüber den Erben ebenfalls 5%. Vgl. Martin Germann: Die reformierte Stiftsbibliothek am Grossmünster Zürich im 16. Jahrhundert. Wiesbaden 1994 (Beiträge zum Buch- und Bibliothekswesen; Bd. 34), S. 111.

17 StAZ, E II 453, 9r.

18 Die im StAZ, E II 453, 1–27, fragmentarisch erhaltenen Akten erwecken den Eindruck, dass kein so hoher Gewinn erzielt werden konnte, wie man erhoffte.

19 Rudolf Körner heiratete am 10. Januar 1572 Katharina Lavater. Vgl. Heinrich Bullinger: Diarium, hsg. v. Emil Egli. Basel 1904 (Quellen zur Reformationsgeschichte; 2), S. 109.

20 Rudolf Wirth (Hospinian) heiratete am 9. November 1569 Anna Lavater. Vgl. Bullinger, wie Anm. 19, S. 101.

21 Jakob Koller heiratete 1583 Elisabetha Lavater. Vgl. Carl Keller-Escher: Promptuarium Genealogicum, Bd. 4. S. 797. ZBZ, Ms Z II 4.

22 Dieses Testament Heinrich Bullingers des Jüngeren konnte weder im StAZ noch in der ZBZ gefunden werden.

Pfarrkapitel der Stadt und unterbreitete den Vorschlag, die Bibliothek des Reformators Bullinger für die Stiftsbibliothek am Grossmünster anzukaufen. Am 7. Januar wurde sie von den Herren Leemann, Wolf, Stucki und Haller inspiziert, jedoch bekamen sie nur die Drucke, nicht aber die Handschriften zu sehen, denn letztere unterlagen besonderen testamentarischen Bestimmungen und sollten nicht wie die Druckschriften behandelt werden. In den folgenden Tagen wurden diejenigen Manuskripte aussortiert, die man guten Gewissens zusammen mit den Drucken veräussern wollte. Am 29. Januar nahm das Kapitel die Beratungen wieder auf. Man kam überein, nur diejenigen Bücher aus Bullingers Bibliothek zu kaufen, die in der Stiftsbibliothek noch fehlten bzw. als anschaffenswert betrachtet wurden. Beim Verkauf des Rests wollte man sich dem Rat gegenüber aber behilflich erweisen. Unterdessen realisierte der Rat, dass Bullingers Nachlass auch handschriftliche Werke, Briefe und anderes beinhaltete, «so nitt guot, das die verzogen oder In andere hände, besonder frömbde, kommen sölind, habend sij erkant, das man diese uff das rathus tragen und alda behalte und darnach besähen, was das selbig sige, und nach dem es fund, das man dann den schulden und ansprächern gepürlich darfür thuon sölle.»[23]

Die Sichtung des Nachlasses verzögerte sich über drei Jahre lang, bis am 7. September 1587 eine neue, sechsköpfige Abordnung vom Rat damit beauftragt wurde. Jedoch wechselten bereits während der Jahre 1585/86 einige Werke aus Bullingers Bibliothek den Besitzer. In der ZBZ werden verschiedene Bände aus Bullingers ehemaliger Sammlung aufbewahrt, die Eigentumsvermerke von Johann Rudolf Stumpf (1530-1592) und Johannes Stumpf aufweisen, die von 1585 datieren. Zudem hat sich im StAZ ein auf den ersten Blick kryptisch anmutender Zettel erhalten, der belegt, dass der Zürcher Stadtarzt Georg Keller (1533-1603) und Huldrych Zwingli III. (1556-1601) am 19. April 1586 für insgesamt 600 Pfund Bücher aus Bullingers Bibliothek erwarben.[24] Ein paar Exemplare, die sich Zwingli vermutlich damals anschaffte, sind erhalten geblieben und befinden sich heute in der ZBZ.

Im September 1587 waren die Schulden Bullingers des Jüngeren im

[23] StAZ, E II 453, 10a verso.

[24] StAZ, E II 453, 25: «Von der liberij hand koufft her doctor Jörg Keller und meister Ulrich Zwingli, und habend erlößt wie m. Uolrich anzeiget 19 April Jm 86 600 Pfund.» Es folgt die Auflistung weiterer Einnahmen, doch ist ausser beim letzten Eintrag nicht klar, wofür. Möglicherweise ebenfalls für Bücher aus Bullingers Bibliothek: «Habind dem herr Cörner alein für 80 Gulden gegeben. Dess habe her doctor noch by 100 Gulden byhanden, Und felix sijn bruoder ouch noch 317 Pfund 12 Schilling so von anderen erlößt worden, darum wüßend sij bscheid zegäben. Es habe ouch herr Cörner am 22 Ianuarij Im 84 von husvar und allerley erkouft um 571 Pfund.» Zudem scheinen auch Ratsmitglieder gewisse handschriftliche Bände behändigt zu haben: «Es habend wol unser gnedig herren, von dem gemelten herren Bullingers saligen geschrybnen bücheren etliche hinder sich genommen, ...» (Stiftsprotokoll, 28. September 1587, StAZ, G I 30, 174).

Grossmünsterstift erneut ein Thema. Offenbar konnte aus seiner Hinterlassenschaft für 96 Pfund Wein verkauft werden, doch belief sich der ausstehende Betrag noch immer auf 625 Pfund und 10 Schilling. Man brachte das Geschäft vor die Rechenherren der Stadt, worauf am 28. September 1587 von Bürgermeister und Rechenherren die Nachricht beim Stift eintraf, dass sie Bullingers Bibliothek durchsehen dürften und «was sÿ vermeinind, was die wärt, ... alles schrifftlich verzeichnen.»[25] Man war seitens des Rats wie des Stifts daran interessiert, die Angelegenheit endlich – mittlerweile zwölf Jahre nach Bullingers Tod und vier Jahre nach dem Ableben seines Sohnes – zu regeln. In den Protokollen des Stifts und den Ratsmanualen verliert sich nun aber jede Spur. Ob das Geschäft wieder auf unbestimmte Zeit hinausgeschoben wurde? Das weitere Schicksal der Privatbibliotheken Heinrich Bullingers senior und junior entzieht sich ab Herbst 1587 unserer Kenntnis.

Viele Dokumente, auch solche mit offiziellem Charakter, blieben im Besitz der Familien der einzelnen Vorsteher der Zürcher Kirche. Erst Johann Jakob Breitinger (1575–1645) schuf nach seinem Amtsantritt als Antistes 1613 ein eigentliches Archiv des Antistitiums. Er berichtete darüber: «Zur Zeit als die göttliche Gnade mich geringen zum Nachfolger jener ausgezeichneten Männer bestimmte, durch welche dieselbe die Zürcherische Kirche reformierte, zierte und erhielt, fand ich so viel als kein Archiv vor. Ich glaube wohl darum, weil die Söhne, Tochtermänner und übrigen Erben Bullingers und Gwalters herrlichen Andenkens beinahe Alle [sic!] entweder Diener unserer Kirche oder doch Gelehrte waren, welche die Schriften und Acten ihrer Väter, als zur Bibliothek und Erbschaft gehörig betrachteten. Daher kam es auch, dass die kirchlichen Acten unter den frommen Vorstehern Stumpf und Leeman von den Erben nicht als öffentliche, sondern als Privat-Schriften angesehen wurden. Ich glaubte der Armuth einer so berühmten Kirche begegnen zu sollen, daher ich theils das Wenige das übrig war, theils das allmählig aus Privat-Bibliotheken hervorgesuchte nicht sowohl ordnete, als in Eine Masse sammelte.»[26]

[25] StAZ, G I 30, 174.

[26] Zitiert nach: Johann Caspar Mörikofer: J. J. Breitinger und Zürich : ein Kulturbild aus der Zeit des dreissigjährigen Krieges. Leipzig 1874, S. 50 f. Breitinger verehrte Bullinger geradezu, weshalb ihm an der Aufbewahrung von handschriftlichen und gedruckten Dokumenten von und über ihn sicher besonders gelegen war. Seine Wertschätzung des Reformators geht exemplarisch aus einer Fussnote der 1722 in den «Miscellanea Tigurina I/2» anonym herausgegebenen und kommentierten, ursprünglich von Ludwig Lavater verfassten Biographie Bullingers hervor (S. 102 f.): «Diser letstere / namlich Hr. Breitinger / hat auch den ersteren / namlich Hrn Bullinger / über alle Maassen und so hochgehalten / daß er neben anderen auch dise nachdenkliche Erinnerung in sein Testament / seine hinterlassende Bibliothec betreffend / an seinen Vetter Hrn. Christoff Breitinger / Pfahrer zu Fållanden / hineingesetzet: NB. Etliche Sachen geschrieben von Mr. Heinrich Bullinger / es tråffe an was es wölle / das bewahre wie Reliquias eines Heiligen Manns / welchen ich die Zeit meines Lebens hochgehalten / und

Von Bullingers Briefwechsel blieb, im Unterschied zu seiner Bibliothek, erstaunlich viel erhalten.[27] Dies vielleicht darum, weil man, wie erwähnt, alles Material auf dem Rathaus sammelte und den Wert bzw. den vertraulichen Charakter gewisser handschriftlicher Texte erkannte. Es ist aber unklar, welche Manuskriptsammlungen Bullingers, die gelegentlich auch mit Druckschriften durchsetzt sind, ins Antistitialarchiv gelangten und welche beim Rat blieben bzw. dann wohl in die 1629 gegründete Stadtbibliothek[28] kamen. Angesichts der Tatsache, dass Bullingers Privatbibliothek nicht zusammenblieb, ist es erstaunlich, wie viele Titel dennoch wiedergefunden werden konnten, wobei der weitaus grösste Teil in der ZBZ. Aufgrund handschriftlicher Einträge in diesen Bänden, ihrer unterschiedlichen Bibliothekssignaturen in der ZBZ oder ihrer heutigen Standorte ist es möglich, den Streubereich von Bullingers Büchernachlass etwas abzustecken. Werke aus dem Vorbesitz des Zürcher Antistes gelangten nicht nur in Privatsammlungen, sondern auf zum Teil verschlungenen Wegen auch in verschiedene institutionalisierte Bibliotheken, wie beispielsweise die Stiftsbibliothek am Grossmünster, die 1629 gegründete Zürcher Stadtbibliothek, die Bibliothek des Klosters Rheinau, die Universitätsbibliothek Basel, die Stadt- und Universitätsbibliothek Bern, die Kantonsbibliothek Chur, das Musée historique de la Réformation in Genf, die Zentralbibliothek Luzern, die Kantonsbibliothek St. Gallen, die Stiftsbibliothek St. Gallen, die Stadtbibliothek Winterthur, die Bayerische Staatsbibliothek München, die Biblioteca Angelica in Rom[29], das Protestant College auf Malta, das St. John's College in Cam-

allweg der Meinung gewesen: Er habe seiner Lehr und Leben nach verdienet / daß er SANT BULLINGER genennet werde / nicht weniger / als St. Augustinus, und alle andere Uralte Christliche Lehrer.»

27 Fritz Büsser: Die Überlieferung von Heinrich Bullingers Briefwechsel. In: HBBW 1, S. 8–13.

28 Wie etwa die Bände: Ms A 43, 44, 65, 66, 84, 107, 128; Ms B 27, 66; Ms K 39. Was gewisse seiner chronikalischen Arbeiten anging, bemühte er sich ein Jahr vor seiner Erkrankung darum, dass eine Abschrift in die Stiftsbibliothek gelangte. Vgl. Miscellanea Tigurina. 4. Ausgabe. Zürich 1722, S. 43: «... seine IV. Manuscripten und dicken Tomi in Folio, von den Eydgnössischen / in specie der Tigurineren Geschichten / an denen allein ein anderer sein ganz Lebenlang zu studiren / zusammeln und zuschreiben gehabt hätte / und die Hr. Bullinger selber zum drittenmal eigenhändig geschrieben und vermehret hat / worvon die zweyte Abschrift zwarn auf unserer Lobl. Burger-Bibliothek [Stadtbibliothek] / die dritte aber und vollkommneste in Bibliotheca Carolina [Stiftsbibliothek] zufinden ist; als welche Hr. Bullinger den Herren der Stifft seiner Zeit / in dem Jahr vor seiner tödtlichen Kranckheit / selber dediciret und überliefferet hat.»

29 Der päpstliche Diplomat und Kardinal Domenico Passionei (1682–1761) stand mit dem Zürcher Mediziner und Universalgelehrten Johann Jakob Scheuchzer (1672–1733) in Briefkontakt. Passionei war es als Kardinal, im Unterschied zu niedereren Klerikern, erlaubt, protestantische Bücher zu lesen. Scheuchzer vermittelte ihm zahlreiche Zürcher Drucke oder Werke aus dem Besitz berühmter Zürcher, darunter etliche Titel aus den Privatbibliotheken Bullingers, Konrad Gessners, Johannes Wolfs und anderer. Die 40 000 Bände umfassende Bibliothek Passioneis fiel nach seinem Tod an die Biblioteca Angelica in Rom. Vgl. Alfredo Ser-

bridge[30], die Bibliothek des Concordia Seminary in St. Louis (Missouri) und andere.

Bullingers Bibliothek im Kontext frühneuzeitlicher Privatbibliotheken

Die Privatbibliotheken des 15. Jahrhunderts waren durchschnittlich kleiner als diejenigen des 16. Jahrhunderts. Eine der umfangreichsten Büchersammlungen im Bistum Konstanz, wozu auch Zürich gehörte, besass vermutlich der Zürcher Chorherr und Kirchenrechtler Felix Hemmerli (1389–1458/59). Sein Freund Nicolaus von Wyle (um 1415–1479) veranschlagte sie auf 250 Bände, was unter Berücksichtigung der Sammelbände gegen 500 Werken entsprochen haben dürfte.[31] Ebenfalls eine beachtliche Grösse wies die über 300 Bände zählende Bibliothek von Johann Heynlin von Stein auf, die 1487 an das Kartäuserkloster Basel überging.[32] Die durchschnittliche Zürcher Privatbibliothek des Inkunabelzeitalters umfasste aber selten mehrere hundert Titel. Dies legt die Sammlung von Petrus Numagen (um 1450–1515), Kaplan zu St. Leonhard, nahe, die vom Grossmünsterstift angekauft wurde und von der noch 59 Bände (davon neun Handschriften) erhalten sind, wie auch diejenigen des Chorherrn Johannes Mantz (gest. 1518) und des Kaplans Johannes Murer (gest. 1547), die als Legate ans Stift fielen und von denen noch 60 (davon sieben Handschriften) bzw. 35 Bände vorhanden sind.[33] Auch wenn damit gerechnet werden muss, dass im Zuge der Reformation zahlreiche unliebsame Titel der Stiftsbibliothek ausgeschieden wurden[34], bestätigen die in

rai: Una scoperta sensazionale all'Angelica : da Gesner a Passionei e Scheuchzer. In: Il Bibliotecario 7–8 (1986), S. 81–103; Maria Grazia Ceccarelli Taddeo: Il »Fondo Tigurino» della Biblioteca Passionei all'Angelica. In: Il Bibliotecario 9 (1986), S. 93–132.

30 Die betreffenden vier Titel gelangten aus dem Besitz des protestantischen Bibliophilen Domenico Antonio Ferrari (1685–1744) aus Neapel in die Bibliothek des St. John's College. Woher er diese Bücher aus Bullingers Besitz hatte, ist ungeklärt. Vgl. Valdo Vinay: Domenico Antonio Ferrari : bibliofilo napoletano in Inghilterra nella prima meta del XVIII secolo. In: Studi di letteratura, storia e filosofia in onore di Bruno Revel (Biblioteca dell' »Archivum romanicum» fondata da Giulio Bretoni. Serie I: Storia, Letteratura, Paleografia ; vol. 74), S. 613.

31 Martin Germann: Die reformierte Stiftsbibliothek am Grossmünster Zürich im 16. Jahrhundert. Wiesbaden 1994 (Beiträge zum Buch- und Bibliothekswesen ; Bd. 34), S. 162. Hemmerlis Bibliothek wurde aufgelöst; Bücher aus seinem Besitz konnten in München, Nantes, Rom, Ulm und Valenciennes gefunden werden.

32 Pierre L. Van der Haegen: Der frühe Basler Buchdruck. Basel 2001 (Schriften der Universitätsbibliothek Basel ; Bd. 5), S. 51.

33 Martin Germann: Die reformierte Stiftsbibliothek am Grossmünster Zürich im 16. Jahrhundert. Wiesbaden 1994 (Beiträge zum Buch- und Bibliothekswesen ; Bd. 34), S. 164f. Zum Testament und Büchernachlass von Murer vgl. auch: Guido Hoppeler: Aus der Bibliothek eines zürcherischen Geistlichen aus dem Jahre 1528. In: Zürcher Taschenbuch auf das Jahr 1926. N. F., 46. Jahrgang, S. 241–243.

34 Martin Germann: Zwischen Konfiskation, Zerstreuung und Zerstörung : Schicksale der Bü-

Florenz und Venedig eruierten Zahlen unsere Vermutung über die durchschnittliche Grösse von Privatbibliotheken des 15. Jahrhunderts.[35]

Bei den Gelehrtenbibliotheken des 16. Jahrhunderts stossen wir nicht selten auf Bestände mit drei- und vierstelligen Zahlen.[36] Das Bücherinventar des in Ferrara lehrenden Mediziners Nicolo Leoniceno (1428–1524) weist 340 Nummern auf[37] und dasjenige des Florentiner Humanistenfürsten Giovanni Francesco Pico della Mirandola (1469–1533) 1132.[38] In Venedig besass Kardinal Domenico Grimani (1461–1523) eine aussergewöhnlich grosse Bibliothek mit 15000 Bänden.[39]

Das in Basel erstellte Verzeichnis der Bibliothek von Erasmus von Rotterdam (1467–1536) listet 413 Einträge auf, die der polnische Adlige Johannes a Lasco (1499–1560) für mindestens 600 Gulden erwarb.[40] Die Sammlung des Basler Druckers Johannes Oporin (1507–1568) umfasste sogar 936 gebunde-

cher und Bibliotheken in der Reformationszeit in Basel, Bern und Zürich. In: Zwa 27 (2000), S. 63–68.

35 Christian Bec: Les livres des Florentins (1413–1608). Florenz 1984 (Biblioteca di «Lettere Italiane»: studi e testi ; 29), S. 20f. und 37f.; Anselm Fremmer: Venezianische Buchkultur : Bücher, Buchhändler und Leser in der Frührenaissance. Köln, Weimar, Wien 2001 (Beihefte zum Archiv für Kulturgeschichte ; 51), S. 111–114.
Auch aus Deutschland sind analoge Zahlen überliefert. So umfasste beispielsweise die Privatbibliothek des Freiburger Theologieprofessors und Sexpräbendars am Domstift in Speyer, Nicolaus Matz (1443–1513), die er 1499 seinem Heimatort Michelstadt stiftete, 117 gebundene Bücher mit schätzungsweise 180 Inkunabeln. Vgl. Wolfgang Schmitz: Die Bibliothek des Nicolaus Matz in Michelstadt. In: Bibliothek und Wissenschaft 34 (2001), S. 100.

36 Dies trifft vor allem auf die Privatbibliotheken aus der ständischen oder gelehrten Oberschicht zu. Bei den städtischen Handwerkern ist im ostdeutschen Raum erst ab 1560 eine Tendenz hin zum Buchbesitz eruierbar, wobei Eigentum von mehr als 50 Büchern im untersuchten Zeitraum bis 1620 eine ausserordentliche Seltenheit darstellte. Vgl. Michael Hackenberg: Books in Artisan Homes of Sixteenth-Century Germany. In: The Journal of Library History 21 (1986), S. 76f. Vgl. dazu ausführlicher seine ungedruckte Dissertation: ders.: Private Book Ownership in Sixteenth-Century German-Language Areas. Diss. phil. University of California. Berkeley 1983.

37 Daniela Mugnai Carrara: La biblioteca di Nicolo Leoniceno : tra Aristotele e Galeno : cultura e libri di un medico umanista. Florenz 1991, S. 105–201. Die Zahl von Leonicenos Titeln ist aber höher zu veranschlagen. Vgl. ebd., S. 32f.

38 Pearl Kibre: The Library of Pico della Mirandola. New York 1936, S. 119–297. Kibre veröffentlichte zwar ein Inventar mit 1697 Nummern, doch bemerkte schon sie, dass es bei Nummer 1132 fertig zu sein scheint. Die nachfolgenden Einträge, insbesondere die Nummern 1148–1697, betreffen die Privatbibliothek von Ermolao Barbaro (1453–1493) einschliesslich derjenigen seines Grossvaters Francesco Barbaro (1390–1454). Vgl. Aubrey Diller: The Library of Francesco and Ermolao Barbaro. In: Italia medioevale e umanistica 6 (1963), S. 253–262.

39 M. J. C. Lowry: Two Great Venetian Libraries in the Age of Aldus Manutius. In: Bulletin of The John Rylands University Library of Manchester 57 (1934), S. 147.

40 Fritz Husner: Die Bibliothek des Erasmus. In: Gedenkschrift zum 400. Todestage des Erasmus von Rotterdam, hsg. v. der Historischen und Antiquarischen Gesellschaft zu Basel. Basel 1936, S. 233–244.

ne und 2886 ungebundene Bücher, die 1574 für 800 Gulden versteigert wurden.[41]

Auch von verschiedenen Augsburger Gelehrten ist umfangreicher Buchbesitz belegt: Der Arzt und Humanist Achilles Primin Gasser (1505–1577) besass 2884 Bücher (wovon ca. 200 Handschriften), die Ulrich Fugger 1583 für 800 rheinische Gulden aufkaufte.[42] Der Humanist Konrad Peutinger (1465–1547) verfügte ebenfalls über eine wertvolle Bibliothek, die von seinen Söhnen fortgeführt wurde und 1597 ungefähr 2150 Bände umfasste. Die Sammlung des Augsburger Ratsdieners Paul Hektor Mair (1517–1579) belief sich auf etwa 1000 Titel, die in seinem Todesjahr für 240 Gulden veräussert wurden.[43] Vergegenwärtigt man sich, dass Peutinger als Stadtschreiber und höchster «Beamter» Augsburgs 150 bis 200 Gulden pro Jahr und die Augsburger Stadtärzte etwa 100 Gulden verdienten, wird der beachtliche Wert dieser Privatbibliotheken deutlicher.[44]

Der Wittenberger Professor Caspar Peucer (1525–1602) konnte 1455 Titel sein eigen nennen, wobei 22 Einträge seines Katalogs als Handschriften identifiziert worden sind.[45] Von Martin Luthers (1483–1546)[46] und Philipp Melanchthons (1497–1569)[47] Bibliotheken sind nur Einzelstücke erhalten geblieben, ebenso aus der Sammlung von Melanchthons Onkel Johannes Reuchlin (1455–1522).[48]

Im Elsass sind es vor allem zwei Bibliotheken, die für die Reformationsgeschichte von Interesse sind, nämlich diejenigen von Martin Bucer (1491–1551) und Beatus Rhenanus (1485–1547). Während von der ersteren lediglich ein Bücherverzeichnis von 1518 existiert[49], ist letztere als einzigar-

41 Carlos Gilly: Die Manuskripte in der Bibliothek des Johannes Oporinus: Verzeichnis der Manuskripte und Druckvorlagen aus dem Nachlass Oporins anhand des von Theodor Zwinger und Basilius Amerbach erstellten Inventariums. Basel 2001 (Veröffentlichungen der Universitätsbibliothek Basel ; Bd. 3), S. 21–23.

42 Karl Heinz Burmeister: Achilles Pirmin Gasser 1505–1577 : Arzt und Naturforscher, Historiker und Humanist, I. Bibliographie. Wiesbaden 1970, S. 121 f.

43 Karl Heinz Burmeister: Achilles Primin Gasser 1505–1577 : Arzt und Naturforscher, Historiker und Humanist, I. Bibliographie. Wiesbaden 1970, S. 126.

44 Hans-Jörg Künast: «Getruckt zu Augspurg» : Buchdruck und Buchhandel in Augsburg zwischen 1468 und 1555. Tübingen 1997, S. 186.

45 Robert Kolb: Caspar Peucer's Library : Portrait of a Wittenberg Professor of the Mid-Sixteenth Century. St. Louis 1976 (Sixteenth Century Bibliography ; vol. 5), S. VII und S. 6.

46 Holger Flachmann: Martin Luther und das Buch : eine historische Studie zur Bedeutung des Buches im Handeln und Denken des Reformators. Tübingen 1996 (Spätmittelalter und Reformation. Neue Reihe ; Bd. 8), S. 30.

47 Willi Göber: Aus Melanchthons Bibliothek. In: Zentralblatt für Bibliothekswesen 45 (1928), S. 297–302.

48 Karl Christ: Die Bibliothek Reuchlins in Pforzheim. Leipzig 1924 (Beiheft zum Zentralblatt für Bibliothekswesen ; Bd. 52), S. 6–8.

49 Martin Greschat: Martin Bucers Bücherverzeichnis von 1518. In: Archiv für Kulturgeschichte 57 (1975), S. 162–183; Jean Rott (Hsg.): Correspondance de Martin Bucer, tome 1 (jusqu'en

tiges Zeugnis des rheinischen Humanismus erhalten geblieben. Die 671 Bände mit 1 159 Titeln können heute in der Bibliothèque Humaniste in Sélestat eingesehen werden.[50]

In Wien gehörte der Humanist Johannes Cuspinian (ca. 1473–1529) zu den grossen Bibliophilen. Sein Sohn Sebastian Felix wollte die väterliche Büchersammlung dem Bischof von Trient, Bernhard von Cles, für 1200 Goldgulden verkaufen. Dazu kam es aus unbekannten Gründen aber nicht, worauf der Wiener Bischof Johann Faber (1478–1541) den grössten Teil (636 Bände) erwarb.[51] Faber vermehrte seine Bibliothek 1539 um weitere 1 324 Bände aus dem Nachlass des Wiener Rhetorikprofessors Johannes Alexander Brassican (1500/01–1539), so dass sie bei seinem Tod rund 3 800 Bücher umfasste.[52] Zeitweilig gehörte auch der spätere St. Galler Reformator Joachim Vadian (1484–1551) zum Wiener Lehrkörper. Der Katalog seiner Bibliothek zählt 1259 Nummern, von denen 736 noch vorhanden sind.[53]

Aufgrund der in diesem Kapitel genannten quantitativen Grössenordnungen einzelner Privatbibliotheken des 16. Jahrhunderts liegt es nahe, den ursprünglichen Bestand der Bullinger-Bibliothek als umfangreicher zu veranschlagen als das, was davon übrig geblieben ist. In die gleiche Richtung weisen die für einzelne der genannten Sammlungen eingesetzten Geldbeträge. Selbst unter Berücksichtigung schwankender Wechselkurse[54] kann davon

1524). Leiden 1979, S. 42–58.

50 Hubert Meyer: Beatus Rhenanus (de Sélestat) et sa bibliothèque. In: Librarium 19/1 (1976), S. 31. Vgl. auch: Gustav Knod: Aus der Bibliothek des Beatus Rhenanus : ein Beitrag zur Geschichte des Humanismus. Separat-Abdruck aus der Festschrift zur Einweihung des neuen Bibliotheksgebäudes zu Schlettstadt am 6. Juni 1889. Leipzig 1889.

51 In der Österreichischen Nationalbibliothek in Wien konnten 63 Handschriften, fast 100 Inkunabeln und 9 spätere Drucke aus der Bibliothek Cuspinians gefunden werden. Vgl. Ernst Trenkler: Johannes Cuspinian : Gelehrter und Bücherfreund. In: Biblos 29 (1980), S. 89.

52 Hans Ankwicz-Kleehoven: Die Bibliothek des Dr. Johann Cuspinian. In: Josef Stummvoll (Hsg.): Die Österreichische Nationalbibliothek : Festschrift herausgegeben zum 25jährigen Dienstjubiläum des Generaldirektors Univ.-Prof. Dr. Josef Bick. Wien 1948, S. 226. In diesem Zusammenhang sei auf eine andere grosse Bibliothek eines katholischen Würdenträgers hingewiesen, nämlich auf diejenige des Römer Kardinals Guglielmo Sirleto (1514–1585), der 1 872 griechische und lateinische sowie mehr als 13 hebräische, syrische und armenische Handschriften und 4 469 Drucke besass. Vgl. Irena Backus und Benoît Gain: Le cardinal Guglielmo Sirleto (1514–1585) : sa bibliothèque et ses traductions de Saint Basile. In: Mélanges de l'école francaise de Rome. Moyen âge, temps modernes 98/2 (1986), S. 923.

53 Verena Schenker-Frei: Bibliotheca Vadiani: die Bibliothek des Humanisten Joachim von Watt nach dem Katalog des Josua Kessler von 1553, unter Mitwirkung von Hans Fehrlin und Helen Thurnheer. St. Gallen 1973 (Vadian Studien ; Bd. 9).

54 Die Wechselkurse für Augsburger, Basler und Zürcher Gulden konnten für den behandelten Zeitraum nicht eruiert werden. Im Jahr 1600 galten folgende Gleichungen: 1 guter Zürcher Batzen = 1 Basler Batzen = 4 Reichskreuzer; 15 gute Zürcher Batzen = 1 Gulden; 15 Basler Batzen = 1 Gulden; 60 Reichskreuzer = 1 Reichsgulden. Der Wechselkurs der drei Währungen betrug demnach 1:1:1. Es konnte kein Hinweis dafür gefunden werden, dass dieses Verhältnis in den vorhergehenden Jahrzehnten stark differierte. Vgl. Markus A. Denzel: Wäh-

ausgegangen werden, dass die auf 1 000 Pfund (= 500 Gulden)[55] geschätzte Bibliothek des Zürcher Antistes einiges grösser war. 1532 erwarb das Grossmünsterstift Huldrych Zwinglis möglicherweise etwas über 200 Titel umfassende Bibliothek für 200 Pfund.[56] 1574 wurde in Basel Oporins 3 822 Bände zählende Bücherei für 800 Gulden veräussert, und in Augsburg wechselten 1579 Mairs 1 000 Titel umfassende Sammlung für 240 Gulden und 1583 die 2 884 Titel beinhaltende Bibliothek Gassers für 800 Gulden ihre Besitzer. Das ergibt einen Durchschnittspreis von etwa 0.2 bis 0.4 Gulden pro Einheit.[57]

Diese Daten sind denjenigen, wie sie Bullinger in einem Brief an Ambrosius Blarer (1492–1564) vom 30. November 1546 niedergelegt hat, sehr ähnlich: «Deinen Brief aus Griessenberg habe ich erhalten und zuletzt für den Knecht des Johannes Albin um Rat gebeten, wie er am sichersten nach Augsburg reise; doch warst Du noch abwesend. Euere beiden Jünglinge sind fleissig. Fries bietet ihnen Bücher für 23 unserer Gulden an, und ich rate sehr zum Kaufe; fehlen dem andern die Mittel, so kaufe sie der von Ulm; der Einband hat fast mehr gekostet. Es sind 26 Foliobände in Holz und ganz Leder, 7 mittleren Formates, 23 in Oktav, zusammen 56, die grösseren zu 10, die kleineren zu 3, die mittleren zu 3 oder 4 Batzen, im Ganzen für 23 Gulden. Es sind vor allem Werke von Pellican zur Bibel, von Zwingli zum Neuen Testament und zu den Propheten etc., von Hieronymus, Ambrosius, Cyprian, Basilius, Cyrillus und Chrysostomus (beides erste Ausgabe), die Annotationes des Erasmus zum Neuen Testament und einige seiner Paraphrasen; die Werke Bernhards, das Cornu copiae, Calepinus; einiges von Luther und Melanchthon, das Meiste von Bullinger und viel anderes. Fries bedarf des Geldes. Rätst Du dazu, so berichte; von den Buchhändlern sind später die

rungen der Welt IX, Europäische Wechselkurse von 1383 bis 1620. Stuttgart 1995 (Beiträge zur Wirtschafts- und Sozialgeschichte ; Bd. 59), S. 166; Wolfgang Trapp: Kleines Handbuch der Münzkunde und des Geldwesens in Deutschland. Stuttgart 1999, S. 76–79; Martin Körner, Norbert Furrer und Niklaus Bartlome: Währungen und Sortenkurse in der Schweiz 1600–1799. Lausanne 2001 (Untersuchungen zu Numismatik und Geldgeschichte ; Bd. 3), S. 61, 441, 483.

55 Für den Kanton Zürich galt folgende Gleichung: 1 Gulden = 2 Pfund = 16 Batzen = 40 Schilling = 60 Kreuzer = 480 Pfennig = 480 Haller. Vgl. Geschichte des Kantons Zürich, Bd. 2: Frühe Neuzeit – 16. bis 18. Jahrhundert. Zürich 1996, S. 516.

56 Martin Germann: Bibliotheken im reformierten Zürich : vom Büchersturm (1525) zur Gründung der Stadtbibliothek (1629). In: Herbert G. Göpfert et al. (Hsg.): Beiträge zur Geschichte des Buchwesens im konfessionellen Zeitalter (Wolfenbütteler Schriften zur Geschichte des Buchwesens ; Bd. 11), S. 196.

57 Der geringere Durchschnittspreis von 0,2 Gulden pro Band im Fall der Bibliothek Oporins rührt daher, dass drei Viertel der Bände ungebunden waren. Der oben erwähnte Preis von mindestens 600 Gulden für die 413 Nummern zählende Bibliothek von Erasmus von Rotterdam war überhöht. Vgl. Fritz Husner: Die Bibliothek des Erasmus. In: Gedenkschrift zum 400. Todestage des Erasmus von Rotterdam, hsg. v. der Historischen und Antiquarischen Gesellschaft zu Basel. Basel 1936, S. 235.

Bücher nicht unter 60 Gulden oder mehr zu haben. Ich würde sie für den von Ulm kaufen, der sie dem andern, solange sie beisammen sind, leihen kann; sie haben Werner Steiner selig gehört.»[58]

Demnach werden vom Fraumünster-Schulmeister und Philologen Johannes Fries (1505–1565) insgesamt 56 Bände für 23 Gulden angeboten, was einem Durchschnittspreis von etwa 0.4 Gulden pro Band entspricht, wobei sich darunter möglicherweise Sammelbände mit mehreren Titeln befanden.[59] Wie Bullinger schrieb, handelte es sich dabei um einen guten Preis. Geht man vorsichtshalber von 0.4 Gulden pro Titel aus, so ergibt sich aufgrund des 1583 veranschlagten Schätzpreises von 1000 Pfund (= 500 Gulden) für Bullingers Bibliothek ein ursprünglicher Gesamtbestand von 1250 Titeln. Dabei muss berücksichtigt werden, dass sich in seinem Nachlass viele Handschriften[60] befunden haben, deren Wert vielleicht relativ hoch angesetzt wurde, weil es sich um wichtige Dokumente oder pietätvoll verehrte Autographen des ehemaligen, weitherum geschätzten Antistes handelte. Setzt man dafür beispielsweise 200 Gulden ein, so bleiben 300 Gulden für die Bücher, woraus ein Gesamtbestand von etwa 750 Titeln resultieren würde. Bei den nachfolgend verzeichneten 217 Drucken aus Bullingers Besitz handelt es sich bei 42 um Einblattdrucke und Kleinschriften[61], deren Wert nicht ins Gewicht gefallen sein dürfte, da der Anschaffungspreis pro Stück schätzungsweise bei 0.02 Gulden und weniger lag.[62] Bleiben daher 175 Titel, welche für die damaligen Zeitgenossen vermutlich einen nennenswerten Gegenwert darstellten und die beim erwähnten Schätzpreis von 500 Gulden zusammen mit den verlorenen Bänden ins Gewicht gefallen sein dürften. Falls die getroffenen Annahmen richtig sind, würde daraus folgen, dass knapp ein Viertel von Bullingers Bibliothek erhalten geblieben ist.

58 Traugott Schiess (Hsg.): Briefwechsel der Brüder Ambrosius und Thomas Blarrer 1509–1548, Bd. 2 : August 1538–Ende 1548. Freiburg 1910, S. 537f.

59 Bullingers Vermutung, dass ein Buchhändler die Bücher zu fast 200% teureren Preisen verkaufen würde, ist zwar für die Eruierung des antiquarischen Ladenpreisniveaus von Interesse, braucht jedoch für den Schätzwert einer Sammlung, der sich, ähnlich wie heute, immer deutlich unter den Ladenpreisen bewegt, wohl kaum berücksichtigt zu werden.

60 Allein Bullingers Briefwechsel zählt ca. 12000 Briefe, wobei nicht alle in Zürich aufbewahrt werden. Vgl. Fritz Büsser: Die Überlieferung von Heinrich Bullingers Briefwechsel. In: HBBW 1, S. 19.

61 Zu den Kleinschriften wurden von uns alle Publikationen mit weniger als 20 Seiten Umfang gerechnet.

62 Leonhard Hoffmann: Gutenberg und die Folgen : zur Entwicklung der Bücherpreises im 15. und 16. Jahrhundert. In: Bibliothek und Wissenschaft 29 (1996), S. 19f.

Buchpreise

Die oben skizzierte Hochrechnung, von verschiedenen Preisen für ganze Privatbibliotheken auf den Umfang von Bullingers Bücherbestand zu schliessen, ist nur zulässig, wenn davon ausgegangen werden kann, dass die Buch- und Antiquariatspreise während des 16. Jahrhunderts, bzw. mindestens während des halben Jahrhunderts von 1531 bis 1583, weitgehend konstant blieben und keinen starken konjunkturellen Schwankungen unterlagen.

Das 16. Jahrhundert war von einem Preisanstieg infolge Bevölkerungswachstums und Vermehrung der Geldmenge, begleitet von einem Reallohnverlust, geprägt. Zudem führten klimatische Veränderungen vor allem in den Jahren 1565–1600 zu grossen Schwankungen der Getreidepreise.[63] Diese stiegen in Deutschland von 1470 bis 1618 um 260 %, für tierische Produkte (insbesondere Fleisch) um 180 %, für gewerbliche Güter des täglichen Bedarfs (Textilien etc.) um 80 %. Demgegenüber erhöhten sich die Löhne nur um 120 %.[64] In Österreich kletterten die Getreidepreise in ähnliche Höhen, stiegen für Gewerbeerzeugnisse aber nur unbedeutend, und die Löhne sanken sogar leicht.[65] Die Reallöhne verminderten sich in verschiedenen deutschen Städten um mehr als ein Drittel, in dreien sogar um mehr als die Hälfte.[66] Da somit immer mehr Menschen immer mehr Geld für Nahrungsmittel aufbringen mussten, blieb für andere Erzeugnisse immer weniger übrig[67],

63 Christian Pfister und Rudolf Brázdil: Climatic Variability in Sixteenth-Century Europe and Its Social Dimension : a Synthesis. In: Christian Pfister, Rudolf Brázdil und Rüdiger Glaser: Climatic Variability in Sixteenth-Century Europe and Its Social Dimension. Reprinted from Climatic Change 43/1 (1999). Dordrecht, Boston und London 1999, S. 42: »... the correlation between climatic variables and grain price fluctuation is positive and quite substantial. The correlation increases during the period of observation; the maximum being reached in the 1565–1600 period. It may therefore be concluded that in the last third of the sixteenth century climate change became the most significant element affecting food prices. This contradicts the mainstream opinion of most economic historians who generally explain the sixteenth century ‹Price Revolution› by means of population levels (without providing a continuous quantitative and homogeneous record) and increases in the money supply.»

64 Franz Mathis: Die deutsche Wirtschaft im 16. Jahrhundert. München 1992 (Enzyklopädie deutscher Geschichte, Bd. 11), S. 98.

65 Wilhelm Abel: Massenarmut und Hungerkrisen im vorindustriellen Deutschland. 3. Aufl. Göttingen 1963, S. 22.

66 Hermann Kellenbenz: Die Wiege der Moderne : Wirtschaft und Gesellschaft Europas 1350–1650. Stuttgart 1991, S. 356.

67 Vor allem in Krisenjahren, wie etwa 1571, als sich eine bedrohliche Teuerungswelle über ganz Europa ausdehnte. Vereinzelte Nachrichten über die grosse Not in der Bevölkerung finden sich in: BullDiar, S. 107f.; Ludwig Lavater: Von thüwre und hunger dry Predigen ... Zürich: Christoph Froschauer, 1571. Eine wirtschaftsgeschichtliche Würdigung und Einbettung der Schrift von Lavater in den gesamteuropäischen Kontext. In: Wilhelm Abel: Massenarmut und Hungerkrisen im vorindustriellen Deutschland. 3. Aufl. Göttingen 1986, S. 37–40. Vgl. auch: Hans Ulrich Bächtold: Gegen den Hunger beten. Heinrich Bullinger: Zürich und die Einfüh-

woraus die weit geringere Teuerungsrate bei gewerblichen Gütern resultierte. Zu diesen Produkten, die kaum eine Preissteigerung erfuhren, gehörten auch die Bücher.

Dieser Sachverhalt wird durch Bücherpreise gestützt, die in einzelne Bände handschriftlich eingetragen worden sind. Insbesondere die Foliodrucke wissenschaftlicher Natur hielten sich während des ganzen 16. Jahrhunderts auf einem ähnlichen Preisniveau.[68] Dass sich die Preise über Jahre nicht erhöhten, belegt auch eine Notiz Konrad Gessners in seinem Handexemplar der von ihm verfassten «Bibliotheca universalis» von 1545[69], in welchem er von Hand viele bibliographisch und zeitgeschichtlich interessante Randbemerkungen anbrachte. Sie besagt, dass die Pariser Augustin-Ausgabe, die 1541 bei Yolande Bonhomme erschien, 12 Gulden koste. Die vom Basler Drucker Froben 1528/29 gedruckte und 1543 wieder aufgelegte Edition der Werke Augustins sei nun für den gleichen Preis zu haben, vorher habe sie 15 Gulden gekostet. Gessners mindestens 16 Jahre nach Erscheinen der Frobenschen Erstausgabe verfasste Notiz weist somit sogar eine Preissenkung um 3 Gulden nach, wobei ziemlich sicher der durch die billigere Pariser Ausgabe verursachte Preisdruck seine Wirkung gezeitigt hat.[70] Auch bei den Einbandpreisen lässt sich, mindestens im Raum Zürich, keine Preissteigerung feststellen. Gemäss den Studentenamtsrechnungen des Grossmünsterstifts kostete ein Schweinsledereinband mit Blindprägung und Holzdeckeln für ein Buch im Folioformat und mit über 500 Seiten im Zeitraum von 1551–1569 1.5 Pfund.[71] Wenn von keiner bemerkenswerten Teuerung im Buchwesen ausgegangen werden kann, scheint nichts gegen die oben angestellte Hochrechnung zu sprechen, dass nur etwa ein Viertel von Bullingers Bibliothek erhalten gelieben ist.

In 21 von Bullingers Büchern sind zeitgenössische Preisvermerke überlie-

rung des Gemeinen Gebetes im Jahre 1571. In: Hans Ulrich Bächtold, Rainer Henrich und Kurt Jakob Rüetschi: Vom Beten, vom Verketzern, vom Predigen. Beiträge zum Zeitalter Heinrich Bullingers und Rudolf Gwalthers : Prof. Dr. Alfred Schindler zum 65. Geburtstag. Zug 1999 (Studien und Texte zur Bullingerzeit ; 1), S. 9–44.

68 Hellmut Rosenfeld: Bücherpreis, Antiquariatspreis und Einbandpreis im 16. und 17. Jahrhundert. In: Gutenberg-Jahrbuch 1958, S. 359.

69 Das Exemplar befindet sich in der ZBZ, Dr M 3.

70 Urs B. Leu: Marginalien Konrad Gessners als historische Quelle. In: Gesnerus 50 (1993), S. 34f. Bullinger besass die Basler Augustin-Ausgabe 1528/29 (ZBZ: Rm 73–80). Das Titelblatt weist einen Preiseintrag von 46 Pfund (= 23 Gulden) auf. Das entspricht dem von Gessner erwähnten alten Preis für den Basler Augustin von 15 Gulden zuzüglich 8 Gulden für das Binden. Bullinger liess die zehnbändige Edition in acht Volumen binden, was 1 Gulden Bindekosten pro Band ergibt.

71 StAZ, G II 39.2–5: 1551 kostete der Einband für Konrad Gessners »Tierbuch» 1 Pfund 10 Schilling, 1554 für Gessners «Vogelbuch» 1 Pfund 10 Schilling, 1561 für die Werke von Marsilio Ficino 1 Pfund 10 Schilling und 1569 für das Pflanzenbuch von Leonhard Fuchs 1 Pfund 12 Schilling, wobei der Buchblock des letztgenannten etwas höher ist als bei den anderen.

fert, wovon einer aber nicht eindeutig zu entziffern ist. Bildet man von den 20 Einträgen die Summe, resultiert daraus der Betrag von 115 Pfund und 0.5 Schilling.[72] Die drei teuersten Werke sind die zehnbändige Werkausgabe Augustins für 46 Pfund, die neunbändige Basler Hieronymus-Ausgabe von 1516 für 8 Gulden[73] und Andreas Vesals (1514–1564) «De Humani corporis fabrica» von 1543 für 10 Pfund – ein Prachtwerk, das heute zu den berühmtesten Klassikern der Bibliophilie zählt.[74]

Bullinger verdiente jährlich gegen 700 Pfund[75], womit sich sein Einkommen etwa auf dem Niveau seines Vorgängers Huldrych Zwingli von 1531 bewegte[76], was aber dem Vielfachen des Salärs eines Landpfarrers entsprach.[77] Ein Teil seiner Entlöhnung erfolgte aus dem Studentenamt. Von dort erhielt er während seiner ganzen, über vierzigjährigen Amtszeit jährlich 140 Pfund ohne jegliche Lohnerhöhung ausbezahlt.[78] Aus Bullingers «Diarium» ist zudem bekannt, dass er im Hungerjahr 1571[79] sein zehn Jahre vorher erworbenes und über zwei Jahre hinweg ausgebautes Haus zum Schönenberg für 1 350 Gulden verkaufte.[80] Vergleicht man den Lohn und den Verkaufspreis

[72] Dies unter Berücksichtigung der in Fussnote 55 erwähnten Gleichung.

[73] Bullinger kaufte dieses Werk seinem Kollegen Konrad Pellikan, der es vom Basler Rat geschenkt erhalten hatte, für den handelsüblichen Preis von 8 Gulden ab. Die Verbilligung der Bücher im Laufe des 15. Jahrhunderts wird auch deutlich, wenn man sich vergegenwärtigt, dass nur schon die 1468 in Rom gedruckten «Epistolae» des Hieronymus 12.5 Gulden kosteten. Vgl. Leonhard Hoffmann: Buchmarkt und Bücherpreise im Frühdruckzeitalter : der Antoniter Petrus Mitte de Caprariis als Käufer der ersten Frühdrucke in Rom (1468/69). In: Gutenberg-Jahrbuch 2000, S. 81.

[74] Urs B. Leu: Andreas Vesalius (1514–1568) «De Humani corporis fabrica Libri septem». In: Martin Bircher et al.: Spiegel der Welt : Handschriften und Bücher aus drei Jahrtausenden : eine Ausstellung der Fondation Martin Bodmer, Cologny in Verbindung mit dem Schiller-Nationalmuseum, Marbach, und der Stiftung Museum Bärengasse, Zürich, Bd. 2. (Marbacher Kataloge ; Bd. 55), S. 168–171.

[75] Bullinger schrieb am 1. September 1556 an seinen Sohn Heinrich: «Wenn ich nun mein Einkommen und die übrigen Einnahmen berechne, so komme ich jährlich nicht auf 700 Pfund.» Zit. nach: Carl Pestalozzi: Heinrich Bullinger: Leben und ausgewählte Schriften. Elberfeld 1858, S. 610. Originalbrief in: ZBZ, Ms F 59, f. 316f.

[76] A. Corrodi-Sulzer: Zwinglis Vermögensverhältnisse. In: Zwa 4 (1923), S. 178. Zwinglis Jahreseinkommen von 1531 setzte sich wie folgt zusammen: 400 Pfund aus der Chorherrenpfründe zu St. Leonhard, 140 Pfund an Geld und schätzungsweise um die 200 Pfund an Naturalien aus verschiedenen Ämtern des Stifts.

[77] Konrad Klauser z. Bsp. bezog 1542 als Pfarrer der Zürcher Landgemeinde Elsau 36 Gulden, 21 Mütt Kernen, 10.5 Malter Hafer, 4 Viertel Schmalsalat, 10 Saum Wein und gehacktes Holz. Vgl. Peter Frei: Conradus Clauserus Tigurinus (ca. 1515–1567) : Pfarrer, Schulmann, Gelehrter. Zürich 1997 (Neujahrsblatt der Gelehrten Gesellschaft in Zürich ; 160), S. 19.

[78] StAZ, G II 39.1–6.

[79] Erland Herkenrath: Bullinger zu Teuerung und Bettel im Jahre 1571. In: Ulrich Gäbler und Erland Herkenrath (Hsg.): Heinrich Bullinger 1504–1575 : gesammelte Aufsätze zu seinem 400. Todestag, 1 Bd.: Leben und Werk. Zürich 1975 (Zürcher Beiträge zur Reformationsgeschichte ; Bd. 7), S. 323–338.

[80] Bullinger, wie Anm. 19, S. 73 und 106. Vgl. dazu den Kaufpreis für Pellikans 1542 in der Zür-

des Hauses mit den Preiseinträgen in den erwähnten zwanzig Schriften, wird deutlich, dass sich Bullinger seine Bücher und seine Bildung einiges kosten liess. Er dürfte daher wenig Verständnis für gewisse seiner Kollegen gehabt haben, die ihr persönliches Studium und ihre Weiterbildung vernachlässigten und die deshalb sogar anlässlich der halbjährlichen Synoden zum Thema wurden. Auf der Frühjahrssynode 1536 hiess es über Pfarrer Thomas Goldenberg von Ossingen: «Der zücht herumb wie ein anderer pur, ist unflyssig, studiert nüt, sin tisch, daruff er sine bůcher hatt, ist gar bestoben, hatt sich nüt gerüst mitt dinten, papir und federnn, wie sich gepürt. Er soll sich anders schicken und rüsten, flyssiger studieren, oder man wirt inn da nitt tulden.»[81] An der Herbstsynode 1538 wurde über Martin Manhart von Wald verhandelt, der vom Dekan vergeblich angewiesen worden war, mehr Bücher zu kaufen: «Alls imm der decanus gesagt, er sőlte wol mee bůcher haben, hat er geantwurt, Er heige dero nun ze vil und wőlle gheinerr mee etc.»[82]

Bullingers Studierzimmer

Bullinger gibt in seiner Studienanleitung an einen ungenannten jungen Mann, die er am 15. April 1528 seinem Zuger Freund Werner Steiner widmete, nicht nur Ratschläge zur optimalen Strukturierung des Tagesablaufs und zeitlichen Einteilung der Lektüre, sondern auch Tipps, welche Autoren lesenswert sind und wie Studierzimmer und Bibliothek eingerichtet sein sollen.[83] Vermutlich hat er seine Anweisungen auch für sich selbst beherzigt und seine Gelehrtenstube entsprechend organisiert. Dieser von Unruhe und Lärm abgeschiedene Ort soll wie folgt gestaltet sein: «Und inwendig soll al-

cher Neustadt erworbenes und renovationsbedürftiges Haus, wofür er 200 Gulden bezahlte (Theodor Vulpinus: Die Hauschronik Konrad Pellikans von Rufach : ein Lebensbild aus der Reformationszeit, Deutsch von Theodor Vulpinus. Strassburg 1892, S. 143.) Bullinger erwähnt im «Diarium» wiederholt auch Lebensmittel-, vor allem Getreidepreise. Der Preis für 1 Kopf Wein betrug 1540 (S. 28) und 1553 (S. 45) interessanterweise gleich viel, nämlich 1 Kreuzer (1 Pfund = 30 Kreuzer). Bei den Getreidepreisen werden aber die oben erwähnten extremen Preisschwankungen deutlich, wobei sich die Preise innerhalb des gleichen Jahres verdoppeln konnten. Der tiefste von Bullinger erwähnte Preis für 1 Mütt Kernen (= 82,2 Liter) beträgt 15 Batzen (= knapp 2 Pfund) im Jahr 1553, der höchste wurde im Krisenjahr 1571 erreicht mit 12 Pfund und 3 Batzen. Vgl. für die Zürcher Getreidepreise der Jahre 1552, 1553, 1556, 1559, 1560, 1563, 1564, 1567, 1568, 1570, 1571, 1572, 1573, 1574: Bullinger, wie Anm. 19, S. 42, 45, 49f., 63, 65, 75, 79, 90, 96, 104, 107, 109, 117, 123.

81 StAZ, E II 1, 203f.

82 StAZ, E II 1, 232.

83 Auszüge daraus hat Konrad Pellikan 1534 im vierten Band seines Kommentars zu den Schriften des Alten Testaments publiziert. Vgl. Martin Germann: Die reformierte Stiftsbibliothek am Grossmünster Zürich im 16. Jahrhundert. Wiesbaden 1994 (Beiträge zum Buch- und Bibliothekswesen; Bd. 34), S. 110.

les schön geordnet und reinlich sein, alles soll seinen bestimmten Platz innehaben, nichts soll unschicklich, nichts unordentlich da oder dort herumliegen. Den Tisch sollst du in die Mitte stellen, und zwar soll die Tischfläche vom Boden weg die Höhe haben, dass du im Stehen lesen kannst, auch sollst du die Bücher auf Gestellen so über dem Tisch aufstellen, dass du alle in Sicht und in der Nähe hast. Auch wird es nicht unnütz sein, wenn du den Tisch mit einem grünen oder schwarzen Tuch bedeckst; daran nämlich erholt sich das Augenlicht. Auch ist das Licht in Rechnung zu stellen, damit dieses, durch die allzu grelle Weisse der Bücher und des Papiers zurückgeworfen, und damit gleissender als gewöhnlich, die Sehschärfe nicht schwäche. Aus diesem Grund lassen die, die sich völlig der geistigen Arbeit verschrieben haben, die Sonne nicht durch geöffnete Fenster einfallen, sondern begnügen sich mit mässigem Licht. Und den vordersten Teil des Tisches nun soll das Pult einnehmen, und dieses sei etwas erhöht, denn du musst ja, darauf aufgestützt, mit aufgerichtetem Körper darauf schreiben können. Denn wenn der Nakken zu stark gekrümmt ist, wenn du gezwungen bist, den Kopf ganz vornüberzubeugen, dann kann es nicht anders sein, als dass das Gehirn selber in Verwirrung gesetzt und die Adern des Kopfes durch Blutandrang geweitet werden. In dieser unserer Musenbehausung aber soll sich nichts finden, was den Wissenschaften fremd ist. Vom obern Teil der Wand oder der Decke sollen Globen oder astronomische Sphären[84] herabhängen. Den Wänden sollen zum Schmucke dienen entweder Karten nach Ptolemäus oder andere Darstellungen, die zu den edlen Wissenschaften Bezug haben, oder aber ehrbare Bilder. Aristoteles nämlich war der Ansicht, dass unziemliche Bilder sehr viel zur Verderbnis der Sitten beitragen. Demnach sind von Christen solche eher auszutilgen als zu malen. Auch Bücher sollen vorhanden sein, geordnet aufgestellt und schön eingebunden.»[85] Die Privatbibliothek möchte Bullinger aber weniger mit vielen als mit ausgesuchten Werken bestückt sehen. Die Qualität der Werke steht im Vordergrund und nicht die Quantität, weshalb man nur so viele Bücher erwerben solle, wie es nötig sei.[86]

Nach welcher Ordnung Bullinger die Bücher in seinem Studierzimmer aufgestellt hatte, lässt sich nicht mehr rekonstruieren. Der Gebrauch von Rückenschildern zur Inhaltsangabe eines Bandes setzte sich erst später durch, so dass Verfassername und Kurztitel entweder auf dem Buchrücken oder auf den Schnitten von Hand mit Tinte angebracht wurden. Bei zehn Bänden aus Bullingers Bibliothek finden sich entsprechende Notizen auf

[84] Rudolf Gwalther sandte Bullinger am 4. März 1539 eine selbstgebaute Armillarsphäre. Vgl. HBBW 9. S. 76.

[85] Heinrich Bullinger: Studiorum ratio – Studienanleitung, hsg. v. Peter Stotz, Teilbd. 1 : Text und Übersetzung. Zürich 1987, S. 137.

[86] Heinrich Bullinger: Studiorum ratio – Studienanleitung, hsg. v. Peter Stotz, Teilbd. 1 : Text und Übersetzung. Zürich 1987, S. 137 und 139.

dem Vorderschnitt und bei drei auf dem oberen oder unteren Schnitt des Buchblocks, hingegen nur bei einem auf dem Rücken. Bullinger scheint seine Bücher, oder mindestens einen Teil davon, daher mit den Schnitten zum Betrachter hin stehend oder liegend aufgestellt zu haben, wie das auch in verschiedenen zeitgenössischen Abbildungen von Privatbibliotheken bis ins 17. Jahrhundert dargestellt wird.[87]

Was Bullingers Sammlung an Einblattdrucken und Kleinschriften angeht, so scheint er nicht wahllos, sondern themenbezogen gesammelt zu haben, wie das aus seinen Kollektionen an Prodigienliteratur, zur englischen Reformation und zum Tridentinum hervorgeht. Zudem fallen in den Beständen des im StAZ aufbewahrten Antistitialarchivs immer wieder Bände auf, die vereinzelt Bündel von Autographen, Handschriften und teilweise Drucken zu gewissen Themen enthalten. Diese Dokumente haben sich sehr wahrscheinlich im Besitz Bullingers befunden und wurden auch von ihm geordnet. Ein Deckblatt zu einem derartigen Dossier mit der Aufschrift «Mutatio Angliae» von Bullingers Hand ist erhalten geblieben.[88] In der ZBZ befinden sich in der Handschriftenabteilung ganze Bände mit Dokumentensammlungen Bullingers zu bestimmten Sachfragen, so beispielsweise mit Handschriften und Drucken zur Geschichte des Konzils von Trient.[89]

Rund zwei Fünftel der in der ZBZ aufbewahrten Bände aus Bullingers Bibliothek sind massiv gebunden, d.h., sie haben mit Kalbs- oder Schweinsleder überzogene Holzdeckel mit Blindprägung. Davon stammen 22 aus verschiedenen Zürcher Buchbinderwerkstätten.[90]

In Bullingers Büchern finden sich wenige Anstreichungen und Randnotizen. Nur vereinzelt treten sie gehäuft auf. Er scheint exzerpierend gelesen und den verarbeiteten Stoff nach einem gewissen Loci-System geordnet zu haben, wie er das bereits in der «Studiorum ratio» empfahl[91] und wovon auch

87 Diese Aufstellung der Bücher mit dem Vorderschnitt zum Betrachter geht vermutlich auf die mittelalterlichen Kettenbuch-Bibliotheken zurück. Vgl. Henry Petroski: The Book on the Bookshelf. New York 1999, S. 79: «Thus, the best location for the chain to be affixed to the vertically shelved book was a cover's fore-edge. To allow the chain to hang down in front of the shelf and interfere least with other books, it was natural to shelve the books with their fore-edge facing out.»

88 StAZ, E II 335, 2144v. Die darin enthaltenen Dokumente, darunter auch sechs Druckschriften aus dem Zeitraum von 1549 bis 1555, befassen sich vor allem mit der konfessionellen Veränderung bzw. der Rückkehr Englands zum Katholizismus unter Maria der Blutigen (1553–1558).

89 ZBZ, Ms A 84.

90 Wir danken Frau Dr. phil. Judith Steinmann, ehemalige Mitarbeiterin der Handschriftenabteilung der ZBZ, für ihre Hilfe bei der Bestimmung der Zürcher Einbände.

91 Heinrich Bullinger: Studiorum ratio – Studienanleitung, hsg. v. Peter Stotz, I. Teilband : Text und Übersetzung. Zürich 1987, S. 111–137. Vgl. ebd., S. 111: «Es wird aber deinen Studien und deinem Erinnerungsvermögen sehr förderlich sein, wenn du gewisse Leitbegriffe, gleichsam Kästchen, besitzest, in welche du alles einordnen kannst, was immer du bei den Schrift-

seine etwa 1500 Seiten zählende handschriftliche theologische Loci-Sammlung zeugt, mit der er frühestens 1534 begann.[92] Die verschiedene Färbung der Tinte sowie spätere Textergänzungen weisen darauf hin, dass Bullinger darin wiederholt Nachträge anbrachte.

Literaturversorgung in Zürich

Die Zürcher Gelehrten der Reformationszeit nutzten verschiedene Möglichkeiten, sich mit Literatur einzudecken. 1532 reformierte Bullinger die Lateinschule und gründete im Herbst des gleichen Jahres am Grossmünster das Collegium superius und am Fraumünster das Collegium inferius. Ebenfalls 1532 wurde die Stiftsbibliothek wieder eingerichtet und zu diesem Zweck Zwinglis Bibliothek für 200 Pfund gekauft. Es sollten jährlich für mindestens 10 Gulden Bücher angeschafft werden.[93] Die Stiftsbibliothek wurde auch vom Zürcher Antistes frequentiert. Dies beweisen verschiedene Benutzungsspuren in Handschriften und Drucken, die zum Bestand der Stiftsbibliothek gehörten und heute in der ZBZ sind.[94]

Aus den handschriftlichen Randnotizen im bereits erwähnten Handexemplar der «Bibliotheca universalis» von Konrad Gessner geht hervor, dass

stellern liest; ihnen magst du es dann wieder entnehmen und zur Verfügung haben, wenn eine Frage aus jenem Gebiet zu erörtern ist. Hierüber hat Erasmus sehr Verdienstliches geschrieben im zweiten Buche seines ‹Vorrats›, unter ‹Über das Sammeln von Beispielen›; ihm entnimm das Weitere.»

92 Die beiden handschriftlichen Bände befinden sich in der Zentralbibliothek Zürich: Ms Car I 152 und 153. Die Datierung dieser Loci-Sammlung, bei der sich ein Haupttext und verschiedene spätere Zusätze unterscheiden lassen, basiert auf dem wiederholten, ausführlichen Zitieren der Augustin-Ausgabe, die 1528–29 bei Froben in Basel erschienen ist und die sich gemäss Besitzvermerk auf dem Titelblatt des ersten Bandes seit 1534 in Bullingers Besitz befand (ZBZ: Rm 73–80).

93 Martin Germann: Die reformierte Stiftsbibliothek am Grossmünster Zürich im 16. Jahrhundert. Wiesbaden 1994 (Beiträge zum Buch- und Bibliothekswesen ; Bd. 34), S. 204. Gemäss den jährlichen Abrechnungen des Stiftsverwalters (vgl. StAZ, G II 39) hielt man sich nicht stur an diese Vorgabe, sondern gab einmal mehr, einmal weniger aus.

94 Martin Germann: Die reformierte Stiftsbibliothek am Grossmünster Zürich im 16. Jahrhundert. Wiesbaden 1994 (Beiträge zum Buch- und Bibliothekswesen ; Bd. 34), S. 205–207. Germann glaubte auch im Exemplar des 1536 in Basel gedruckten Briefwechsels zwischen Oekolampad und Zwingli, der als dritte Schrift in einen Sammelband eingebunden ist, Benutzungsspuren Bullingers entdeckt zu haben, was sich aber als Irrtum erwies (ZBZ, III B 65). Bullinger brachte aber in zwei spätmittelalterlichen Manuskripten der Stiftsbibliothek handschriftliche Annotationen an. Eine Handschrift hatte er in Dauerausleihe. Vgl. Martin Germann, ebd., S. 205: «Der Fall von Dauerausleihe betrifft Zwinglis eigenhändige Abschrift der Paulus-Briefe in griechischer Sprache, die er 1517 angelegt hatte und die unter #443 in Pellikans Inventar eingetragen war (heute ZBZ, RP 15). Bullingers Ausleihe wurde so verbucht, dass Pellikan eigenhändig in sein Inventar an den Rand zu #443 mit feiner Feder die Notiz eintrug, dass Bullinger diesen Band bei sich habe.» Vgl. auch HBBW 7, S. 292.

auch das Collegium inferius am Fraumünster über Bibliothek verfügte und dass viele Zürcher Gelehrte eigene Büchersammlungen aufbauten. Zu über 100 Werken notierte Gessner, wer das Buch besass, darunter bekannte Namen wie Theodor Bibliander, Heinrich Bullinger, Christoph Klauser, Rudolf Collin, Johannes Fries, Christoph Froschauer, Rudolf Gwalther, Konrad Pellikan, Otto Werdmüller und Johannes Wolf.[95] Es scheint, dass man sich gegenseitig mit Literatur ausgeholfen hat, was sich aufgrund der hohen Buchpreise geradezu aufdrängte.

Man lieh sich gegenseitig aber nicht nur innerhalb der Stadt gewisse Werke aus, sondern sandte sich auch Bücher und Handschriften über weitere Distanzen zu.[96] Abgesehen von der skizzierten Buchausleihe, schafften sich die Zürcher Gelehrten viele Werke auch selber an. Entweder waren diese bei einem der Buchhändler innerhalb der Stadt käuflich zu erwerben, oder man bestellte sie von auswärts. Dies erforderte gründliche Kenntnisse der aktuellen internationalen Literaturproduktion, die man sich einerseits mit Hilfe von Buchhändlerkatalogen[97], andererseits durch den Besuch der Frankfurter Buchmesse aneignete. Letztere wurde von Christoph Froschauer regelmässig besucht, der seine Zürcher Kundschaft auf dem laufenden hielt.[98] Ein weiteres wichtiges Hilfsmittel stellte die Korrespondenz mit anderen Gelehrten dar. Der Briefwechsel Bullingers, Konrad Gessners und anderer enthält oft Fragen oder Hinweise zu Neuerscheinungen. Nicht selten werden die Briefpartner um die Zusendung von Publikationen gebeten bzw. schicken sie aus eigenem Antrieb.

Buchgeschenke an Bullinger

Aus Bullingers Bibliothek haben sich 61 Buchgeschenke erhalten, was immerhin fast einem Drittel des Bestands entspricht. Bis auf die 1521 gedruckte Tertullian-Ausgabe, die ihm der Kappeler Konventherr Andreas Hoffmann (gest. 1531) 1524 schenkte[99], datieren alle anderen aus dem Zeitraum von 1537 bis 1570, also aus Bullingers Amtszeit als Zürcher Antistes (1531–1575). Am meisten Werke, nämlich 24, erhielt er von seinen Zürcher Kollegen und Verwandten zugeeignet wie dem Hebraisten Theodor Bibliander, dem Naturforscher und Arzt Konrad Gessner, seinem Zögling Rudolf Gwalther, sei-

95 Vgl. Urs B. Leu: Marginalien Konrad Gessners als historische Quelle. In: Gesnerus 50 (1993), S. 41 f.

96 Vgl. dazu etwa den Brief von Vadian an Bullinger vom 8. Februar 1541 (StAZ, E II 351, 2).

97 Urs B. Leu: Conrad Gesner als Theologe : ein Beitrag zur Zürcher Geistesgeschichte des 16. Jahrhunderts. Bern [etc.] 1990 (Zürcher Beiträge zur Reformationsgeschichte ; Bd. 14), S. 197–201.

98 Joachim Staedtke: Anfänge und erste Blütezeit des Zürcher Buchdrucks. Zürich 1965, S. 14 f.

99 HBBW 1, S. 55 und 79.

nem Schwiegersohn Ludwig Lavater, seinem Patenkind Josias Simmler, dem seit 1548 mit Unterbrüchen in Zürich wohnhaften italienischen Juristen Laelius Sozinus, dem ab 1556 in Zürich lehrenden Theologen Petrus Martyr Vermigli und Pfr. Johannes Wolf, dem Paten von Bullingers Enkelin Elisabeth Lavater.[100]

Wie zu erwarten, stammen verschiedene Buchgeschenke aus Basel, so von Pfarrer Johannes Gast, vom Reinacher Pfarrer Jonas Grasser und vom elsässischen Theologen Bartholomäus Westheimer, der 1546, als er Bullinger die Werke Cyrills von Alexandrien widmete, eine Zeitlang die Pfarrei in Therwil bei Basel versah. Als weitere Schenker aus der damaligen Eidgenossenschaft treten der St. Galler Reformator Joachim Vadian, der Churer Pfarrer Johannes Fabricius Montanus sowie die in Bern ansässigen Theologen Wolfgang Musculus und dessen Sohn Abraham in Erscheinung. Aus der französischen Schweiz sandten Johannes Calvin und Theodor Beza Buchgeschenke an den Zürcher Antistes.

Nebst Buchgeschenken der bekannten Genfer weist Bullingers Privatbibliothek auch Widmungsexemplare der berühmten Reformatoren Johannes a Lasco und Philipp Melanchthon auf. Aus Augsburg bedachten ihn der Arzt Achilles Pirmin Gasser und der Rektor des Gymnasiums St. Anna, Matthias Schenck[101], mit Druckschriften. Je ein Werk erhielt er von den reformierten Heidelberger Theologen Pierre Bouquin und Kaspar Olevian. Der Mediziner Venerand Gabler[102] und Engelbert Milander (Eppelmann)[103] wie auch der italienische Glaubensflüchtling Pietro Paulo Vergerio sandten Bullinger aus Tübingen verschiedene Werke zu, wobei ihm Vergerio auch während seiner

[100] Bullinger, wie Anm. 19, S. 69.

[101] Traugott Schiess: Briefwechsel der Brüder Ambrosius und Thomas Blarer 1509–1548, Band 2: August 1538–Ende 1548. Freiburg i.Br. 1910, S. 75, Anm. 2.

[102] Der Arzt Venerand Gabler stammt aus Nürtingen und schrieb sich am 2. November 1536 sowie am 31. Dezember 1550 an der Universität Tübingen ein (vgl. Heinrich Hermelink: Die Matrikeln der Universität Tübingen, Bd. 1: die Matrikeln von 1477–1600. Stuttgart 1906, S. 285 und 349). Am 17. April 1559 besuchte er Konrad Gessner in Zürich. Vgl. Richard J. Durling: Conrad Gesner's Liber amicorum. In: Gesnerus 22 (1965), S. 140. Gerwig Blarer richtete Ambrosius Blarer am 2. März 1564 Grüsse von Dr. Gabler aus Tübingen aus (Traugott Schiess: Briefwechsel der Brüder Ambrosius und Thomas Blarer 1509–1567, Bd. 3 : 1549–1567. Freiburg i.Br. 1912, S. 801). Am 27. September 1577 schrieb Gabler aus Riedlingen an der Donau an [Hans] Wilhelm Stucki (StAZ, E II 358, 413 f.).

[103] Über die Person Milanders ist wenig bekannt. 1559 schrieb er Bullinger aus Tübingen, wobei er die Zürcher auch persönlich gekannt haben muss. Er hatte in Tübingen verschiedene Augsburger Knaben, welche die Schule besuchten, zu überwachen. Vgl. Traugott Schiess: Ein Jahr aus Bullingers Briefwechsel. In: Zwa 6 (1934), S. 23. Das Heidelberger Kirchenratsprotokoll vom 26. Juli 1570 hält fest, dass Milander zu einem Kreis von Arianern gehöre, wobei er vom Heidelberger Antitrinitarier Johann Sylvan dazu verführt worden sei. Vgl. Christopher J. Burchill: Bibliotheca dissidentium, tome 11 : the Heidelberg Antitrinitarians, Johann Sylvan, Adam Neuser, Matthias Vehe, Jacob Suter, Johann Hasler. Baden-Baden 1989, S. 38 f.

Bündner Zeit als Pfarrer von Vicosoprano mindestens einen Titel zukommen liess. Vom Strassburger Reformator Martin Bucer und von seinem bedeutendsten Mitarbeiter bei der Neugestaltung des lokalen Schul- und Bildungswesens, Jakob Bedrot, hat sich je ein Werk mit Widmung an Bullinger erhalten. Darüber hinaus ist ein Buchgeschenk von Hieronymus Zanchius aus seiner Strassburger Zeit überliefert wie auch je ein Widmungsexemplar des Konstanzer Buchhändlers Gregor Mangolt, des lutherischen Theologen Johannes Mathesius aus dem böhmischen Joachimsthal und des französischen Juristen François Hotman, der Bullinger in den Jahren 1556, 1558 und 1559 häufig schrieb.[104] Am 21. März 1559 sandte er ihm[105] zudem sein im gleichen Jahr bei Herwagen in Basel gedrucktes Werk «Iurisconsultus» zu. Ob der Engländer John Butler, von dessen Sohn Bullinger Pate war[106], ihm einen Einblattdruck schenkte, muss offen bleiben.

Fachliche und sprachliche Zusammensetzung von Bullingers Bibliothek

Wie nicht anders zu erwarten, überwiegt der Anteil an theologischer Literatur. An zweiter und dritter Stelle folgen historische und philologische Werke.

		Anzahl Titel
I.	Bibliographien/Lexika:	3
II.	Enzyklopädie:	1
III.	Geschichte:	33
IV.	Grammatik:	2
V.	Klassische Philologie und Neulatein (total 20):	
	Klassische Philologie allgemein:	2
	Griechische Literatur:	6
	Lateinische Literatur:	6
	Neulateinische Literatur:	6
VI.	Masse und Gewichte:	2
VII.	Naturwissenschaften (total 9):	
	Naturwissenschaften allgemein:	1
	Geographie:	2
	Kosmologie:	1

104 Franciscus und Joannes Hotomanus: Clarorum virorum ad eos epistolae. Amsterdam 1700, S. 2–32.

105 Franciscus und Joannes Hotomanus: Clarorum virorum ad eos epistolae. Amsterdam 1700, S. 23.

106 HBBW 6, S. 387. Bullinger schenkte ihm ein Exemplar seiner 1549 bei Froschauer erschienenen «Sermonum Dedades duae», das sich heute in der British Library in London befindet. Das Titelblatt mit der handschriftlichen Widmung Bullingers an Butler ist abgebildet in: John Wraight: The Swiss and the British. Salisbury 1987, S. 119.

	Medizin:	1
	Pharmakologie:	1
	Physik:	1
	Zoologie:	2
VIII.	Obrigkeitliche Mandate und Erlasse:	12
IX.	Psychologie:	2
X.	Rechts- und Staatswissenschaften:	7
XI.	Rhetorik:	3
XII.	Theologie (total 123):	
	1. Abendmahl:	15
	2. Apologetik:	1
	3. Bekenntnisschrifttum:	3
	4. Bestattung:	1
	5. Bibelausgaben:	12
	6. Dogmatische Schriften:	14
	7. Ehe:	2
	8. Exegese:	4
	9. Homiletik:	1
	10. Katechismus:	2
	11. Kirchenordnung:	3
	12. Kirchenväter:	21
	13. Mittelalterliche Autoren:	2
	14. Pastoraltheologie:	1
	15. Polemik:	15
	16. Religionsgeschichte:	2
	17. Theologie (Varia):	10
	18. Tridentinum:	14

Unter den 217 wiedergefundenen Publikationen aus Bullingers Besitz befinden sich 171 lateinische, 34 deutsche, fünf griechische, zwei hebräische, zwei italienische sowie je eine englische, slowenische und spanische. Die aufgeführten Sprachen repräsentieren einerseits Bullingers humanistische Bildung, andererseits auch den europäischen Wirkungskreis des Zürcher Antistes.[107] Ob Bullinger Englisch oder Italienisch konnte, wissen wir nicht. Slowenisch hat er wohl nie erlernt. Beim einzigen Titel in dieser Sprache han-

[107] Zu Bullingers europäischem Wirkungsbereich vgl. nebst seinem umfangreichen Briefwechsel u. a. folgende Studien: Fritz Büsser: H. Bullingers 100 Predigten über die Apokalypse. In: Zwa 27 (2000), S. 130 f.; Walter Hollweg: Heinrich Bullingers Hausbuch : eine Untersuchung über die Anfänge der reformierten Predigtliteratur. Neukirchen 1956 (Beiträge zur Geschichte und Lehre der Reformierten Kirche ; Bd. 8); Urs B. Leu: Heinrich Bullingers Widmungsexemplare seiner Schrift «Der Widertöufferen ursprung ...» von 1560 : ein Beitrag zur europäischen Wirkungsgeschichte des Zürcher Antistes. In: Zwa 28 (2001), S. 119–163.

delt es sich um ein Geschenk von Vergerio. Auch des Spanischen war er nicht mächtig, weshalb Konrad Gessner den entsprechenden Text, ein Schreiben von Philipp II. an seinen Sohn Carlos, für ihn ins Deutsche übersetzte.[108]

Dr. Urs B. Leu, Zentralbibliothek Zürich, Zähringerplatz 6, 8025 Zürich

[108] Gessners Übersetzung findet sich in: ZBZ, Ms A 44, S. 565 f.

«Darumb vast hinus mit, doch mit gschickte!»

Ikonoklastisches Handeln während der Reformation in Bern 1528[1]

VON LUCAS MARCO GISI

> L' an 1400. JEAN MAULBERG, Prédicateur de *Bâle*, prédit aux *Suisses* la *Reformation* qui se feroit un jour entre eux, fulminant contre les grands vices qui étoient alors en vogue dans ces pais. Qui plus est, il dit un jour en chaire: *La Reformation est devant la Porte, soiez en bien aises: & si les hommes la voudront empêcher, les pierres parlerons*[.] Mais il fut banni.[2]

1. Einleitung

«Die goetze in miner herren chilchen sind gerumpt», verkündete der Rat von Bern am 6. Juni 1530.[3] – Am Tag nach dem Ende der Berner Disputation, am 27. Januar 1528, war vom Rat der Beschluss ausgegangen, innerhalb von acht Tagen die Bilder der Kirchen zu entfernen.[4] Doch bereits für den gleichen Tag berichtet der Chronist Valerius Anshelm von einem «gruelichen sturm», in dem die 25 Altäre des Münsters und das Sakramentshaus geräumt, die «goetzen» zerschlagen und hinter der Stützmauer der Münsterplattform vergraben wurden.[5] Offenbar hatte sich, während die Bilder aus dem Münster getragen

[1] Für zahlreiche Anregungen und die Unterstützung bei der Arbeit am folgenden Beitrag bin ich Herrn Prof. Dr. Peter Blickle (Universität Bern) zu herzlichem Dank verpflichtet. Zum Zwingli-Zitat, das der vorliegenden Arbeit den Titel lieh, vgl. *Zwingli*, Eine Antwort, Valentin Compar gegeben, in: Z IV 149: «Hinus allenthalb mit den götzen! Es darff niemen dencken, dass sy yeman dennen tuege, denn der bericht [= unterrichtet, unterwiesen] oder glöubig ist. [...] Ich mein nit, das hierinn yemans dem andren umb ein har, ich gschwyg: bim eyd, verpflicht sye. Darumb vast hinus mit, doch mit gschickte!»

[2] P. L. *Berkenmeyer*, Le curieux Antiquaire ou Recueil geographique et historique des choses les plus remarquables qu'on trouve dans les quatre Parties de l'Univers; Tirées des Voiages de divers Hommes celébres. Tome premier, qui comprend une partie de l'Europe, Leiden 1729, 244.

[3] Staatsarchiv Bern, Ratsmanual 225, 371, zum 6. Juni 1530, zit. nach dem für die neuere Forschung zum Berner Bildersturm grundlegenden Beitrag von Franz-Josef *Sladeczek*, «Die goetze in miner herren chilchen sind gerumpt»! Von der Bilderfrage der Berner Reformation und ihren Folgen für das Münster und sein Hauptportal. Ein Beitrag zur Berner Reformationsgeschichte, in: ThZ 44 (1988), 289–311, hier: 289.

[4] Rudolf *Steck*, Gustav *Tobler*, Aktensammlung zur Geschichte der Berner-Reformation 1521–1532. Hg. mit Unterstützung der bernischen Kirchensynode, Bern 1923, Nr. 1487, 611. Im folgenden Sigle ST Nr. Nummer, Seitenzahl.

[5] Die Berner Chronik des *Valerius Anshelm*, hg. vom Historischen Verein des Kantons Bern, 6 Bde., Bern 1884–1901, Bd. V, 245. Im folgenden Sigle A Band, Seitenzahl.

wurden, Widerstand gegen die Räumung und den Beschluss der Obrigkeit geregt, wie die im Ratsmanual aufgezeichneten Verhöre über die Ereignisse im Münster am 28. Januar belegen.[6] Auch in der Berner Landschaft war es in der Folge während der Entfernung der Bilder zu Auseinandersetzungen gekommen, dennoch konnte die Obrigkeit ihre Beschlüsse letztlich durchsetzen. Mit der Räumung der Kirchen in Stadt und Land hatte die Durchführung der Reformation in Bern eine augenfällige Bestätigung gefunden.

Einer Rekonstruktion des Berner Bildersturms stellt sich die Schwierigkeit, dass relativ wenig Quellenmaterial überliefert ist, in dem die Ereignisse zudem lediglich eine äusserst knappe Darstellung finden.[7] Da sich die Quellenlage *in nuce* nicht erweitert liess, soll versucht werden, einerseits die vorhandenen Quellen in ihrem unmittelbaren Kontext zu erschliessen sowie andererseits deren Einordnung in einen weiteren Kontext anzustreben. Zunächst ist die Haltung der bernischen Obrigkeit gegenüber sakralen Bildern nachzuzeichnen, wie sie sich in den Mandaten und Beschlüssen des Reformationsjahrzehnts entwickelt (1). Der Kontext der Ereignisse während des Bildersturms lässt sich mittels eines prosopografischen Zugriffs auf die Akteure sowie einer Klärung der Rolle der Zünfte rekonstruieren (2). Aufschluss über die Zerstörungshandlungen während des Bildersturms versucht eine Analyse des Berner Skulpturenfundes zu geben (3). Anschliessend ist der theologische Kontext zu umreissen, auf den die symbolischen Handlungen verweisen, durch die der Berner Bildersturm öffentlich inszeniert wurde (4). Abschliessend sind die verschiedenen Konfliktebenen darzustellen, die sich im Berner Bildersturm überlagern (5).

2. Die Bilderfrage im Rahmen der Reformation in Bern

Der Bildersturm bezeichnet einen integralen Bestandteil der Reformation in der Eidgenossenschaft.[8] Der Versuch, die Haltung der bernischen Obrigkeit

[6] ST Nr. 1490, 612f. Auf die abweichende Datierung hat Brigitte *Kurmann-Schwarz*, Die Glasmalereien des 15. bis 18. Jahrhunderts im Berner Münster, Bern 1998 (Corpus vitrearum Medii Aevi. Schweiz; 4), 51, hingewiesen.

[7] Die ausführlichste Schilderung der Ereignisse bietet die Chronik des Valerius Anshelm (A V, 244f.). Erwähnt wird der Bildersturm in Bern auch in den Chroniken von Johannes Stumpf und Johannes Salat: *Johannes Stumpfs* Schweizer- und Reformationschronik. Hgg. von Ernst *Gagliardi*, Hans *Müller*, Fritz *Büsser*, in: QSG.C, Bd. V, 1. Teil, Basel 1955, 375f.; Johannes *Salat*, Reformationschronik 1517–1534. Bearb. von Ruth *Jörg*, in: QSG.C, Bd. VIII, 2. Teil, Bern 1986, 455. Zudem sind die Einträge in den Ratsmanualen zu berücksichtigen: ST v. a. Nr. 1490, 612f.

[8] Vgl. Peter *Blickle*, Gemeindereformation. Die Menschen des 16. Jahrhunderts auf dem Weg zum Heil. Studienausgabe, München 1987, 95. Vgl. auch die Darstellung der Reformation in den einzelnen Orten der Eidgenossenschaft bei Gottfried W. *Locher*, Die Zwinglische Reformation im Rahmen der europäischen Kirchengeschichte, Göttingen/Zürich 1979.

in der Bilderfrage, wie sie Stadt und Land in den Glaubensmandaten kommuniziert wurde, in einem zeitlichen Längsschnitt zu betrachten, zeitigt ein einigermassen erstaunliches Bild einer kontinuierlichen Entwicklung. Im ersten Mandat von Viti et Modesti (d.h. vom 15. Juni 1523) wird die Bilderfrage zwar nicht behandelt, allerdings findet sich der dezidierte Anspruch der bernischen Obrigkeit auf die Kompetenz, in Glaubensfragen und über deren rechtliche Implikationen zu entscheiden. Sowohl geistliche wie weltliche Personen, die «wider dise unsere ordnung und ansehen thuon und handlen», hätten «unserer schwären ungnad und straaff» zu erwarten.[9] Im zweiten Mandat vom 22. November 1524 wird die Bilderfrage konkret in diese Strafandrohung aufgenommen: Niemand solle «die bilder gottes, siner würdigen muotter und der lieben heiligen, ouch die kilchen und gottshüser und dero gezierd schmächen, enteeren, zerbrächen, verbrönnen oder in ander wäg verachten»; denn gegenüber diesem Tatbestand («reden und handlen») bestehe Anzeigepflicht, und Zuwiderhandelnde würden «an eeren, lib und gut und nach gestalt irs missbruchs und verdienes gestraft».[10] Im dritten Mandat vom 7. April 1525 werden in 34 Artikeln Vergehen unter Strafe gestellt, darunter auch Angriffe auf «der heiligen ere in bildnussen und figuren»; Bestimmungen, die das vierte Mandat bekräftigt.[11] Das Mandat vom 27. Mai 1527 bestätigt, dass «niemands eigens gewalts unterstande und fürnäme wider die siben sacrament, der kilchen gezierd, bilder, ceremonien und der glichen brüch und übungen» ohne «gunst, wüssen und verwilligung» der

Zur Reformation in Bern vgl. die Beiträge in: 450 Jahre Berner Reformation. Beiträge zur Geschichte der Berner Reformation und zu Niklaus Manuel, AHVBK 64/65 (1980/81), darin grundlegend der Beitrag von Ernst *Walder*, Reformation und moderner Staat, 441–583; Kurt *Guggisberg*, Bernische Kirchengeschichte, Bern 1958, 101–137; Richard *Feller*, Geschichte Berns, Band II: Von der Reformation bis zum Bauernkrieg 1516–1653, Bern 1953, 110–182; Sladeczek (Anm. 3); Dan Lee *Hendricks*, The Bern Reformation of 1528: The Preacher's Vision, the People's Work, an Occasion of State, Diss. Duke University 1977, Michigan 1990 (UMI Dissertation Services); Marc *Lienhard*, Die Städtische Reformation: Straßburg, Basel, Bern, in: Marc *Venard* (Hg.), Von der Reform zur Reformation (1450–1530). Deutsche Ausgabe bearbeitet und hg. von Heribert *Smolinsky*, Freiburg/Basel/Wien 1995 (Die Geschichte des Christentums. Religion – Politik – Kultur; 7), 790–808; und die ältere Forschung: Theodor *de Quervain*, Kirchliche und soziale Zustände in Bern unmittelbar nach der Reformation (1528–1536), Diss. phil., Bern 1906; *Ders.*, Geschichte der bernischen Kirchenreformation, in: Gedenkschrift zur Vierjahrhundertfeier der Bernischen Kirchenreformation, bearb. E. *Bähler*, Th. *de Quervain* u.a., Bd. I, Bern 1928, 1–300; Leonhard *von Muralt*, Stadtgemeinde und Reformation in der Schweiz, in: ZSG 10 (1930), 349–384.

9 ST Nr. 249, 67f.

10 ST Nr. 510, 155.

11 ST Nr. 610, 191 (Artikel 7). In Artikel 10 wird gesondert der Angriff auf Kirchen und Klöster verboten. Im vierten Mandat vom 4. Mai 1526 wird das frühere Mandat bestätigt auch bezüglich der «kilchenzierden, eerungen der aller wirdigisten jungfrouwen Marie, der lieben heiligen» (ST Nr. 882, 307).

Obrigkeit.[12] Dem Beschluss, eine Disputation abzuhalten, folgte eine Sistierung der Entscheidungen in Glaubensfragen, und an Untertanen, die «uffrür» gemacht oder «die bilder geendert» hatten, erging die Ermahnung, «fridsam [zu] sin biss m. h. der disputation halb ein endrung thuond».[13] Als etwa im Januar 1528 in Aigle «ettlich die bilder daselbs uss der kilchen genommen und verborgen» hatten, wurde der zuständige Venner beauftragt, dies rückgängig zu machen, dem Rat Bericht zu erstatten und «wyters zuo verändern by lib und guott» zu verbieten und «miner herren willens nach volstreckung der disputatz zuo erwarten».[14] Das nach der Disputation erlassene Reformationsmandat für das Gebiet von Bern vom 7. Februar 1528 schliesslich behandelt im neunten Artikel die Bilderfrage. Zur Vermeidung von «ergernuss» sollten bis auf weiteren Bescheid «mässgwänder, kilchenzierd, kleider, kelch und derglichen diser zyt unverändert beliben».[15] Aber letztlich obliege es den Stiftern, allfällige Räumungen von sakralen Gegenständen vorzunehmen: «Aber die gesellschaften und stuben, ouch sondrig personen, so besonder altaren und capellen haben, die mögend mit den mässgwändern, kleidern, zierden, kelchen etc., die si old ir vordern dargäben haben, handlen nach irem gevallen; was aber ander lüt dargäben hätten, das söllend si nit verrucken.»[16] Gleichzeitig wird «bi schwärer straf» geboten, dass «khein parthy die ander schmäche, verspotte, lestre, beleidige, weder mit worten noch mit wärken».[17] Die Räumung der Kirchen liegt somit dezidiert in der Hand der Stifter; Ähnliches bestätigen für die Stadt die Anfragen an die Zünfte.[18] In der Behandlung der Bilderfrage in den verschiedenen Mandaten ist eine Entwicklung erkennbar hin zum Versuch, die Entscheidungsgewalt über die Bilder in den Einflussbereich der bernischen Obrigkeit zu führen. Konkret wird die Bilderfrage in ein Verbot gefasst, die Bilder «anzugreifen».

Allerdings entspricht dies bekanntlich nur partiell dem Vorgehen der ber-

12 ST Nr. 1221, 436. Vgl. Sladeczek (Anm. 3), 300.

13 ST Nr. 1477, 604; vgl. auch ST Nr. 1382, 528.

14 ST Nr. 1458, 586.

15 ST Nr. 1513, 633.

16 ST Nr. 1513, 632f.

17 ST Nr. 1513, 632.

18 ST Nr. 1487, 611 (Zit. s. unten S. 43f.). Vgl. auch den Eintrag im Ratsmanual vom 29. Januar 1528: «Haben m.h. geratten, die altharen alss woll alss die bilder und taffelen uss der kilchen nemen, und jeder, was das sin, zuo sinen handen nemen. Wann aber je einer sin allterstein ouch haben welt, dem söllen sy ouch gelangt werden; doch soll er das ort und gruoben mit ziegellstein widerumb beschiessen lassen.» (ST Nr. 1490, 613.) Die Steinskulpturen waren offenbar von diesem Beschluss ausgeschlossen, deren Entfernung also nicht den Stiftern übertragen worden. Einen Tag zuvor, scheint allerdings auch noch nicht ganz klar zu sein, was mit einzelnen Bildern geschehen sollte: «Die bilder zuo S. Anthoni in das gwelb zuo leggen.» (ST Nr. 1489, 612).

nischen Obrigkeit. So wurde festgelegt, dass während der Berner Disputation (6.–26. Januar 1528) Theologen mit der Schrift als einzigem Massstab zur Wahrheit in Glaubensfragen gelangen sollten: «[...] ouch niemands darüber, dann allein die göttlich gschrift, sich selbs ze urteilen hab, die dann das richtschit, schnuor, grundveste und einiger richter der waren christenlichen gloubens ist [...]».[19] Die «rechtliche Funktion» der Disputation, wie es Bernd Moeller nannte, fand ihren Niederschlag in den Schlussthesen, denen in der Form der unbeschränkten Geltung Rechtscharakter zukam:[20] «Und was dann uf sölicher disputatz mit göttlicher biblischer geschrift [...] bewärt, bewisen, erhalten, abgeredt, angenommen, und hinfür ze halten gemeret und beslossen wird, das soll, ane alles mittel und widersagen, kraft und ewig bestand haben [...]».[21] Die achte Schlussthese – nach der Bilder, die verehrt würden, zu entfernen seien – verdeutlicht, dass die Entscheidung für die Reformation letztlich auf eine Bilderentfernung hinauslief.[22] So steht denn bereits vor dem Reformationsmandat die Anordnung, in der Stadt die Kirchen zu räumen, und deren effektive Durchführung im Berner Bildersturm zwischen Disputation und Reformationsmandat.[23] Auch auf der Landschaft stehen den offenen Formulierungen des Mandats die Befehle zur Bilderräumung entgegen. So steht im Ratsmanual bereits für den 26. Juni 1528: «Bilder in statt und land, altaren, gmäl ze slan, verbrennen».[24] Zwei Tage später folgte ein Mandat an Stadt und Land, das über das Schicksal der Bilder keine Fragen mehr offen liess: «[...] so ist unser ernstig will und meynung, dass all die bilder und götzen, so by üch noch vorhanden sind, ane verzug harfürgetragen, verbrendt und zerschlagen, darzuo all altaren geslissen und umbkert werdind, die syen in der kilchen oder hüsern.»[25] Die Bilderentfernungen in Oberbüren oder im Oberhasli erfolgten jeweils auf Anordnung der Berner Obrigkeit.[26]

Diese scheinbare Gegensätzlichkeit in der Haltung der Obrigkeit lässt sich allerdings in ihrer zeitlichen Entwicklung erklären und auflösen. War es

19 ST Nr. 1371, 519f. Zur Berner Disputation vgl. Gottfried W. *Locher*, Die Berner Disputation 1528. Charakter, Verlauf, Bedeutung und theologischer Gehalt, in: Zwa 14 (1978), 542–564, und Dan Lee *Hendricks*, The Bern Disputation: Some Observations, in: Ibid., 565–575.

20 Bernd *Moeller*, Die Ursprünge der reformierten Kirche, in: Ders., Die Reformation und das Mittelalter. Kirchenhistorische Aufsätze. Hg. von Johannes *Schilling*, Göttingen 1991, 139 und 146.

21 ST Nr. 1371, 520.

22 ST Nr. 1371, 521. Vgl. Handlung / oder Acta gehaltner Disputation zu Bern im Üchtland, Bern 1608 [Erstdruck: Zürich 1528], CCLI^{r}-CCLIIII^{r}.

23 ST Nr. 1487, 611: «Der bilder und götzen halb, ouch althären: in acht tagen dannen gerüttet, taffellen dessglichen hinweg gethan werden.»

24 ST Nr. 1745, 749.

25 ST Nr. 1753, 753.

26 ST Nr. 1745, 749. Zu Oberbüren vgl. ST Nr. 1535f., 646f. Zum Oberhasli vgl. ST Nr. 1749, 751.

zunächst das Bestreben der Obrigkeit, die Bilderfrage in ihre «Verfügungsgewalt» zu integrieren, so musste dies über ein Verbot spontaner Bilderentfernungen führen. Diese Entwicklung lieferte somit die Grundlage für die Durchsetzung einer Bilderentfernung und der rechtlichen Ahndung von Zuwiderhandelnden. Die Verrechtlichung und Monopolisierung der Bilderfrage bei der weltlichen Obrigkeit und schliesslich die theologische Legitimierung einer Bilderentfernung durch die Berner Disputation bilden die Voraussetzungen für den Berner Bildersturm. Trotzdem bleibt in den Bestimmungen eine gewisse Unschärfe, insbesondere in der Spannung zwischen dem Anspruch der Bilderräumung und dem Anrecht der Stifter auf Entscheidung über das Schicksal sakraler Einrichtungen. Eine Ambivalenz zwischen altem und neuem Bildverständnis, die sich für den Berner Bildersturm als prägend erweist.

3. Die Akteure des Berner Bildersturms

Die Ereignisse des Bildersturms in Bern bedürfen einer möglichst genauen Rekonstruktion. Dabei lassen sich die Konflikte während des Bildersturms präziser erfassen, indem mittels eines prosopografischen Ansatzes Aufschluss über die beteiligten Akteure gegeben wird.

Zunächst ging vom Rat die Anordnung aus, die «bilder, taflen und altar» aus allen Kirchen zu räumen; dafür setzte der Rat eine Zeitspanne von acht Tagen.[27] Allerdings wurde noch am selben Tag «mit verwaltung der kilchmeieren» Anton Noll und Niklaus Seltzach mit der Räumung des Münsters begonnen. Trotz der Frist von acht Tagen handelten Noll und Seltzach somit im Auftrag des Rats, hatten also offenbar eine obrigkeitlich verordnete Bilderentfernung zu kontrollieren. Anton Noll war nach Anshelm einer der «fuernemste[n] verfechter des evangelions» und gehörte wie Niklaus Seltzach dem Kleinen Rat an.[28] Noll kaufte gemäss Anshelm die Armbrusterkappelle – «ussen und innen voller goetzen» –, die den Propst Armbruster 6000 Kronen gekostet hatte, für 100 Gulden und liess sie einreissen.[29] In der Folge

[27] A V, 244. ST Nr. 1487, 611 (vgl. Anm. 23).

[28] A V, 321. Niklaus Seltzach: Bezeugt im GR 1500 (A II, 278), 1505 (A II, 417), 1515 (A IV, 163), 1520 (A IV, 387); 1525 im KR (A V, 141); war zweimal Vogt zu Erlach 1509–11 und wieder 1513 (A IV, 477).
Anton Noll: Bezeugt im GR 1505 (A II, 417), im Sechzehner des GR (A IV, 387); im KR 1525 (A V, 141), 1522 als Ratsverordneter bei den Verhören im Fall Brunner (A IV, 471, ST Nr. 129, 28); mit Niklaus Manuel als Chorrichter des KR eingesetzt (A V, 248).
Beide sind ebenfalls für das Jahr 1527 im KR vermerkt (vgl. Staatsarchiv Bern AI, 649, Oster-Buch, Bd. 3, fol. 1r).

[29] A V, 245. Stumpf (Anm. 7), 376.

war es ebenfalls Anton Noll, der vom Rat den Befehl erhielt, im Wallfahrtsort Oberbüren die «götzen» der Marienkapelle auf dem «kilchhoff» zu verbrennen, was nicht ohne grössere Probleme vonstatten ging.[30] Der Eintrag im Ratsmanual vom 2. Juli 1528: «Bilder, altar, Noll.»[31], lässt annehmen, dass Noll im Reformationsjahr der Beauftragte des Rates für Bilderräumungen war. Als Ausführende sind in den Verhörprotokollen einzig die «gsellen» bezeugt, die «sollich bilder usstruogend», das heisst sehr wahrscheinlich Mitglieder der Zünfte.[32] Damit sind «die raet und taeter»[33] umrissen – gegen deren Handeln sich allerdings Widerstand regte. Der Räumung des Münsters stellten sich verschiedene Personen sowie Zünfte entgegen, namentlich: Bitius Wysshan und Hans Schnider von der Metzgerzunft, der Junker Anton von Erlach, Hans Zehnder aus der Schmidenzunft, Peter Thormann und Lapo. Als Zeugen beziehungsweise Anwesende sind verzeichnet Hans Grätz, Kilian Tremp, Zuber, Äberli, Bütschelbach und Im Hag.

Sulpitius Wysshan, 1527 zu wiederholtem Mal als Mitglied des Grossen Rats bestätigt, war nach Nolls Aussage mit diesem in ein Streitgespräch geraten und hatte gegen die Bilderräumung eingewandt, diese solle noch acht Tage aufgeschoben werden, worauf ihn Noll auf seine Anzeigepflicht hinweisen musste.[34] Nach Anshelm gehörte Wysshan 1531 zu den «altstoekische[n] burger[n]», die, nachdem sie «uss irer burgerschaft gan Friburg und Sanen» gezogen waren, in «verdacht» gerieten, die Unruhen in der Landschaft angestiftet zu haben.[35] Gemeinsam mit Wysshan war offenbar Andres Lapo Noll gegenübergetreten, ebenfalls Mitglied des Grossen Rates.[36] Lapo musste 1529 einer Rede entschlagen, mit der er den Säckelmeister wegen des Paternoster-Tragens angegriffen hatte, und verlor bis zur nächsten Oster-

30 ST Nr. 1536, 647: «Soll man die götzen zuo Bürren uff den kilchhoff tragen und verprennen, ist Nollen in bevelch geben.» Am 26. Februar befahl der Rat, dass «man das bild ze Bürren abweg thüe, ouch ander götzen und die allter denen» (ST Nr. 1535, 646). Mit dem Bild ist das Marienbild gemeint, das als «sanctuaire à répit» einen bedeutenden Wallfahrtsort darstellte, vgl. Daniel *Gutscher*, In der Marienkapelle in Oberbüren kann man vor dem Marienbild tote Kinder zum Leben erwecken, in: Bildersturm. Wahnsinn oder Gottes Wille? Katalog zur Ausstellung Bernisches Hist. Museum. Musée de l'Œuvre Notre-Dame, Strassburg. Hg. v. Cécile *Dupeux*, Peter *Jezler* und Jean *Wirth*. In Zusammenarbeit mit Gabriele *Keck*, Christian *von Burg*, Susan *Marti*, Bern 2000, 252. Vgl. Feller (Anm. 8), 166.

31 ST Nr. 1759, 757.

32 ST Nr. 1502, 623.

33 A V, 245.

34 Im GR 1515 (A IV, 163), 1520 (A IV, 387), 1525 (A V, 142) und 1527 (Oster-Buch [Anm. 28], fol. 3v). ST Nr. 1490, 613: «Hat Noll [auf Kritik an der Bilderentfernung durch Bitius Wysshan] geantwurt: ‹Pitius luog was du redest, dan es muoss m. h. anzöigt und fürbracht.›»

35 A VI, 127.

36 Im GR 1515 (A IV, 163) und 1520 (A IV, 387). Im Sechzehner des GR 1525 (A V, 141); allerdings 1527 nicht mehr im Sechzehner, sondern lediglich im GR aufgeführt vgl. Oster-Buch 1727 (Anm. 28), fol. 1v und 3r.

wahl das Burgerrecht.[37] Lapo war somit während des Bildersturm als Altgläubiger im Münster anwesend, erscheint jedoch nicht mit einer Zeugenaussage im Ratsmanual. Mit dem Junker Anton von Erlach wehrte sich einer der prominentesten Reformationsgegner gegen die Bilderentfernung. War er 1525 im Auftrag des Rates mit andern Boten als Gegner Zwinglis nach Zürich um zu mahnen, Kirche, Messe und Sakramente unverändert zu lassen, so verweigerte er im nächsten Jahr den Ostermontagseid, gab damit sein Burgerrecht auf und zog nach Luzern.[38] Als Gegner der Reformation trat er in den folgenden Jahren in Erscheinung, indem er sich in einem Bund mit den sieben Orten gegen den neuen Glauben vereinigte und den Landfriedensbrief von 1529 öffentlich schmähte.[39] Der bernische Rat auferlegte ihm 1527 wegen seines Verhaltens auf dem Landtag in Münchenbuchsee eine Busse von 50 Gulden, wobei er Unterstützung der Metzger-Gesellschaft erhielt, die forderte, sich mit einer schriftlichen Lossprechung vom Vergehen («geschrift der entslachnüss») zu begnügen.[40] Offenbar war Anton von Erlach während des Bildersturmes wieder nach Bern gekommen und hatte sich gegen die Räumung gewehrt. Hans Schnider, aus der Metzgerzunft und Mitglied des Grossen Rates, allerdings 1527 nicht mehr bestätigt, scheint Noll ebenfalls verbal angegriffen zu haben.[41] In einem Schreiben an Bern bat Schnider später den Rat wegen der Vorfälle im Münster, «mir diss min handlung nach[zuo]lassen» und «zuo verzüchen», und wurde – nach Bezahlung einer Strafe von 10 Gulden – begnadigt, wieder in die Burgerschaft aufgenommen und schwor Urfehde, «nitt wider m. h. ze thuond, ir red noch thät»;[42] allerdings ging Schnider mit zwei weiteren verbalen Angriffen («schmechliche wort») gegen die Neugläubigen in die Ratsmanuale des Jahres 1529 ein.[43] Mit seinem Ritt auf einem Esel in das Münster[44] und in verba-

[37] ST Nr. 2417, 1095: «Er [Andres Lapo] sölle geredt han: es were woll, das man söllichen lüten, so die paternoster so tratzlich tragen, ein klapff wurde, und schiede [=schade] nüt.» Der Vorfall um Lapo datiert vom 2. Juli 1529; am 28. Juni war der altgläubige Bildersturmgegner Wysshan (s. oben) befragt worden «[...] wer im gseit, das kein wunden wäre; das ein ein paternosterman klapf werde» (ST Nr. 2415, 1095). Beim angegriffenen Säckelmeister dürfte es sich um den 1528 gewählten Bernhard Tillmann, «ein junger evangelischer ratsher» (A V, 326), handeln. Das Tragen von Paternoster (Rosenkränzen) – als «ein partîsch trazzeichen» der Altgläubigen (A V, 251) – war im Juni 1529 bei Busse verboten worden; vgl. auch de Quervain, Zustände (Anm. 8), 111 f.

[38] A V, 120. A V, 173 f.; ST Nr. 940, 328. Anton von Erlach scheint bei der Eidverweigerung Unterstützung durch die Zunft der Metzger erhalten zu haben, vgl. ST Nr. 1222, 437 und Feller (Anm. 8), 144.

[39] A V, 177; A VI, 84; ST Nr. 3080, 1391.

[40] A V, 200; ST Nr. 1218, 433 f.; ST Nr. 1220, 434 f.; ST Nr. 1222, 437.

[41] Oster-Buch 1727 (Anm. 28), fol. 1r-5r. Bezeugt für den GR 1515 (A IV, 163), 1520 (A IV 387) und 1525 (A V, 142). ST Nr. 1490, 613.

[42] ST Nr. 1502, 623 f. und Nr. 1523, 640.

[43] ST Nr. 2541, 1150 und Nr. 2558, 1156.

len Auseinandersetzungen setzte sich Hans Zehnder gegen die Bilderräumung zur Wehr. Auch er war Mitglied des Grossen Rates und Stubengeselle der Schmieden, als Glockengiesser unter anderem für das Münster tätig, und hatte bereits im Jetzerhandel (1507–1509) als Zeuge ausgesagt.[45] Von Peter Thorman, «aus einer der ältesten Familien» und Sechzehner des Grossen Rates, ist ebenfalls eine Drohung überliefert, mit der er sich als Stifter gegen die Räumung zur Wehr setzte.[46] Thormann scheint verschiedentlich die Landschaft gegen den neuen Glauben unterstützt zu haben und hatte 1528 in Frutigen und Adelboden als Vertreter der Metzger-Gesellschaft den Rat gegeben, keinen Prädikanten einzusetzen.[47] Die Aufkündung des Bundbriefes mit Savoyen 1529 hatte durch «die uebelbedachte frag Peter Tormans, des frechen burgers», im Berner Rat zu Auseinandersetzungen geführt.[48]

Die Vorfälle während des Bildersturms wurden in den im Ratsmanual protokollierten Verhören von verschiedenen Zeugen geschildert. Der Herr Hans vom Heiliggeistorden gibt an, in der Kirche vor dem Apotheker-Altar[49] folgende Rede von Hans Schnider gehört zu haben: «Das alle die fulen, schandlichen pfaffen schende und alle die, so darzuo geholfen und verschaft, das man die bilder hinweg soll thuon.»[50] Diese Rede zielt direkt auf den

44 Zum Symbolgehalt von Zehnders Eselsritt, s. unten, S. 54f.

45 Bezeugt im GR 1505 (A II 417), 1515 (A IV, 163), 1520 (A IV, 388), 1525 (A V, 142) und 1527 (Oster-Buch 1727 (Anm. 28), fol. 4r); vgl. Burgerbibliothek Bern, Mss. Hist. Helv. VIII, 25, J. R. *Gruner*, Genealogien, 503. Das Register der Anshelm-Chronik unterscheidet Zehnder, den Glockengiesser, der 1506 die «gross, kostbar, nuewe glok» goss (A II, 429) und Zehnder, den Bilderstürmer. Tatsächlich ist jedoch erst ab 1520 ein zweiter Hans Zehnder im Grossen Rat vermerkt, ausserdem sprechen die Übereinstimmung von Beruf und Zunftzugehörigkeit dafür, dass Glockengiesser und Bildersturmgegner identisch sind; die Frage lässt sich jedoch nicht abschliessend klären. Für die Identität plädiert auch Steck, vgl. Die Akten des Jetzerprozesses nebst dem Defensorium. Hg. von Rudolf *Steck*, Basel 1904 (QSG 22), 374, Anm. 1; vgl. ibid., Nr. 194, 374–376 [Zeugenaussage Zehnders].

46 ST Nr. 1490, 613. Feller (Anm. 8), 162. Bezeugt für den GR 1496 (A II, 52), 1500 (A II, 278), 1505 (A II, 417), 1515 (A IV, 163); im KR und Sechzehner des GR 1520 (A IV, 386); im Sechzehner des GR 1525 (A V, 141) und 1527 (Oster-Buch 1727 [Anm. 28], fol. 1r).

47 A V, 280. Den Rat erteilte Thormann gemeinsam mit Anton Bütschelbach, beim Bildersturm ebenfalls anwesend (s. unten).

48 A V, 395.

49 Es dürfte sich hierbei um den 1511 von Hans Apotheker gestifteten Altar handeln, dessen Patron allerdings nicht bekannt ist, vgl. Luc *Mojon*, Das Berner Münster, Basel 1960 (Die Kunstdenkmäler des Kantons Bern; IV), 19. Schniders einleitende Worte: «botz wunden, liden und derglichen», kann als eine direkte Anrufung des Bildes/der Skulptur verstanden werden, möglicherweise ein Märtyrer oder Schmerzenschristus. Zur Erprobung der Bilder durch Ansprechen als einer Person vgl. Robert W. *Scribner*, Volkskultur und Volksreligion: zur Rezeption evangelischer Ideen, in: Peter *Blickle*, Andreas *Lindt*, Alfred *Schindler* (Hgg.), Zwingli in Europa. Referate und Protokoll des Internationalen Kongresses aus Anlass des 500. Geburtstages von Huldrych Zwingli vom 26. bis 30. März 1984, Zürich 1985, 151–161, hier: 156.

50 ST Nr. 1490, 612.

Geistlichen, der gemeinsam mit dem Meister des Heiliggeistordens, Matthias Wunderer aus Bissingen in Württemberg, als Disputationsteilnehmer belegt ist; beide hatten «aller artickeln underschriben und die für grecht geben».[51] Hans Grätz, aus regimentsfähigem Geschlecht, referierte Schniders Rede zur «Verteidigung» des Metzger-Altars.[52] Zehnders Ritt auf einem Esel bezeugten Kilian Tremp, ein Verwandter von Zwinglis Schwager Lienhard Tremp und somit wohl wie dieser aus der Schneiderzunft[53], und Hans Zuber[54]. Beide stammten aus Burgerfamilien, beide waren zur Zeit der Reformation nicht im bernischen Rat und beide sind – abgesehen vom Bildersturm – im Zusammenhang mit der Reformation nicht quellenkundig geworden. Thormanns Rede bezeugte Niclaus Äberli, ehemaliges Mitglied des Grossen Rates und offenbar ebenfalls aus der Gesellschaft der Schneider.[55] Schliesslich wird im Ratsmanual der Bericht von Noll über die Reden der beiden Mitglieder der Metzgerzunft, Wysshan und Schnider, festgehalten.[56] Deren Reden sollen gemäss Protokoll auch Bütschelbach und Im Hag als Anwesende gehört haben.[57] Mit Peter Im Hag, einem eifrigen Gefolgsmann Zwinglis, ist ein prominenter Neugläubiger des Kleinen Rats anwesend, der später als Bote während des Aufstands im Berner Oberland und gegenüber den fünf Orten der Reformation zum Durchbruch zu verhelfen suchte.[58] Allerdings handelt es sich bei Im Hag zugleich um den «venner der metz-

[51] ST Nr. 1465, 595 (nicht «her Hans Haberstich», sondern «her Hans hat sich», vgl. Druckfehlerverzeichnis); vgl. ST Nr. 1533, 1594, 1605, 1607, 1608.

[52] Vgl. Burgerbibliothek Bern, Mss. Hist. Helv. VIII, 15, J. R. *Gruner*, Genealogien der Burgerlichen regimentsfähigen Geschlechter der Stadt Bern, 625: «Grätz / Regimentsfehige Burger der Statt Bern»; «Hans Gratz / lebte 1528». ST Nr. 1491, 612.

[53] Burgerbibliothek Bern, Mss. h. h. XVII 69, J. R. *Gruner*, Ausgestorbene Bernische Geschlechter, 2. Sammlung, Bd. IV, 178: «Kilian Tremp. / p[arentes von Leonhard Tremp] Der Burgeren 1534 starb 1541».

[54] Vgl. Burgerbibliothek Bern, Mss. Hist. Helv. VIII, 26, J. R. *Gruner*, Genealogien, 516: «Hans» 1538 als Käufer und 1540 als Angeklagter («außklagt») bezeugt; Burgerbibliothek Bern, Mss. h. h. XVII 65, J. R. *Gruner*, Genealogien der ausgestorbenen Bernischen Geschlechter, 252: «Hans Zuber / K[inder] Hans 28 Dec. 1539»

[55] Ein «Niclaus Aberli» ist für 1515 im GR bezeugt (A IV,163); ebenfalls 1520 als «Aberli» (A IV, 387); allerdings nicht mehr 1527; Burgerbibliothek Bern, Mss. Hist. Helv. VIII, 26, J. R. *Gruner*, Genealogien, 18: «Aeberli oder Aberli / Niclaus der Schneider zu B[urgeren]. 1507.»

[56] ST Nr. 1490, 613.

[57] ST Nr. 1490, 613.

[58] Sechzehner des GR 1474 (A I, 97) und 1485 (A I, 277); im GR 1496 (A II, 52), 1515 (A IV, 163), 1520 (A IV, 388); im KR 1525 (A V, 141) und 1527 (Oster-Buch 1727 [Anm. 28], fol. 1r); als «Bauherr» Imhag Abgeordneter bei der Übernahme des Klosters Interlaken (A V, 260) und bei den Unruhen in Interlaken (A V, 262); Bote in Kappel (A V, 370 und 372). Instruktionen für Verhandlungen in Solothurn (ST Nr. 1143), in Baden (ST Nr. 1207f.), in Solothurn (ST Nr. 1426); Berichterstatter über den Aufstand in Interlaken (ST Nr. 1634 und 1636); im Heerzug (ST Nr. 2528); Bote in Interlaken (ST Nr. 2594); zum Synodus verordnet (ST Nr. 3277). Vgl. Jean-Paul *Tardent*, Niklaus Manuel als Staatsmann, Diss. phil., Bern 1968, 319, Anm.; Z IX, Nr. 702, 398 und Nr. 703, 401; Feller (Anm. 8), 221.

ger» im Zug gegen Zofingen 1531.[59] Damit wird deutlich, dass hier eine Auseinandersetzung nicht bloss zwischen Alt- und Neugläubigen stattfand, sondern ebenfalls innerhalb einer Zunft als Stifterin (der Metzgerkapelle), die sich – im Falle der Metzger – am prominentesten gegen die Bilderräumung gestellt hatte. Denn mit Anton Bütschelbach war auch ein altgläubiges Mitglied des Kleinen Rats und der Metzgerzunft anwesend.[60] Nach Anshelm gehörte Bütschelbach zu den «dem Zwingle und der sach vier sunderlich unguenstige, widerwaertige maenner» und war mit anderen «altstoeckische[n] burger[n]» vom Rat verwarnt worden wegen seiner Agitation gegen den neuen Glauben im Obersimmental im Herbst 1528 und gegen die Erneuerung des Burgrechts in Saanen 1531.[61] Bütschelbach dürfte somit als weiterer Gegner der Bilderentfernung im Münster anwesend gewesen sein. Ausserdem vermerkt das Ratsmanual, dass «noch ander mer darby gsin» seien, was die Annahme bestätigt, dass die Bilderräumung unter Beteiligung einer grösseren Öffentlichkeit stattfand.[62]

Ein klareres Bild vom Verlauf und Hintergrund der Auseinandersetzungen während des Bildersturms vermittelt der in den Verhörprotokollen bezeugte «Tatbestand», das heisst das von der Obrigkeit inkriminierte Vergehen. Den Tatbestand bilden verbale Angriffe gegenüber der Obrigkeit beziehungsweise deren Anordnungen («ettlicher red […] m. h. betreffend»). Offenbar blieben Handgreiflichkeiten aus, allerdings fehlte dazu nicht viel.[63] Die «kilchmeieren» Noll und Seltzach handelten im Auftrag des Rats, sahen sich aber mit «ungeschikte wort, flueech und troewen» konfrontiert «wider die raet und taeter», das heisst wider den Beschluss des Rates und dessen Durchführung.[64] Mit seinen Worten, wandte sich Hans Schnider grundsätzlich gegen den Beschluss zur Bilderentfernung und griff zugleich direkt die Geistlichkeit in der Person des anwesenden Herrn Hans an und alle diejenigen, die diesen Beschluss unterstützt hätten. Gleichzeitig ist aber auch eine

59 A VI, 108.

60 GR 1505 (A II, 417), 1515 (A IV, 163), 1520 (A IV, 387), 1525 (A V, 142); war an Ostern 1526 als Gegner des Evangeliums in den KR gekommen (A V, 182); im KR 1527 (Oster-Buch 1727 [Anm. 28], 649, fol. 1r); wird allerdings 1528 von einem Neugläubigen ersetzt, vgl. Tardent (Anm. 58), 11 und 318, Anm., und 321. Zugehörigkeit zur Metzgerzunft vgl. A V, 280.

61 A V 120; A VI, 127. Zu Zweisimmen/Frutigen vgl. A V, 266 und 280, ST Nr. 1878, 821 f.; Streit um Saanen vgl. A VI, 134 und ST Nr. 2898, 1301.

62 ST Nr. 1490, 613. Ausserdem ist der öffentliche Gesang der Jungen in Bern nach der Abschaffung der Messe (pueri in plateis cantent) durch eine Briefstelle von Luther an Gabriel Zwilling in Torgau vom 7. März 1528 belegt, vgl. WAB 4, Nr. 1236, 404 f.

63 Heinrich *Bullinger*, Reformationsgeschichte. Hg. von Johann Jakob *Hottinger* und Hans Heinrich *Vögeli*, Unveränderter Nachdruck der Ausgabe Frauenfeld 1838, Zürich 1984, Bd. 1, 438: «Herwiderumm was es vilen ein bittere ungeschmackte sach. Doch zergieng es alles one schlahen uffruor und bluot.» Vgl. ST Nr. 1490, 613: Im Ratsmanual wird vermerkt, Hans Schnider «[h]ete villicht gern mit im [i. e. Anton Noll] geschlagen».

64 A V, 245.

«Verteidigungsrede» Schniders überliefert, die spezifisch dem Altar seiner Zunft galt, dem «metzgern althar»; wer diesen wegschaffe oder zerbreche, der werde «sin leben dorumb lassen».[65] Schliesslich wandte sich Schnider gegen Noll selbst und drohte diesem, dass der Ausgang der Auseinandersetzung zwischen Alt- und Neugläubigen noch nicht ausgemacht sei.[66] Diese Worte begründete er in einem «Entschuldigungsbrief» an den Rat damit, dass er gehört habe, der Schwäbische Bund sei mit 2800 Mann ausgezogen und ein Krieg stehe somit bevor.[67] Dieses Schreiben erhellt, wieso Schnider die Bilderentfernung als Unrechtmässigkeit gegenüber dem Ratsbeschluss («dass nit üwer ordnung nachgelept») auffasste.[68] Erstens habe der Rat ein bestimmtes Datum für die Räumung festlegen wollen und zweitens habe die Räumung in der Verantwortung der Stifter gelegen: «Wan ich vermeint, ir mine gn. herren hetten einen tag bestimpt dieselben bilder dazwüschen dannen zuo thuond, darumb wir des sinns und des willens warend, wellten ouch nit, dass uns nyemands die bilder ab unserm althar näme oder täte, dann wir.»[69] Dies habe ihn derart «erzürnt und bewägt», dass er den Metzgeraltar mit dem «rappyer» verteidigt hätte.[70] Mit theologischen Argumenten bestritt Hans Zehnder die Legitimität des Vorgehens der Obrigkeit. Während der Zeuge Tremp die Bilderentfernung verteidigte, indem er angab, es sei «gots will», entgegnete ihm Zehnder, es sei des «düffels will», und ausserdem sei ihm, Tremp, Gottes Wille nicht einsehbar.[71] Aufschlussreich ist der Dialog zwischen Wysshan und Noll: Wysshan wandte ein, nicht gegen die «Götzen», sondern gegen diejenigen, welche deren Entfernung verfügt hätten, müsse vorgegangen werden; ausserdem zweifelte er ebenfalls die Rechtmässigkeit der Räumung an, denn: «es ist geraten, man söll das noch acht tag lan anstan».[72] Noll hielt dagegen, dass Wysshan nichts «geschechen», ihm nichts «zerbrochen worden» sei.[73] Damit wird die konträre Perspektive auf die Ereignisse deutlich: Während Noll argumentiert, dass Wysshan kein Schaden zugefügt worden sei, das heisst er nicht angegriffen wurde, versteht Wysshan die Räumung des Altars seiner Zunft als Angriff auf ihn als Teil einer Stiftergemeinschaft. Thormann bezeichnete in seiner Rede das Münster als einen «rhossstal», was auch gut sei, denn dann könnten die Oberländer, wenn sie

65 ST Nr. 1490, 612.

66 ST Nr. 1490, 613: «was willt du anbringen? und samer botz wunden, wir sind noch nit mit üch grech [=fertig], es ist noch nit ussgemacht.»

67 ST Nr. 1502, 624: «Daruss hab ich solliche red mit dem [...] herren Nollen getriben, wir werend noch nit gräch [=fertig]; denn wol zuo verstan ist, dass wir ein krieg werden haben.»

68 ST Nr. 1502, 624.

69 ST Nr. 1502, 624.

70 ST Nr. 1502, 623f.

71 ST Nr. 1490, 612, A V, 245.

72 ST Nr. 1490, 613.

73 ST Nr. 1490, 613.

zur Verteidigung des alten Glaubens einträfen, ihre Pferde hineinstellen. Damit greift er ein Argument auf, das Vogt Willading 1527 im Beisein «besonders Peter Tormans» verkündet haben soll: «Wie die landlüt vormals für die statt gezogen umb minder ursachen, dann sy jetz haben; warumb sy diser zyt nitt ouch harkomen und helfen straffen, das jetz vorhanden?»[74] Thormann selbst wandte sich im Oktober 1528 mit folgenden Worten an die Gemeinde Adelboden: «wir sind z'Bern des gloubens noch nit eins; die guotten alten Berner des alten stammes siend nützit mer ze vernen.»[75] Thormann, Willading und der als Zeuge erwähnte Bütschelbach hatten sich offenbar «dem Neuen nur um der Eintracht willen» angeschlossen und standen unter dem Verdacht, dass sie «die Unzufriedenen auf dem Land heimlich ermunterten».[76] Indessen wurde Peter Thormann wegen seines Auftritts während des Berner Bildersturms als einziger nicht bestraft, beziehungsweise offenbar später vielmehr entschädigt.[77]

Damit ist die Frage nach der Bestrafung aufgeworfen. Wysshan bezahlte eine Geldbusse von 50, Zehnder von 20 und Schnider von 10 Gulden[78]; alle verloren die Ratsmitgliedschaft und das Burgerrecht, Wysshan und Schnider wurden ausserdem mit «kefi, buergschaft und urfecht» bestraft.[79] Nicht eindeutig geben die Quellen Auskunft, ob Anton von Erlach bestraft wurde. Allerdings ist eher davon auszugehen, dass er als Burger von Luzern nicht belangt wurde, so wie Bern ihm aus diesem Grund 1529 freies Geleit gewährte.[80]

Da sich die Akteure des Berner Bildersturms fast ausschliesslich aus Burgern, Zunftmitgliedern und damit indirekt aus Stiftern von Bildern und Altären konstituierten, kommt der Frage, welche Rolle die Zünfte spielten, für die Erhellung der Ereignisse eine wichtige Funktion zu. Die Klärung dieser Frage erweist sich als relevant für den Bildersturm, denn der Beschluss, die

[74] ST Nr. 1149, 385.

[75] ST Nr. 1917, 839.

[76] Feller (Anm. 8), 177.

[77] ST Nr. 2139, 963: «Dorman den kelch uss dem obern Spittall, oder XX gl.»

[78] Zum Vergleich: Nach Roland Gerber entsprach ein Mütt (Scheffel) Dinkel zu dieser Zeit etwa dem Wert eines Guldens, vgl. Roland *Gerber*, Der Kampf gegen Inflation und Teuerung, in: Ellen J. *Beer* et al. (Hgg.), Berns grosse Zeit. Das 15. Jahrhundert neu entdeckt, Bern 1999, 244–247, hier: 246 [Tabelle], und *ders.*, Die Kaufkraft des Geldes, in: Ibid., 247–250. Weitere Beispiele zum Vergleich: Für das Jahr 1535 bezahlten als «sundren personen» der Seckelmeister Negeli 10 Mütt Dinkel, der Rat und Junker Hans Rudolf von Diesbach 6 Mütt Dinkel Steuern (vgl. A VI, 230).

[79] ST Nr. 1490, 613 und Nr. 1523, 640; A V, 245.

[80] Während es nach Anshelms Bericht scheint, als sei von Erlach dieselbe Strafe wie Wysshan auferlegt worden, vermerkt das Ratsmanual lediglich, dass Wysshan bestraft werden solle, wie «Anthoni von Erlach der worten zuo Buchsy und an der Nüwenbruck wider m. h. gebrucht und L gl. geben zuo straff» (ST Nr. 1523, 640). Zur Sicherung des freien Geleits vgl. ST Nr. 2659, 1196 und Nr. 2916, 1309f.

Bilder und «Götzen» innerhalb von acht Tagen zu räumen, sollte man «uff den geselschaften kundtthuon und pot halten, wye sy die bilder» entfernen wollten.[81] Die entscheidende Rolle der Zünfte bei der Durchsetzung der Reformation in Bern – insbesondere bei der Entscheidung für die Durchführung einer Disputation – hat Leonhard von Muralt hervorgestrichen.[82] In der Tat übten die Zünfte bereits vor der Entscheidung des Kleinen Rats für die Disputation am 15. November 1527[83] Druck auf den Rat aus, indem eine Mehrheit der Zünfte keine Messen mehr lesen liess. Nachdem ein Kaplan, wie Haller Zwingli am 4. November berichtet, das Lesen der Messe eingestellt hatte «[...] habend die gsellschafft, so zumm teil pfruonden und altar hend in der stifft und klöstern, ir mess, jartag, patrocinia und pfruonden abgstelt, namlich schuomacher, wäber, kofflút, pfister, steinhouwer, zimmerlút, in hoffnung die gärwer, schmid und schnider werdint in kurzem folgen.»[84] Die Zünfte begannen in der Zeit vor der Disputation, während der Entscheidungen in Glaubensfragen aufgeschoben werden sollten, ihre Haltung gegenüber dem alten Kultus festzulegen und sogleich in die Tat umzusetzen, wie aus einem Schreiben von Haller an Zwingli vom 19. November 1527 hervorgeht: «Es sind by uns 16 gsellschaften; da habend die 13 die mess und pfrund abgschlagen bis zu erlüterung der disputation, und hat sich so vyl zutragen, wo die disputation nit ghalten wirt, mag es on grossen nachteýl und weyter zwytracht nit zugahn.»[85] Offensichtlich war es aber bereits zu Streit («zwytracht») innerhalb der Zünfte gekommen, und in der Tat vermerkt das Ratsmanual solche Vorfälle zwei Tage vor Hallers Schreiben: Die Obrigkeit musste die «zweyung der meyster und gesellen» der Pfister und Gerber schlichten und das Lesen von Messen verbieten, die durch Pfründen finanziert wurden. Sie hatte allerdings erlaubt, dass auch weiterhin «jeder in sinem costen» Messen lesen lassen durfte.[86] Haller war sich im genannten Schreiben

81 ST Nr. 1487, 611.

82 Von Muralt (Anm. 8), 368–374. Vgl. ST Nr. 1368, 517. Auch die neuere Forschung hat die zentrale Rolle betont, die dem Grossen Rat und den Zünften bei der Durchsetzung der Reformation zukam, vgl. Walder (Anm. 8), 483–526 und Heinrich Richard *Schmidt*, Stadtreformation in Bern und Nürnberg – ein Vergleich, in: Rudolf *Endres* (Hg.), Nürnberg und Bern. Zwei Reichsstädte und ihre Landgebiete. Neun Beiträge, Erlangen 1990, 81–119, hier: 81–85 und 100–117 sowie Tardent (Anm. 58), 318–324.

83 Von Muralt (Anm. 8), 371.

84 Z IX, Nr. 664, 292.

85 Z IX, Nr. 667a, 307. Dass drei Zünfte beim alten Kultus blieben und weiterhin am Sonntag Messen lesen liessen, bestätigt Haller ebenfalls in seinem Schreiben an Zwingli vom 26. November 1527; ausserdem seien auch bei den restlichen 13 Zünften noch Widerstände auszumachen, vgl. Z IX, Nr. 669, 313: «Nam 13 zünffte missas et praebendas abrogarunt. Restant adhuc tres. Malevoli ex illis tredecim suis expensis sacrifices dominicis diebus conduxerunt, divisionem parantes. Admisit hoc senatus usque ad disputationem; immo omnia admittit nostre parti usque ad id tempus.»

86 ST Nr. 1370, 518.

der Notwendigkeit, dass die Zünfte zur Disputation ihre Zustimmung gaben, das heisst der Verantwortung der städtischen Obrigkeit gegenüber der Gemeinde zur Vermeidung von Aufruhr («uffrur») völlig bewusst:

> «Wüss ouch, das solche disputation nit allin von räth und burgern angsehen [=beschlossen], sonder ouch uff allen gsellschaften mit sondern ratsbotten sol volstrekt werden, damit räth und burger wüssind, wessen sy sich gegen iren gmeinden versehen sollind, und alle uffrur vermitten werd [...].» [87]

Der Chronist Anshelm zog aus der Stellung der Zünfte für das Jahr 1527 folgendes Fazit: «Es nam ouch das gotswort so gwaltig zuo, dass noch diss jars in der stat, namlich zu'n Pfistren, Gerberen und Schuochmachern, und uf dem land in vil kilchen mes und goetzen abgetan wurden.» [88] Als Gegner («widerwaertige») [89] der Einstellung der Messe traten insbesondere die Metzger in Erscheinung, die sich noch am 22. Januar, dem Tag ihres Heiligen und des Stadtpatrons, der Anordnung des Rats, keine Messe zu halten, widersetzten:

> «Aber die Metzger, wie sy ein besonderbar, Capelli in dem muenster hattend, bestacktend sy das selb zierlich, mitt taennlinen und tannesten, dingtend ein froembden pfaffen Maess machern, und ettlich arm Schueler, und liessend da ein gesungen Ampt hallten. Die Stattknaecht kamend (doch was die Maess uuss) und wurffend die taennlj hinus. Und ward ein wildes waesen. Dann die Metzger ungedultig warend.» [90]

Der Darstellung Bullingers zufolge, der allerdings nicht Augenzeuge war, räumten hingegen die Schuhmacher bereits vor dem Bildersturm im Münster ihren Altar in der Barfüsser-Kirche. [91] Diesem Vorgehen lässt sich somit gewissermassen die Funktion einer «Initialzündung» für die Räumung des Münsters zuschreiben. Für die Situation vor der Reformation kann also fest-

87 Z IX, Nr. 667a, 307.

88 A V, 200f.

89 A V, 244.

90 Bullinger (Anm. 63), 437. Die neuere Forschung hat in gewissen Fällen eine Korrelation zwischen dem Zeitpunkt von Bilderstürmen und kirchlichen Feiertagen, insbesondere dem Karneval feststellen können; vgl., Sergiusz *Michalski*, Das Phänomen Bildersturm. Versuch einer Übersicht, in: Bob *Scribner*, Martin *Warnke* (Hgg.), Bilder und Bildersturm im Spätmittelalter und in der frühen Neuzeit, Wiesbaden 1990 (Wolfenbüttel Forschungen, 46), 69–125, hier: 93f.; Franz-Josef *Sladeczek*, Der Berner Skulpturenfund. Die Ergebnisse der kunsthistorischen Auswertung. Hg. von der Gesellschaft für Schweizerische Kunstgeschichte u.a., Bern 1999, 40f.; Bob *Scribner*, Reformation, Karneval und die «verkehrte Welt», in: Richard *van Dülmen*, Norbert *Schindler* (Hgg.), Volkskultur. Zur Wiederentdeckung des vergessenen Alltags (16.–20. Jahrhundert), Frankfurt/M ^{2}1987, 117–152.

91 Bullinger (Anm. 63), 438: «Die Schuomacher hattend ein allter und Bruoderschafft by den Baarfuessern, dahin lueffend sy, rissend taffelen und goetzen herab, und verbrantents unguotlich, by und vor der kylchen. So huob man ouch an in dem muenster, und allenthalben, that die goetzen hinwaeg, und reyss die alltaer yn.» Die Schuhmacher werden auch in dem unten zitierten anonymen Gedicht als einzige namentlich erwähnt, vgl. S. 55f.

gehalten werden, dass eine Mehrheit der Zünfte diese befürworteten, während sich drei Zünfte – darunter die Metzger-Zunft – dagegen aussprachen und weiterhin Messen lesen liessen.[92] Zu erwarten wäre nun, dass der Bildersturm – verstanden als Auseinandersetzung zwischen Alt- und Neugläubigen – die jeweilige Haltung der Zünfte gegenüber der Reformation widerspiegelt, wie sie anhand des Kriteriums der Einstellung der Messen und der Einschätzung Hallers rekonstruiert wurde. Dies trifft allerdings lediglich partiell zu. Bei der Bilderräumung waren tatsächlich die «schmid die ersten und die mezger die letsten»;[93] als sehr eifrig bei der Räumung ihres Altars in der Barfüsser-Kirche schildert Bullinger zudem die Schuhmacher.[94] Wysshan und Schnider, beide Mitglieder der Metzger-Zunft, traten als Akteure in der altgläubigen Linie ihrer Zunft in Aktion. Anders im Fall Zehnders, der «so boeswillig» handelte, während seine Zunft, die Schmieden, «vast guotwillig» in Erscheinung trat – die Konfliktlinien verlaufen somit hier innerhalb der Zunft. Aber auch im Fall der Metzgerzunft ist die Einschätzung nicht so einfach: denn Schnider wendet sich nicht grundsätzlich gegen die Bilderräumung, sondern gegen die Räumung des Altars seiner Zunft durch «gsellen» anderer Zünfte. Dazu kommt, dass offenbar auch Mitglieder der Metzgerzunft während des Bildersturms anwesend waren, die sich gegenüber der Reformation neutral oder sogar zustimmend verhielten. Für Wysshan bildete ebenfalls nicht die Räumung an sich, sondern die Übertretung der obrigkeitlichen Anordnung, «das noch acht tag lan anstan», den Stein des Anstosses.[95]

Die Entflechtung der Ereignisse macht deutlich, dass sich im Berner Bildersturm zwei Konfliktebenen überlagern, obwohl die Auseinandersetzungen fast ausschliesslich zwischen Burgern stattfanden. Zum einen manifes-

[92] Ausgehend von der Aufstellung der 16 Zünfte in Z IX 307, Anm. 21, und unter der Annahme, dass die drei Gesellschaften der Gerber und Kürschner (zun Niedergärwern, zun Obergärwern und zum roten Löuwen) und die zwei Gesellschaften der Pfister (zun Nidernpfistern, zun Oberpfistern) jeweils als eine Zunft genannt werden, da sie gegenüber der Obrigkeit – etwa bei der Vergabe des Venneramts – gemeinsam auftraten, geht aus den erwähnten Quellen hervor, dass 10 Zünfte (Schuhmacher, Weber, Kaufleute, Pfister, Steinhauer, Zimmerleute, Gerber) und nach Hallers Einschätzung weitere 2 (Schmiede und Schneider) die Messe einstellten und der Reformation günstig gesinnt waren. Somit verbleiben 4 Zünfte (zum Distelzwang, zun Metzgern, zun Räblütten, zun Schifflütten), von denen sich offenbar 3 gegen die Reformation stellten. Bei dieser Rekonstruktion bleibt allerdings die Unsicherheit, ob Hallers «Hoffnung» erfüllt wurde. Entscheidend für die weitere Argumentation ist, dass die Metzger bei den Altgläubigen, die Schuhmacher und Schmiede eher bei den Neugläubigen zu positionieren sind.
Nach Feller (Anm. 8), 146f. bekannten sich mit Ausnahme der Gerber und Metzger alle Zünfte zur Reformation. Auf welche Quellen sich Feller hierbei stützt, konnte nicht nachgewiesen werden.

[93] A V, 245.

[94] Bullinger (Anm. 63), 438.

[95] ST Nr. 1490, 613.

tiert sich im Konflikt um die Bilderentfernung der Gegensatz zwischen Verfechtern des alten Kultus und Befürwortern seiner Aufhebung, zwischen Alt- und Neugläubigen. Zum andern geraten Bilderstürmer und Stifter aneinander, wodurch zwei konkurrierende Auslegungen der obrigkeitlichen Beschlüsse – als Auftrag zur Bilderentfernung oder aber als Räumung der Altäre durch die Stifter – manifest werden.

4. Der Berner Skulpturenfund[96]

Durch den «sensationellen» Fund von rund 550 teilbeschädigten Skulpturen und Fragmenten bei Renovationsarbeiten 1986 unter der Münsterplattform fanden nicht nur Valerius Anshelms Angaben über den Verbleib der gestürmten «Götzen» Bestätigung, sondern die Zerstörungshandlungen des Bildersturms an sakralen Objekten wurden aufgrund von Spuren gewaltsamer Eingriffe an einzelnen Fundstücken fassbar.[97] In zwei Schritten wird versucht, anhand einer systematischen Analyse der gefundenen und katalogisierten Skulpturenfragmente die bilderstürmerischen Zerstörungshandlungen, deren allfällige «Methode» und das dahinter stehende Bedeutungsfeld zu erschliessen: einer quantitativen Analyse der Zerstörungsspuren und einer qualitativen Analyse ausgewählter Skulpturen.

Unter den gehobenen Stücken finden sich nebst Steinskulpturen auch etwa 70 Architekturfragmente, unter denen die weggebrochenen Konsolenstücke auf «starke Gewalteinwirkung» hindeuten.[98] Die vier Fragmente, die Weihwasserbecken zuzuordnen sind, führen zur Annahme, dass nicht nur die Heiligenskulpturen, sondern auch andere Gegenstände der Kirchenausstattung entfernt und zerstört worden sind. Die folgende Auswertung beschränkt sich auf die 61 (zumeist) identifizierten Steinskulpturen, da die in der Regel aus mehreren gefundenen Fragmenten zusammengesetzten Skulpturen anhand einer Analyse der Zerstörungsspuren Rückschlüsse auf das Vorgehen der Bilderstürmer ermöglichen. Dabei wurde das Fehlen einzelner

[96] Für wertvolle Hinweise zum Berner Skulpturenfund bin ich dem Restaurator Urs Zumbrunn zu herzlichem Dank verpflichtet.

[97] Vgl. Urs *Zumbrunn*, Daniel *Gutscher*, Bern. Die Skulpturenfunde der Münsterplattform. Katalog der figürlichen und architektonischen Plastik. In Zusammenarbeit mit Hans-Jörg *Gerber* und René *Buschor*, Bern 1994, 12, 49.

[98] Ibid., 51. Die Herkunft dieser Fragmente ist nicht geklärt. An fünf Fundstücken liessen sich Brandspuren nachweisen, etwa an zwei der vier Weihwasserbeckenfragmenten, nicht jedoch an Steinskulpturen. Dies bestätigt die Angaben, dass die bilderstürmerischen Zerstörungsmassnahmen das Verbrennen sakraler Objekte umfassten, vgl. Salat (Anm. 7), 455.

Teile beziehungsweise die Zerstückelung der Skulptur als Kriterium in seiner Häufigkeit erfasst und tabellarisch zusammengestellt.[99]

Tabelle: Quantitative Auswertung des Berner Skulpturenfundes:[100]

Kriterium:	trifft zu:		trifft nicht zu:	
	Anzahl	%	Anzahl	%
Alte Bruchstellen	61	100 %	0	0 %
Abgetrennter/ fehlender Kopf	46	95 %	2	5 %
Beschädigte Gesichtsteile	17	100 %	0	0 %
Abgetrennter/ zerteilter Körper (Oberkörper, Unterleib)	26	70 %	11	30 %
Abgetrennter/ fehlender Arm, Hand, Finger	41	100 %	1	0 %
Abgetrenntes/fehlendes Bein, Fuss, Zehe	24	75 %	9	25 %
Abgetrennte Attribute[101]	26	95 %	2	5 %
Beschädigung des Stifterwappens	6	100 %	0	0 %
Hackspuren, Schartenhiebe	5	10 %	56	90 %
Nachgewiesene Gewalteinwirkung Bildersturm	7	10 %	54	90 %
Nachgewiesene Gewalteinwirkung Bildersturm an Figuren mit erhaltenem Stifterwappen	2	30 %	5	70 %
Figuren mit erhaltenem Stifterwappen mit nachgewiesener Gewalteinwirkung Bildersturm	2	35 %	4	65 %
Nachgewiesene Gewalteinwirkung Bildersturm im Stifterwappen	2	35 %	4	65 %

99 Wann die Skulpturen zerstört wurden, bei der Entfernung, der «Entsorgung» oder der Lagerung, lässt sich nicht mit Sicherheit bestimmen. Dies ist besonders der Fall, wenn Hiebspuren fehlen und folglich eine Gewalteinwirkung mittels eines stumpfen Gegenstandes angenommen werden müsste. Freundliche Mitteilung von Urs Zumbrunn. Angesichts dieser Unsicherheiten eignet der quantitativen Auswertung eine gewisse Ungenauigkeit.

100 Grundlage der Auswertung bilden die Angaben im Fundkatalog von Zumbrunn/Gutscher (Anm. 97), 64–159. Ausgewertet wurden 61 inventarisierte Fragmente von Steinskulpturen. Nicht berücksichtigt wurden Gewandfragmente ohne Bruchstellen von bestimmbaren Teilen der Skulptur. Die untersuchten Kriterien wurden nicht absolut (d.h. ausgehend von der Gesamtsumme von 61), sondern jeweils innerhalb der Anzahl vergleichbarer Fundstücke ausgewertet (z.B. ein Handfragment mit Stab bezüglich der Kriterien abgetrennte Hand und abgetrenntes Attribut). Da sich unter den 61 berücksichtigten Fragmenten auch solche finden, die nicht genau zu einer Skulptur zusammengefügt werden konnten, ist nicht ganz auszuschliessen, dass in einzelnen Fällen fehlende Skulpturenteile zweifach gezählt wurden. Den Angaben – vor allem den gerundeten prozentualen Angaben – haftet allgemein eine gewisse Ungenauigkeit an, weil die Stücke ihres Fragmentcharakters wegen nur bezüglich einzelner Kriterien vergleichbar sind. Ausserdem dürften weitere fehlende Teile unter der Münsterplattform liegen.

Bemerkenswert ist, dass bei fast allen Steinskulpturen der Kopf abgetrennt ist oder fehlt, ausserdem alle gefundenen Kopffragmente beschädigte Gesichtsteile aufweisen. Beinahe bei allen diesbezüglich auswertbaren Skulpturfragmenten fehlen beziehungsweise sind Arme, Hände, Finger oder Attribute abgetrennt. Etwas weniger häufig sind Bruchstellen am Oberkörper und Unterleib sowie abgebrochene Beine, Füsse oder Zehen. Alle Fundstücke weisen alte Bruchstellen auf, das heisst Bruchstellen, die nicht von der Bergung herrühren, wobei lediglich bei rund zehn Prozent Spuren von Gewalteinwirkung durch den Bildersturm nachgewiesen werden konnten, meistens als Hackspuren oder Schartenhiebe. Dass nur ein auffallend geringer Teil eindeutige Spuren von Gewalteinwirkung zeigt, lässt auf ein gezieltes Vorgehen der Bilderstürmer schliessen. Die Skulpturen mit deutlichen Spuren des Bildersturms weisen in fast allen Fällen weitere, weit reichende Beschädigungen auf: Zerkleinerung in viele Fragmente oder das Fehlen mehrerer Körperteile. Skulpturen mit erhaltenem Stifterwappen zeigen in der Regel ein hohes Mass an Zerstörung, wobei sich Hackspuren in zwei Fällen im Wappen selbst finden: Drei Skulpturen sind massiv zerkleinert, bei zwei Fundstücken sind Spuren bilderstürmerischer Gewalteinwirkung nachgewiesen.

Diese teilweise massive Zerstückelung einzelner Steinskulpturen lassen eine systematische und in ihrer Ausführung wirkungsmächtige Gewalt und Zerstörung der «Götzen» annehmen.[102] Kopf, Arme, Hände, Gesicht und Attribute bildeten mit überdurchschnittlicher Häufigkeit das Ziel ikonoklastischen Handelns. Das Abhacken von Kopf und Händen vermerkte auch Zwingli in seiner zweiten Predigt im bereits geräumten Münster: «Hie lyt einer, dem ist's houpt ab, dem andren ein arm, etc.»[103] Bestimmten Skulpturen scheint – wie die Hackspuren und Schartenhiebe belegen – darüber hinaus eine «besondere» Aufmerksamkeit und Behandlung zugekommen zu sein, deren Gründe jedoch mittels einer quantitativen Auswertung der Fundstücke nicht schlüssig geklärt werden können. Dennoch ist als Ergebnis festzuhalten, dass gerade Skulpturen mit Stifterwappen beziehungsweise charakteristischen Attributen zahlreiche und «vielfältige» Spuren der Zerstörung aufweisen.[104]

101 Diese Angaben sind selbstverständlich äusserst ungenau, da das Attribut nur als fehlend angenommen werden kann, wenn ein Teil davon an dem Fragment sichtbar geblieben ist – möglicherweise wurden eine ganze Reihe von in der Hand gehaltenen Attributen mit der Hand weggeschlagen.

102 Zumbrunn/Gutscher (Anm. 97), 50: «Hier muss angenommen werden, dass entweder mittels stumpfer Gegenstände die Köpfe weggeschlagen oder diese beim Herunterholen und Beseitigen der Figuren weggebrochen sind.»

103 Zwingli, Die beiden Predigten Zwinglis in Bern, in: Z VI/1 497.

104 Dies ist insofern ein bedeutendes Ergebnis, als, wie im vorhergehenden Kapitel gezeigt wurde, die Entfernung und das Schicksal der Bilder den Stiftern überlassen werden sollte.

Nach Franz-Josef Sladeczek sind die identifizierten Spuren von Gewaltanwendung an den Skulpturen ein (weiterer) Hinweis dafür, dass der bernischen Obrigkeit die Kontrolle über die Bilderentfernung zeitweise entglitten war, und diese in tumultartige Übergriffe auf die Bilder mündete.[105] Eine Erklärung des Ursprungs der «selektiven Zerstörungsmassnahmen» der Bilderstürmer sieht Sladeczek – Martin Warnke folgend – «in der mittelalterlichen Rechtssprechung», da gegen das Kultbild die dem Strafmass entsprechenden Bestrafungsriten angewendet und damit «die gängigen Praktiken der Herrschaft [...] gegen deren Symbole gekehrt» wurden.[106] Jedoch sind unterschiedliche Vergehen der Heiligen, die das ihnen jeweils zukommende Strafmass begründen könnten, kaum auszumachen. Als «lebensweltlicher Kontext» der Bilderstürmer wurde in der neueren Forschung vor allem das Bedeutungsfeld der Volksfrömmigkeit untersucht, in dem der Heiligenlegende eine zentrale Rolle zukommt. Die Schilderungen der Vita der einzelnen Heiligen, wie sie in der *Legenda aurea* des Jacobus de Voragine gesammelt sind, vermögen somit als zeitgenössische Auffassung der Heiligen den referentiellen Rahmen zu beschreiben, innerhalb von dem die Bestrafung der «Götzen» stattfindet.[107] Damit kommt der Angriff auf die bildliche Darstellung eines Heiligen einem Angriff auf sein «zweites Leben» gleich, da die volksfromme Vorstellung von der Realpräsenz des Heiligen im Bild auch dessen «Biographie» einschloss.[108] Dieser Ansatz bietet sich an, da die reformatorische Kritik an den Bildern von

[105] Sladeczek (Anm. 90), 36 f. vgl. auch Franz-Josef *Sladeczek*, Bildersturm. «Da ligend die altär und götzen im tempel». Zwingli und der Bildersturm in Bern, in: Beer (Anm. 78), 588–604, hier: 599. Die Existenz der Zerstörungsspuren kann jedoch nicht *eo ipso* als Beleg für spontane ikonoklastische Übergriffe gelten.

[106] Sladeczek (Anm. 90), 45; Martin *Warnke*, Durchbrochene Geschichte? Die Bilderstürme der Wiedertäufer in Münster 1534/1535, in: Ders. (Hg.), Bildersturm. Die Zerstörung des Kunstwerks, München 1973, 65–98, insbes. 93 f. Warnke konnte nachweisen, dass sich die Angriffe der Bilderstürmer in Münster gezielt gegen Herrschaftssymbole der Obrigkeit in und an Skulpturen und Bildwerken richteten.

[107] Die Legenda aurea des Jacobus *de Voragine* aus dem Lateinischen übersetzt von Richard *Benz*, Heidelberg [8]1975.

[108] Mit der hier vorgeschlagenen Berücksichtigung der Heiligenlegenden soll der Aspekt der Bestrafung, des Strafrituals nicht als Bedeutungsfeld ikonoklastischen Handelns ausgeschlossen, sondern – im Gegenteil – durch das Bedeutungsfeld der Heiligenlegenden überlagert werden. Dieser Zugang bietet sich an, da mittelalterliche Strafpraxis und Marterdarstellungen gewisse Parallelen aufweisen, vgl. Valentin *Groebner*, Das Bild des Gekreuzigten und die städtische Strafgewalt, in: Bernhard *Jussen*, Craig *Koslofsky* (Hgg.), Kulturelle Reformation. Sinnformation im Umbruch 1400–1600, Göttingen 1999 (VMPIG 145), 209–238. Die Annahme einer «Realpräsenz» des Heiligen im mittelalterlichen Bild ist in der neueren Forschung umstritten vgl. André *Holenstein*, Heinrich Richard *Schmidt*, Bilder als Objekte – Bilder in Relationen. Auf dem Weg zu einer wahrnehmungs- und handlungsgeschichtlichen Deutung von Bilderverehrung und Bilderzerstörung, in: Peter *Blickle* et al., Macht und Ohnmacht der Bilder. Reformatorischer Bildersturm im Kontext der europäischen Geschichte, München 2002 (HZ.B 33), 511–527; hier: 514 f.

Heiligen nicht nur eine Anwendung des Schriftprinzips gegen die Vermittlung des Glaubens über das Bild, sondern gleichzeitig einen Angriff gegen eine Form mündlich und schriftlich tradierter religiöser Inhalte darstellt: die «närrisch erdichten fablen», wie Zwingli sie nannte.[109] Durch den Bezug auf diese allgemein verbreitete Auffassung der Heiligen lässt sich die Untersuchung zudem weg von der Frage nach einem «Plan» im Vorgehen der Bilderstürmer hin zur Frage verlagern, wie nach zeitgenössischer Auffassung ikonoklastisches Handeln sowohl von Seiten der Befürworter wie der Gegner der Bilderentfernung «rezipiert» wurde. Anhand des Beispiels von sieben identifizierten Skulpturen(fragmenten) lässt sich das «System» der Zerstörungen vor dem Hintergrund der Heiligenlegenden interpretieren.

Der Skulptur Jakobus des Älteren fehlen die rechte Hand, der Pilgerstab und der Kopf, die Beine sind zertrümmert. Sankt Jakob der Grosse, der sich in seiner Marter Gott verschrieb, erlitt das Martyrium durch Enthauptung, nachdem er kurz zuvor noch einen Lahmen geheilt hatte.[110] Der Skulptur fehlt das Attribut des Pilgerstabs, die Beine sind durch Zertrümmerung gelähmt und der Kopf ist als endgültige Tötung des «Götzen» abgeschlagen. Im Berner Skulpturenfund finden sich zwei Skulpturen des Heiligen Antonius dem Eremiten, der – so die Legende – von Teufeln und bösen Geistern versucht wurde.[111] Bei der einen Skulptur, mit einem Von Erlach-Wappen an der Plinthe, sind die Teufelsköpfe abgeschlagen, jedoch auch Kopf, Hände und Buch des Antonius, das heisst alle konstitutiven Elemente der Erzählung der Vita des Heiligen Antonius sind zerstört – sowohl die Heiligenlegende wie deren figürliche Vergegenwärtigung sind «unlesbar» gemacht. Die andere Skulptur besteht aus auffallend vielen, kleinen Fragmenten, was die Vermutung zulässt, dass sie mit äusserster Gewalt zerkleinert wurde. Die Legende besagt, dass der Heilige Antonius, trotz vielfältigster Folterungen und obwohl er das Martyrium gewünscht hatte, 105 Jahre alt geworden war.[112] Das Vorgehen der Bilderstürmer lässt daher vermuten, dass damit die Realpräsenz des Heiligen in seiner materialen Darstellung anhand seiner eigenen Biographie auf die Probe gestellt und widerlegt werden sollte. Von Johannes dem Täufer wurden ebenfalls zwei Skulpturen geborgen. Nach der *Legenda aurea* gebot Johannes dem Volk, Werke der Barmherzigkeit zu tun, und wurde schliesslich enthauptet.[113] Auffällig ist, dass beiden Skulpturen der Kopf fehlt; bei der einen fehlt zudem der Kopf des Lammes, das Attribut des Johannes. Der heilige Christophorus wurde gefoltert, blieb aber unversehrt, worauf ihm das Haupt abgeschlagen

[109] Zwingli in der Auslegung der 20. Schlussrede, 1523, in: Z II 203.

[110] Legenda aurea (Anm. 107), 487–497.

[111] Ibid., 122.

[112] Ibid., 122 und 126.

[113] Ibid., 419f.

werden musste, das auch der Skulptur fehlt.[114] Der Stab, den Christophorus in die Erde steckte, wo er grünte, ist als Attribut des Christophorus möglicherweise mit den Händen abgeschlagen worden.[115] Die Skulptur des Erzengels Michael weist – aus 42 Einzelfragmenten bestehend – grosse Zerstörungen auf. Auch wenn es sich nicht um einen Heiligen handelt, so dürften doch das Stifterwappen der Familie Scharnachthal und die Inschrift «myserere me» auf eine Skulptur hindeuten, der in der volksfrommen Praxis eine äusserst enge Beziehung zwischen Stifter und Figur entsprach. Entsprechend bedeutsam und symbolträchtig musste deren Zerstörung wirken.

Zwischen den Heiligenlegenden und den Zerstörungen der Skulpturen lassen sich somit Parallelen feststellen, wenn auch nicht in jedem Fall. Dennoch erlauben zwei Aspekte eine Generalisierung: Die aus den Heiligenlegenden bekannten Attribute der Heiligen sind vielfach Ziel der Zerstörung. Gleichzeitig lässt sich mittels der *Legenda aurea*, die auffällige Häufigkeit der «Enthauptung» der Skulpturen erklären. Die Wirkungslosigkeit der Marter findet sich als Topos in zahlreichen Heiligenlegenden und hat in den meisten Fällen zur Folge, dass der Heilige, um getötet zu werden, enthauptet werden muss. Was in der Legende die Heiligsprechung motiviert, wird im Bildersturm zur endgültigen Tötung des Heiligen. Die Form der Marter, die in den Legenden deutlich Züge des mittelalterlichen Inquisitionsverfahrens angenommen hat, wird auf die «Götzen» angewendet, ohne dass diese sich mittels ihrer vielfach als apotropäisch geschilderten Attributen zu wehren vermögen. Die Heiligenvita wird als Wiederholung inszeniert, das Ausbleiben der Wunder augenfällig exemplifiziert, um schliesslich den wehrlosen «Götzen» endgültig zu enthaupten. Im Kontext der Volksfrömmigkeit, beispielhaft dargelegt anhand der Heiligenlegenden, wurden Heiligenfiguren durch das vollständige oder partielle Wegschlagen ihrer Attribute unkenntlich gemacht, entindividualisiert und damit ihrer «Wirkung» entledigt.

Die quantitative und qualitative Auswertung des Berner Skulpturenfundes zeigt, dass ikonoklastisches Handeln selektiv, dabei aber durchaus systematisch erfolgt ist und im zeitgenössischen «lebensweltlichen Kontext» tradierte Bedeutungen integriert und in deren Umkehrung symbolische Bedeutungen erzeugt. Die Frage, ob die Beschädigungen der Skulpturen den Schluss zulassen, die obrigkeitlich gelenkte Bilderentfernung in Bern sei zeitweilig in tumultartige Zerstörung ausgeartet, muss vorerst ambivalent beantwortet werden. Einerseits lässt die dargestellte selektive Vorgehensweise der Bilderstürmer das Moment der Spontaneität nur bedingt zu. Als Rezipient und Adressat, dem der Bedeutungsgehalt der den «Götzen» zugefügten Gewalt vermittelt werden sollte, muss ausserdem ein Publikum angenommen

[114] Ibid., 502. Zur Figur des Christophorus s. unten, S. 59f.
[115] Ibid., 500.

werden, dessen Anwesenheit und Teilnahme die Quellen tatsächlich belegen.[116] Andererseits schafft die unterschiedliche Behandlung von Bildern und Skulpturen einen Spielraum, der die Möglichkeit von Gewaltanwendung gegenüber Bildwerken zulässt, die sich der Kontrolle der Obrigkeit entzieht. Bei den Bildern war die Entscheidung über Entfernung und Zerstörung vom Rat den Stiftern delegiert worden.[117] Im Bildersturm wurden die Bilder aus den Kirchen entfernt, wobei es zu Auseinandersetzungen zwischen Bilderstürmern und Stiftern kam. Trotzdem wird letztlich der Beschluss des Rats, die Bilder zu räumen, durchgesetzt und Zuwiderhandelnde bestraft. Für die «Götzen», die Steinskulpturen, ist eine individuelle «Behandlung» nicht belegt; offenbar wurden die Steinskulpturen vielmehr kollektiv entfernt, zerstört und vergraben.[118] Dabei weisen aber die Steinskulpturen mit Stifterwappen eine besonders sorgfältige und gezielte Zerstörung auf. Hier also, in dieser gezielten ikonoklastischen Aktion, kommt beim Berner Skulpturenfund eine Anwendung von Gewalt zutage, die sich stellvertretend gegen die «Götzen» richtet, letztlich aber auf einflussreiche und vermögende Stifter zielt.[119] Eine Form ikonoklastischen Handelns, das die Obrigkeit weder (nachweislich) veranlasst noch (nachweislich) bestraft hat und das sich demzufolge der obrigkeitlichen Kontrolle entzog.

5. Ikonoklastisches Handeln und theologischer Kontext[120]

Da sich Bilderstürmer vornehmlich durch den ikonoklastischen Akt «äussern», in dem sich verschiedene symbolische Bedeutungen überlagern, bedarf deren Rekonstruktion einer Absteckung des referenziellen Rahmens, in

[116] Vgl. Salat (Anm. 7), 455: «und gieng nun gantz erbermklich zuo alls lichtlich zuo gedencken/ nit mit minder erbermd und truren der allten Berner/ dem allten glouben anhengig/ dann ouch mit tratz und boch/ jubel/ gschrey/ und tiranisiern der nüw sectern».

[117] Diese Bestimmung galt für die «altharen alss woll alss die bilder und taffelen» (ST Nr. 1490, 613).

[118] Einen Hinweis auf die unterschiedliche Behandlung geben folgende Angaben: Zwingli erwähnt in seiner Predigt im Münster die herumliegenden zerstörten «Götzen» (Zitat s. unten, S. 58), wohingegen während des Bildersturms «man die bilder uss den kilchen truog» (ST Nr. 1502, 623).

[119] Identifiziert wurden die Wappen der einflussreichen Familien Bubenberg, von Erlach und Scharnachthal.

[120] Ziel dieses Kapitels ist nicht die Darstellung der theologischen Bilderfrage, sondern – im Fall von Bern – die theologischen Implikationen ikonoklastischen Handelns aufzuweisen. Zur theologischen Behandlung der Bilderfrage vgl. etwa die detaillierte Untersuchung von Helmut *Feld*, Der Ikonoklasmus des Westens, Leiden et al. 1990; zum reformatorischen Ikonoklasmus: 118–192. Vgl. auch: Karl *Möseneder* (Hg.), Streit um Bilder. Von Byzanz bis Duchamp, Berlin 1997; Carlos M. N. *Eire*, The Reformation Critique of the Image, in: Scribner/Warnke (Anm. 90), 51–68. Zur Position Zwinglis vgl. Berndt *Hamm*, Zwinglis Reformation der Freiheit, Neukirchen-Vluyn 1988, insbes. 23–25.

dessen Kontext sich symbolisches Handeln vollzieht. Dabei sollen anhand der Berichte in den Quellen in einer (möglichst) «dichten Beschreibung» ausgewählte symbolische Akte in ihren Bedeutungsstrukturen innerhalb ihres kulturellen Kontexts erfasst werden.[121]

Verhältnismässig viel Platz räumt der Chronist Valerius Anshelm in seinem Bericht dem wirkungsvollen Auftritt des Schmiedengesellen Hans Zehnder ein, der «[...] uf sinem mulesel in die kilchen reit und sprach: ‹*So man hie ein rossstal machet, so muss min esel ouch drin. Ich wölte, dass allen, so rat und tat harzu getan, die händ abfielid*›».[122] Zehnders Ritt in die Kirche und seine Drohung stehen zunächst im engeren Kontext der Auseinandersetzung um die Bilderräumung, wie die Rede Thormans nahe legt, die durch eine Zeugenaussage Äberlis überliefert ist: «Äberly hat gezüget, wie Thorman geredt, er habe ouch ein schilt und helgen in der kilchen, er wellte gern gsen, wer im den uss der kilchen nemen. ‹Es ist äben recht, das man also hie husshet; wan nun die Oberlender komen, werden sy ein rhossstal han und ire rhos darin stellen.›»[123] Thorman fordert diejenigen heraus, die versuchen sollten, das von ihm gestiftete Bild im Münster zu entfernen und droht den Bilderstürmern mit dem Eintreffen der Berner Oberländer. Am Beispiel des Pferdestalls wird also zunächst die Tragweite der sich im Bildersturm sichtbar machenden Entscheidung für die Reformation, konkret in der Auseinandersetzung zwischen altgläubiger Landschaft und neugläubiger Stadt diskutiert. In diesem Sinn darf Zehnder für seinen Esel einen Platz im Pferdestall der Reformationsgegner beanspruchen. Dem Eselsritt kann aber eine weitere, symbolische Bedeutung zugeschrieben werden, wenn er im Kontext der verbreiteten Palmeselsprozessionen verstanden wird. Der «Palmesel», eine meist hölzerne, auf einen Wagen gesetzte Christusfigur auf einer Eselin, war während der Reformationszeit in der Schweiz und im süddeutschen Raum oftmals Ziel verschiedenster Formen von «Verhöhnungen».[124] Jesu Ritt auf dem Esel hatte im Streit um den neuen Glauben in Bern bereits von Seiten der Glaubenserneuerern

[121] Hierbei wird zurückgegriffen auf Ansätze von Clifford *Geertz*, Dichte Beschreibung. Bemerkungen zu einer deutenden Theorie von Kultur, in: Ders., Dichte Beschreibung. Beiträge zum Verstehen kultureller Systeme, Frankfurt am Main 1983, 7–43, Lee Palmer *Wandel*, Voracious idols and violent hands. Iconoclasm in Reformation in Zurich, Strasburg and Basel, Cambridge 1995, hier: 11f. sowie Natalie Zemon *Davis*, From «Popular Religion» to Religious Cultures, in: Steven *Ozment* (Hg.), Reformation Europe: A Guide to Research, St. Louis, Missouri 1982, 321–341.

[122] A V, 245.

[123] ST Nr. 1490, 613.

[124] Sergiusz *Michalski*, The Reformation and the Visual Arts. The Protestant Image Question in Western an Eastern Europe, London/New York 1993, 92. Zu den Palmeselschändungen während der Reformation vgl. den Beitrag von Christian *von Burg*, «Das bildt vnsers Herren ab dem esel geschlagen». Der Palmesel in den Riten der Zerstörung, in: Blickle (Anm. 108), 117–141.

wirkungsvoll Verwendung gefunden. Im 1523 in der Kreuzgasse aufgeführten sogenannten «fasnacht schimpff» von Niklaus Manuel wurde der Gegensatz zwischen Christus und Papst inszeniert, indem von der einen Seite der Gasse Christus «uff einem armen esslin geritten / uff sinem houpt die dörnin kron» auf dem Schauspielplatz erschien, während der Papst von der anderen Seite «im harnisch / unnd mit grossem kriegszüg» geritten kam.[125] Während des Bildersturms wurde der allgemein bekannte Symbolgehalt des Palmesels und die Assoziation mit dem Eselsritt Christi von der Seite der Reformationsgegner reaktiviert. Zehnder kündigt eine bevorstehende göttliche Entscheidung über die Rechtmässigkeit der bereits begonnenen Bilderentfernung an und verleiht seiner Verkündung des Willens Gottes durch den Eselsritt und dessen biblischen und volksfrommen Konnotationen zusätzliches Gewicht, wie aus den im Ratsmanual fixierten Zeugenaussagen hervorgeht.[126] Zunächst äussert Zehnder die Hoffnung, dass nach dem alttestamentarischen Talionsgesetz denen, die den «Götzen» die Hände abschlagen, diese selbst abfallen. Der Bilderfrage kommt aber schliesslich die Bedeutung einer Auseinandersetzung zwischen Gottes und des Teufels Willen zu, die sich fast nicht wirkungsvoller inszenieren liesse, als wenn sie von Hans Zehnder als Jesus auf dem Palmesel angekündigt wird, um damit zu verdeutlichen, dass er wohl den Willen Gottes besser kennen dürfte als die Bilderstürmer.

Der Entscheidung, die aus der Kirche entfernten Steinskulpturen auf dem Kirchhof zu vergraben, kommt abgesehen von der Ersparnis von Transportkosten[127] und dem Vorhaben, die Münsterplattform aufzuschütten, ebenfalls eine symbolische Funktion zu. Die «Götzen» werden begraben, in sinnfälliger Weise in der Schutthalde gleich ausserhalb des Friedhofes. Da der Friedhof 1530, als die Aufschüttung der Plattform komplett war, an den Klösterlistutz verlegt wurde[128], kann diese Beerdigung der «Götzen» zudem als eines der letzten Begräbnisse nach altem Glauben verstanden werden, zumal dem Platz eine neue Funktion zugewiesen wurde: «Das muenster zuor predig und sinen hof zuom lust; item der toten begrebd da danen in die kloester und spitael verordnet.»[129] Diese Deutung wird bestärkt durch die Darstellung der «Beerdigung der Götzen» in einem Gedicht eines anonymen Augenzeugen:

> «[...] so hat man die goetzen gen kirchen tragen
> Vor dem minster in das loch

[125] Niklaus *Manuel*, Werke und Briefe. Vollständige Neuedition. Hg. von Paul *Zinsli* und Thomas *Hengartner*, Bern 1999, 181. Vgl. Peter *Pfrunder*, Pfaffen, Ketzer, Totenfresser. Fastnachtskultur der Reformationszeit – Die Berner Spiele von Niklaus Manuel, Zürich 1989, 23–25 und passim.

[126] ST Nr. 1490, 612.

[127] Vgl. Zumbrunn/Gutscher (Anm. 97), 16.

[128] Ibid., 13.

[129] A VI, 137. Vgl. auch Stumpf (Anm. 7), 376.

das man zuo Bernn ausß fült noch
Hat man ir gar vil hin gleyt. [...]
die götzen hont sich nit gesaumt;
Wie wol sy machend nit viel geschwatz,
hand sy das end der dispentatz,
Auch wellen zuo Bern erwarten,
Dem nach gfaren in Abrahams garten.
Da ligends bisß ann letsten tag.»[130]

In dieser Beschreibung des Schicksals der Heiligenstatuen verbinden sich in ironischer Weise die Vorstellung von der Realpräsenz des Heiligen, über dessen Leben am letzten Tag Gericht gehalten wird, die Prüfung dieser Realpräsenz mittels Verbrennen und Vergraben mit dem Ergebnis der Wehr- und Wirkungslosigkeit der «Götzen».

Grundsätzlich ist zu fragen, inwiefern und wie die theologische Dimension der Bilderfrage in den Berner Bildersturm hineinreichte. Zunächst erhielt die Räumung der Bilder aufgrund der achten Schlussthese in der Disputation ihre theologische Legitimation. Die Bilderfrage reichte aber viel subtiler und tiefer in den allgemein geführten Diskurs um den neuen Glauben hinein. Die Auseinandersetzung Zwinglis mit einem gewissen Hodel in Bern kann als biografisches Detail seines Wirkens überlesen werden, indessen bezeichnet sie den Kontext des reformatorischen Bildersturms. Wie das Ratsmanual vom 28. Januar, also am Tag des Bildersturms, vermerkt, hatte Hodel in einem Wirtshaus in Huttwil Zwingli einen Dieb gescholten, da dieser 20 Gulden gestohlen habe.[131] Zwingli reichte gegen Hodel bei der bernischen Obrigkeit Klage ein und forderte, dass Hodel entweder für seine Worte Rechenschaft ablege oder aber den «vorsager glicher worten» angebe. Und tatsächlich kommen durch die «Verhöre» weitere Beteiligte an diesem Fall zum Vorschein, Hodel nennt einen Gallo Yffenberg, dieser wiederum gesteht, die Worte von einem «Wernny Saler, zuo Solothurn» gehört zu haben.[132] Der Vorwurf des Diebstahls gegen Zwingli gerade in der Zeit des Berner Bildersturms ist aufschlussreich, da er seit dem Bildersturm in Zürich gegen Bilderstürmer und insbesondere gegen Zwingli von der Seite der Reformationsgegner erhoben wurde. Dabei wird nicht bloss die Vermittlung der Polemik der Reformationsgegner vom altgläubigen Gebiet (Solothurn) nach Bern greifbar, sondern der Vorwurf des Diebstahls – und dies mag im Fall Hodel Zwinglis Anzeige erklären – führt zugleich zurück zur Bilderfra-

130 Anonym, Die meß sälig vnnd / wie sy in ettlichen Staetten gestor=/ben ist, sampt iren nach=/pauren den Goetzen. Zit. nach Sladeczek (Anm. 105), 597f.

131 ST Nr. 1489, 612.

132 ST Nr. 1491, 614. Ein Urteil wird erst am 26. März gefällt, enthält aber keine Bestrafung des eigentlichen Vergehens, da Wernli Saler aus Solothurn sich nicht gestellt hatte; vgl. ST Nr. 1575f., 664f.

ge und zur theologischen Auseinandersetzung. Thomas Murner, ein Franziskaner aus Strassburg, der sich in Luzern aufhielt, wandte sich in einer polemischen Schrift mit folgenden Worten gegen Zwingli: «und wo der erlos diebsch bösswicht der Zwingly das [sc. den Kirchendiebstahl in Zürich] zuo verantwurten ie [sc. auf der Badener Disputation] nit wolt erschinen, als er biss har gethon [...]».[133] Während Hodel Zwingli schlicht einen Dieb nannte, versuchte ihn Murner als Kirchendieb zu entlarven, wofür ihm die Bilderfrage die theologischen Argumente liefern sollte. An diesem scheinbar unbedeutenden Beispiel lässt sich folglich die Wechselwirkung zwischen theologischer Argumentation und öffentlicher Breitenwirkung verfolgen.

Eine zusammenfassende Beurteilung von Formen symbolischen Handelns erfordert die Fixierung eines «Zentrums», auf das ikonoklastisches Handeln zielt und in dem dessen Bedeutungsebenen konvergieren. Dabei zeigt sich, dass der Bildersturm als «Götzenprobe» aufgefasst wird, in der sich das Gottesurteil in Glaubensfragen manifestiert; und zwar sowohl von Seiten der Gegner wie der Befürworter der Reformation. Der Bildersturm, verstanden als erkennbares, entscheidendes Gottesurteil, verdeutlicht, warum der Bilderentfernung eine solche Dignität in der Auseinandersetzung um den neuen Glauben zukam. So blieb etwa nach dem Bericht des altgläubigen Luzerner Chronisten Renward Cysat für einen Bilderstürmer, der das Gesicht eines Kruzifixes im Chorbogen des Schaffhauser Münsters angegriffen hatte, die «straf Gottes» nicht aus und er fiel von der Leiter.[134] Zehnder wünscht, dass den Bilderstürmern «die hend abfielen». Der Angriff auf Figuren mit sakraler Wirkung wird mit einem Angriff auf die dazu benötigten Körperteile des Bilderstürmers pariert; in der Intention des Unwirksam-Machens des «Götzen» beziehungsweise des «Gottlosen» kommen die divergierenden Perspektiven in einem zeitgenössischen Bedeutungsfeld zur Übereinstimmung.[135] Auf der Seite der Bildergegner äussert sich Zwingli ironisch über das ausgebliebene

133 Thomas *Murner*, Der Lutherischen Evangelischen Kirchendieb und Ketzerkalender, in: Zwei Kalender vom Jahre 1527. D. Joannes Copp evangelischer Kalender und D. Thomas Murner Kirchendieb- und Ketzerkalender. Hg. von Ernst *Götzinger*, Schaffhausen 1865, 35. Murner stellt im Kalender die verschiedenen Formen des «kirchen diebstal» der Anhänger des «erlosen diebschen Zwinglys» dar.

134 Renward *Cysat*, Collectanea Chronica und denkwürdige Sachen pro chronica Lucernensi et Helvetiae. Bearb. von Josef *Schmid*, Luzern 1977 (Quellen und Forschungen zur Kulturgeschichte von Luzern und der Innerschweiz; 5, 2. Teil), 525. Cysat versucht die «Wirksamkeit» der Bilder und damit die Richtigkeit des alten Glaubens mittels einer Aufzählung von Bestrafungen der Bilderstürmer durch Gott zu belegen.

135 Einen Ansatz zur Klärung des Angriffs auf die Sinne gibt Bob *Scribner*, Das Visuelle in der Volksfrömmigkeit, in: Scribner/Warnke (Anm. 90), 17ff., indem er die Sinnlichkeit als wesentliches Merkmal der Bilderverehrung in der Volksfrömmigkeit herausarbeitet, wodurch der Angriff auf die Sinne einer «Kritik der Rolle der Sinnlichkeit bei der Andacht» gleichkomme.

«Zeichen Gottes» an den zerstörten «Götzen». In seiner *Antwort, Valentin Compar gegeben* stellt Zwingli fest, dass die «Götzen» ihre Verbrennung schweigend über sich ergehen liessen, und kehrt die Pointe um, indem er die ausbleibende Wundertätigkeit der Heiligen als Wunder bezeichnet:

> «Und got geb, wie vil sy [sc. die Götzen] vor geachtet sygind, hat sich denocht gheiner des fürs gewert, habend sich all mit schwygendem mund lassen verbrennen. Doch muoss ich ein wunderzeichen sagen. Es ist an Oettembach – ist ein frowenkloster – ein steinin Mariabild gestanden. Da haben die nonnen fürgeben, das, so offt man denselben götzen an ein ander ort geton oder verschlossen hab, so sye er all weg morndes widrumb an synem vordrigen ort gestanden. Aber yetz, do es zwar die rieman galt [= ernst galt], ist er nit wider dar gstanden. Ist das nit ein wunder?»[136]

Auch in der zweiten Berner Predigt argumentiert Zwingli, dass gerade die Zerstörung der «Götzen» den Beweis erbracht habe, dass diese nicht mehr als Holz und Stein seien:

> «Es sind gar schwache oder zenggische gemuet, die sich von abthuon der götzen klagend, so sy yetz offentlich sehend, das sy nützid [= nichts] heyligs habend, sonder tetschend und bochsslend [= poltern] wie ein ander holtz und steyn.»[137]

In seiner Schlusspredigt im Berner Münster muss Zwingli die Gemeinde zur *constantia* anhalten, bestätigt aber gleichzeitig auch hier die Wirkungslosigkeit der gestürzten «Götzen»: «Da ligend die älter und götzen im tempel. Welchem nun darab schücht, doch nit uss conscientz, der sicht yetz, ob wir die götzen neisswar für habind gehebt oder nit.»[138] In symbolischen Handlungen wird das Urteil über die «Götzen», die Entscheidung in der Glaubensfrage in «verdichteter» Form erkennbar und für die Gläubigen «lesbar» gemacht. Daher bezeichnen die Bildnisse der Heiligen «Testobjekte lokaler Religionspolitik» und deren Entfernung häufig eine entscheidende Etappe in der Durchsetzung der Reformation, den «point of no return».[139]

136 Zwingli, Eine Antwort, Valentin Compar gegeben, in: Z IV 151.

137 Zwingli, Die beiden Predigten Zwinglis in Bern, in: Z VI/1 497. Ähnlich argumentiert Ludwig *Hätzer*, Ein Urteil Gottes …, wie man es mit allen Götzen und Bildnissen halten soll, in: Flugschriften der frühen Reformationszeit. Hg. von Adolf *Laube* (Leitung), Annerose *Schneider*, unter Mitwirkung von Sigrid *Looss*. Erläuterungen zur Druckgeschichte von Helmut *Claus*, Vaduz 1983, Bd. 1, 274: «Ire goetzen sind gold unnd silber, ein werck der menschen henden. Sy habend ein mund und reden nit, sy haben ougen und sehend nit, sy habend oren und hoerend nit, sy habend nasen und riechend nit, sy habend hend und tastend nit, sy habend fuess und gond nit, und werden kein stimm uss iren kaelen geben. Die bildmacher werdend inen glych und alle, so ir vertruwen hierin setzend.»

138 Zwingli, Die beiden Predigten Zwinglis in Bern, in: Z VI/1 497. Vgl. auch Gottfried W. *Locher*, Von der Standhaftigkeit. Zwinglis Schlusspredigt an der Berner Disputation als Beitrag zu seiner Ethik, in: Ulrich *Neuenschwander*, Rudolf *Dellsperger* (Hgg.), Humanität und Glaube. Gedenkschrift für Kurt *Guggisberg*, Bern/Stuttgart 1974, 29–41.

139 Norbert *Schnitzler*, Geschmähte Symbole, in: Klaus *Schreiner*, Gerd *Schwerhoff* (Hgg.), Ver-

Durch die Umfunktionierung des symbolischen Gehalts bildlicher Darstellungen wird die Bedeutung des Bildersturms sichtbar konstituiert und konsolidiert.[140] Diese Umfunktionierung bestehender Symbole, indem sie in einem anderen semantischen Feld eine neue Funktion erhalten – ein Vorgehen, das durchaus als solches registriert wurde[141]–, lässt sich am Beispiel der Statue des heiligen Christophorus verdeutlichen.[142] Der Berner Christoffel, ursprünglich mit Christuskind, Stab und Dolch als Attributen, wurde nach der Reformation zu einer «Goliathfigur» mit Hellebarde und Schwert umgestaltet und am späteren Christoffelturm aufgestellt.[143] Damit bleibt dem Christoffel seine aus der Heiligenlegende abgeleitete Bedeutung als Beschützer der Reisenden am Eingang der Stadt – einem profanen Ort also –, und durch seine veränderten Attribute wird ihm aber eine neue Funktion als Wächter zugewiesen. An ihrem ursprünglichen Standort in der Diesbach-Kapelle[144] im Münster war die Statue nicht zu belassen, richteten sich doch Zwinglis Attacken gegen die «Götzen» vornehmlich gegen den Heiligen Christoffel, wie sowohl seine Schrift zur Bilderfrage, *Eine Antwort, Valentin Compar gegeben*, als auch seine erste Predigt im Berner Münster belegen:

> «Wes bildnus ist das? (ich zeig dir sant Christoffels bildnus). Sprichst: *Sant* Christoffels. Warum gedar der im tempel ston? o! Er ist ein grosser nothelffer, vorus in armuot und wassersnot. So hör ich wol, er ist ouch ein abgott? Sprichst: Nein! [...] Du machst *sant* Christoffel zuo eim abgott. Ich mein's nit, das er ein abgott sye, sunder dass du imm zuolegst, das allein gottes ist. [...] Hastu sant Christoffels götzen imm tempel darumb, das er dir helff, so hast inn da, so vil an dir ligt, als ein götzen eines abgottes, nit das er's sye, aber dir ist er's.»[145]

letzte Ehre: Ehrkonflikte in Gesellschaften des Mittelalters und der frühen Neuzeit, Köln/Weimar/Wien 1995 (Norm und Struktur; 5), 279–302; hier: 296; Michalski (Anm. 90), 76. Vgl. Blickle (Anm. 8), 95, und den Überblick bei Locher (Anm. 8), 364–412.

140 Vgl. nach Scribner (Anm. 49), 154–156, ist bilderstürmerisches Handeln als ein «ritueller Prozess» zu betrachten, der sich in drei Phasen gliedert: die Übertragung von Bildern «aus dem sakralen Raum in einen profanen Bereich», die «Probe» der Bilder und die Zurücksetzung der Bilder «in ihrem neuen Zustand» an ihren Platz als «verkehrte Transsubstantiation».

141 Vgl. etwa für Schaffhausen Cysat (Anm. 134), 524.

142 Ähnliche Überlegungen lassen sich zur seit 1575 im Hauptportal des Münsters stehenden Justitiafigur anstellen, wo, wie vermutet wird, vordem eine Marien- oder St. Vinzenzenstatue stand sowie dem Brunnen auf dem Münsterplatz an der Stelle der Armbruster-Kapelle, vgl. Sladeczek (Anm. 3), 303 ff.

143 Vgl. Sladeczek (Anm. 90), 42 und 52, Fn. 75. Sladeczek zitiert aus einem anonymen nachreformatorischen «Verzeichnis des Heyligthumbs Priesterschafft und Einkommenss Santi Vincenty Münster inn Bern im Uchtlandt»: «Dem grossen Cristof ward ein schwert angehennkt, ein halbarten in die hand geben [und] auf das oberthor gestelt, do sol er hüeten, das kheiner komme gen mehr auss der kirchen zrauben.»

144 Mojon (Anm. 49), 20.

145 Zwingli, Eine Antwort, Valentin Compar gegeben, in: Z IV 99f. Der Heilige Christoffel ist der einzige Heilige über den sich Zwingli in dieser Schrift so konkret äussert.

Damit greift Zwingli mit der Figur des Christophorus gleichzeitig eine Tradition der Kritik an der Bildfrömmigkeit auf, die sich bereits im *Lob der Torheit* (1511) des Erasmus von Rotterdam findet: «Verwandt sind die, welche den törichten, doch beruhigenden Glauben sich beigelegt haben, wer die geschnitzte oder gemalte Polyphemsgestalt des Chistophorus anschaue, sei selbigen Tages gegen den Tod gefeit [...]».[146] In der ersten in Bern gehaltenen Predigt vom 19. Januar 1528 scheint Zwingli direkt auf das Christoffelstandbild im Münster Bezug zu nehmen: «Wirt der lang Christoffel sich nach zemenschmucken muessen in so kleynem brot! Verzych man mir schimpff. Der gedichtet Christoffel ist uss der poeten fablen gzogen.»[147] Damit lässt sich der Kreis schliessen, der zwischen Aspekten der theologischen Bildkritik, der Stellung der Heiligenlegenden («der poeten fablen») in der Volksfrömmigkeit (und deren Kritik) sowie dem bilderstürmerischen Angriff auf die Heiligenskulpturen geschlagen wurde.

6. Zusammenfassung: Der Berner Bildersturm als Überlagerung zweier Konflikte

Während des Berner Bildersturms verdichten sich im ikonoklastischen Akt obrigkeitliches und gemeindliches, vornehmlich zünftisches Handeln, theologische Positionen und volksfromme Praxis zu einem symbolisch aufgeladenen und öffentlich inszenierten Prozess.[148]

Mittels verschiedener Glaubensmandate wurde die Bilderfrage durch den bernischen Rat verrechtlicht und monopolisiert. Dabei zeichneten sich Konflikte zwischen und unter den Zünften ab, in denen die Bilderfrage wegen der Rolle der Zünfte als Stifter von Altären und Bildwerken bedeutsam wurde.[149] Durch die Disputation von 1528 erhielt die Bilderentfernung, die in den Ver-

[146] *Erasmus* von Rotterdam, ΜΩΡΙΑΣ ΕΓΚΩΜΙΟΝ sive laus stultitiae. Deutsche Übersetzung von Alfred *Hartmann*, in: Ders., Ausgewählte Werke, Darmstadt 1975, Bd. 2, 93. Zwingli, Eine Antwort, Valentin Compar gegeben, in: Z IV 99, nimmt die Bezeichnung «Polyphemus Homeri» für den Christoffel auf; vgl. Peter *Jezler*, Elke *Jezler*, Christine *Göttler*, Warum ein Bilderstreit? Der Kampf gegen die «Götzen» in Zürich als Beispiel, in: Hans-Dietrich *Altendorf*, Peter *Jezler* (Hgg.), Bilderstreit. Kulturwandel in Zwinglis Reformation, Zürich 1984, 83–102, hier: 84f.

[147] Zwingli, Die beiden Predigten Zwinglis in Bern, in: Z VI/1 470.

[148] Zum Versuch einer Deutung des Berner Bildersturms als öffentliche Inszenierung eines peinlichen Prozesses vgl. Lucas Marco *Gisi*, Niklaus Manuel und der Berner Bildersturm, in: Blickle (Anm. 108), 143–163.

[149] Die Vielschichtigkeit der «Beziehung der Zeitgenossen zu den attackierten Objekten» betont Norbert *Schnitzler*, Ikonoklasmus – Bildersturm. Theologischer Bilderstreit und ikonoklastisches Handeln während des 15. und 16. Jahrhunderts, München 1996, 320–323, wobei die Auseinandersetzungen zwischen Bilderstürmern und Stiftern v. a. als Konflikt um die «Rangfolge in der Heilsökonomie» aufzufassen seien.

fügungsbereich der Obrigkeit gelangt war, ihre theologische Legitimation. Die Bilder sollten innerhalb von acht Tagen aus den Kirchen geräumt werden. Durch symbolische Handlungen, die auf eine «Götzenprobe» zielten, wurde die Bilderentfernung öffentlich inszeniert. Im Spannungsfeld zwischen der Delegierung der Entscheidung an die Stifter und obrigkeitlichem Auftrag zur Räumung der Kirchen wurde der Berner Bildersturm vollzogen. Dabei zeigt sich ein systematisches Vorgehen der Bilderstürmer in der «Behandlung» der unterschiedlichen sakralen Objekte. Gleichzeitig wandte sich die Gewalt indirekter Weise gegen die Stifter, wie die systematische Zerstörung von Skulpturen mit Stifterwappen belegt.

Der Versuch, mittels einer «dichten Beschreibung» die Ereignisse rund um den Berner Bildersturm zu rekonstruieren, hat die Vorgänge im Ergebnis – scheinbar – eher kompliziert als geklärt. Die nicht linear zu erfassenden Konfliktgrenzen veranlassen indes dazu, ein Modell zu entwickeln, das zu erklären vermag, wie im Berner Bildersturm im ikonoklastischen Akt nicht nur der Gegensatz zwischen Altgläubigen und Neugläubigen, sondern auch derjenige zwischen Bilderstürmern und Bilderstiftern sichtbar wird, und wie diese Konfliktebenen ineinander greifen.[150] Die Nachzeichnung der verschiedenen Konfliktlinien ermöglicht es, eine präzisere Antwort auf die kontrovers diskutierte Frage nach Gewalttätigkeit, Aufruhr und entglittener Kontrolle der Obrigkeit und eine differenzierte Einschätzung des Berner Bildersturms zu geben.[151]

Es handelt sich um zwei sich überlagernde Konfliktebenen, die je in einem divergierenden Bildverständnis gründen. Die «ontologische(n) Verschiebung» zwischen mittelalterlichem und reformatorischem Bildverständnis, wie es Bob Scribner nannte, das heisst der Übergang von «einer sakramentalen Auffassung der sinnlichen Welt zu einer antisakramentalen», wird im

150 Unter «Konflikt» wird dabei in Abgrenzung zu «Unruhe» und «Aufruhr» «jede Form von öffentlich bewusstem, interessierendem und in soziale Handlungen umzusetzendem Interessengegensatz zwischen Einzelnen oder Gruppen verstanden, den man institutionell und/oder ausserinstitutionell zu lösen versucht»; vgl. Olaf *Mörke*, Der «Konflikt» als Kategorie städtischer Sozialgeschichte der Reformationszeit. Ein Diskussionsbeitrag am Beispiel der Stadt Braunschweig, in: Bernhard *Diestelkamp* (Hg.), Beiträge zum spätmittelalterlichen Städtewesen, Köln/Wien 1982 (Städteforschung, Reihe A: Darstellungen; 12), 144–161, hier: 148.

151 Eine positive sowie eine negative Antwort auf diese Frage nach obrigkeitlicher Durchsetzung bzw. Gewalt der Untertanen lässt sich letztlich nicht begründen. Dass die Forschung weitgehend dieser antagonistischen Fragestellung folgt, dürfte damit zusammenhängen, dass die wesentliche Wechselwirkung zwischen Gemeinde und Obrigkeit für die Durchsetzung der Reformation in Bern zu wenig Berücksichtigung fand. Vgl. die kontroversen Positionen von Sladeczek (Anm. 3), 302, wonach der bernische Rat einen «Sturmlauf auf das Münster» nicht verhindern konnte, und Martin *Körner*, Bilder als «Zeichen Gottes». Bilderverehrung und Bildersturm in der Reformation, in: Heiko A. *Oberman* (Hg.), Reformiertes Erbe. Festschrift für Gottfried W. Locher zu seinem 80. Geburtstag, Zürich 1992, Bd. 1, 233–244, hier, 243, nach dem im Fall von Bern kein «unkontrollierter» Bildersturm nachzuweisen sei.

Konflikt zwischen Befürwortern und Gegnern der Bilderentfernung, zwischen Alt- und Neugläubigen erkennbar.[152] Andererseits wird im Handeln und den Rechtfertigungen der Stifter ein Konflikt sichtbar, den Guy Marchal für mittelalterliche Bilderstürme herausarbeiten konnte. Aus der Tatsache, dass das Bild des Heiligen, der als im Bild real präsent aufgefasst wurde, «aus der Gruppenidentität der Verehrer heraus» lebte, ergibt sich folgende Konsequenz für den ikonoklastischen Angriff auf den Heiligen: «Der Angriff auf das Bild oder die Umrahmung traf immer auch die Gruppe der Verehrer», folglich die Stifter.[153] Der Konflikt zwischen Bilderstürmern und Stiftern beruht damit auf einem Sakrileg gegenüber dem «sakralen Potential des Gegners» nach dem Bildverständnis mittelalterlicher Volksfrömmigkeit.[154]

In Anwendung dieses Modells lässt sich aufgrund der vorhergehenden Untersuchung Folgendes festhalten. Der Bildersturm in Bern führte zu Auseinandersetzungen, die fast ausschliesslich innerhalb der Stadtgemeinde stattfanden, in den meisten Fällen zwischen Mitgliedern der bernischen Räte, Vertretern der Zünfte und insofern im weiteren Sinn Stiftern von Bildern und Altären. Die prosopografischen Untersuchungen zu den einzelnen Akteuren ergaben, dass im Bildersturm tatsächlich Alt- und Neugläubige direkt aufeinander trafen. Im Verlauf der 20er-Jahre hatte sich die Haltung der Obrigkeit in der Bilderfrage von einem Verbot des Angriffs auf Bilder hin zu einem Gebot zur Bilderräumung bewegt. Die Räumung erfolgte folglich im Auftrag und unter der Kontrolle der Obrigkeit. Die «altstöckischen Burger», die sich ihr widersetzten, wurden bestraft. Es handelte sich somit um die praktische Umsetzung der reformatorischen Bildkritik, die sich während der Disputation in der «theoretischen» Entscheidung gegen die Bilder niedergeschlagen hatte. Da die alteingesessenen Familien der Reformation gegenüber offenbar eher ablehnend gesinnt waren, liegt im Vorgang der Bilderentfernung ein Konfliktpotenzial, das gegenüber den Stiftungen dieser Familien Ausdruck fand, wie aus den gezielten Angriffen auf Skulpturen mit Stifterwappen hervorgeht. Ausserdem ist eine zweite Konfliktlinie zwischen und innerhalb der Zünfte auszumachen, das heisst im Konflikt zwischen Stiftern

152 Scribner (Anm. 135), 19f.

153 Guy P. *Marchal*, Bildersturm im Mittelalter, in: HJ 113 (1993), 255–282, hier: 266 und 273. *Ders.*, Jalons pour une histoire de l'iconoclasme au Moyen Age, in: Annales. Histoire, Sciences Sociales 50 (1995), 1135–1156. Vgl. auch *ders.*: Das vieldeutige Heiligenbild. Bildersturm im Mittelalter, in: Blickle (Anm. 108), 307–332; insbes.: 325–332. Mit Verweis auf Victor Turner argumentiert Marchal hier für eine Auffassung von Bildern als «polyvalente[n] Zeichensysteme[n]», innerhalb derer verschiedene «Bedeutungsebenen» unterschieden werden und zwischen denen in «spezifischen Kommunikationssituationen» «Umkodierungen» erfolgen können. Damit lassen sich Bilderstürme als symbolische Dimension sozialer Konflikte verstehen, ohne notwendigerweise eines theologischen Bilderstreits als Motivation zu bedürfen.

154 Ibid., 279.

beziehungsweise innerhalb von Stiftergemeinschaften. Hierbei geht es nicht mehr wesentlich um die grundsätzliche Bilderfrage, sondern vielmehr um den Angriff von aussen auf eine Stiftergemeinschaft durch den Angriff auf das gestiftete Werk. Damit enthalten die Zeugenaussagen, nach denen die Stifter ihre Bilder selbst entfernen wollten, eine Brisanz, welche die historische Distanz verdeckt. Im Angriff auf die Heiligen des «Gegners», der sich dem Zugriff der Obrigkeit während der angeordneten Bilderentfernung weitgehend entzieht, liegt die schwer kontrollierbare Sprengkraft des Bildersturms. Diese birgt, verstärkt und verschärft durch den grundsätzlichen Widerstand gegen die Bilderentfernung, die Gefahr, dass der Prozess gegen die «Götzen» in Tumult und Aufruhr umschlägt.

Im Falle Berns überlagern sich diese beiden Konfliktebenen, der Konflikt zwischen Reformationsbefürwortern und -gegnern in der Bilderfrage als solcher und zwischen volksfrommem und reformatorischem Bildverständnis als spezifischer Bezug zur jeweiligen Stiftergemeinschaft, ohne sich jedoch ganz zu decken. Das «überkommene Handlungsmuster» des mittelalterlichen Bildersturms wird überlagert durch die «neue Semantik» des reformatorischen Bildersturms.[155] Damit erweist sich der Bildersturm als Doppelung; mit dem reformatorischen Bildverständnis wird die Verbindung zwischen Bild und Betrachter aufgebrochen und der Bildersturm zielt somit auf zwei Bereiche: erstens auf das Bild und den Bildverehrer, das heisst das Objekt, das dem Altgläubigen mehr ist als ein Objekt, und zweitens auf den Stifter, dem als Altgläubigem ein Angriff auf das Bild mehr ist als ein Angriff auf ein Objekt. Dadurch wird sowohl die «ontologische Verschiebung», die das reformatorische Bildverständnis bewirkt, als auch die Kontinuität des volksfrommen Bildverständnisses im Bildersturm fassbar. Im Bildersturm konkurrieren die Frage nach der grundsätzlichen Zulassung des sakralen Bildes mit der Frage der Sakralität der Bildstiftung, wodurch dem Bildersturm in den Augen der Altgläubigen die Qualität eines doppelten Sakrilegs zukommt. Darin gründet die Gefahr und Unsicherheit der Bilderentfernung, die «Gewalt» richtet sich gegen die Bilder als auch gegen die Stifter, wie das Beispiel des Berner Bildersturms zeigt.

Lucas Marco Gisi, Institut für Germanistik, Universität Bern,
Länggass-Strasse 49, 3000 Bern 9

[155] Vgl. das Modell von Marchal, Bildersturm (Anm. 153), 281.

«Papam esse Antichristum»

Grundzüge von Heinrich Bullingers Antichristkonzeption*

VON CHRISTIAN MOSER

1. Einleitung

Martin Luthers Schritt für Schritt anhand seiner reformatorischen Grundeinsichten zögernd errungene, erst nur *privatim*, hypothetisch und konditional geäusserte,[1] sodann aber seit 1520 mit zunehmender Intensität öffentlich und uneingeschränkt vertretene Erkenntnis,[2] dass der von der Bibel prophezeite Antichrist – der ‹paulinische› *homo peccati* und *filius perditionis* – mit nichts anderem zu identifizieren sei als mit dem institutionellen Papsttum, wurde sehr schnell rezipiert und in das protestantische – lutherische wie reformierte – (geschichts)theologische Denken integriert.[3] Die Gleichsetzung von Papsttum und Antichrist, beziehungsweise die antithetische Gegenüberstellung von Christus und seinem selbsternannten *vicarius*, wurde in exegetischen Werken erörtert, begründet und detailliert ausgestaltet, fand vielfache Verwendung in der Publizistik und Polemik der konfessionellen Auseinan-

* Überarbeitete und erweiterte Fassung eines am 6. September 2002 am «Zurich – St Andrews Bullinger Colloquium» in St Andrews gehaltenen Vortrags.

1 Vgl. etwa Luthers Bericht an Spalatin vom 13. März 1519 über seine Vorbereitungen auf die Leipziger Disputation (WA.B 1, S. 359,28–31): «Verso et decreta pontificum pro mea disputatione et (in auro tibi loquor) nescio an papa sit Antichristus ipse vel Apostolus eius». Weitere Belege bietet *Preuss*, Vorstellungen, S. 102–128 (vgl. unten Anm. 4).

2 Vgl. seine vom April 1521 datierende Schrift *Ad librum eximii magistri nostri magistri Ambrosii Catharini, defensoris Silvestri Prieratis acerrimi responsio Martini Lutheri. Cum exposita visione Danielis VIII. de Antichristo* (WA 7, S. 705–778), die eine Zusammenfassung seiner Antichristdeutung bietet. Die zunehmende Sicherheit Luthers wird anschaulich illustriert durch die Aufforderung in dessen Schrift *Assertio omnium articulorum M. Lutheri per bullam Leonis X. novissimam damnatorum* (WA 7, S. 126,12–16), seine früheren Schriften zu verbrennen, da in ihnen die Identifikation des Papsttums mit dem Antichrist noch nicht vollzogen sei.

3 Zu Luthers Antichristkonzeption vgl. Volker *Leppin*, Antichrist und Jüngster Tag: Das Profil apokalyptischer Flugschriftenpublizistik im deutschen Luthertum 1548–1618, Gütersloh 1999 (QFRG 69), S. 207–220, auch in *Ders.*, Luthers Antichristverständnis vor dem Hintergrund der mittelalterlichen Konzeptionen, in: Kerygma und Dogma 45 (1999), S. 48–63. Vgl. auch William R. *Russell*, Martin Luther's Understanding of the Pope as the Antichrist, in: ARG 85 (1994), S. 32–44; John M. *Headley*, Luther's View of Church History, New Haven-London 1963 (Yale Publications in Religion 6), passim; Ernst *Kohlmeyer*, Zu Luthers Anschauungen vom Antichrist und von weltlicher Obrigkeit, in: ARG 24 (1927), S. 142–150; *Preuss*, Vorstellungen, S. 83–182 (vgl. unten Anm. 4).

dersetzungen und wurde durch Flugschriften, Graphik, Spiel und Lied popularisiert.[4] Der im Konfessionellen Zeitalter enorm wirkmächtige Topos fand schliesslich Eingang in die lutherischen Bekenntnisschriften.[5]

Auch Heinrich Bullinger konnte sich weder als junger Klosterlehrer in Kappel, noch als Antistes der Zürcher Kirche, als umtriebiger Prediger und als gewissenhafter Exeget und Produzent einer voluminösen Sammlung von biblischen Kommentaren der Frage entziehen, wie die verschiedenen biblischen Stellen über den grossen endzeitlichen Widersacher der wahren Kirche

4 Trotz inhaltlicher Mängel und eines schlecht bekömmlichen konfessionalistischen Grundtenors ist als Standardwerk zur Antichristthematik in der Reformationszeit und im Konfessionellen Zeitalter noch immer unersetzt Hans *Preuss*, Die Vorstellungen vom Antichrist im späteren Mittelalter, bei Luther und in der konfessionellen Polemik: Ein Beitrag zur Theologie Luthers und zur Geschichte der christlichen Frömmigkeit, Leipzig 1906. Aufgrund der lutherzentrierten Ausrichtung des Werks erfahren weder die katholischen (vgl. das Diktum S. 182: «[...] der Kern der Sache wird bleiben müssen: schroffste Ablehnung des Papismus») noch die reformierten Positionen (vgl. S. 207: «Wir müssen auch die Schweizer etwas zu Worte kommen lassen. Das gebührt ihnen bei aller Abhängigkeit von der Reformation Luthers») eine adäquate Darstellung, wie es für Preuss überhaupt feststeht, «dass die, welche von Luther abfallen, unrettbar ins Mittelalter zurücksinken, wenn sie nicht eine Beute frivolen Unglaubens werden» (S. 219). Daneben erscheint aus heutiger Sicht an der Darstellung des nachmaligen Erlangener Kirchenhistorikers insbesondere seine Geschichtsperiodisierung problematisch, die um das «helle Tageslicht der Reformation Martin Luthers» (S. 82) ein finsteres, abergläubiges Mittelalter einerseits, eine gänzlich epigonale Orthodoxie andererseits, gruppierte. Zur weiteren Entwicklung der Lutherdeutung Preuss' hin zu einem «völkischen Luther» vgl. seinen im Hinblick auf das Lutherjubiläum 1933 verfassten Artikel «Luther und Hitler» in der Allgemeinen Evangelisch-Lutherischen Kirchenzeitung (Nr. 66 [20. und 27. Oktober 1933], Sp. 970–973; 994–999), der eine Parallelisierung der beiden im Titel genannten «deutschen Führer» bot. Vgl. Klaus *Scholder*, Die Kirchen und das Dritte Reich, Bd. 1: Vorgeschichte und Zeit der Illusionen 1918–1934, München 2000 (Erstauflage Frankfurt/M. u.a. 1977), S. 775f. – Weitere überblickende Arbeiten zur Antichristthematik in der Frühen Neuzeit im deutschsprachigen Raum: Gottfried *Seebass*, Art. ‹Antichrist IV: Reformations- und Neuzeit›, in: TRE 3, S. 28–43; Bernard *McGinn*, Antichrist: Two thousand years of the Human Fascination with Evil, San Francisco 1994, S. 200–230; Hans J. *Hillerbrand*, Von Polemik zur Verflachung: Zur Problematik des Antichrist-Mythos in Reformation und Gegenreformation, in: ZRGG 47 (1995), S. 114–125. Noch nicht zur Verfügung stand bei der Abfassung dieser Abhandlung Ingvild *Richardsen-Friedrich*, Antichrist-Polemik in der Zeit der Reformation und der Glaubenskämpfe bis Anfang des 17. Jahrhunderts: Argumentation, Form und Funktion, Bern u.a. 2003 (EHS; Reihe 1: Deutsche Sprache und Literatur 1855).

5 Keine Erwähnung fand der Papstantichrist – aufgrund der Stossrichtung des Dokuments verständlich – in der *Confessio Augustana*, sehr zum Missfallen Luthers (vgl. seinen Brief an Justus Jonas vom 21. Juli 1530, WA.B 5, S. 495–497, hier S. 496,7–9). Die Apologie identifizierte demgegenüber – akzentuiert in der von Justus Jonas verfertigten deutschen Übertragung – den Papst mit dem Antichrist (vgl. [6]BSLK, S. 239f. und 300 [ApolCA Art. 7,24; 15,18]). Deutliche Worte fanden sodann auch die Schmalkaldischen Artikel (vgl. [6]BSLK, S. 427–433 [Schmalk. Art. 2. Teil, 4. Art]). Die Konkordienformel ([6]BSLK, S. 1060,41–1061,1 [FC SD 10,20]) hielt im Anschluss an die Schmalkaldischen Artikel fest: «Quare, ut non possumus ipsum diabolum ceu dominum et deum adorare, ita non possumus ipsius apostolum, pontificem Romanum seu Antichristum, in suo illo imperio pro capite aut Domino agnoscere.»

einer adäquaten Deutung zugeführt werden können. In der Tat hat sich Bullinger seit Mitte der 1520er Jahre über sein ganzes Leben hinweg intensiv mit dieser Thematik beschäftigt und sich an zahlreichen Stellen schriftlich dazu geäussert. Im folgenden sollen die Grundzüge von Bullingers Antichristkonzeption und -verständnis dargestellt werden.[6] Der in den grossen Linien chronologisch angelegte Durchgang durch die relevante exegetische Kommentarliteratur Bullingers (2., 4. und 5.) und durch zwei bisher unbeachtet gebliebene thematische Spezialwerke (6. und 7.) vermag unter Berücksichtigung auch der sich im unmittelbaren Umfeld des Antistes vollziehenden exegetischen Arbeit der *Schola Tigurina* (3.) nicht nur Bullingers spezifische Anschauungen den *locus de Antichristo* betreffend zu illustrieren und deren Relevanz festzuhalten, sondern erlaubt es auch, auf einzelne, Bullingers Leben, Denken und Werk zugrundeliegende Denkmuster und geschichtstheologische Prämissen hinzuweisen (8.).

2. Bullingers Exegese von 2. Thess. 2: Die Kappeler-Vorlesungen (1526) und der Thessalonicherkommentar (1536)

Eine erste Gelegenheit, sich zum Wesen des Antichrist und zu seinem Reich zu äussern, bot sich Bullinger bereits in seinen jungen Jahren, als er als Lehrer an der Klosterschule in Kappel am Albis wirkte. Seit Februar 1523 unterrichtete Bullinger in Kappel nicht nur lateinische Grammatik, Rhetorik und Dialektik,[7] sondern hielt zusätzlich auch tägliche öffentliche theologische Vorlesungen zum Neuen Testament.[8] Gegenstand dieser Vorlesungen waren in den Jahren 1525 bis 1527 insgesamt 14 paulinische und deuteropaulinische

[6] Die Bullinger-Forschung hat sich bislang zu diesem Thema mit Ausnahme der Erörterungen von Joachim *Staedtke*, Die Geschichtsauffassung des jungen Bullinger, in: Ulrich *Gäbler* / Erland *Herkenrath* (Hg.), Heinrich Bullinger 1504–1575: Gesammelte Aufsätze zum 400. Todestag, Bd. I, Zürich 1975 (ZBRG 7), S. 65–74, bes. S. 69–74, der sich auf die Zeit vor Bullingers Amtsantritt als Antistes 1531 beschränkt und für unser Thema deshalb nur bedingt aussagekräftig ist, kaum geäussert. Einige Beobachtungen zu Bullingers Antichristverständnis in dessen Apokalypsen- und Danielkommentar bei Aurelio A. *Garcia Archilla*, The Theology of History and Apologetic Historiography in Heinrich Bullinger: Truth in History, San Francisco 1992, S. 122–131 und 156–161.

[7] Vgl. HBD, S. 8,10–12: «Praelegi in prophanis adolescentibus Donati rudimenta, constructiones Erasmi, Catonis disticha, Colloquia familiaria et Copiam verborum Erasmi, et quaedam Vergilii libros Aeneid[os].»

[8] Zu Bullingers Zeit als Lehrer in Kappel und seinen theologischen Vorlesungen vgl. seine diesbezüglichen Angaben im *Diarium* (HBD, S. 7–12), daneben Fritz *Blanke* / Immanuel *Leuschner*, Heinrich Bullinger: Vater der reformierten Kirche, Zürich 1990, S. 49–63; Susi *Hausammann*, Römerbriefauslegung zwischen Humanismus und Reformation: Eine Studie zu Heinrich Bullingers Römerbriefvorlesung von 1525, Zürich 1970, S. 11–22; Joachim *Staedtke*, Die Theologie des jungen Bullinger, Zürich 1962 (SDGSTh 16), S. 285f.

Briefe, wobei Bullinger letztere Differenzierung natürlich nicht vollzog.[9] Bullingers autographe Niederschrift seiner Vorlesungsreihe in Kappel ist als *Kurtze usslegung ettlicher epistlen S. Pauli des heiligen apostels, hie durch XXIIII bůcher ussgefůrt [...]* erhalten geblieben im Manuskriptband Ms. D 4 der Zentralbibliothek Zürich.[10] Die Dedikation an den Kappeler Prior und «amicus potissimus»[11] Peter Simler streicht heraus, dass «die gantze commentarien vil me indices, das ist zeiger, dann commentarien sind», die Aufzeichnungen also eher als Gedächtnisstütze für den mündlichen Vortrag, denn als ausgefeiltes Kommentarwerk zu verstehen sind[12] und zudem als «arbeit miner jugend oder anfång in gőttlicher geschrifft»[13] eine nachsichtige Lektüre verdienten. Dennoch – so die nicht gerade bescheidene Einschätzung des noch nicht 23-jährigen Kappeler Klosterlehrers – könne der Leser bei richtiger Vorgehensweise aus seinen Aufzeichnungen mehr Nutzen ziehen, «dann wann er schon groß und vilredent authores låse».[14]

Gemäss einer brieflichen Mitteilung an Peter Homphäus vom 2. Mai 1526 behandelte Bullinger im April/Mai desselben Jahres die beiden Thessaloni-

9 Zur Reihenfolge der Vorlesungen in den Jahren 1525–1527 über die (Deutero-)Paulinen vgl. HBD, S. 10,8–11; 11,1–4.

10 Der Band enthält eine vom 18. Jan. 1527 datierende Vorrede und Widmung an Peter Simler («Ein epistel an Petrum Simler, wie dise bůcher geschryben» Zürich ZB, Ms. D 4, Bl. 1v-1av), sodann die Auslegung von Gal. (Bl. 2r-42r), Eph. (Bl. 43r-76r), Phil. (Bl. 77r-98r), Kol. (Bl. 99r-117r), 1. Thess. (Bl. 118r-143r), 2. Thess. (Bl. 144r-157v), 1. Tim. (Bl. 158v-198r), 2. Tim. (Bl. 189v-215v), Tit. (Bl. 216v-228r), Philem. (Bl. 228v-230v) und Heb. (Bl. 231v-316r). Der Band ist summarisch datiert (Bl. 316r) mit: «angehept am 18. tag wolffmonatz [Dezember] imm 1525 und geendet am 10. tag jenners imm 1527». Vgl. zum Band Zürich ZB, Ms. D 4 die Angaben im Katalog der datierten Handschriften in der Schweiz in lateinischer Schrift vom Anfang des Mittelalters bis 1550. Begründet von Albert Bruckner, in Zusammenarbeit mit dem Comité International de Paléographie hg. von Peter *Ochsenbein* u.a.: Bd. III, bearb. von Beat Matthias *von Scarpatetti* u.a., Dietikon-Zürich 1991 [im folgenden mit CMD-CH III abgekürzt], Nr. 507 und *Staedtke*, Theologie, S. 283–286, Nr. 58–68. Die Hebräerbriefvorlesung ist ediert in HBT I, S. 133–268. Davor las Bullinger im Februar/März 1525 über den Römerbrief (Zürich ZB, Ms. D 139, ediert in HBT I, S. 19–132; vgl. *Hausammann*, Römerbriefauslegung, passim und *Staedtke*, Theologie, S. 272, Nr. 30) und zwischen März und Dezember 1525 über die beiden Korintherbriefe (Manuskript nicht erhalten).

11 HBD, S. 8,20.

12 «Dann du selbs weist, lieber brůder, das alles, was ioch geschryben ist, in schneller yl angezeichnet ist mitthin mitt dem offnen låsen, also das ghein fylen nie darüber ganggen, nie nützid gebesseret, sunder alles ist von fryer hand und wie sichs erstlich dargebotten geschryben. Welches ouch nitt vil bewerens bedőrffen wirt, sidmal und ein yeder flissiger låser wol sehen wirt, wie ettlichs angehept und doch nitt also zum end gefůrt wirt, wie es aber was angehept, ettlichs aber mitt mee worten gehandlet, dann sust von nőten was, und in summa, das die gantze commentarien vil me indices, das ist zeiger, dann commentarien sind, als die in kürtze geschryben dahin, das sy alein min concept und memoriam starcktind, damitt under dem offnen låsen mir nützid empfiele.» Zürich ZB, Ms. D 4, Bl. 1v; dazu marginal «Wie und worumb dise usslegung gschryben».

13 Zürich ZB, Ms. D 4, Bl. 1ar.

14 Zürich ZB, Ms. D 4, Bl. 1ar.

cherbriefe.[15] Die Passage des zweiten Kapitels in 2. Thess. über das Wirken des *mysterium iniquitatis* und über die nach dem Abfall erfolgende Offenbarung, Wirkmacht und schliesslich endzeitliche Überwindung des bereits erwähnten *homo peccati* und *filius perditionis*, der sich über alles erhebt und sich in den Tempel Gottes setzt, war schon der *locus classicus* der mittelalterlichen Reflexionen über den Antichrist und sie blieb es auch in der Reformationszeit und im Konfessionellen Zeitalter. Auch Bullinger versäumte es nicht, sich an betreffender Stelle in seiner *Kurtze[n] usslegung der 2. epistel zuon Thessalonicheren, von Paulo dem heiligen apostel beschryben und hie durch eines einigs buoch hinusgefůrt*[16] dazu zu äussern.

Seine exegetischen Anmerkungen zeigen eine vollständige Aneignung der kriterienhaft-institutionellen Antichristkonzeption Luthers, die zwar nicht vollständig neu war und zum Teil an bereits mittelalterliche Traditionen anknüpfen konnte, in ihrer theologischen Durchdringung und Durchschlagskraft für die Reformation aber konstitutive Bedeutung gewann.[17] Ohne Zweifel war Bullinger mit der im Mittelalter dominierenden biographischen Antichristvorstellung bekannt, deren Programmschrift gegen Ende des 10. Jahrhunderts unter Aufnahme und Verarbeitung patristischer Traditionen durch den Abt Adso von Montier-en-Der geschaffen worden war.[18] Der

[15] «At in praesentiarum Thessalonicensium epistolam cum ‹Dialecticis› Philippi profitemur.» HBBW I, Nr. 17, S. 114,2f.

[16] Zürich ZB, Ms. D 4, Bl. 144r-157v. Der Auslegung ist eine Inhaltsübersicht über den ganzen Brief («Anlaß und inhalt diser epistel» Bl. 144r-144v) sowie ein «Argumentum capituli» (Bl. 146v) vorangestellt, die Auslegung des zweiten Kapitels folgt Bl. 146v-150r, woran sich eine erklärende Paraphrase des Bibeltextes («Paraphrasis» Bl. 150v-152v) und eine Auflistung der «loci insignes» (Bl. 152v) anschliessen.

[17] Zum Verhältnis der Antichristologie Luthers zu mittelalterlichen Konzeptionen sowie zur Bedeutung der sich aus den grundlegenden reformatorischen Überzeugungen speisenden Kriterien, anhand derer Luther seine Antichristidentifizierung vornahm, vgl. insbesondere *Leppin*, Antichrist und jüngster Tag, S. 207–220 und *Ders.*, Luthers Antichristverständnis.

[18] *De ortu et tempore Antichristi*, zusammen mit davon abhängigen Darstellungen ediert in CChr.CM 45. Zu Adso und seinem Werk vgl. Robert *Konrad*, De ortu et tempore Antichristi: Antichristvorstellung und Geschichtsbild des Abtes Adso von Montier-en-Der, Kallmünz 1964 (Münchener Historische Studien, Abt. Mittelalterliche Geschichte 1); D. *Verhelst*, La préhistoire des conceptions d'Adson concernant l'Antichrist, in: RthAM 40 (1973), S. 52–103. Die Literatur zum mittelalterlichen Umgang mit der Antichristthematik ist umfangreich, genannt seien: Heinz-Dieter *Heimann*, Antichristvorstellungen im Wandel der mittelalterlichen Gesellschaft: Zum Umgang mit einer Angst- und Hoffnungssignatur zwischen theologischer Formalisierung und beginnender politischer Propaganda, in: ZRGG 47 (1995), S. 99–113; *McGinn*, Antichrist, S. 79–199; Richard Kenneth *Emmerson*, Antichrist in the Middle Ages: A Study of Medieval Apocalypticism, Art, and Literature, Manchester 1981; Der Antichrist und Die Fünfzehn Zeichen vor dem Jüngsten Gericht: Kommentarband zum Faksimile der ersten typographischen Ausgabe eines unbekannten Strassburger Drukkers, um 1480, Hamburg 1979; Gustav Adolf *Benrath*, Art. ‹Antichrist III: Alte Kirche und Mittelalter›, in: TRE 3, S. 24–28; Klaus *Aichele*, Das Antichristdrama des Mittelalters, der Reformation und der Gegenreformation, Den Haag 1974; Horst Dieter *Rauh*, Das Bild des

Antichristtraktat Adsos – und im Anschluss an ihn die mittelalterliche antichristologische Literatur – wusste in einer eigentlichen *Vita Antichristi* detailliert von den genauen Umständen des Leben und Wirkens des – personal und zukünftig gedachten – Antichrist zu berichten.[19] Diese Antichristkonzeption – Bullinger bezeichnet sie als «opinio stulta»[20] – wurde in mehreren Werken, die Bullinger nachweislich kannte und benützte, überliefert. So befand sich in seiner Bibliothek[21] ein eigenhändig annotierter Band, der eine Ausgabe der Schrift *De institutione clericorum* des Hrabanus Maurus aus dem Jahre 1505 enthielt, samt einem Anhang *De Antichristo*[22], der mit wenigen Varianten Adsos Traktat wiedergab.[23] Auch Werke wie die *Commenta-*

Antichrist im Mittelalter: Von Tyconius zum Deutschen Symbolismus, Münster 1973 (BGPhMA, NF 9); E. *Wadstein*, Die eschatologische Ideengruppe: Antichrist – Weltsabbat – Weltende und Weltgericht in den Hauptmomenten ihrer christlich-mittelalterlichen Gesamtentwicklung, in: ZWTh 38 (1895), S. 538–616; 39 (1896), S. 79–157.

19 Eine Zusammenfassung der Antichristbiographie Adsos bieten *Leppin*, Antichrist und jüngster Tag, S. 207f. und *Ders.*, Luthers Antichristverständnis, S. 54f., eine Zusammenschau der mittelalterlichen Vorstellung in *Preuss*, Vorstellungen, S. 11f. und 14–27. In der Version Rudolf Gwalthers (*Der Endtchrist [...]*, Bl. 10v-11v [vgl. zur Schrift unten S. 80f. mit Anm. 73]) lautete die «Fabel von dem Endtchristen», die zugleich auch die zeitgenössische römisch-katholische Position zur Darstellung bringen sollte, folgendermassen: «Und dahår kumpt, das man geschriben, der Endtchrist sölle von den Juden, namlich uß dem stammen Dan, inn der statt Babylon geboren wården [...]. Darzů werde er empfangen werden in sünden, also dass der tüfel in glych von siner empfengknus an im můter lyb besitzen werde und in niemermer verlassen. Und nach dem er geboren sye, sölle er zů Bethsaida und Corozaim erzogen werden [...]. Darzů werde er by im haben zouberer, schwartzkünstler, håxenmeister und andere so mit tüfelischen künsten ummgond, die in zů allen verbottnen dingen zühen und in disem allem underrichten werdind. Demnach, als er gen Hierusalem kommen, werde er alle Christen, so er nit an sich bringen und bekeren mag, mit vilen und grusamen straaffen und plagen umbringen und sinen sitz im tempel Gottes haben. Dann er den tempel Solomonis widerum buwen, sich daryn setzen und für den Messias und sun Gottes ußgeben werde. Er werde ouch ußschicken sine apostel in alle welt, durch welche zum ersten die fürsten und demnach ouch die völcker bekert werden söllind, etlich namlich mit gaaben unnd schenckinen, etliche aber mit tröuwungen und schråcken, die übrigen aber mit wunderzeichen, die dann one zal von im beschåhen söllend. Alle die aber, so im nit glouben wellend, werde er mit unerhörter pyn umbringen under welchen ouch Helias und Enoch, die vorbotten des jüngsten tags, můssind gemarteret werden und dise trůbsal und verfolgung werde drü gantze jar und ein halbs wåren und als dann der jüngste tag herzů kommen.»

20 In seinem Kommentar zu 2. Thess. aus dem Jahre 1536 *In d. apostoli Pauli ad Thessalonicenses [...]*, Bl. 54v (zur Schrift vgl. unten S. 73 mit Anm. 38).

21 Vgl. Kommentierte Bibliographie der Privatbibliothek Heinrich Bullingers, bearb. von Urs B. *Leu* und Sandra *Weidmann*, Zürich 2003 (HBBibl III) (in Vorbereitung). Ich danke Herrn Dr. Urs B. Leu fü die gewährte Einsichtnahme in das Manuskript.

22 Ediert in CChr.CM 45, S. 98–104, mit der Einleitung ebd., S. 92–97.

23 Es handelt sich um den Band Zürich ZB, Ink K 338, die Antichristpassage ebd, Nr. 2, Bl. x2r-x4v, vgl. Martin *Germann*, Die reformierte Stiftsbibliothek am Großmünster Zürich im 16. Jahrhundert und die Anfänge der neuzeitlichen Bibliographie, Wiesbaden 1994 (Beiträge zum Buch- und Bibliothekswesen 34), S. 238, Nr. 118 und HBBibl III, Nr. 108. Eine Neuauflage der 1505 bei Thomas Anshelm in Pforzheim erschienenen Ausgabe (VD 16 H 5266) un-

riorum urbanorum octo et triginta libri[24] des Raffaele Maffei (Volaterranus) oder Sebastian Francks Geschichtsbibel[25], die von Bullinger intensiv studiert und ausgewertet wurden,[26] hielten das gängige mittelalterliche Antichristbild fest. Diesem traditionellen personal-biographischen und auch futurischen Antichristverständnis hält Bullinger in seinen Vorlesungen zum zweiten Thessalonicherbrief eine einerseits korporativ-institutionelle, andererseits präteristische[27] Auslegung entgegen.

Unter Aufnahme von 1. Joh. 2 bemerkt Bullinger zuerst, dass es viele Antichristen gebe, wie Marcion, Arius, Pelagius und – im Jahre 1526 nicht ohne Brisanz, jedoch angesichts der politisch-konfessionellen Verhältnisse in der Eidgenossenschaft gut verständlich – auch Johannes Eck. Diese genannten Personen sind aber gleichsam nur «membra Antichristi». Der wahre Antichrist oder – wie Bullinger es selbst ausdrückt – der «ertz antchrist» wird von ihnen abgehoben und darf nicht personal verstanden werden: «Da du dorumb nitt můst ein einige person eines menschen verston, sunder den wůl und das rych, darmitt er da har faart.»[28] Die Zeichen und Hinweise, die 2. Thess. 2 anbietet, finden nach Bullinger im institutionellen Papsttum ihren Zielpunkt. Die Päpste könnten mit Fug und Recht «menschen der sünden» genannt werden, haben sie doch die reine Lehre verdorben, Missbräuche eingeführt und geschützt, die Sakramente missbraucht. Die Päpste hätten sich selbstherrlich über Gott erhoben, sich auch in den «Tempel Gottes» gesetzt,

ternahm 1532 der Kölner Drucker Johannes Prael, vgl. Hermann *Schüling*, Die Drucke der Kölner Offizin von Johannes Prael (1530–1537), Köln 1963 (Arbeiten aus dem Bibliothekar-Lehrinstitut des Landes Nordrhein-Westfalen 23), S. 20 f., Nr. 16.

24 *Commentariorum urbanorum Raphaelis Volaterrani octo et triginta libri [...]*, Basel 1530 (VD 16 M 114) [zuvor schon Paris 1515]. Die Antichristlegende ebd., Bl. 150r.

25 *Chronica, zeytbůch und geschychtbibel von anbegyn biß inn diß gegenwertig MDXXXI jar. Darinn beide, Gottes und der welt, lauff, hendel, art, wort, werck, thůn, lassen, kriegen, wesen und leben ersehen und begriffen wirt [...]*, Strassburg 1531 (VD 16 F 2064 f.). Zu Francks Antichristologie vgl. *Preuss*, Vorstellungen, S. 218 f.

26 Maffei erscheint bereits in Bullingers Thessalonicherkommentar 1536 als Quelle, vgl. *In d. apostoli Pauli ad Thessalonicenses [...]*, Bl. 55r, 62v und 64v, sein Werk erscheint auch als bibliographischer Verweis im unfoliierten Vorspann zu Bullingers Sammlung der Papstviten (vgl. unten S. 94–97) in Zürich ZB, Ms. Car I 161. Ein Exemplar der oben in Anm. 24 erwähnten Basler Ausgabe 1530 befand sich in Konrad Gessners Besitz (Zürich ZB, IV H 18). Zur Lektüre Francks im Zusammenhang mit Bullingers Beschäftigung mit der Geschichte des Täufertums vgl. Heinold *Fast*, Heinrich Bullinger und die Täufer: Ein Beitrag zur Historiographie und Theologie im 16. Jahrhundert, Weierhof (Pfalz) 1959 (SMGV 7), S. 95 f., 100 f., 103, im Zusammenhang mit seiner Reformationsgeschichtsschreibung vgl. Christian *Moser*, «Vil der wunderwerchen Gottes wirt man hierinn såhen»: Studien zu Heinrich Bullingers Reformationsgeschichte, masch. Zürich 2002, S. 108 f.

27 Vgl. Arno *Seifert*, Der Rückzug der biblischen Prophetie von der neueren Geschichte: Studien zur Geschichte der Reichstheologie des frühneuzeitlichen deutschen Protestantismus, Köln-Wien 1990 (BAKG 31), S. 7–10.

28 Zürich ZB, Ms. D 4, Bl. 147r.

indem sie ein tyrannisches widergöttliches Regiment in den Herzen der Gläubigen errichteten, diese bannten, verdammten, sich anmassten, Sünden durch Ablässe nachzulassen und sich so zugaben, was allein Gott zusteht.[29] Neben dieser Gleichsetzung der in 2. Thess. 2 genannten Attribute mit der Institution des Papsttums wird in Bullingers Ausführungen ein Zweites deutlich: Die Herrschaft des Antichrist ist keinesfalls ein futurisches Ereignis, sondern ist längst – zu seiner Zeit unbemerkt – angebrochen und dauert auch in Bullingers eigener Zeit weiter an.[30] Der in 2. Thess. 2, 3 angekündigte Abfall als Voraussetzung der Ankunft des Widersachers sieht der Kappeler Klosterlehrer einerseits durch das Auftreten Mohammeds, andererseits durch das parallel dazu anhebende Abgleiten von der reinen Lehre in Menschensatzungen erfüllt.[31] Schliesslich äussert sich Bullinger auch zur Überwindung des Antichrist am Ende der Zeiten, die nicht «mitt gwalt, sunder mitt Gottes wort one hend und zuo letst durch deß herren Jesu zůkunfft» vonstatten gehen werde.[32] Die Offenbarung des (Papst-)Antichrist wird durch von Gott gesandte «predicanten, welche durch das gőttlich wort allen lyst und alle verfűrnuß entdecken werdint»[33], geschehen und auch dessen Überwindung wird sich durch die Predigt des Evangeliums vollziehen,[34] des-

[29] «Zum 3. nempt er den antchrist ein menschen der sünden. Dann er nützid anders, dann sünd uffrichten und sünd machen wirt. Wer hat nun das gethon, on alein der ŏd schantlich antchrist der bapst? Welcher ein verderber ist aller gőttlichen dingen und der seelen. Und daß du das verstandist, so merck also: Gott und sin macht hat er vertuncklet und verderpt mitt dem fryen willen, Gottes gůtigheit und testament mitt vilen gőttern, das ist heilgen gőtzen, Christi lyden, gottheit und menscheit mitt fürpitt der heiligen und unserem verdienen. Den heiligen geist hat er zů lugner gstellt durch sine consilia, den touff hat er verwůstet, das nachtmol in ein kouffmanschatz gebracht. Hie verkoufft er der heiligen marterer blůt Jesu Christi verdienst in sinem erlognen ablaß. [...] Dorumb nempt in recht Paulus ein widerwertigen, dann schier ghein artickel des gloubens ist, damitt nitt sin leer und der sinen stryte. Das aber meer ist volget jetzt. Er wirt sich über Gott erheben und über alles, das Gott oder gottesdienst heist. Das wir schon gesehen habend mitt unseren ougen, wie sich der bapst mitt sinem ablaß, gebotten und satzungen gsetzt hat ein herren über alle ding, also gar, daß er für sünd ussgeben hat, das wider sin gebott was, und nitt also, wann es wider Gottes gebott was. Doch leit sich Paulus selbs uß. Also daß er sich setzt in den tempel Gottes etc. [...] Der tempel aber sind wir oder unsere hertzen [...]. In dem überhept sich der antchrist über Gott, daß er regieren will mitt sinen gebotten in der glŏubigen hertzen und mee wil gefürchtet sin sampt sinen gebotten, dann Gott mitt den sinen. Sidmal er durch den bann ewige verdampnuß trŏwt und durch sin ablaß ewige nachlassung. So doch Gott alein dsünd verzycht. [...] Da sich zuo, frommer christ, uff die schaltkeit und bůbery.» Zürich ZB, Ms. D 4, Bl. 147r-148r.

[30] «Nun ist aber zů vor gemeldet, daß der tag kummen werde, wann man das minst darumb wüsse: Dorumb ye volgt, daß der abfal und der antchrist ee eroffnet werden, dann yemands mercke.» Zürich ZB, Ms. D 4, Bl. 147r, dazu marginal die Anmerkung: «Den antchrist wirt man nitt wol kennen».

[31] Zürich ZB, Ms. D 4, Bl. 147r, vgl. auch ebd., Bl. 150v.

[32] Zürich ZB, Ms. D 4, Bl. 148v.

[33] Zürich ZB, Ms. D 4, Bl. 151v.

[34] «Zum 2. spricht er, daß der antchrist offenbart werde, welches Christus also ussgetruckter ge-

sen kraftvolle Verkündigung mit der erst vor wenigen Jahren angehobenen Reformation eine ganz neue Intensität erlangt hat: «Also sichst uff hütigen tag, wie alle båpstler getődt werdent mitt dem geist, das ist mitt dem krefftigen wort gőttlichen munds.»[35] Bereits im Jahre 1526 finden sich so in Bullingers Vorlesung die Grundzüge einer geschichtstheologischen Wertung und Verortung der Reformationszeit.

Die Eckpfeiler von Bullingers Antichristverständnis standen somit schon in seinen Kappeler Lehrjahren fest. Dass der junge Bullinger wesentliche Anregungen zu seiner Exegese den Schriften Luthers verdankte, legt sein Verweis auf dessen *Responsio* an Ambrosius Catharinus[36] nahe, die Luthers Antichristdeutung besonders ausführlich, anschaulich und prononciert zur Darstellung brachte.[37]

Ein Jahrzehnt später – nun als Antistes der Zürcher Kirche – griff Bullinger das Thema des Antichrist in seinem gedruckten Kommentar zu den Thessalonicherbriefen erneut auf, wobei er das in der Niederschrift der Kappeler Vorlesung einigermassen notizenartig, mit wenigen Strichen skizzierte Gerüst erweiterte und breit ausgestaltete.[38] Methodisch beschritt Bullinger dabei im Vergleich zur Exegese von 1526 neue Wege, indem er 2. Thess. 2 im Lichte der danielschen Vision von den vier sich aus dem Meer erhebenden Tieren in Dan. 7 interpretierte.[39] 2. Thess. 2 und Dan. 7 sollten denn auch – flankiert durch Dan. 11, Off. 13, 17 und 20 – die biblischen Kardinalstellen für Bullingers Antichristdeutung bleiben. Dass sich Bullinger zwischen 1526 und 1536 intensiv mit dem Danielbuch beschäftigt haben muss, legt uns nicht nur die intensive Verwertung der Danielprophetien im Thessalonicherkommentar nahe, sondern auch seine 1530 erschienene Abhandlung über die Jahrwochen Daniels.[40]

Als augenfälligste Abweichung und Erweiterung erscheint im Kommentar von 1536 der Antichrist dupliziert, indem dem Papstantichrist ein zweites

redt hat. Math. 24: Und das euangelion vom rych wirt gepredget etc. Durch die selbig predig wirt er offenbaret werden, daß er ist der antchrist.» Zürich ZB, Ms. D 4, Bl. 147r, dazu die Marginalie: «Durch das euangelion wirt der bapst geoffenbart».

35 Zürich ZB, Ms. D 4, Bl. 148v.

36 Vgl. oben Anm. 2.

37 Zürich ZB, Ms. D 4, Bl. 148r.

38 *In d. apostoli Pauli ad Thessalonicenses, Timotheum, Titum et Philemonem epistolas Heinrychi Bullingeri commentarii,* Zürich [1536] (HBBibl I, Nr. 81). Eine Datierung fehlt, die Widmungsvorrede datiert vom Januar 1536, nach HBD, S. 24,26f. erschien das Werk im März 1536. Diesem war 1534 eine Predigtreihe zu den im Titel erwähnten Briefen vorangegangen, vgl. HBD, S. 23,22f.

39 «Nos singula compendiosa brevitate perstringemus, conferentes his, que de hac re Daniel prodidit. Pleraque enim sua ex illo transumpsisse videtur apostolus [...]» *In d. apostoli Pauli ad Thessalonicenses [...]*, Bl. 52v.

40 *De hebdomadis, quae apud Danielem sunt, opusculum*, Zürich 1530 (HBBibl I, Nr. 27).

antichristliches Haupt beigesellt wird: Mohammed und der Islam. Den Abfall interpretiert Bullinger weiterhin als Glaubensabfall, dann aber – symbolisiert durch die zehn Hörner des vierten Tieres in Dan. 7, 7 – akzentuiert als Abfall vom römischen Reich, bzw. als Zerfall des römischen Reiches seit Konstantin dem Grossen in den Wirren der Völkerwanderungszeit.[41] Das Auftreten des Antichrist inmitten dieser Wirren wird in Dan. 7, 8 mit dem Auftreten des kleinen Horns, vor dem drei bestehende Hörner ausgerissen werden, präfiguriert. Dieses zielt nun nach Bullinger einerseits auf den morgenländischen Antichrist Mohammed und den Islam, andererseits auf die abendländische Version, das Papsttum. Dem etwaigen – begründeten – Einwand, Daniel schreibe nur von einem Horn, begegnet Bullinger mit der Betonung der Widerchristlichkeit beider Reiche, insbesondere der Tatsache, dass beide Reiche die Gläubigen verfolgten, der engen wechselseitigen Verknüpfung ihrer Entstehung und Machtausbreitung und der exegetischen Beobachtung, dass in Dan. 11, 31 pluralisch von den *brachia* des Antichrist gesprochen werde.[42] In seinen weiteren Ausführungen behält Bullinger die duale Konzeption seines Antichristverständnisses bei, wobei er den Islam zwar immer zuerst anführt, in inhaltlicher Hinsicht das Gewicht seiner Argumentation aber deutlich dem abendländischen päpstlichen Antichrist widmet, zu dessen Dokumentation ihm allerdings auch mehr Informationen zur Verfügung stand. Ohne Einschränkungen vertritt Bullinger so in seinem Kommentar von 1536 durch die antichristologische Deutung der türkischen Bedrohung eine duale Antichristlehre, deren Legitimität im weiteren Verlaufe des 16. Jahrhunderts zwar noch mancherorts angezweifelt wurde, aber dennoch grosse Anhängerschaft gewann.[43] Bekanntlich hat Luther trotz zeitweiliger Annäherung vor dieser Interpretation gezögert,[44] während sich Melanchthon in seinem Danielkommentar von 1543 dazu bekannte.[45] Die Annahme geht wohl nicht fehl, dass sich Bullinger zu dieser Erweiterung seines Antichristverständnisses von Johannes Oekolampads Danielkommentar inspirieren liess, der 1530 erschienen war und ebendiese duale Interpretation des Kleinen Horns in Dan. 7 vorgetragen hatte.[46] Diese im Thessalonicher-

[41] *In d. apostoli Pauli ad Thessalonicenses [...]*, Bl. 52v-54v.

[42] *In d. apostoli Pauli ad Thessalonicenses [...]*, Bl. 63v-64r.

[43] Insbesondere die lutherische Orthodoxie verfocht eine duale Konzeption, währenddem die Reformierten den Antichrist bevorzugt exklusiv mit dem Papsttum identifizierten, vgl. *Seifert*, Rückzug, S. 34f. mit Anm. 32 gegen *Preuss*, Vorstellungen, S. 245f.

[44] Vgl. *Preuss*, Vorstellungen, S. 173–175.

[45] Der Kommentar ist gedruckt in CR 13, Sp. 823–980.

[46] *In Danielem prophetam Ioannis Oecolampadii libri duo [...]*, Basel 1530 (Ernst *Staehelin*, Oekolampad-Bibliographie, Nieuwkoop ²1963, S. 77, Nr. 162f.), hier benutzt in der Ausgabe Genf 1553 (*Staehelin*, Bibliographie, Nr. 7, S. 104). Die Deutung des Kleinen Horns ebd., S. 89–91, vgl. *Seifert*, Rückzug, S. 21f. In seinem Danielkommentar aus dem Jahre 1565 (vgl. unten Anm. 114) verweist Bullinger auf die Danielauslegung des Basler Reformators, vgl.

kommentar kraftvoll vertretene Überzeugung, dass der Antichrist auch in Gestalt des Islams dazu angetreten war, seine Herrschaft auszuüben, findet sich in den späteren Schriften Bullingers nie mehr ähnlich deutlich ausgesprochen. Mit zunehmendem Alter wandte sich der Antistes – nicht zuletzt unter dem Eindruck der Publikationen seines Zürcher Umfelds zur Antichristthematik – immer exklusiver dem Papstantichrist zu, so dass seine Auslegung des Kleinen Horns aus dem Jahre 1565 seine in den dreissiger Jahren eingenommene exegetische Position schliesslich geradezu verwerfen konnte: «Cornu intelligunt multi regnum Mahumedicum, Saracenicum ac Turcicum. [...] Verum cum prophetia apostolica, 2. Thessal. 2, diligentius excutitur, videtur haec Danielis et illa apostoli prophetia rectius competere in regnum papae Rom[ani].»[47]

Weiter wird bereits in diesem frühen Kommentarwerk der spezifische Zugang Bullingers zu den biblischen Prophetien deutlich. Dieser Zugang ist angesichts der Tatsache, dass er den Grossteil der Prophetien als bereits erfüllt sah, vornehmlich historisch orientiert. Der mittelalterlichen Antichristvita, die in kompendiöser Form das zur Verfügung stehende Material in biographischer Form verarbeitete, entsprach im Konfessionellen Zeitalter auf protestantischer Seite als literarische Gattung eine Geschichte des Antichrist,[48] die die biblische Prophetie und die daraus resultierende Exegese mit den Ereignissen der Vergangenheit und eigenen Gegenwart konfrontierte. Den Skopus solcher Darstellungen brachte die Vorrede des monumentalsten dergestaltigen historiographischen Versuchs, der Magdeburger Zenturien, treffend zum Ausdruck: «In primis vero Antichristi initia, progressus et conatus improbos talis historia manifestat.»[49] Waren die Kriterien seiner Antichristologie auch überzeitlich, so galt doch Bullingers Augenmerk und sein vornehmlichstes Interesse der präzisen Eruierung, Aufdeckung und detaillierten Darstellung der historisch fassbaren Geschichte des Antichrist. So findet sich

etwa *Daniel sapientissimus Dei propheta [...]*, Bl. 127r, für die Gesamtausgabe der Prophetenkommentare Oekolampads Genf 1558 steuerte er das Vorwort bei (HBBibl I, Nr. 367f.).

47 *Daniel sapientissimus Dei propheta [...]*, Bl. 78v. Das angeschnittene Problem der Diskrepanz zwischen der antichristologischen Beurteilung des Islam durch den jüngeren und den älteren Bullinger kann hier nicht ausgeführt werden und soll in einer gesonderten Abhandlung seine Darstellung finden. Die mit Blick auf Bullingers Apokalypsenkommentar gewonnene Einsicht *Seiferts*, Rückzug, S. 26, dass «Bullinger den eigentlichen Antichrist ausschliesslich im Papsttum erblickte», bedarf – wie der Thessalonicherkommentar 1536 nahelegt – hinsichtlich des Gesamtwerks des Antistes der Differenzierung und Präzisierung. Die folgenden Passagen konzentrieren sich, Bullingers Entwicklung berücksichtigend, auf dessen Beschäftigung mit dem päpstlichen Antichrist. Wenige Bemerkungen zu Bullingers Ansichten über den türkischen Antichrist in Rudolf *Pfister*, Reformation, Türken und Islam, in: Zwa X (1954–1958), S. 345–375, hier S. 363f.

48 Vgl. *Preuss*, Vorstellungen, S. 157.

49 *Ecclesiastica historia [...]*, Basel 1560 (VD 16 E 219), Praefatio, Bl. α6v.

in seinem Kommentar zu 2. Thess. 2 aus dem Jahre 1536 ein Gerüst an historischen Fakten zur Geschichte des Antichrist von seinen unbemerkten Anfängen über seinen kontinuierlichen Aufstieg und der zunehmenden Machtfülle bis zu seiner ungehinderten Machtentfaltung, eine Geschichte, die eine eigentliche (selektive) historische Darstellung des frühmittelalterlichen Papsttums ausmacht und deren Grundzüge – wenigstens den Papstantichrist betreffend – in allen späteren Schriften Bullingers zur Thematik wieder Verwendung fanden.

Als prägendes Signum der Geschichte des päpstlichen Antichrist fungieren in der Darstellung Bullingers die sich kontinuierlich steigernden Herrschaftsansprüche und die zunehmende Machtentfaltung des Papsttums. Der erstmalig öffentlich geäusserte päpstliche Primatsanspruch kongruiert nach Bullingers Darstellung mit dem Anwachsen des Kleinen Horns in Dan. 7: «[...] conclusere quidam Romanam sedem omnium ecclesiarum esse primam et Romanum episcopum primarium esse omnium antistitum praesulem. Vides et hic, quomodo cornu illud parvulum sese coeperit erigere.»[50] Einen ersten Höhepunkt dieses Machtstrebens sieht Bullinger – unter Berufung auf Platina und Paulus Diaconus – während des Pontifikats von Bonifaz III. (†607) erreicht, der die Anerkennung des römischen Stuhls als Haupt der Gesamtkirche durch Kaiser Phocas durchzusetzen vermochte,[51] ein Schlüsselereignis nicht nur für den Antistes, sondern für beinahe das gesamte protestantische antichristologische Schrifttum seiner Zeit.[52] Fortan stand den Päpsten die Tür zur absoluten Machtfülle weit offen, die diese konsequent zu verwirklichen suchten.[53] In den unsteten Machtverhältnissen des frühen Mittelalters vermochte sich das Papsttum als Machtfaktor zu etablieren, indem unter Benedikt II. die Emanzipation der Papstwahl von der kaiserlichen Approbation errungen[54] und in den Auseinandersetzungen um den Monotheletismus und im Bilderstreit – «in qua controversia religiosius senserunt orientales occidentalibus» – das eigene theologische Profil gegenüber Konstantinopel durchgesetzt wurde.[55] Seit Gregor III. bahnte sich das symbiotische Verhältnis zwischen dem Papsttum und dem Frankenreich an, das den Schutz Roms vor den Langobarden sicherte, den Dynastiewechsel hin

50 *In d. apostoli Pauli ad Thessalonicenses [...]*, Bl. 56v.

51 *In d. apostoli Pauli ad Thessalonicenses [...]*, Bl. 57r.

52 Die Anerkennung des römischen Primats durch Kaiser Phocas unter Bonifaz III. findet sich als Schlüsselereignis schon bei Johannes Hus, dann bei Luther, Melanchthon, Andreas Osiander, den Magdeburger Zenturiatoren (vgl. *Preuss*, Vorstellungen, S. 159f., 205, 226) und den im folgenden zu besprechenden Schriften zürcherischer Provenienz.

53 *In d. apostoli Pauli ad Thessalonicenses [...]*, Bl. 57r: «Hoc ubi datum esset pontificibus Romanis veluti fenestra ad imperium totum aperta esset, animum et ad urbis et orbis dominium adiiciunt totique, qua data porta, irruunt.»

54 *In d. apostoli Pauli ad Thessalonicenses [...]*, Bl. 57v-58r.

55 *In d. apostoli Pauli ad Thessalonicenses [...]*, Bl. 58r-v.

zu den Karolingern unterstützte, durch umfangreiche Schenkungen die Anfänge des Kirchenstaates mit sich brachte und mit der Kaiserkrönung Karls des Grossen seinen Höhepunkt erreichte.[56] Mit der Substituierung der Merowinger, der Unterwerfung der Langobarden und der Vertreibung des Kaisers, bzw. der Kreierung eines neuen Kaisers fand so nach Bullinger die danielsche Prophezeiung in Dan. 7, 8, dass vor dem Kleinen Horn drei bereits bestehende Hörner ausgerissen werden würden, ihre Erfüllung – versinnbildlicht durch die «triplex corona», die päpstliche Tiara, die der ganzen Welt die wahre Identität ihres Trägers offenbart: «Cornu videlicet illud propheticum quod tribus cornibus amotis et sibi subditis mira vasticie emersit».[57] Die mit diesen Ereignissen dokumentierte zunehmende Machtentfaltung des Papsttums findet sich nach der Exegese des Antistes auch in der Sequenz in 2. Thess. 2, 4 angekündigt, derzufolge der *homo peccati* Sitz im Tempel Gottes nehmen wird, was Bullinger als Herrschaft über die Welt und – in spiritualisierter Form – als Herrschaft über die Herzen der Gläubigen interpretiert.[58] Sinnfälligster Ausdruck dieser Herrschaft ist für Bullinger der – durch zahlreiche Zitate aus dem *Corpus iuris canonici* dokumentierte – päpstliche Anspruch auf die *plenitudo potestatis.*[59]

Einer eher systematischen Untersuchung widmet sich sodann ein mehr plakativ denn theologisch tiefgründig angelegter Abschnitt, der eine «Antithesis Christi et Antichristi» bietet und das Abweichen von der reinen und schlichten apostolischen Lehre in der römischen Kirche brandmarkt, die Heiligenverehrung und -fürbitte, die kirchliche Hierarchie, Beichte, Lehre von der Schlüsselgewalt, Zeremonien, das Ablasswesen, die geistlichen fiskalischen Privilegien und weltliche Herrschaftsansprüche verurteilt sowie die

56 *In d. apostoli Pauli ad Thessalonicenses [...]*, Bl. 59r-62v.

57 Vgl. Bullingers Resümee zu seinem Duchgang durch die Geschichte des frühmittelalterlichen Papsttums (*In d. apostoli Pauli ad Thessalonicenses [...]*, Bl. 62r): «Hactenus vero multis exposuimus, quibus initiis et quo progressu cornu illud exiguum eruperit maximamque assequutum sit potestatem. Neque sane maior tum erat in toto occidente potestas Romani pontificis. Horum enim sententiis transferebantur regna potentissima. Principio enim deiecto Chilperycho rege nato Francorum Pipinum administratorem in regium solium subvehit. Deinde vero erepta potestate constituendi imperatorem proceribus Constantinopolitanis et Romanis Carolum Francorum regem augusti nomine donat, unde et ipse praemium rei pulchre gestae urbis orbis dominae imperium obtinet. Praeterea validissimam gentem et regnum Longobardorum robustissimum precibus et consiliis suis proterit. Qui itaque Romam obtinet, imperatores sua sententia deiicit et exaltat, regem quoque Francis substituit et horum utitur ut servorum ministeriis. Horum enim armis Longobardos perdomuit, unde postea tutus longe lateque per Italiam imperitare potuit. Qui inquam tot tantisque praeest regnis, an non merito triplici corona praefulgidam tiaram et veluti fatale diadema gerat? Voluit Hercle providentia, isto habitu plane regio ut pontifex iste, quis esset, toti mundo proderet, cornu videlicet illud propheticum quod tribus cornibus amotis et sibi subditis mira vasticie emersit.»

58 *In d. apostoli Pauli ad Thessalonicenses [...]*, Bl. 68v.

59 *In d. apostoli Pauli ad Thessalonicenses [...]*, Bl. 69r-70v.

Gier, den Prunk und die mangelnde Demut der römischen Bischöfe anprangert.[60]

Mit der Thematik der zunehmend degenerierenden Lehre und der Herrschaft des Antichrist in der römischen Kirche hängt der für Bullinger, wie allgemein für die protestantische Geschichtsdeutung, enorm wichtige Gedanke der sich durch die Geschichte hindurchziehenden Reihe von *testes veritatis* zusammen, die dem antichristlichen Papsttum in der Vergangenheit Widerstand entgegengesetzt haben und auch im Reformationszeitalter weiter opponieren und so die Kontinuität der *vera religio* wahren.[61] Die zunehmende Machtentfaltung des Papsttums, das Wüten des Antichrist, die Drangsalierung und Verfolgung der Gläubigen deutet der Antistes in einem eigenen Abschnitt «Quare tanta potestas et prosperitas Antichristo concessa» als Strafe Gottes.[62] Trost bietet ihm die Gewissheit, dass sich «Spuren der apostolischen Schlichtheit»,[63] Reste der wahren Kirche trotz aller Widerwärtigkeiten allzeit erhalten haben,[64] eine Überzeugung, die auch im späteren Schrifttum Bullingers regelmässig wiederkehrt[65]. Dem Zeitalter der Reformation kommt in dieser geschichtstheologischen Konzeption – die Kappe-

60 *In d. apostoli Pauli ad Thessalonicenses [...]*, Bl. 66v-68v.

61 Zum Umgang Bullingers und der Zürcher Theologen mit mittelalterlichen Wahrheitszeugen vgl. Christian *Moser*, Ratramnus von Corbie als «testis veritatis» in der Zürcher Reformation: Zu Heinrich Bullinger und Leo Juds Ausgabe des *Liber de corpore et sanguine Domini* (1532), in: Martin H. *Graf* / Christian *Moser* (Hg.), Strenarum lanx: Beiträge zur Philologie und Geschichte des Mittelalters und der Frühen Neuzeit, Zug 2003, S. 235–309, bes. S. 235–260.

62 *In d. apostoli Pauli ad Thessalonicenses [...]*, Bl. 79r-80r, vgl. ebd., Bl. 79v: «Habes rationem, qui fiat, ut mundus hodie tam prompte credat antichristianis miraculis dogmatis et ritibus: Iudicium Dei est [...]».

63 Die Formulierung nach Bullingers Schrift *De origine erroris libri duo Heinrychi Bullingeri. In priore agitur de Dei veri iusta invocatione et cultu vero, de deorum item falsorum religionibus et simulachrorum cultu erroneo. In posteriore disseritur de institutione et vi sacrae coenae Domini et de origine ac progressu missae papisticae, contra varias superstitiones pro religione vera antiqua et orthodoxa*, Zürich 1539 (HBBibl I, Nr. 12; frühere Fassungen der Schrift erschienen in den Jahren 1528 und 1529 [HBBibl I, Nr. 10f.]), hier Bl. 230v-231r: «Rursus vestigia apostolicae simplicitatis semper permansisse in ecclesia.»

64 «Adde quod hic prophetam se dei altissimi, ille vicarium Dei in terris vult haberi, ut qui istam potestatem ab ipso deo traditam acceperint et nunc iure divino usurpent. Caeterum non defuerunt, qui imposturam et impietatem istam sentirent hisque summis repugnarunt viribus.» *In d. apostoli Pauli ad Thessalonicenses [...]*, Bl. 71r.

65 Vgl. neben der bereits angeführten Schrift *De origine erroris* etwa auch Bullingers Äusserungen in seiner Schrift *Der alt gloub. Das der Christen gloub von anfang der wålt gewårt habe, der recht waar alt und ungezwyflet gloub sye, klare bewysung Heinrychen Bullingers [...]*, Zürich 1539, Bl. H7r (HBBibl I, Nr. 100; Erstauflage Basel 1537 [HBBibl I, Nr. 99]): «Unnd wiewol nun sôliche Båpstische religion etlich hundertjar har gewåret, gesiget und triumphiert, hat dennocht Gott allweg sine trüwe diener gsandt und sin heiligs vôlckly ghept, glych wie vor zyten in den jaren der richtern, der künigen Juda und Israel, ouch in der Babylonischen gfencknuß».

ler-Vorlesungen haben den Gedanken bereits aufgenommen – eine exzeptionelle Bedeutung zu, insofern es die Restitution der «lux evangelica» und eng damit verknüpft die öffentliche Revelation des Papstantichrist sieht. Beide Ereignisse leiten über zur allmählichen Überwindung des Widersachers «durch den Geist des Mundes Gottes», das Evangelium.[66]

3. Der päpstliche Antichrist als Thema der «Schola Tigurina»: Rudolf Gwalther und Theodor Bibliander

Schon im Jahre 1537 fand der Thessalonicherkommentar Bullingers eine Neuauflage in einer Gesamtausgabe der in den Jahren 1532–1536 erschienenen Exegetica des Antistes zu den paulinischen Briefen,[67] während die internationale Wahrnehmung seiner antichristologischen Ausführungen durch zwei Übersetzungen dokumentiert wird. Eine englische Übersetzung des gesamten Kommentars zu 2. Thess. erschien 1538,[68] derweil sich Melchior Ambach eine deutsche Übersetzung von Bullingers Auslegung von 2. Thess. 2, 1–12 zur Aufgabe machte, die 1541 in Frankfurt a. M. unter dem Titel *Vom Antichrist unnd seinem Reich warhafftige unnd schrifftliche erweisung [...]*[69] erschien, samt einem Anhang, der den Leser über die «Zeychen, so dem jüngsten tag und zůkunfft Christi vorlauffen»[70] informierte.

In Bullingers neuerscheinendem exegetischen Schrifttum – nicht aber in seinen Predigten[71] – trat die Antichristthematik nach den Ausführungen des

66 *In d. apostoli Pauli ad Thessalonicenses [...]*, Bl. 74v: «Nam Antichristus loquitur ex parte altissimi et omnia sua ait deducta sive petita esse e divinis sanctionibus. Harum enim praetextu securus regnavit hactenus. Caeterum ubi divina bonitate lux evangelica hoc est verbi Domini illucessit, protinus impostoris istius disparent nebulae. Omnibus enim apertum sit istum et moribus et legibus suis Christo repugnare ex diametro. Fit igitur, ut cordatiores omnes cognita veritate Antichristum illum execrentur atque deserant.»

67 *In omnes apostolicas epistolas [...] commentarii*, Zürich 1537 (HBBibl I, Nr. 84; weitere Ausgaben verzeichnet HBBibl I, Nr. 85–90). Der Kommentar zu 2. Thess. 2 findet sich ebd., S. 527–546.

68 *A commentary upon the seconde Epistle of S Paul to the Thessalonians. Jn ŷ which besydes the summe of oure faythe, ther is syncerelye handled and set forth at large, not onely ŷ fyrst commyng up an rysyng with the full prosperyte and dominion, but also the fall and utter confusion of the kyngdome of Antichriste: that is to say of Machomet and the Byshop of Rome*, Southwark 1538 (HBBibl I, Nr. 82). Die Möglichkeit einer Rezeption von Bullingers Antichristausführungen 1536 durch Thomas Cranmer zieht Richard *Bauckham*, Heinrich Bullinger, l'Apocalypse et les Anglais, in: ETR 74 (1999), S. 351–377, hier S. 358 in Betracht.

69 *Vom Antichrist unnd seinem Reich warhafftige unnd schrifftliche erweisung. Das ander capitel der andern epistel S. Pauli zů den Thessalonichern. Mit eyner schönen außlegung Henrychi Bullingeri. Durch Melchior Ambach verteutscht*, Frankfurt/M. 1541 (HBBibl I, Nr. 83).

70 *Vom Antichrist unnd seinem Reich warhafftige unnd schrifftliche erweisung [...]*, Bl. H2r-H3v.

71 Vgl. unten Anm. 118.

Jahres 1536 für gut zwei Jahrzehnte etwas in den Hintergrund. Zwar appliziert der Antistes seine exegetischen Ergebnisse betreffend die antichristliche Signatur des Papsttums an verschiedenen Stellen in seinen gedruckten Werken, meist aber in unscharfer oder postulativer Form und ohne seine Antichristkonzeption näher auszuführen.[72]

Dass die Antichristthematik dennoch im Zürich der 1540er und frühen 1550er Jahre nichts von ihrer Attraktivität und Aktualität eingebüsst hat, bezeugen die exegetischen Aktivitäten und die daraus resultierende Publizistik, die sich im engsten Umfeld Bullingers vollzogen. Im Jahre 1546 erschienen die zu einiger Berühmtheit gelangten Antichristpredigten aus der Feder Rudolf Gwalthers, des engen Weggefährten und späteren Nachfolgers Bullingers, die hohe Wellen im empfindlichen politisch-konfessionellen Gefüge der Eidgenossenschaft schlugen und die Zürcher Theologen nachdrücklich an die auch politische Brisanz ihrer exegetischen Schlussfolgerungen gemahnten.[73] Die innerschweizerischen Orte sahen durch Gwalthers Schrift den Zweiten Landfrieden und das eidgenössische Zensurabkommen verletzt und brachten die *causa* vor die Tagsatzung, in deren Nachgang sich Gwalther als Autor und Bullinger als Verantwortlicher für die Druckbewilligung vor dem – ihnen wohlgesonnenen – Zürcher Rat zu verantworten hatten.[74] Was in der ganzen Affäre nicht zur Sprache kam, den politischen Verhandlungsführern wahrscheinlich nicht bewusst war und – so die naheliegende Vermutung –

[72] Keinen eigentlichen *locus de Antichristo* findet sich etwa in Bullingers *Sermonum decades quinque*, in vier Bänden erschienen in den Jahren 1549–1551 (HBBibl I, Nr. 179–182), in einer Gesamtausgabe 1552 (HBBibl I, Nr. 184); zur Verwendung der antichristologischen Terminologie in den Dekaden vgl. in der Ausgabe 1552 Bl. 27r, 114r, 212v, 237v, 245v, 251r-v, 272v, 274r, 275r, 278r, 285r, 287r-288r, 290r, 292r, 298v, 299v, 318r-v und 348r. Eine wenig präzisierte Verwendung des Antichristbegriffes auch in Bullingers Auslegung von Mat. 24, obwohl die Passage natürlich Anknüpfungspunkte bot, vgl. *In sacrosanctum Iesu Christi Domini nostri evangelium secundum Matthaeum commentariorum libri XII*, Zürich 1542 (HBBibl I, Nr. 144), Bl. 208v-217v.

[73] *Der Endtchrist. Kurtze, klare und einfaltige bewysung, in fünff predigen begriffen, dass der papst zů Rom der rächt, war, groß und eigentlich endtchrist sye, von welchem die h. propheten und apostel gewyssagt unnd uns gewarnet habend. [...]*, Zürich 1546 (Manfred *Vischer*, Bibliographie der Zürcher Druckschriften des 15. und 16. Jahrhunderts, Baden-Baden 1990 [BBAur 124], Nr. C 361). Die Widmungsvorrede datiert vom 8. August, eine lateinische Fassung mit differierender Widmungsvorrede erschien gegen Ende desselben Jahres (*Vischer*, Bibliographie, Nr. C 367). Bibliographische Angaben auch der weiteren Auflagen und Übersetzungen bietet Kurt Jakob *Rüetschi*, Verzeichnis der gedruckten Werke Rudolf Gwalthers, Nr. W 16.1–4; W 19.1 f. (in Vorbereitung).

[74] Eine detaillierte Darstellung der Auseinandersetzungen um Gwalthers Schrift bei Hans Ulrich *Bächtold*, Heinrich Bullinger vor dem Rat: Zur Gestaltung und Verwaltung des Zürcher Staatswesens in den Jahren 1531 bis 1575, Bern-Frankfurt/M. 1982 (ZBRG 12), S. 95–103. Ebd., S. 97 mit Anm. 55 der Hinweis auf Gwalthers und Bullingers Rechtfertigung vor dem Zürcher Rat am 29. Januar 1547 in StAZ E II 440, Bl. 341r-343v bzw. Zürich ZB, Ms. A 127, Bl. 327r-v.

von den an der Drucklegung beteiligten Kreisen wohl auch bewusst diskret behandelt wurde,[75] ist die Tatsache, dass ein Grossteil der Anstoss erregenden Passagen betreffend den päpstlichen Antichrist bereits 1536 im Thessalonicherkommentar Bullingers einer Publikation zugeführt worden war, dass die skandalträchtige Schrift somit nicht nur auf das Konto des noch jungen Pfarrers an St. Peter ging, sondern auf weiten Strecken nur wenig verändert auch Gedanken und Formulierungen des Vorstehers der Zürcher Kirche wiedergab. Gwalthers Schrift war seinen Predigten zu Mat. 24 entwachsen[76] und bot in fünf geschickt komponierten, gut gegliederten und in der Konsequenz äusserst eingängigen Homilien ein eigentliches Kompendium der Antichristologie, das dem Leser gebetsmühlenartig einschärfte, «das der Papst zů Rom (und sunst kein anderer) der rächt, war Endtchrist sye».[77] Die Disposition, die leitenden Gedanken – insbesondere das historische Schema vom Ursprung und frühmittelalterlichen Aufstieg des Papsttums[78] – und auch manche Details verdankte Gwalther Bullingers Auslegung von 2. Thess. 2 ein Jahrzehnt zuvor, die er aufgrund eigener Lektüre um weitere Beobachtungen und Präzisierungen ergänzte und – insbesondere in der vierten und fünften Homilie – um weitere Gesichtspunkte erweiterte. Auffallend ist Gwalthers Insistieren auf die Exklusivität der päpstlichen Antichristprädikation, das Bullingers duale Konzeption aus dem Jahre 1536 geradezu (mit)verwerfen konnte, wenn Gwalther – mit Blick auf reichspatriotische Auslegungstendenzen – den Irrtum brandmarkte, dass man den Antichrist «aus törichter Liebe zum Reich» in der islamischen Bedrohung wiedererkenne.[79]

Neben Gwalther beschäftigte sich in dem hier in den Blick genommenen

[75] So fehlt in der gesamten Schrift ein Hinweis auf Bullingers massgeblichen Beitrag, obwohl Gwalther des öfteren seine Quellen anführt.

[76] Vgl. *Der Endtchrist [...]*, Bl. 3r und Gwalthers Rechtfertigung StAZ E II 440, Bl. 341r-v.

[77] Die Themata der entsprechenden Predigten verteilen sich wie folgt: 1. Nachweis der Existenz des Antichrist, Widerlegung der katholischen Antichristvorstellung, Reflexionen über das Wesen des Antichrist (*Der Endtchrist [...]*, Bl. 6r-17r); 2. Ursprung und Aufstieg des antichristlichen Papsttums (Bl. 17v-31v); 3. Namen und Eigenschaften des Antichrist (Bl. 31v-53v); 4. Werke des Antichrist (Bl. 54r-72v); 5. Überwindung des Antichrist und richtiges Verhalten der Gläubigen unter seiner Herrschaft (Bl. 73r-92v). Eine detaillierte Würdigung unter inhaltlichen Gesichtspunkten ist dem Werk bislang versagt geblieben, vgl. neuestens die Bemerkungen bei Kurt Jakob *Rüetschi*, Mittelalterliches in der Wahrnehmung Rudolf Gwalthers, in: Martin H. *Graf* / Christian *Moser* (Hg.), Strenarum lanx: Beiträge zur Philologie und Geschichte des Mittelalters und der Frühen Neuzeit, Zug 2003, S. 331–351, hier S. 343–345.

[78] Vgl. *Der Endtchrist [...]*, Bl. 20r-31r.

[79] *Der Endtchrist [...]*, Bl. 19v: «Demnach so fälend ouch die, so uß thoråchtiger liebe des rychs, das uff den hüttigen tag das h. Rômisch rych genennt wirt, den Mahomet, ein stiffter des Türgkischen gloubens, für den grossen Endtchristen ußgåbend.» Zur Exklusivität des Papstantichrist vgl. auch Bl. 3r, 32v, 66r, 73v und 77v. Der Zusammenhang zwischen einer reichspatriotischen Auslegung und der Antichristlehre ergab sich durch die positive «aufhaltende» (2. Thess. 2, 6) Funktion, die bei einer islamischen Antichristidentifikation dem Reich zugeschrieben werden konnte. Vgl. *Seifert*, Rückzug, S. 34–36.

Zeitraum insbesondere Theodor Bibliander[80], seit 1531 Inhaber einer alttestamentlichen Professur an der *Schola Tigurina*[81], der aus dem exegetischen Arbeitskreis um Zwingli hervorgegangenen Zürcher Hohen Schule, sehr intensiv mit der Antichristthematik, eine Beschäftigung, die Bullinger aufmerksam mitverfolgte. Der Zürcher Antistes war jahrzehntelang treuer Hörer von Biblianders Vorlesungen, seine Vorlesungsmitschriften sind erhalten geblieben in den Manuskriptbänden Zürich ZB, Ms. Car I 109–122, 124–149 und 150.[82] Insbesondere die im Danielbuch und in der Apokalypse festgehaltenen biblischen Prophetien gaben Bibliander Anlass, sich zum Wesen des Antichrist zu äussern. Ersteres kommentierte er über die Jahre 1533 bis 1555 in insgesamt vier, zum Teil von Bullinger mitgeschriebenen Vorlesungszyklen,[83] über letztere las er vom 10. Dezember 1543 bis am 27. September des Jahres 1544.[84] Seiner Mitschrift der Vorlesungen Biblianders zur Apokalypse hat Bullinger gleichsam als Motto den Untertitel «Antichristus» vorangestellt.[85]

Die wesentlichen Ergebnisse seiner Apokalypsenauslegung hat Bibliander in seine 1545 in Basel erschienene *Relatio fidelis* einfliessen lassen, darun-

80 Immer noch unersetzt: Emil *Egli*, Biblianders Leben und Schriften, in: *Ders.*, Analecta reformatoria II: Biographien, Zürich 1901, S. 1–144, vgl. daneben überblickend Kurt Jakob *Rüetschi*, Theodor Bibliander: Exeget und Sprachgelehrter, in: Schola Tigurina: Die Zürcher Hohe Schule und ihre Gelehrten um 1550, hg. vom Institut für Schweizerische Reformationsgeschichte, Zürich, Zürich-Freiburg/Br. 1999, S. 30f.

81 Zur Zürcher Theologenschule vgl. Ulrich *Ernst*, Geschichte des zürcherischen Schulwesens bis gegen das Ende des sechzehnten Jahrhunderts, Winterthur 1879 und Schola Tigurina: Die Zürcher Hohe Schule und ihre Gelehrten um 1550.

82 Vgl. CMD-CH III, Nr. 642–675 und Ernst *Gagliardi* / Ludwig *Forrer*, Katalog der Handschriften der Zentralbibliothek Zürich II: Neuere Handschriften seit 1500 (ältere schweizergeschichtliche inbegriffen), Zürich 1982, Sp. 1611f.

83 Die Danielvorlesungen verteilen sich über die Jahre 1533/34, 1538, 1542 und 1555. Biblianders Unterlagen in Zürich ZB, Ms. Car I 87, Bullingers Mitschriften in Zürich ZB, Ms. Car I 147, Bl. 1r-86v (*Annotationes in librum Danielis [...] merito polyhistor a veteribus cognominatur, exceptae ex ore d. Theodori Bibliandri* [CMD-CH III, Nr. 673]: 8. Dez. 1533–12. Feb. 1534) und Ms. Car I 146, Bl. 96v-188r (*Annotationes in librum Danielis prophetae, pars 3* [CMD-CH III, Nr. 672]: 30. Jan. 1542–4. Mai 1542). Von den Vorlesungen 1538 und 1555 sind neben anderen Mitschriften solche von Heinrich Bibliander (Zürich ZB, Ms. Car C 66, S. 505–551 [CMD-CH III, Nr. 596] und Johann Rudolf Bullinger (Zürich ZB, Ms. Car I 147, Bl. 91r-152r) erhalten geblieben.

84 Biblianders Vorlesungsunterlagen samt verschiedenen Quellenexzerpten in Zürich ZB, Ms. Car I 91, darunter Bl. 461r-467r eine Passage «Antichristi imago». Einige Beobachtungen dazu bei Irena *Backus*, Reformation readings of the Apocalypse: Geneva, Zurich, and Wittenberg, Oxford u.a. 2000 (Oxford Studies in Historical Theology), S. 101f.

85 *In Apocalipsim Iesu Christi, quam revelat servo suo Ioanni apostolo, annotationes exceptae ex ore d. Th. Bibliandri [...]*, darunter ebenfalls von Bullingers Hand besagter Zusatz «Antichristus», Zürich ZB, Ms. Car I 151 (CMD-CH III, Nr. 677). Der ganze Band trägt Bullingers Handschrift, mit Ausnahme einer weiteren Hand auf Bl. 61r-64v, 77r-84r und 91r-100v sowie Bl. 115r-118r, 129r-139v, 165r-168v und 236r-245v von der Hand Rudolf Gwalthers.

ter auch ein Kapitel «Aestimatio vicarii Christi et Antichristi» samt einer Auflistung der schlimmsten Päpste von Stephan II. bis Johannes XXIII.[86] In der Vorrede seines Apokalypsenkommentars versäumte es Bullinger nicht, die Hilfestellung, die ihm Biblianders Vorlesungen wie dessen *Relatio fidelis* bei seiner eigenen Auslegung leisteten, zu verdanken.[87] Antichristologische Reflexionen enthielt auch Biblianders Auslegung des Propheten Esra aus dem Jahre 1553,[88] vor allem aber seine im selben Jahre in Basel erschienene Rede an die Fürsten und freien Reichsstädte über die Wiederherstellung des Reichsfriedens,[89] die in einem ausführlichen Kapitel «Antichristi investigatio» eine systematische Zusammenfassung seiner Antichristlehre bot und von Bullinger stark beachtet und ausgiebig exzerpiert wurde.[90]

86 *Ad omnium ordinum reipublicae christianae principes, viros populumque christianum relatio fidelis*, Basel 1545 (VD 16 B 5315). Die «Aestimatio vicarii Christi et Antichristi» S. 201–216 mit einer anschliessenden «Conclusio» S. 217–223, die Auflistung der Päpste S. 210–215. Vgl. etwa Biblianders Einleitung zu seiner Beschreibung Bonifaz' VIII., S. 213f.: «Non praetermittendus est in hoc censu, etsi valde festino, Bonifacius octavuus, ex maleficiis totus conflatus, quique cyclopaediam satanicam absolute expressit.» Zur *Relatio fidelis* äussert sich *Backus*, Reformation readings, S. 94–100.

87 *In Apocalypsim [...] conciones centum* (vgl. unten Anm. 93), Praefatio, Bl. β1r: «Accessit his singularis eruditio diligentiaque et in Sacris libris enarrandi dexteritas piissimi viri d. Theodori Bibliandri, scholae Tigurinę professoris theologi, qui ante annos tredecim hunc Revelationis librum publice magnaque cum laude exposuit, a quo, nisi permultum me adiutum esse faterer, insigniter ingratus essem. Extat eiusdem et Fidelis relatio, impressa Basileae anno 1545, in qua hunc Ioannis librum disponit velutique scholiis illustrat.»

88 *De fatis monarchiae Romanae somnium vaticinum Esdrae prophetae, quod Theodorus Bibliander interpretatus est, non coniectatione privata, sed demonstratione theologica, historica et mathematica [...]*, Basel 1553 (VD 16 B 5323). Das Handexemplar Bullingers verzeichnet HBBibl III, Nr 33. Eine Auslegung der sog. Himmelfahrt des Elias, einer apokryphen Weissagung auf Christus und den Antichrist, verfertigte Bibliander, der eine gewisse Vorliebe für apokryphe Texte hegte, im Jahre 1550, sie blieb ungedruckt: *Massa Eliahu. Onus sive assumptio Eliae, que et Apocalypsis Eliae. Prophetia et liber apokryphus de Christo et Antichristo*, Zürich ZB, Car I 92 (mit einer weiteren Fassung ebd.); vgl. *Egli*, Biblianders Leben, S. 107.

89 *Ad illustrissimos Germaniae principes et optimates liberarum atque imperialium civitatum oratio Theodori Bibliandri: De restituenda pace in Germanico imperio caeterisque politiis [...]*, Basel 1553 (VD 16 B 5313).

90 *Ad illustrissimos Germaniae principes [...]*, S. 50–74. Vgl. Biblianders Fazit ebd., S. 72f.: «Quum igitur undiquaque appareat Romani papae attributa cum Antichristi attributis congruere, extra ignorantiam et dubitationem in sole clarissimo versatur papam Rom[anum] esse Antichristum, a morte Gregorii Magni praesulis boni et imperatoris Mauritii.» Zur Rezeption der Rede durch Bullinger vgl. unten Anm. 129. Zwei weitere Antichristtraktate aus dem Umfeld der *Schola Tigurina* aus der Feder Johannes Stumpfs (*Vom Jüngsten tag [...]*, Zürich um 1563 [*Vischer*, Bibliographie, Nr. C 684]) und Johannes Wolfs (*Antichristus. Hoc est disputatio lenis et perspicua de Antichristo [...]*, Zürich 1592 [*Vischer*, Bibliographie, Nr. N 19]) bleiben hier unberücksichtigt, da ihnen keine Rolle bei der Herausbildung von Bullingers Antichristverständnis zukommt.

4. *Im Zeichen des nahen Weltendes: «De fine seculi [...]» und der Kommentar zur Apokalypse (1557)*

Mit den 1550er Jahren brach für Bullinger eine Zeit der intensiven Beschäftigung mit eschatologischen Themata an. Vom 21. August 1554 bis 29. Dezember 1556[91] legte er seinen Dienstagspredigten die Offenbarung des Johannes zugrunde,[92] die in die Drucklegung seines Apokalypsenkommentars *In Apocalypsim [...] conciones centum*[93] im Sommer 1557 mündeten, ein Werk, das in zahllosen Nachdrucken und Übersetzungen ausserordentlich weite Verbreitung und starke Rezeption fand.[94] Zuvor waren im selben Jahre bei Oporin in Basel zwei Reden Bullingers über das Ende des Weltzeitalters und das künftige Gericht erschienen,[95] die unter anderem

91 Vgl. HBD, S. 46,23 f. und 50,19.

92 Bullingers Predigtkonzepte in Zürich ZB, Ms. Car III 206; diese wurden 1599 bei Johannes Wolf gedruckt: *Centuria memorialium in Apocalypsin [...]*, in: *Archetypi homeliarum in omnes apostolorum Domini nostri Iesu Christi epistolas [...]*, Bl. 445r-489v (HBBibl I., Nr. 331, vgl. auch ebd., Nr. 332 f.).

93 *In Apocalypsim Iesu Christi revelatam quidem per angelum Domini, visam vero vel exceptam atque conscriptam a Ioanne apostolo et evangelista, conciones centum. [...]*, Basel 1557 (HBBibl I, Nr. 327).

94 Vgl. HBBibl I, Nr. 328–330 (lat.); Nr. 335–337 (dt.); Nr. 341–351 (frz.); Nr. 352–354 (nl.); Nr. 355–356 (engl.). Bullingers Apokalypsenpredigten ist in der jüngeren Vergangenheit zu Recht vermehrte Beachtung zuteil geworden. Vgl. neben der Einführung und dem Überblick von Fritz *Büsser*, H. Bullingers 100 Predigten über die Apokalypse, in: Zwa XXVII (2000), S. 117–131 die Studien W. P. *Stephens*, Bullinger's Sermons on the Apocalypse, in: Alfred *Schindler* / Hans *Stickelberger* (Hg.), Die Zürcher Reformation: Ausstrahlungen und Rückwirkungen, Bern u.a. 2001 (ZBRG 18), S. 261–280; *Backus*, Reformation readings, S. 102–112; *Dies.*, Les sept visions et la fin des temps: Les commentaires genèvois de l'Apocalypse entre 1539 et 1584, Genf u.a. 1997 (CRThPh 19), S. 55–63; Richard *Bauckham*, Heinrich Bullinger, the Apocalypse and the English, in: Henry D. *Rack* (Hg.), The Swiss Connection: Manchester Essays on the Religious Connections between England and Switzerland between the 16th and the 20th Centuries, Manchester 1995, S. 9–54 (vgl. zuvor schon *Ders.*, Heinrich Bullinger, the Apocalypse and the English, in: Henry Bullinger 1504–75: Papers read at a Colloquium marking the 400th. Anniversary of his Death, Bristol Baptist College, 16–18 September 1975; danach *Ders.*, Heinrich Bullinger, l'Apocalypse et les Anglais); Rodney L. *Petersen*, Preaching in the Last Days: The Theme of «two Witnesses» in the sixteenth and seventeenth Centuries, New York-Oxford 1993, S. 120–148; *Ders.*, Bullinger's Prophets of the «Restitutio», in: Mark S. *Burrows* / Paul *Rorem* (Hg.), Biblical Hermeneutics in Historical Perspective, Grand Rapids, Mich. 1991, S. 245–260; *Garcia Archilla*, Theology of History; Richard *Bauckham*, Tudor Apocalypse: Sixteenth century apocalypticism, millennarianism and the English Reformation. From John Bale to John Foxe and Thomas Brightman, Appleford 1978 (CLRC 8).

95 *De fine seculi et iudicio venturo [...]*, Basel 1557 (HBBibl I, Nr. 320). Die Reden waren am 12. September 1555 und 28. Januar 1557 «in coetu cleri» (vgl. das Titelblatt, S. 61 und 107) gehalten worden. Bereits 1555 hatte sich Bullinger in einer Druckschrift über das Jüngste Gericht geäussert (HBBibl I, Nr. 281), vgl. Bruce *Gordon*, «Welcher nit gloupt der ist schon verdampt»: Heinrich Bullinger and the Spirituality of the Last Judgement, in: Zwa XXIX (2002), S. 29–53.

eine Darstellung des bereits bekannten Aufstiegs des frühmittelalterlichen antichristlichen Papsttums und dessen ausufernden Machtanspruch beinhalteten.[96]

Wie nicht anders zu erwarten, finden sich die ausführlichsten Äusserungen des älteren Bullinger zur Antichristthematik in seinem Kommentar zur Apokalypse, der der Antistes weltgeschichtlichen Revelationsgehalt und prophetische Reichweite bis ans Ende der Zeiten zumass.[97] Die Offenbarung des Johannes enthalte eine «plenissimam descriptionem Antichristi, membrorum eius et synagogae consiliorumque, regni, artium, truculentię et interituum eiusdem»[98]. In Kapitel 13 fand Bullinger eine mit Dan. 7 und 2. Thess. 2 kongruierende Beschreibung des Aufstiegs des päpstlichen Antichrist vor.[99] Dieser wird präfiguriert durch das zweite Tier, das das erste Tier, das römische Reich, ablöst und dessen Macht übernimmt, das Wunderzeichen wirkt, die Menschen verführt und mit einem Malzeichen versieht. An einen etwaigen islamischen Antichrist denkt Bullinger in seiner Auslegung von Off. 13 – wie bereits erwähnt – nicht mehr, obwohl sich an dieser Stelle eine duale Deutung geradezu anbot, trug das zweite Tier doch zwei Hörner. Diese werden aber nicht als duale Erscheinungsweise des Antichrist gedeutet, sondern auf den universalen Herrschaftsanspruch des einen päpstlichen Antichrist bezogen, den Anspruch auf absolute geistliche wie weltliche Gewalt.[100] Die sukzessiv zunehmenden Übergriffe der Päpste auf beide Sphären bilden den Leitfaden, entlang dem Bullinger die Geschichte des mittelalterlichen Papsttums bis auf seine Zeit durchgeht und diese im Lichte der prophetischen Aussagen als Geschichte des sich kontinuierlich in der Geschichte offenbarenden Antichrist interpretiert. Die Grundlage der päpstlichen Tyrannei im geistlichen Bereich legten die Päpste nach Bullinger durch die Bestreitung der Suffizienz der Heiligen Schrift und Aufrichtung einer ergänzenden Lehrtradition, die dem Abgleiten in Menschensatzungen, Missbräu-

[96] Vgl. *De fine seculi et iudicio venturo [...]*, S. 27–61.

[97] Vgl. *In Apocalypsim [...] conciones centum*, S. 6: «Praeterea habemus compendium historiarum a temporibus Christi ad finem usque seculi.»

[98] *In Apocalypsim [...] conciones centum*, S. 6. Vgl. auch ebd., Praefatio, Bl. α6v: «Caeterum in hoc libro suo postremo sumpsit sibi Ioannes peculiariter et iusto ordine et copiose enarranda, quae ipsi de Antichristo illo magno et ecclesiae periculis atque persecutionibus revelabantur distincte et diserte a Domino nostro Iesu Christo.»

[99] Einige Beobachtungen zu Bullingers Auslegung von Dan. 7 und Off. 13 bei Irena *Backus*, The Beast: Interpretations of Daniel 7.2–9 and Apocalypse 13.1–4, 11–12 in Lutheran, Zwinglian and Calvinist Circles in the Late Sixteenth Century, in: Reformation and Renaissance Review 3 (2000), S. 59–77, hier S. 74–76.

[100] *In Apocalypsim [...] conciones centum*, S. 173: «Habebat, inquit, bestia illa altera cornua duo [...]. Significat autem Dominus sacerdotium et regnum, quae pontifices sibi usurpant, asseverantes sibi potestatem datam in coelo et in terra, in rebus spiritualibus et temporalibus.»

che und Irrtümer Tür und Tor öffnete.[101] Der zunehmenden Degeneration von Ritus und Lehre unter den Päpsten, gipfelnd in der Ausbildung der Transsubstantiationslehre, ist Bullinger auch in anderen Schriften detailliert nachgegangen.[102] Illustriert und charakterisiert wird das tyrannische Regime über die Herzen der Gläubigen durch die päpstliche Bann- und Strafpraxis, die der Antistes durch Off. 13, 17 – das Malzeichen als Voraussetzung für Kauf und Verkauf – präfiguriert sieht.[103] Ebenfalls beleuchtet Bullinger, mit starkem Fokus auf dem Investiturstreit und den Querelen um das staufische Kaisertum, die Herrschaftsentfaltung der Päpste im weltlichen Bereich und zieht das Fazit: «Ex his enim, quae hactenus commemoravi, abunde colliquescit ipsos pontifices audacia scelerata sibi rapuisse imperium, se venditare pro monarchis, regum opera et ministerio ut vasallorum abuti.»[104] Den päpstlichen Anspruch auf die absolute Herrschaftsgewalt sah Bullinger programmatisch verwirklicht durch die Bulle *Unam sanctam* Bonifaz' VIII., die für den Antistes samt ihrem Urheber und dem von ihm propagierten ersten Heiligen Jahr 1300 einen Markstein in der Geschichte des Antichristentums setzt. Bonifaz habe sich verhalten «quasi digito ostenderet toti mundo se suosque aliquot antecessores ac omnes sequaces illam esse bicornem bestiam» und weiter: «Nisi ergo Tiresia simus caeciores, oculis nostris cernimus, quis sit magnus ille Antichristus.»[105]

Die in der Offenbarung genannten Zahlen, über deren Ausdeutung man zu allen Zeiten gerungen hat, integrierte Bullinger in sein historisches Schema des antichristlichen Papsttums. Zur Deutung der rätselhaften Zahl 666 in Off. 13, 18 stützt er sich auf Irenäus und sieht diese im Lichte der danielschen Prophetie. Addiere man 666 zum Abfassungsjahr der Offenbarung, so erreiche man das Jahr 763 und damit genau die Zeit, in der das Kleine Horn drei andere Hörner ausgerissen habe, die Zeit, in der die Grundlage für den Kirchenstaat gelegt worden war und das Papsttum anhob, sich die Welt untertan zu machen.[106] Für das Millennium in Off. 20 bietet Bullinger – in Frontstellung gegen etwaige chiliastische Neigungen – einen dreifachen Auslegungsvorschlag an, um dieses schliesslich mit der Zeitspanne von der Zerstörung Jerusalems bis zum Pontifikat Gregors VII. 1073 zu identifizieren.[107] Die

101 *In Apocalypsim [...] conciones centum*, S. 174: «Sciunt autem omnes versati in rebus papisticis primarium omnium papismi rerum principium et fundamentum esse scripturas esse mutilas et obscuras et ideo opus esse traditionibus.»

102 So in *De origine erroris* (vgl. oben Anm. 63), vgl. auch *De conciliis [...]*, Zürich 1561 (HBBibl I, Nr. 402).

103 *In Apocalypsim [...] conciones centum*, S. 189.

104 *In Apocalypsim [...] conciones centum*, S. 187.

105 *In Apocalypsim [...] conciones centum*, S. 174.

106 Vgl. *In Apocalypsim [...] conciones centum*, S. 190–194.

107 Vgl. *In Apocalypsim [...] conciones centum*, S. 265 f.

1000 Jahre bezeichnen so in dieser Konstellation eine Zeit der relativen Ruhe vor dem endgültigen Durchbruch und der ungehinderten Entfaltung der antichristlichen Herrschaft in der Welt.[108]

Schliesslich liess sich auch das bereits in Bullingers früheren Schriften angesprochene Thema der mittelalterlichen *testes veritatis*, die sich auch unter der päpstlichen Tyrannei behaupten konnten, mühelos in die Auslegung der Apokalypse integrieren. Sie finden sich, im Verbund mit allen rechtschaffenen Predigern der Reformationszeit, präfiguriert durch die beiden – traditionellerweise mit den Propheten Henoch und Elias identifizierten – Zeugen in Off. 11.[109]

5. Das Zürcher Gutachten für Girolamo Zanchi (1561) und der Danielkommentar (1565)

Eine im Lichte der bislang herausgearbeiteten und illustrierten Antichristkonzeption Bullingers eher unerwartete Stellungnahme zur Antichristthematik brachte das Jahr 1561. Im Gutachten der «Ecclesia Scholaque Tigurina» vom 29. Dezember 1561 bescheinigten die Zürcher Theologen[110] dem in Strassburg von Johannes Marbach stark angefeindeten Girolamo Zanchi, dass dessen Thesen, die seine umstrittenen Lehrartikel festhielten, «nihil in eis contineri vel haereticum vel absurdum» «aut pugnans cum divinis literis».[111] Auch Zanchis zweite These, wonach möglicherweise die Ankunft des eigentlichen Antichrist erst noch bevorstehe, mochten die Zürcher nicht als

108 Vgl. *In Apocalypsim [...] conciones centum*, S. 266: «Ita vero vinctus et clausus fuit mille annis sathanas, ut qui fideles Christi per orbem non possedit et rexit pro sua voluntate et malicia, licet tentaverit et afflixerit.» Dem Vorwurf der Inkompatibilität seiner Millenniumsdeutung mit seiner Auslegung der Zahl 666 begegnet Bullinger ebd., S. 267: «Destinavit Ioannes Antichristo certum numerum annorum, nempe 666, unde intelligeremus nomen Antichristi. Sed ideo non sequitur diabolum tunc omnino fuisse solutum aut extinctam prorsus veritatis lucem.» Zu Bullingers «millénium relatif» vgl. Irena *Backus*, Apocalypse 20,2–4 et le millénium protestant, in: RHPhR 79 (1999), S. 101–117, hier S. 103–107 und *Dies.*, Reformation readings, S. 108–111.

109 Vgl. *In Apocalypsim [...] conciones centum*, S. 139: «Duos autem producit prophetas, id est praedicatores, non quod duo duntaxat sint futuri, sed quod ita velit innuere copias Christi in mundo fore et videri mundanis exiguas (sicut mox dicemus) interim intelligit omnes omnium temporum fideles concionatores et pastores, qui se opponunt et Antichristo et haeresibus.» Vgl. zur Thematik *Petersen*, Preaching in the Last Days, S. 129–137.

110 Unterzeichnet wurde das von Zanchi selbst erbetene Gutachten von Heinrich Bullinger, Rudolf Gwalther, Johannes Wolf, Petrus Martyr Vermigli, Josias Simler, Ludwig Lavater, Wolfgang Haller, Johannes Jakob Wick und Huldrych Zwingli jun.

111 Das Zürcher Gutachten ist gedruckt in *Hier[onymi] Zanchii miscellaneorum libri tres*, hier benutzt in der dritten Auflage Neustadt a. d. Haardt 1592 (VD 16 Z 79), S. 83–87.

häretisch bezeichnen.[112] Allzu schwer kann Bullinger seine Approbation dieser These, die seiner präteristischen und papsttumzentrierten Antichristkonzeption eigentlich entgegenlief, aber nicht gefallen sein, bedenkt man erstens den kirchenpolitisch-konfessionellen Rahmen, in dem sich die Strassburger Auseinandersetzungen abspielten, und zweitens die Tatsache, dass Bullinger mit seiner Zustimmung zwar die Potentialität der Position Zanchis anerkannte, sich diese aber deswegen nicht zu eigen zu machen brauchte.[113] Immerhin schloss Bullinger – wohl als Reflex auf Zanchis These und das Zürcher Gutachten – auch in seinem 1565 erschienenen Kommentar zum Danielbuch[114] an einer einzelnen Stelle die Möglichkeit eines noch zu erwartenden Antichrist nicht vollständig aus.[115]

Besagter Danielkommentar erschien im Anschluss an eine sich über die Zeitspanne vom 18. Mai 1563 bis zum 19. Juni 1565 hinziehende Predigtreihe Bullingers.[116] Schon in den Jahren 1546/47 hatte Bullinger das Danielbuch seinen Predigten zugrundegelegt[117] und sich dabei auch der Antichristthematik angenommen.[118] Diese nimmt allerdings im Kommentar des Jahres 1565 nicht

[112] «Secunda thesis non potest ut haeretica explodi, cum admodum sit probabilis, omnes enim ferme patres in ea sententia fuerunt. [...] Neque autor negat, immo fatetur, permultos esse (sicut Ioannes ait) Antichristos: Mahumetum, iudaeos et papas, qui se doctrinae Christi opponunt; denique omnes qui idem, tam extra papatum, quam in papatu, faciunt. Sed cum in dies malitia crescat et sine modo augeatur, nil obstat, quo minus κατ' ἐξοχήν aliquis ad extremum sit venturus, qui caeteros evangelii hostes impietate sua longissime superet, quemque Dominus Spiritu oris sui omnino sit profligaturus. [...]» *Hier[onymi] Zanchii miscellaneorum libri tres*, S. 84. Zur These Zanchis vgl. *Preuss*, Vorstellungen, S. 243.

[113] Vgl. zum Zürcher Gutachten im Zusammenhang mit den Auseinandersetzungen um die Prädestinationslehre Cornelis P. *Venema*, Heinrich Bullinger and the Doctrine of Predestination: Author of «The Other Reformed Tradition»?, Grand Rapids, Mich. 2002 (Texts and Studies in Reformation and Post-Reformation Thought), S. 79–86.

[114] *Daniel sapientissimus Dei propheta, qui a vetustis polyhistor, id est, multiscius est dictus, expositus Homiliis LXVI [...]. Accessit huic operi Epitome temporum et rerum ab orbe condito ad excidium usque ultimum urbis Hierosolymorum, sub imperatore Vespasiano*, Zürich 1565 (HBBibl I, Nr. 428). Eine zweite Auflage erschien 1576 (HBBibl I, Nr. 429). Zu Bullingers Beschäftigung mit dem Danielbuch und einigen Aspekten seiner Rezeption von Dan. 2 vgl. Emidio *Campi*, Über das Ende des Weltzeitalters: Aspekte der Rezeption des Danielbuches bei Heinrich Bullinger, in: Mariano *Delgado* u.a. (Hg.), Europa, Tausendjähriges Reich und Neue Welt: Zwei Jahrtausende Geschichte und Utopie in der Rezeption des Danielbuches, Freiburg-Stuttgart 2003 (Studien zur christlichen Religions- und Kulturgeschichte 1), S. 225–238.

[115] «Ita minime agnoscitur hodie Antichristus, tametsi constet prophetias de illo omnes esse adimpletas et adimpleri quotidie, constet denique si alius venturus sit Antichristus, hoc tamen praesente turpiorem esse non posse.» *Daniel sapientissimus Dei propheta*, Bl. 129v.

[116] Vgl. HBD, S. 72,1 und 79,29.

[117] Vgl. HBD, S. 34,14–16 und 35,9f.

[118] Bullingers autographe Predigtkonzepte in Zürich ZB, Ms. Car III 203, Nr. 4, Abschriften in Zürich ZB, Ms. Car XV 21, S. 167–221 und Ms. Car XV 35, S. 469–523 [CMD-CH III, Nr. 688] (Christian Hochholzer). Mitschriften der Predigten in Zürich ZB, Ms. D 267, 1r-49v [CMD-CH III, Nr. 558] (Konrad Pellikan) und Ms. Car XV 21, S. 255–404 (Otto Werdmül-

den Raum ein, den man aufgrund von Bullingers früheren Äusserungen zum Danielbuch hätte erwarten können. Beinahe scheint es, als ob Bullinger keine Notwendigkeit mehr sah, allzu detailliert auf das bereits im Apokalypsenkommentar in extenso behandelte Thema zurückzukommen,[119] wie er auch an verschiedenen Stellen unterstreicht, dass die «res Antichristi tam sunt apertae et ubique oculis omnium sese ingerunt, ut qui videre et agnoscere nolit, apertis oculis nihil videre velit.»[120] Neben Dan. 7 gaben Bullinger die Kapitel 8 und 11 Gelegenheit, sich zum Antichrist zu äussern. Sowohl seine Deutung des *rex fortis* in Dan. 8, als auch des «Frevlerkönigs» in Dan. 11 folgt – in implizitem Widerspruch zu Calvins Danielauslegung aus dem Jahre 1561[121] – einer seit Hieronymus[122] etablierten, die antiken Bezüge berücksichtigenden Auslegungstradition, nach der die genannten Passagen zwar *proprie* auf Antiochus IV. Epiphanes, *per typum* aber auf den Antichrist zu beziehen sind.[123] Der danielsche «Frevlerkönig» bildet für Bullinger schliesslich auch den Hintergrund, sich in einer auf Dan. 11, 36–45 stützenden Synthese über

ler). Zur Behandlung der Antichristthematik in den Danielpredigten der Jahre 1546/47 vgl. etwa Zürich ZB, Ms. Car III 203, Nr. 4, Bl. 23r-25v die Aufzählung von insgesamt 16 «notae Antichristi». Eine Auflistung von 13 solcher «notae» aufgrund der danielschen Prophetien findet sich auch in einem Predigtkonzept Bullingers in Zürich ZB, Ms. Car III 206c, Nr. 11 (Predigt zu einem 28. Juni). Im Zusammenhang mit Bullingers Predigttätigkeit sei auch noch auf sein Konzept zu einer Predigt an Felix und Regula (11. September) 1549 hingewiesen (Zürich ZB, Ms. Car III 206b, Nr. 8; ebd. ein nur wenig verändertes Konzept zum 11. September 1565), demzufolge Bullinger einige Eckdaten der (antichristlichen) Dogmen- und Papstgeschichte zu behandeln beabsichtigte:

1. De praerogativa summi pontificis	600
2. De grandium conciliorum authoritate	324
3. De invocatione et cultu sanctorum	400
4. De imaginibus in templo	600
5. De missa et transubstantiatione	1200
6. De purgatorio et indulgentiis	
7. De confessione auriculari	
8. De delectu ciborum, notis ordinibus monachorum, praehibito matrimonio	

119 Vgl. etwa *Daniel sapientissimus Dei propheta*, Bl. 124v: «De qua re olim copiosissime commentatus sum exponens Apocalyp[sim] beati apostoli Ioannis. Brevibus ergo illa hic perstringam et annotabo duntaxat.» Vgl. auch ebd., Bl. 93r.

120 *Daniel sapientissimus Dei propheta*, Bl. 93r, vgl. auch ebd., Bl. 128r.

121 Calvins *Praelectiones in Danielem prophetam* in CR 68–70, vgl. CR 69, Sp. 121. Zu Calvins Danielauslegung äussern sich *Seifert*, Rückzug, S. 49–56 und Claude-Gilbert *Dubois*, La conception de l'histoire en France au XVIe siècle (1560–1610), Paris 1977, S. 466–484.

122 Hieronymus' Danielkommentar in CChr.SL 75A.

123 «Scio esse quibus videatur coactum esse, si hic locus exponatur de Antichristo. Quibus et ego accedo, si intelligant proprie hunc locum non de Antichristo, sed de Antiocho esse interpretandum. Dissentio ab illis, si contendunt, ne per typum quidem de Antichristo posse exponi. Nam proprie competit Antiocho, per typum autem Antichristo.» *Daniel sapientissimus Dei propheta*, Bl. 92v, vgl. auch ebd., Bl. 124r. Antichristologische Reflexionen enthalten in Bullingers Werk insbesondere die Homilien 43 und 57–62 (*Daniel sapientissimus Dei propheta*, Bl. 91v-116r; 123r-133v).

insgesamt zwölf «notae Antichristi» zu äussern. Diese antichristlichen Merkmale passen – was kein Erstaunen auszulösen vermag – nach Meinung des Antistes samt und sonders ausserordentlich genau auf das Papsttum.[124]

6. *Ein antichristologisches Spezialwerk: «De Antichristo liber sylva» (1554)*

Ein helles Licht auf die Bedeutung, die die antichristologische Reflexion in Bullingers Denken und Werk besessen hat, wirft ein bislang vollkommen unbekannt und unbeachtet gebliebenes handschriftliches Manuskript, das sich exklusiv der Antichristthematik widmet. Das mit dem Titel *De Antichristo liber sylva* überschriebene Autograph datiert vom Jahre 1554 und hat sich im Band Ms. Car C I 160 der Zentralbibliothek Zürich erhalten.[125] Das im Titel erscheinende Prädikat «sylva» verweist auf den Charakter der Schrift, die Bullinger als Materialsammlung, gleichsam als Steinbruch, und nicht als ein ausgefeiltes Druckmanuskript konzipierte, wie er dies auf dem Titelblatt auch explizit festhielt: «Materiam qualemcunque invenies hic paratam, nondum autem in iustum digestam ordinem neque exornatam absolutamque, ut decebat»[126]. Ausserordentlich viele Zusätze, Streichungen, Annotationen, eingefügte Blätter und kleine Zettelchen, nicht in den Text eingeordnete Zitate sowie der Schriftduktus Bullingers bestätigen diesen Eindruck. Zweifellos diente das Werk als Vorbereitung für die Predigten, die Bullinger zwischen August 1554 und Dezember 1556 zur Apokalypse gehalten hat und ebenso diente es ihm nachweislich als Vorarbeit und Quellensammlung zu seinem gedruckten Apokalypsenkommentar, dem überaus viel Material aus *De Antichristo liber sylva* inkorporiert ist. So findet sich beispielsweise die zentrale Rolle, die die Ereignisse rund um das Jahr 763 in Bullingers Deutung spielten, bereits in seiner Materialsammlung ausführlich erörtert, zusätzlich noch durch eine graphische Darstellung veranschaulicht:[127]

[124] Bullingers «Antichristi per notas descriptio» umfasst die folgenden Punkte (*Daniel sapientissimus Dei propheta*, Bl. 129v-133v): 1. «Rex est» (Herrschaftsanspruch des Papsttums); 2. «Facit quae vult» (päpstlicher Anspruch auf Nicht-Judizierbarkeit und die *plenitudo potestatis*); 3. «Omnibus se praefert» (Überhöhung der Päpste); 4. «Loquitur admiranda contra Deum» (Messe und falsche Lehren); 5. «Prospere illi cedunt omnia» (Florieren des Papsttums); 6. «Non curat Deum patrum» (päpstlicher Polytheismus); 7. «Non afficietur desiderio mulierum» (Zölibat, Frauenverachtung und sexuelle Verirrungen); 8. «Non curat ullum deum» (Atheismus); 9. «Colet deum Mayzim» (Messe; Transsubstantiation; Reichtümer); 10. «Terram suis dividit pro precio» (Königs- und Fürstenkreierungen, Ordinationen, Titelverleihungen, kuriales Benefizialsystem); 11. «Bella Saracenica et Turcica» (Kriege, Kreuzzüge); 12. «Sedes Antichristi» (Rom als Sitz des Antichrist).

[125] Eine Ab- und auch Reinschrift von anderer Hand in Zürich ZB, Ms. Car I 156, Nr. 3.

[126] Zürich ZB, Ms. Car I 160, Bl. 1r.

[127] Zürich ZB, Ms. Car I 160, Bl. 111v. Vgl. etwa auch die Liste der alten Zeugen, die den Papst als Antichrist identifiziert haben, in Bullingers Vorrede zum Apokalypsenkommentar (*In*

Tria cornua cadunt surgit novus rex	Summa	755 Donatio Pipini 756 Donatio Steph[ani] 763 Fatalis annus 769 Carolus fit rex 773 Confirm[atio] donationis Pipini	Sequenti mox anno 764 erumpunt Turcae, flagellum Antichristi 3. Reg. II

Die Intention, die Bullinger bei der Abfassung seiner Schrift leitete, illustriert eine programmatische Sentenz, die auch dieser Abhandlung den Titel geliefert hat. Neben der Marginalie «Antichristus magnus» notierte sich Bullinger den Satz: «Dicit quidem Ioannes in sua canonica fuisse suo saeculo antichristos, sed scriptura commemorat futurum quendam insignem, qui se efferat ultra omne quod dicitur Deus» und darunter gleichsam als Motto in unterstrichenen Versalien: «Papam esse Antichristum».[128]

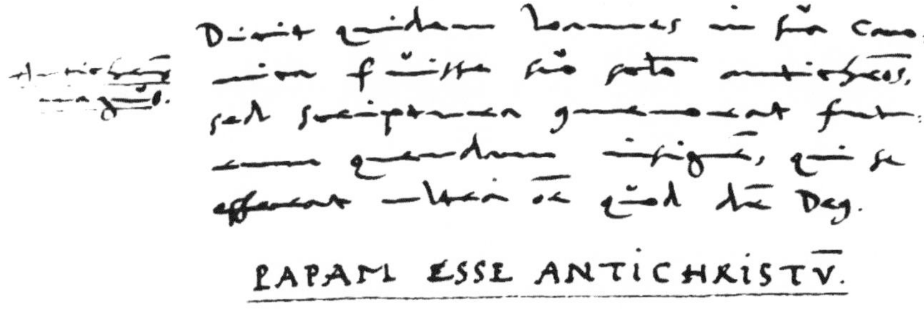

De Antichristo liber sylva, Zürich ZB, Ms. Car I 160, Bl. 3v.

De Antichristo liber sylva unternimmt nichts Geringeres als den Versuch eines systematisch-historischen Erweises, dass sich die biblischen Prophezeiungen vom Antichrist im Papsttum erfüllt haben. Zu diesem Zweck unterzieht Bullinger im Lichte der versammelten biblischen Belege die Geschichte und Organisation des Papsttums einer genauen Überprüfung. Unter Aufbietung einer grossen Menge an exzerpiertem Quellen- und Belegmaterial – an zeitgenössischen Gewährsmännern seien etwa Theodor Bibliander, John Bale, Matthias Flacius Illyricus und Johannes Sleidan erwähnt[129] – legt er eine

Apocalypsim [...] conciones centum, Praefatio, Bl. β1v-β3r), die auf eine Auflistung «Sententiae quorundam sanctorum patrum de Antichristo» in *De Antichristo liber sylva* (Zürich ZB, Ms. Car I 160, Bl. 186r-215v) zurückgeht.

128 Zürich ZB, Ms. Car I 160, Bl. 3v.

129 Vgl. etwa Zürich ZB, Ms. Car I 160, Bl. 19v und 28r (Bale), 92v (Flacius Illyricus), 132v (Sleidan). Exzerpte aus Theodor Biblianders Rede an die deutschen Fürsten 1553 füllen Bl. 2r-3v. Zur Illustration von Bullingers Arbeitstechnik sei sein Auszug aus Biblianders Erörterung der antichristlichen «fortuna et conditio» angeführt (Zürich ZB, Ms. Car I 160, Bl. 3r): «Iam

Definition des Antichristbegriffs vor,[130] handelt ausführlich von den antichristlichen *notae,*[131] untersucht die kuriale Titulatur[132] sowie – im Rahmen einer eigentlichen Papst- und Konziliengeschichte, die auch die Entwicklung in der Ostkirche berücksichtigt – den päpstlichen Primatsanspruch.[133] Eine auf Rom zielende Erörterung «De sede regia vel palatio huius regis»[134] schliesst sich daran an, gefolgt von zwei zusammengehörigen weitläufigen Kapiteln «De regno huius regis» und «Historia indepti regni», die eine Geschichte Roms und des Papsttums bieten.[135] Weiter durchleuchtet er die his-

Daniel notat Antichristum regem, ita et Lactantius. Ioannes in Apocalypsi appellat prophetam imo pseudoprophetam. Nam et Zacharias in cap. 11 notat pastorem et stultum quidem pastorem ac idolum. Bonifacius 8. in primo iubilaeo ostendit se populo tamquam regem et pontificem. Anno domini 1300.» In Biblianders *Oratio* lautet der Passus wie folgt (*Ad illustrissimos Germaniae principes [...],* S. 55f.): «Quod conditionem eius et fortunam adtinet, rex erit, ut Daniel indicat, et Romanus rex, ut Sibylla indicat, et Apocalypsis regem locustarum vocat. Pseudoprophetam quoque ostendit Apocalypsis et Zacharias pastorem stultum et idolum, et Sibylla Erythraea pontificem. [...] et Bonifacius octavuus in iubileo suo primo, imperatorio paludamento et ornatu pontificio palam sese in templo Petri et Pauli ostentans, maximaque voce proclamans: ‹Ecce duo gladii hic›.» Die Stelle ist auch in Bullingers Apokalypsenkommentar übergegangen, vgl. *In Apocalypsim [...] conciones centum*, S. 174.

130 Zürich ZB, Ms. Car I 160, Bl. 3v.

131 Zürich ZB, Ms. Car I 160, Bl. 4r-27v.

132 «De principe huius regni et titulus eius», Zürich ZB, Ms. Car I 160, Bl. 30r-42v; unter den untersuchten Bezeichnungen figurieren unter anderen «papa», «episcopus universalis», «summus in terra Christi vicarius», «summus pontifex papa» und «caput». Davor, Bl. 28r, ein Einschub über die «Crudelitas et prosperitas papistarum contra fideles».

133 «De primatu vel praerogativa ecclesiae Dei et ministrorum eius», Zürich ZB, Ms. Car I 160, Bl. 44r-83v.

134 Zürich ZB, Ms. Car I 160, Bl. 84r-93r.

135 Zürich ZB, Ms. Car I 160, Bl. 94r-133v, gefolgt von einem Appendix Bl. 135r-138v. Das ambitiöse Programm Bullingers verdeutlichen die Untertitel seines historiographischen Unternehmens: «Inclinatio imperii» (Bl. 96r); «Capiunt Gotthi Romam» (Bl. 96v); «Attila Romae imminet» (Bl. 98r); «Genzerychus Romam diripit» (Bl. 98r); «Occasus Romani imperii in occidente» (Bl. 99r); «Defecit» (Bl. 100v); «Roma a barbaris occupata» (Bl. 101r); «Roma obsessa capta et exusta» (Bl. 102r); «Romae iugis et miserabilis calamitas» (Bl. 103r); «Temporum supputatio per Sabellicum» (Bl. 103v); «Reparatur Roma et delentur Ostgotthi in Italia» (Bl. 104r); «Italia purgata a Gotthis regitur a Narse» (Bl. 105r); «Longobardi in Italiam» (Bl. 105v); «De exarchatu instituto in Italia et novis Italiae hostibus Langobardis» (Bl. 106r); «Exarchatus Romano pont[ifici] datus» (Bl. 109v); «Supputatio numeri bestiae» (Bl. 111r); «Longobardi in Italia oppressi et novum in occidente per Papam excitatum imperium» (Bl. 112r); «Imago bestiae excitata a pseudopropheta» (Bl. 113r); «Ludovici Pii imperat[oris] donatio» (Bl. 114v); «Imperium illud novum translatum a Francis ad Saxones et Germanos» (Bl. 117r); «De institutis electorib[us] imp[eratoris]» (Bl. 119r); «Explicatio annorum m[ilium] Apocalyp. 20.» (Bl. 121ar); «Rom[ani] pont[ificis] incredibilis improbitas electos et probos vexavit reges et fecit regnum desolatum» (Bl. 122r); «Iudicium Brixiensis synodi de Hildebrando monacho Gregor[io] 7» (Bl. 125r); «Iudicium Vuormatiensis synodi» (Bl. 125v); «Papa rapuit sibi palam imperium» (Bl. 127r); «De gravi dissidio Friderychi I. et Adriani papae» (Bl. 128ar); «De Friderycho II. et Gregorio IX.» (Bl. 128bv); «Dissidium grave inter Ludov[icum] IIII. et Ioannem XXII.» (Bl. 129ar); «Pontifices Romani decretis audacibus propagarunt et confirmarunt suam tyrannidem» (Bl. 130r); «Scelera et peccata spiritualium tegenda» (Bl.

torische Entwicklung der Organisationsformen und Herrschaftshierarchien des antichristlichen Reiches, notiert sich Diözesen-, Bischofs-, Erzbischofs- und Abtslisten, untersucht die Geschichte verschiedener Orden und monastischer Gemeinschaften und geht der kurialen Ämter- und Behördenstruktur auf den Grund.[136] Eine Darstellung der päpstlichen Repräsentation und der kurialen Macht und Machtmittel sowie eine Zusammenstellung «Sententiae quorundam sanctorum patrum de Antichristo» beschliessen den Manuskriptband.[137]

Das Werk legt Zeugnis ab von der intensiven Beschäftigung Bullingers mit der Antichristthematik auch in seiner zweiten Lebenshälfte, eine Beschäftigung, die beim Studium der weitverbreiteten Druckwerke des Antistes zwar aufscheint, recht eigentlich aber erst unter Mitberücksichtigung der vorbereitenden Materialsammlungen und des umfangreichen handschriftlichen Nachlasses erfasst und gewürdigt werden kann. Die dabei zu beobachtende Arbeitstechnik der unermüdlichen Informationsbeschaffung unter Berücksichtigung verschiedenster Quellen, des fleissigen Exzerpierens und Notierens in Materialsammlungen vorbereitenden Charakters und schliesslich der Wissensverwertung in einem Werk grösseren Rahmens geht – bei der historischen Ausrichtung von *De Antichristo liber sylva* nicht erstaunlich – parallel zu Bullingers Arbeit an seinen historiographischen Werken einher.[138]

Bullingers Antichristbuch ist auch – obwohl eine Drucklegung ausblieb und das Werk deswegen nur mittelbar durch den Apokalypsenkommentar Wirksamkeit entfalten konnte – in der Geschichte der frühneuzeitlichen Beschäftigung mit der Antichristthematik nicht ohne Bedeutung, gehörte es doch zu den frühesten systematischen und umfassenden Darstellungen der protestantischen Antichristologie. War deren Grundpfeiler – die Identifikation des Papsttums mit dem Antichrist – in der Mitte des 16. Jahrhunderts auch ein allseits bekannter und in Exegese und Polemik angewandter Topos, so war dessen schriftliche Grundlegung, Herleitung und Begründung zumeist in situativ oder kontextuell bedingte und in der Konsequenz partielle Darstellungen, kaum aber in umfassend-systematische Abhandlungen *De*

133r); «Appendix de regno huius regis ex fideliss[imo] huius regni defensore August[ino] Steucho Italo» (Bl. 135r).

136 «De principibus et exercitibus huius augustiss[imi] regni antichristiani», Zürich ZB, Ms. Car I 160, Bl. 141r-160v.

137 «De potestate immensa huius regis et regni», Zürich ZB, Ms. Car I 160, Bl. 161r-172v; «De armis et insigniis huius regis», ebd., Bl. 174r-177v; «De opibus huius regis thesaurisque regni», ebd., Bl. 178r-185v. Die Väterzitate ebd., Bl. 186r-215v, vgl. oben Anm. 127.

138 Einen Überblick über Bullingers historiographische Aktivitäten und deren geschichtstheologische Voraussetzungen bietet *Moser*, Studien zu Heinrich Bullingers Reformationsgeschichte, S. 10–26, zu seiner Arbeitstechnik vgl. ebd., S. 134–148.

Antichristo eingeflossen. Erst die beginnende Orthodoxie brachte in der zweiten Hälfte des 16. Jahrhunderts entsprechende antichristologische Systeme hervor, wie Bullingers private Sammlung *De Antichristo liber sylva* sie 1554 vorweggenommen hat.[139]

7. Papstgeschichte als Geschichte des Antichristentums: «Pontifices Romani» (1568/69)

Bullingers Antichristbuch wurde in den späten 1560er Jahren noch ein gleichsam personalisiertes Pendant beigesellt. In den Jahren 1568 und 1569 versammelte der Antistes in einer separaten, ungedruckt gebliebenen und völlig in Vergessenheit geratenen[140] Schrift unter dem Titel *Pontifices Romani. Eorum inquam successio, numerus et tempora, brevi consignatione digesta in tomos VII* die Viten von insgesamt 258 Päpsten von Petrus bis Pius V.[141] In seinem *Diarium* berichtet Bullinger knapp über sein lang gehegtes Projekt: «Et cum multis annis statuissem ex omnibus, quos habere potuissem, authoribus vitas pontificum Rom[anorum] in compendium contrahere, hoc anno [1569] mense Augusto opus illud absolvi. Mag wol zum teil genänt werden die schelmenzunft.»[142] Entsprechend dieser Aussage und Bullingers Selbstdeklaration auf dem Titelblatt,[143] präsentiert sich die Sammlung der Papstbiographien denn auch als grossangelegte Kompilation aus über 80 Werken verschiedener Autoren, deren Exzerption Bullinger in einem unfoliierten Vorspann auch vermerkt.[144]

139 Zur Antichristdeutung der Orthodoxie vgl. *Preuss*, Vorstellungen, S. 220–247. Vgl. exemplarisch das Werk Lambert Daneaus': *Tractatus de Antichristo, in quo Antichristi locus, tempus, forma, ministri, fulcimenta, progressio et tandem exitium et interitus ex Dei verbo demonstratur; ubi etiam aliquot difficiles antea et obscuri tum Danielis, tum Apocalypseos loci perspicue iam explicantur*, Genf 1576 (mehrere Auflagen und Übersetzungen), vgl. dazu *Dubois*, Conceptions, S. 510–516.

140 Eines der seltenen Zeugnisse der Wahrnehmung von Bullingers Papstvitensammlung überliefert das Reisetagebuch Thomas Coryates (um 1577–1617), dem 1611 während seines Aufenthaltes in Zürich «an historie of the Popes Lives» aus der Feder Bullingers gezeigt wurde, vgl. Thomas *Coryate*, Coryat's Crudities 1611, With an introduction by William M. Schutte, London 1978, S. 391.

141 Das Werk liegt in Zürich ZB, Ms. Car I 161.

142 HBD, S. 97,16–20. Die Datierung der Fertigstellung der Arbeit stimmt überein mit den Datierungen in Zürich ZB, Ms. Car I 161, Bl. 268r-269r (ebd., Bl. 268v: «15 Iulii anno 1569»). Nach dem Titelblatt, ebd., Bl. 1r, fiel der Beginn der Abfassung von *Pontifices Romani* bereits ins Jahr 1568.

143 Der Titel trägt den Zusatz: «Adiecta sunt item pluribus eorum dicta et facta, virtutes et vicia. Collecta ex variis scriptoribus, qui pontificum historias conscripserunt, per Heinrychum Bullingerum seniorem 1568».

144 «Authorum clarorumque virorum omnia, quorum scripta et testimonia in hoc opere addu-

Für die Evaluation von Bullingers Antichristkonzeption sind die versammelten Viten in *Pontifices Romani* überaus bedeutsam, nicht nur aufgrund der in ihnen enthaltenen individuellen Informationen, sondern besonders auch aufgrund der konzeptionellen Anlage und Gliederung des Werkes, die direkt aus Bullingers Reflexion über den historisch fassbaren Antichrist geflossen ist und seine Geschichtsdeutung und -gliederung der Zeit nach Christi Geburt deutlich erkennen lässt. Die Antichristologie bot ihm das interpretative Hilfsmittel, mittels dessen er die Papstgeschichte und damit die Profan- und Kirchengeschichte zu strukturieren und gleichzeitig zu interpretieren vermochte. Sein Werk *Pontifices Romani* hat Bullinger nach einleitenden Bemerkungen[145] in insgesamt sieben Bücher eingeteilt, die sieben historische Epochen markieren. Eine erste – gleichsam apostolisch reine – Epoche führt von Petrus bis zum Beginn des 4. Jahrhunderts, in der alle römischen Bischöfe das Martyrium erlitten hätten. Bereits die nächste Epoche, die sich bis zum Pontifikat Bonifaz' III. an den Beginn des 7. Jahrhunderts erstreckt, sah eine schleichende Degeneration unter den Nachfolgern des Petrus auf dem römischen Bischofsstuhl: «Multi a pura simplicitate et antiqua humilitate declinare coeperunt». Seit Bonifaz III. traten die meisten Päpste die ursprüngliche Demut und den Glauben der ersten römischen Bischöfe mit Füssen und strebten nach Macht und Herrschaft, was sich in der vierten Epoche, die sich vom Pontifikat Gregors II. bis in die Mitte des 10. Jahrhunderts ausdehnt, unter Einbezug weltlicher Mächte in verschärfter Form fortsetzte. Der Gregor VII. vorangehende Zeitraum brachte nach Meinung Bullingers überaus frevelhafte Päpste hervor, unter diesen ragte ein Papst hervor – eine Anspielung auf Silvester II. (Gerbert von Aurillac) –, mit dessen Pontifikat sich der Teufel selbst auf der *cathedra Petri* öffentlich zu zeigen begann.[146] Mit Gregor VII.[147], dem zusammen mit Bonifaz VIII. beliebtesten Feindbild der protestantischen Kirchengeschichtsschreibung, begann die voll ausgebildete antichristliche Herrschaft des Papsttums, sichtbar insbesondere an den machtpolitischen Auseinandersetzungen und der Unterdrückung des «populus sanctorum», die mit dem erwähnten Bonifaz VIII.[148] einen neuen Höhepunkt erreichte und unter seinen Nachfolgern bis in Bullingers eigene Zeit andauert. Gut zwei Drittel von Bullingers Ausführungen in *Pontifices Romani* widmen sich den beiden letztgenannten Epochen der vollendeten Herrschaft des Antichrist in Gestalt des Papsttums. Bullingers

cuntur». Die bibliographische Liste gibt wertvollen Aufschluss über Bullingers Quellen- und Literaturkenntnisse und soll an anderer Stelle gewürdigt werden.

145 Zürich ZB, Ms. Car I 161, Bl. 2r-8v.

146 Die Vita Silvesters in Zürich ZB, Ms. Car I 161, Bl. 69r-70v, vgl. ebd., Bl. 70v die Marginalie «Der tüffel selbs hocket uff dem stůl».

147 Vgl. Zürich ZB, Ms. Car I 161, Bl. 83v-98r.

148 Vgl. Zürich ZB, Ms. Car I 161, Bl. 161v-165r.

Gliederung der nachchristlichen Geschichte mittels seiner Antichristologie sei nachfolgend im Überblick angeführt:[149]

Tomus primus pontif[icum] Roman[orum] Continens XXXIII episcopos Romanos, qui omnes propter Christum dominum afflicti martyrio sunt coronati. A Sancto Petro usque ad Sylvestrum primum	Petrus 44 – Miltiades 311 Zürich ZB, Ms. Car I 161, Bl. 9r-18v
Tomus secundus Continens XXXVIII episcopos Romanos, quorum multi a pura simplicitate et antiqua humilitate declinare coeperunt. A Sylvestro primo usque ad Bonifacium tertium	Sylvester I. 314 – Sabinianus I. 605 Zürich ZB, Ms. Car I 161, Bl. 19r-29v
Tomus tertius Continens XXIII papas Romanos, quorum plerique humilitate fideque primorum episcoporum huius sedis calcata ad fastigium contenderunt supremae dominationis. A Bonifacio 3 usque ad Gregorium secundum	Bonifaz III. 607 – Konstantin I. 707 Zürich ZB, Ms. Car I 161, Bl. 30r-39v
Tomus IIII Continens papas Romanos XLVII, quorum plerique imperatores et reges inter se se commiserunt, ut ipsis rede rent et confirmarentur regnum, alii etiam sese mutuum pepulere domi nandi ergo. A Gregorio 2 usque ad Ioannem duodecimum	Gregor II. 714 – Agasitus II. 946 Zürich ZB, Ms. Car I 161, Bl. 40r-60v

[149] Die Datierungen folgen der Chronologie Bullingers.

Tomus V Continens papas Romanos XXXI, qui plane et maxima parte consceleratissimi fuerunt ac quidam ex his magi, qui se diabolo obstrinxere eidemque serviere, ut diabolus iam se palam coeperit in sede illa ostentare. A Ioanne XII. usque ad Gregorium VII.	Johannes XII. 956 – Honorius (II.) 1061 Zürich ZB, Ms. Car I 161, Bl. 61r-82v
Tomus VI Continens papas Romanos XLIIII, ipsos Antichristos, qui reges oppugnarunt calcaruntque et populum sanctorum oppresserunt ac de ipsis victores triumpharunt. A Gregorio VII. usque ad Bonifacium VIII.	Gregor VII. 1073 – Coelestin V. 1294 Zürich ZB, Ms. Car I 161, Bl. 83r-160v
Tomus VII Continens reliquos papas Romanos, regnantes impudenti facie, proculcantes veritatem omniaque sacra et defendentes propagantesque omnem idololatriam ac abominationem, et bellorum incendiis omnia longe lateque vastantes, imperatoribus et regibus inter se commissis calcatis et obtritis. A Bonifacio VIII. usque ad Pium impium V.	Bonifaz VIII. 1294 – Pius V. 1566 Zürich ZB, Ms. Car I 161, Bl. 161r-269r

Dieses geschichtsgliedernde Schema integriert die bereits anhand von Bullingers Exegese der einschlägigen biblischen Prophetien herausgearbeitete Geschichtsinterpretation: Der Antistes deutet mittels der Antichristologie die nachchristliche Geschichte als zunehmende Degeneration von den apostolischen Ursprüngen und als kontinuierlicher Aufstieg der Herrschaft des Antichrist in Gestalt des institutionellen Papsttums über die Welt. Eine Herrschaft, die zu Beginn des 7. Jahrhunderts deutlich fassbar wird, sich sukzessive zielgerichtet auf- und ausbaut, nach dem Ablauf der in der Offenbarung des Johannes genannten 1000 Jahre im 11. Jahrhundert vollends zum Durchbruch kommt und seither die Menschheit (beinahe) ungehindert beherrscht und drangsaliert.

8. Zur Relevanz der Antichristologie in Bullingers Leben, Denken und Werk

Der – notwendigerweise geraffte – Durchgang durch die verschiedenen Werke, in denen Bullinger das Wesen und die Geschichte des Antichrist reflektiert, macht deutlich, dass sich seine Beschäftigung, wie diejenige seiner Mitreformatoren, mit der Antichristthematik und der Applikation des Gedankens auf das Papsttum entgegen einer oft vorgenommenen Deutung keinesfalls exklusiv unter die Rubrik «konfessionelle Polemik» reduzieren lässt. Damit sei nicht bestritten, dass das Motiv des antichristlichen Charakters des Papsttums als ein Schlagwort erster Güte im kontroverstheologischen Schrifttum protestantischer Provenienz Verwendung fand. Aber gerade die Untersuchung der Antichristkonzeption Bullingers zeigt, dass er seine Interpretation nicht primär hinsichtlich eines polemischen Verwendungszweckes entwickelt hat, sondern dass diese einer intensiven exegetischen Arbeit in Verbindung mit einem aussergewöhnlichen historischen Interesse entspringt. Bullingers Beteuerung im Vorwort zu seiner Apokalypsenauslegung, sein Werk sei nicht aus Missgunst oder Hass oder purer Schmählust entstanden, sondern aus seiner Verpflichtung zu gewissenhafter Exegese, ist ernstzunehmen.[150] Die Antichristkonzeption des Vorstehers der Zürcher Kirche ist kein bequemer, in der Polemik gewinnbringend ausschlachtbarer Topos, sondern tiefste innere Überzeugung, die in seiner Auslegung der biblischen Prophetien und deren Vergleich mit den Ereignissen der Vergangenheit und Gegenwart fundiert ist. Bereits als junger Klosterlehrer formulierte er die Grundzüge seiner Antichristdeutung, baute diese in den dreissiger Jahren weiter aus und führte die verschiedenen Stränge seiner exegetischen und historischen Beobachtungen und Forschungen in den fünfziger Jahren sodann zu einer umfassenden Konzeption zusammen. Die lebenslange Beschäftigung Bullingers mit der Antichristthematik sowie die Qualität und Quantität seiner diesbezüglichen Ausführungen verlangen deren Wahrnehmung und Würdigung – über Aspekte der Polemik hinaus – als integralen Bestandteil seines Denkens und Werks.

Insbesondere gehörte Bullingers Antichristverständnis mit zu den konstitutiven Momenten seiner geschichtstheologischen Überzeugungen und Prämissen, die seine Vergangenheits- und Gegenwartsdeutung bedingten und

[150] *In Apocalypsim [...] conciones centum*, Praefatio, Bl. β1v: «Porro Deum hic testem habeo, nullo odio in quenquam privato, nulla conviciandi libidine nulloque proposito invidiam cuiquam conflandi hunc me suscepisse laborem, sed enarrandi simpliciter librum hunc novi testamenti egregium et perutilem, qui dudum reliquos novi testamenti libros omnes commentariis meis explicavi. Quo accedit, quod ex variis locis, literis ad me scriptis viri pii et docti a me postularunt meam in Apocalypsis expositionem.»

unter denen sich sein Schaffen vollzog.[151] Die Antichristologie bot ihm den interpretativen Schlüssel zur Einordnung, Deutung und Periodisierung der nachchristlichen, insbesondere mittelalterlichen, Geschichte. Handelten die biblischen Prophetien vom zukünftigen Schicksal der Kirche und der Gläubigen und handelten sie vornehmlich auch von ihrem grossen Widersacher, dem päpstlichen Antichrist, der seine Herrschaft schon vor langer Zeit aufgerichtet hatte, so war dieser Antichrist und sein Wirken in der Geschichte prinzipiell erkennbar. Unter dieser Voraussetzung unternahm es Bullinger unermüdlich, durch den genauen Vergleich der biblischen Prophetien mit den intensiv erforschten Ereignissen der Vergangenheit den Lauf der – wesentlich durch die antichristliche Herrschaftsentfaltung geprägte – Geschichte zu interpretieren und auch im Sinne pastoraler Verantwortung transparent zu machen. Das Raster, anhand dessen Bullinger seine Interpretation der nachchristlichen Geschichte entwickeln konnte, boten ihm die Ergebnisse seiner Reflexion zum Wesen und zur Geschichte des päpstlichen Antichrist und dessen Reich.

Bullingers antichristologische Äusserungen lassen weiter das Faktum der zutiefst eschatologischen Signatur, die sein Leben, Denken und Werk trug, deutlich hervortreten. Schon die Ankunft und Herrschaft des Antichrist waren nach biblischem Zeugnis grundsätzlich eschatologisch konnotiert. Die Reformation aber brachte in der Konzeption des Antistes durch die *revelatio Antichristi* die Gewissheit des nahen Weltendes. Sie prägte durch beherzte Predigt ihrer Anhänger in das Bewusstsein breiter Schichten ein, was im Mittelalter nur wenigen *testes* vergönnt war. Sie entlarvte den päpstlichen Antichrist, läutete damit eine neue, an Intensität gesteigerte Phase im Kampf der wahren Kirche gegen ihren Widersacher ein und leitete gleichzeitig zur finalen Überwindung des Antichrist über, die mit der Parusie Christi ihren Abschluss finden wird. Im Verbund mit Bullingers persönlicher Existenzwahrnehmung, die auf einer genauen Analyse der konkreten Zeitverhältnisse und seiner Umwelt, insbesondere der religionspolitischen Situation, fundierte, liess sein Wissen um das Wesen, die Geschichte und das Schicksal des Antichrist seine Überzeugung vom speziellen heilsgeschichtlichen Epochencharakter der Reformationszeit und dem nahen Weltende zur absoluten Gewissheit werden. Eine Gewissheit, die der Antistes deutlich und knapp in seinem Apokalypsenkommentar in den Worten zusammenfasste: «Vidimus omnia signa, quae diem Domini praecessura dicuntur, esse adimpleta. Vigilemus ergo!»[152]

[151] Vgl. *Moser*, Studien zu Heinrich Bullingers Reformationsgeschichte, S. 10–19.

[152] *In Apocalypsim [...] conciones centum*, S. 257. Zu Bullingers eschatologischen Deutung seiner Zeit vgl. auch seine 1572 erschienene Druckschrift *Von hôchster frôud und grôstem leyd deß künfftigen Jüngsten tags [...]* (HBBibl I, Nr. 570) mit dem Untertitel «In disem bericht wirst du lieber låser finden allen handel und das gantz wåsen diser unser letsten zyt [...]». Vgl. ebd., Bl. 8r-18v den (vollkommen übereinstimmenden) Vergleich der biblischen Aussagen über die

Ein letzter Punkt, das Spezifikum von Bullingers Umgang mit der Antichristthematik, soll nicht unerwähnt bleiben. Der Antichristkonzeption des Zürcher Antistes kann in ihrer Gesamtheit keine besondere Originalität zugesprochen werden, wie Bullinger auch selbst an mehreren Stellen betonte, dass er bezüglich des Antichrist nichts Neues vortrage, sondern einzig das, was im Prinzip schon im Mittelalter einer Minorität bekannt gewesen sei und was in der Reformationszeit allgemeine Anerkennung erlangt habe.[153] Mögen auch im Detail einige Eigenheiten von Bullingers Antichristverständnis eruiert werden, so verbleibt seine Interpretation in ihren grossen Linien im Rahmen der gemeinprotestantischen Deutung mit den Pfeilern der Identifikation des Antichrist mit dem institutionellen Papsttum, der Präterisierung seiner Ankunft und Herrschaftsentfaltung und seiner *revelatio* in der Reformationszeit. Dennoch hebt sich Bullinger in einem für seine Persönlichkeit und sein Schaffen sehr bezeichnenden Punkt von seinen reformatorischen Mitstreitern ab. Es ist dies sein historischer Zugang zur Antichristologie und die Intensität seiner auf intensiver Lektüre beruhenden historischen Nachforschungen zur Erhellung der Geschichte des Antichrist, die – die besprochenen Werke, insbesondere *De Antichristo liber sylva* und die *Conciones* zur Apokalypse, legen Zeugnis dafür ab – in ihrer Dichte den gängigen zeitgenössischen Aufwand zur historischen Begründung exegetischer Ergebnisse deutlich übertreffen.[154] Diese explizit historische Verfahrensweise zur Ver-

letzte Zeit mit Bullingers eigener Zeit im Kapitel «Von allerley zeichen, die dem Jüngsten tag vorgan unnd die glôubigen zů wachen ufmusteren werdend». Darunter etwa ebd., Bl. 13v: «Noch me sagt der Herr, es werdind ynfallen pestilentzen, schwerre kranckheiten, darzů thüwre, mangel und grosser hunger. Welche raachen und straaffen, ob sy glych wol im Hierosolimitanischen krieg streng gesyn und von altemhar ouch under dem volck gewesen, erfindt sich doch zů diser ellenden letsten zyten, dass dise raachen der wålt seer beschwerlich obligend. Und nit unbillich, diewyl man das alles mit einem gar rouwen, gottlosen tollen und wollen, wůsten, unchristliche låben wol umm Gott verdienet.» Hinweise zu Bullingers Naherwartung bei *Bächtold*, Bullinger vor dem Rat, S. 253 und Andreas *Mühling*, Heinrich Bullingers europäische Kirchenpolitik, Bern u.a. 2001 (ZBRG 19), S. 34–40 zu «Bullingers Naherwartung als Begründung seiner Kirchenpolitik».

153 Vgl. *In Apocalypsim [...] conciones centum*, Praefatio, Bl. β1v: «Quod interim odiosa (ut nonnulli vocant) Antichristi causa in ipso opere tractanda venit, eam dissimulare nec debui, nec potui. Praeterea constat nihil in hac causa me novi inusitati aut inauditi proferre neque solum me hoc saxum volvere. Clamat nunc totus mundus nullum alium Antichristum venturum in mundum, quam qui dudum venit in pontificibus Romanis, qui interim iuguletur gladio verbi Dei in cordibus fidelium et brevi totus sit abolendus glorioso Christi adventu in iudicium. Hoc ipsum si nos premere et subticere voluerimus, lapides clamabunt. Nam impletum est iam tempus et advenit regnum Dei.»

154 Vgl. etwa Bullingers Hinweis in seinem Apokalypsenkommentar auf die Bedeutung der «historia» für seine Auslegung (*In Apocalypsim [...] conciones centum*, Praefatio, Bl. β1r): «A primis certe annis amavi ego hunc librum et libenter in eo legi multumque in ipsum contuli operae, observans quae haberet ex libris prophetarum et quomodo huius vaticinia congruerent cum prophetiis aliis prophetarum et doctrinis apostolorum. Scrutatus sum denique pro

gewisserung und Untermauerung der eigenen Position und zur adäquaten Interpretation drängender Fragen und Probleme findet sich in Bullingers Werk sehr häufig[155] und muss als eigentliches Charakteristikum seines Denkens und Schaffens bezeichnet werden.

Christian Moser, Reformation Studies Institute, University of St Andrews, St Andrews, Fife, KY16 9AL, Great Britain

mei tenuitate ingenii historias varias, quas putabam facere ad expeditiorem huius vaticinii sensum.»

155 Vgl. *Moser*, Studien zu Heinrich Bullingers Reformationsgeschichte, S. 19.

Gutachten Bullingers und der Pfarrerschaft über die Bestrafung der Täufer (Mai 1535)

von Urs B. Leu

Textüberlieferung

Im[1] Staatsarchiv Zürich (StAZ) befinden sich zwei handschriftliche Fassungen eines Täufergutachtens Heinrich Bullingers (1504–1575) aus dem 16. Jh. von unbekannter Hand, und zwar eine deutsche (StAZ, E II 437b, S. 1031–1037, 2°) und eine lateinische (StAZ, E II 437b, S. 1021–1026, 2°). Da die deutsche vorher entstanden ist[2], gibt die nachfolgende Edition diesen Text wieder. Auf der Rückseite des letzten Blattes der deutschen Version findet sich folgender Titel von Bullingers Hand: «Ob man die tǒüffer oder ander irrige imm glouben straaffen mœge 1535». Unterschrieben ist das Dokument mit: «Verordnete diener der kilchen Zürich, predicannten, Lectores, decani unnd fürnemme predicanten ab dem lannde.» Eine weitere deutsche Abschrift ist in einen Kopien- und Sammelband eingebunden, der 1708 vom Zürcher Arzt Johannes Wagner (1670–1737) der Stadtbibliothek geschenkt worden ist. Er enthält zürcherische und schweizerische Täuferakten (ca. 1525–1645) und befindet sich heute in der Zentralbibliothek Zürich (ZBZ, Ms A 72, S. 315–319, 2°). Dieses Exemplar diente Johann Conrad Füssli als Vorlage für seine stellenweise etwas freie Übertragung ins damalige Deutsch, die er 1747 veröffentlichte.[3] Dem Gutachten vorgespannt ist eine Notiz von der gleichen Hand, die den historischen Kontext zu erhellen sucht und die auch Füssli einleitend wie folgt wiedergibt (S. 190f.): «Weil die Tåufferey an vielen Orten mehr zu- als abnahm, war eine ehrsame Obrigkeit zu Zůrich hefftig darmit geplaget, dann zu Wedischwiel, Grůningen und durgehends an dem See hatte es derselbigen viele, die bey Nacht zusamen kamen, und hin

1 Eingangs möchte ich Herrn Dr. phil. Hans Ulrich Bächtold, Mitherausgeber des Bullinger-Briefwechsels am Institut für schweizerische Reformationsgeschichte in Zürich und einer der besten Bullinger-Kenner, herzlich danken, dass er mir seine umfangreiche, vor etlichen Jahren angelegte Materialsammlung zu Bullingers Gutachten in selbstloser Weise zur Verfügung gestellt hat. Seine Unterlagen enthielten wichtige Informationen und Hinweise, welche mir die Forschungsarbeit erleichterten. Die handschriftlich überlieferten, frühneuzeitlichen Texte werden nachfolgend nach den Editionsgrundsätzen der Bullinger-Briefwechsel-Edition wiedergegeben (vgl. HBBW 1, S. 29f.).

2 Vgl. Heinold Fast, Heinrich Bullinger und die Täufer, Ein Beitrag zur Historiographie und Theologie im 16. Jahrhundert, Schriftenreihe des Mennonitischen Geschichtsvereins Nr. 7, Weierhof, 1959, S. 35.

3 Johann Conrad Füssli, Beytråge Zur Erlåuterung der Kirchen-Reformations-Geschichten Des Schweitzerlands; ..., Dritter Theil, Zürich, 1747, S. 190–201.

und wieder in den Höltzern und Wäldern predigeten; so schliechen sich auch viele der fremden Täuffer, welche wegen der Protestirenden Krieg keinen Platz hatten, heimlich ein, also daß eine ehrsame Obrigkeit getrångt und verursachet ward, ein ernstlich Einsehen zu thun. Dieselbige begehrte derohalben an die Gelahrten, daß sie ein Bedencken stellten, wie und auf was für Gestalt, sie mit diesen Leuthen handlen könnten.»[4]

Eine dritte deutsche Abschrift von einer unbekannten Hand des 18. Jh. findet sich im ersten von drei Bänden mit Quellen zur Täufergeschichte des 16. und 17. Jh. (ZBZ, Ms B 163, f. 12–18). Darüber hinaus erwähnt Heinold Fast eine deutsche Kopie, die sich in der ZBZ befinden soll, die aber nicht mehr gefunden werden konnte.[5] Eine Abschrift des lateinischen Textes ist in der sogenannten Simmler-Sammlung der ZBZ vorhanden (Ms S 38, Nr. 93, 12 Seiten, 2°). Auf der letzten Seite ist handschriftlich vermerkt: «Der autor des teutsch bedenkens ist ohne zweifel der antistes Bullinger; es scheint ab[er] nicht, daß er auch die gegenwärtige lat[einische] übersezung gemacht habe. Das deutsch bedenken ist ... im brachm[onat] [Juni] dem magistrat übergeb[en] word[en].»

Obschon weder unter einer der deutschen noch der lateinischen Fassungen Bullingers Name steht und der Text von der gesamten Zürcher Pfarrerschaft verabschiedet worden ist, geht aus einem Brief Bullingers an Tobias Egli in Chur vom 9. März 1571 hervor, dass er der Verfasser dieses Gutachtens war. Bullinger sandte Egli ein Büchlein von Urbanus Regius über das Recht, Ketzer zu strafen, und bemerkte dazu: «Curavi meum quoque ascribi

4 Weder Füssli noch Cornelius Bergmann, Die Täuferbewegung im Kanton Zürich bis 1660, Quellen und Abhandlungen zur Schweizerischen Reformationsgeschichte 2, Leipzig, 1916, S. 36 haben eine schlüssige Erklärung dafür, was mit dem «Protestirenden Krieg» gemeint sein könnte. Bergmann verweist auf mögliche Zusammenhänge mit dem Zerfall des Täuferreiches in Münster, doch gilt es zu bedenken, dass die Einnahme der Stadt durch Franz von Waldecks Truppen erst im Juni 1535 gelang, was für unseren Kontext zu spät ist. Auch das jüngste Werk über das Münsterische Täufertum gibt keine Hinweise darauf, dass die bei Füssli erwähnte Zunahme der Täufer in der Eidgenossenschaft auf dem Hintergrund gewisser Ereignisse in Münster gesehen werden müsste. Vgl. Barbara Rommé (Hsg.), Das Königreich der Täufer, Reformation und Herrschaft der Täufer in Münster, 2 Bde., Ausstellung im Stadtmuseum Münster September 2000 – März 2001, Katalogtexte von Thorsten Albrecht et al., Münster 2000. Die Lösung des Rätsels, warum hier von einem «Krieg der Protestierenden» die Rede ist, liegt darin, dass der Abschreiber des Gutachtens zur Erhellung des historischen Hintergrundes die 1672 in Basel erschienenen «Annales anabaptistici» von Johann Heinrich Ott konsultierte – eines der damaligen Standardwerke zum Thema Täufer. Ott bespricht das Gutachten von 1535 auf S. 83 und verweist am Rand auf § 4 zum Jahr 1542, weil in diesem Jahr das gleiche Mandat noch einmal erlassen worden sei. Ott schreibt an dieser Stelle (S. 100): «... convolabant etiam huc exteri, ob bellum protestantium, ...». Diese Bemerkung über Täufer, die infolge des Kriegs der Protestanten in die Schweiz geflohen seien, wurde vom Abschreiber unseres Gutachtens fälschlicherweise vom Jahr 1542 ins Jahr 1535 transponiert und als Einleitung vorangestellt. Ein Irrtum, dem Bergmann gefolgt ist.

5 Vgl. Fast, wie Anm. 2, S. 35. Leider nennt Fast keine Bibliothekssignatur.

iudicium ante multos annos exhibitum nostro magistratui.» Wir schliessen uns dem Urteil von Heinold Fast an, dass damit nur das Gutachten von 1535 gemeint sein kann.[6]

Gründe zur Abfassung des Gutachtens

Das Gutachten datiert vom Mai 1535 und wurde im Auftrag der Synode vom 27. April des gleichen Jahres verfasst. Die Beweggründe für dessen Erstellung lagen einerseits in einer gewissen Unbeholfenheit und Unsicherheit, wie mit den Täufern umgegangen werden sollte, andererseits war man darüber beunruhigt, dass einzelne Gruppierungen des sogenannt linken Flügels der Reformation verschiedenerorts erneut aufflammten oder gar erstarkten.[7] Die Zunahme der Täufer im Kanton Zürich mag teilweise mit ihrer strengen Verfolgung im Kanton Bern zusammenhängen, wo seit dem 12. März 1535 alle verhaftet wurden, die weder zum Widerruf noch zum Wegzug bereit waren. Rückfälligen oder Rückkehrern drohte die Todesstrafe.[8]

Das Wachstum der Bewegung auf Zürcher Gebiet lässt sich aufgrund der Täuferakten der Jahre 1534/35[9] erstaunlicherweise nicht belegen. 1534 ist lediglich von zwei Verhaftungen im April und August die Rede, und zwar beide auf Knonauer Gebiet.[10] Aus den Synodalprotokollen geht zudem hervor, dass auf der Herbstsynode vom 20. Oktober 1534 die Täufer in Altikon im Zürcher Weinland ein Thema waren.[11] Für das Jahr 1535 findet sich für den Zeitraum vor Abfassung des Gutachtens im Mai überhaupt kein Hinweis. Das kirchenpolitische Klima 1533/34 war möglicherweise etwas täuferfreundlicher, weshalb vielleicht nicht jeder bekannte Fall angezeigt wurde. In den Zürcher Satzungs- und Verwaltungsbüchern findet sich nämlich ein Ratsbeschluss vom 25. Oktober 1533, der wie folgt betitelt ist: «Eyn andere erkantniß der touff-brüdern halb mit ettwas angehengkter milterung». Zwar wurden die Satzungen und Täufermandate der Vorjahre bestätigt, doch hinsichtlich der Todesstrafe durch Ertränkung eine mildere Handhabung verabschiedet: «Das es allentlich und gentzlich styff ungeänndert by trer voruß-

6 Vgl. Fast, wie Anm. 2, S. 35. Vgl. zum Brief an Egli: Fast, ebd., S. 74f.

7 Vgl. Bergmann, wie Anm. 4, S. 34–36; Hans Ulrich Bächtold, Heinrich Bullinger vor dem Rat, Zur Gestaltung und Verwaltung des Zürcher Staatswesens in den Jahren 1531 bis 1575, Zürcher Beiträge zur Reformationsgeschichte 12, Bern und Frankfurt am Main, 1982, S. 83.

8 Vgl. Bergmann, wie Anm. 4, S. 35. Berchtold Haller schrieb Bullinger am 16. November 1534, dass die Zahl der Täufer in Bern seit Ende August täglich gewachsen sei. Vgl. HBBW 4, S. 402.

9 StAZ E I 7.2.

10 StAZ E I 7.2, Nr. 84 (zwei Täufer gefangen genommen) und Nr. 85 (Täufer Jacob Neff verhaftet).

11 StAZ E II 1, S. 185.

ganngener satzung unnd mandaten belyben sölle. Doch mit sollicher lüterung unnd anhang, als die vorig satzung ußwyßt, eynen on alle gnad zuerthrenngken, das sollichs umb sovil gemiltert, das die richter nit also stragks uff dise satzung gebunden sin, sonnder eyn yeder nach gestalt unnd gelegenheyt der sach, nach dem er deß töuffers person, verhanndlung, umbstennd, boßheyt als erbarkeyt befindt unnd nach dem in sin conscientz wyset, yeder zyt sprechenn unnd erkennen möge, das in billich unnd vor Gott veranndtwurtlich bedücht ...». [12]

Die Frage nach den Ursachen für das Wachstum der Täufer kann an dieser Stelle nicht abschliessend beantwortet werden. Sie müssen aber 1534/35 so zahlreich gewesen sein, dass sich Zeitgenossen noch Jahre später daran erinnerten. Der Bäretswiler Dekan Niklaus Schnyder zog an der Herbstsynode vom 21. Oktober 1550 folgende in den Synodalakten festgehaltene Parallele: «Zeÿgtend an, wie die töuffer häfftig zů nemind inn Grüningen, sye nut besser, dann in voriger synodo anzeigt. Der Senn zů Bůbikon sye gar widerspennig, deßglich der Stråler. Thůge man nut darzů, werde die sach böser, dann sy vor 16 iaren gsin.» [13]

Darüber hinaus sass Bullinger immer noch der Schock über das durch die Täufer verursachte Scheitern der reformierten Sache in Solothurn in den Knochen, auf das er im Gutachten Bezug nimmt (S. 1036). Der Berner Reformator Berchtold Haller (1492–1536) beschrieb die Verdrängung der Reformierten in einem Brief vom 12. September 1532 an den Zürcher Antistes mit den Worten: «Der Abfall der Solothurner versetzt uns in grosse Bestürzung. Die Katabaptisten führen dort die Herrschaft, sogar die, welche sich rühmen, die Sache des Evangeliums zu fördern, wobei sie alle Diener des göttlichen Wortes [= reformierte Pfarrer] verachten, dermassen, dass meine grösste Befürchtung dahingeht, dass demnächst alle fortgewiesen werden.» [14] Die Uneinigkeit zwischen Täufern und Reformierten innerhalb des protestantischen Lagers gab der altgläubigen Partei Auftrieb. Die Täufer «wurden von den Katholiken als Spaltpilze in der neugläubigen Glaubensgruppe angesehen. Sie hemmten die Reformierten in der Verfolgung ihrer Ziele und waren dergestalt der katholischen Kirche von Nutzen. Infolge ihrer geringen Zahl und des Umstandes, dass sie keine sozialen Neuerungen verfochten, bildeten sie für die weltliche Obrigkeit keine schwere Gefahr, wiewohl sie sich nach Möglichkeit dem kräftigen Zugriff des Staates entzogen.» [15]

[12] StAZ B III 6, f. 203 r/v.

[13] StAZ E II 1, S. 366.

[14] Zitiert nach: Gotthold Appenzeller, Solothurner Täufertum im 16. Jahrhundert, in: Festschrift Eugen Tatarinoff, Solothurn, 1938, S. 112. Originalbrief ediert in: HBBW 2, S. 216–218. Auf den gleichen Passus weist hin: Johann Heinrich Ott, Annales anabaptistici ..., Basel, 1672, S. 55.

[15] Hans Haefliger, Solothurn in der Reformation, Diss. phil. I Universität Bern, Solothurn,

Das vorliegende Gutachten Bullingers und der gesamten Pfarrerschaft von Stadt und Land darf aber nicht nur auf dem zürcherischen oder eidgenössischen, sondern muss auch auf einem gewissen internationalen Hintergrund betrachtet werden. Hinlänglich bekannt ist das wüste Treiben überdrehter, mystisch-enthusiastischer Gruppen in Münster; aber auch aus dem Elsass[16] und dem Breisgau hörte man in Zürich beunruhigende Dinge, welche die Angst vor der Täufergefahr schürten. Bullinger schrieb am 8. Mai 1535 im Auftrag des Rates an Oswald Myconius in Basel: «Deinde sunt quaedam, quae certa fide abs te scire et exponi mihi peto: Ob die vonn Münster herußgefallenn, alleß erstochen und 8 blochhüser zerschrentzt habind, ob dorum ein Tag gen Wurmbs geleyt, ob sorg imm Elsaß, Brißgöw etc. eins uffrůrs sye, viler heimlicher töufferen, die Kollmar habind wöllen überfallen, dorumb 10 ze Kollmar gefangen?»[17] Myconius antwortete bereits am übernächsten Tag: «Das gschrey vom usherfallen der von Münster und zerstörung der blochhüser ist ungeendret, es sy oder nit. Ein tag ist ze Wurms gehalten, ist gwüß. Sind fürsten und stett großer zal da gsin. Sind des eins, das sy den bischoffen wend etlichermoß helfen den kriegskosten tragen. In Münster, hett mir hütt ein edelman gseyt, sy forcht eins zwitrachts, darum der küng, so er sicht 2 oder 3 miteinandren reden, richt er sy von stund an. Sunst tröstet er das volck, ir gott werd sy nit verlon. Es ist ein red gsin, by Rufach [Elsass] wurdent zemenkon uff Georgii [23. April] 6000, ist zů Ensen [Ensisheim, Elsass] dorum ein tag gsin. Hab dannethin nit wyter ghört. Es sind 3 töuffer by uns gfangen, die hett man gstreckt und uff die hendel gfraget. Hett einer verjechen, sy hebend brieff vom huffen und von Münster empfangen. Was darinn, ist mir nit wüssend. Von Colmar hab ich kein wort nie ghört, dann das 2 Burger verdacht, es gangend töuffer zů inen; hett man gfangen und die by inen gsin, sind frömde, hinweggsickt. Sunst seyt man, in Friesland, Holland und daselbst umhar sy selche unrůw, das es nit ze sagen. Sy nemend in, was sy mögend, und gelingt inen zů ziten. Sy hatten ein kloster bsessen mit 300 wyb und man, kam ein edler und sturmt sy und uberwand,

1945, S. 124. Vgl. auch ebd., S. 145: «Die evangelische Partei war konfessionell und politisch weniger fest gefügt als die katholische. Die wiedertäuferische Sekte raubte den Reformierten viel von der Schlagkraft ihrer Ideen, ...».

16 Etwa am 19. Juni 1535 liess der Zürcher Professor für Altes Testament, Theodor Bibliander, den Basler Myconius wissen, dass die Täufer aus Strassburg fast das neue Jerusalem gemacht hätten, wenn Gott sich nicht erbarmt hätte. Vgl. Marc Lienhard, Stephen F. Nelson und Hans Georg Rott, Quellen zur Geschichte der Täufer, Bd. 16, Elsass, IV. Teil, Stadt Strassburg 1543–1552 samt Nachträgen und Verbesserungen zu Teil I, II und III ..., Gütersloh, 1988, S. 543. Bullinger schrieb am 19. Juni an Myconius, dass er zur Wachsamkeit mahnen solle, damit aus Strassburg kein zweites Münster werde. Bucer hingegen bestritt in einem Schreiben von Ende Juli 1535 an Bullinger und Leo Jud, dass in Strassburg ein zweites Täuferreich von Münster drohe. Vgl. HBBW 5, S. 235 und S. 307.

17 HBBW 5, S. 212f. Vgl. auch den Sachkommentar in den Fussnoten ebenda.

doch mit verlurst 600 mannen, des er bewegt, hett wyb, kind und man erstochen. Zůdem regend sich die buren allenthalb, wend nit teuffer sin, züchend nun ir argument an in erfarens wys, so man inen aber inredt, zürnend sy ouch mit unzucht. Summa, es ist ein blag. De Argentinensibus nihil possum rescribere.»[18]

Mit dem von Bullinger und Myconius erwähnten «Tag in Worms» ist der Wormser Reichstag gemeint, auf dem am 25. April 1535 aufgrund der Ereignisse in Münster u.a. beschlossen wurde: «So auch in solchen einige widertäufer betreten, sollen dieselbige durch churfürsten, fürsten gemeine ständ nicht allein nicht vergleit noch gehalten, sondern mit ernstlicher unnachlässiger straf gegen ihnen fürgefahren und gehandelt werden, wie sich eignet und gebühret. Es sollen auch churfürsten, fürsten und gemeine ständ in ihren fürstentumen, landen, gebieten und städten ernstlich und fleissig einsehens haben und verordnen, dass kein schriften, bücher oder anders, so die verdammte unchristliche sect des widertaufs fürdern und aufruhr und empörung erwecken möchten, getruckt noch feilgehabt, sondern die uberfahrer nach gestalt und gelegenheit ihrer verhandlung ernstlich und unnachlässig gestraft werden.»[19]

Für die Zürcher Obrigkeit und Pfarrerschaft präsentierte sich somit ein Bild täuferischer Unruhen und Bedrohungen von der Nordsee bis zu den Alpen, über das sie nicht hinwegsehen konnten und das von ihnen verlangte, Stellung zu beziehen, was sich im Gutachten vom Mai 1535 niedergeschlagen hat.

Gegen Schwenckfeld?

Bullinger beginnt sein Gutachten damit, dass er zwei Einwände zu entkräften sucht, die gegen die Bestrafung der Täufer vorgebracht worden seien und die, wie er sagt, letztlich auf die Donatisten der Alten Kirche zurückgingen. Die einen wiesen darauf hin, dass die Apostel die Obrigkeit in geistlichen Angelegenheiten nie bemüht hätten, die anderen, dass in Glaubensfragen

18 HBBW 5, S. 217f. Vgl. auch den Sachkommentar in den Fussnoten ebenda.

19 Gustav Bossert, Quellen zur Geschichte der Wiedertäufer, I. Band, Herzogtum Württemberg, Leipzig, 1930, S. 6*. Bereits am 15. April 1535 hatte Herzog Ulrich erlassen (vgl. ebd., S. 38): «Wo dann ir also befindend, das solich heimlich versamblungen und winkelpredigen, auch der gleichen widertauferisch sekten oder hendel sich zutragen wölten, das ir mit ganzem vleiß darin sehen, dieselbigen und sonderlich die vermeinten vorsteher und prediger, wa man anders die also betritt oder von solichen winkelpredigern und lerern ein gewissen grund erfert und man sie betreten und ankomen kann, auch wa ander, die sich ufrurischer, zenkischer wort vernemen und hören liessen, weren, dieselbigen fenglichen annemen und bewaren und uns solichs jederzeit zu wissen ton und daran euch nit varlassig, sonder mit bestem vleiß erzeigen.»

kein Zwang ausgeübt werden dürfe. Bullinger nennt zwar keine Namen, aber möglicherweise wendet er sich hier gegen Kaspar Schwenckfeld (1489–1561), den er zusammen mit zahlreichen anderen täuferischen Gruppen mit den Donatisten[20] verglich und den er als einen der wichtigsten Täuferführer betrachtete. Er sah in ihm nicht nur den Urheber der Unruhen von Münster[21], sondern hatte sich mit ihm in der Limmatstadt selber intensiv auseinanderzusetzen. Schliesslich war es Schwenckfeld 1532/1533 beinahe gelungen, Bullingers Mitstreiter Leo Jud (1482–1542) auf seine Seite zu ziehen.[22] Schwenckfeld, wie übrigens auch andere, lehrte, dass sich die Obrigkeit in Glaubensfragen nicht einmischen und niemand um des Glaubens willen getötet werden dürfe[23], was Bullingers Ansicht diametral entgegengesetzt war,

20 Brief Bullingers an Leo Jud vom Dezember 1533. Vgl. HBBW 3, 1983, S. 255. Als Donatisten werden die Anhänger des Gegenbischofs Donatus von Karthago (gest. um 355) bezeichnet, deren Sonderkirche in Nordafrika vom 4.–7. Jh. bestand. Der Hauptkonflikt mit der etablierten Kirche bestand darin, dass sie die Wirksamkeit der Sakramente von der Reinheit des spendenden Amtsträgers abhängig machten. Der Kirchenvater Augustin argumentierte gegen sie, dass die Heiligkeit der Kirche nicht von der Heiligkeit ihrer Mitglieder und die Kraft der Sakramente nicht von einer Person abhingen.

21 Bullinger schrieb am 3. Januar 1534 an Vadian. Vgl. Vadianische Briefsammlung, hsg. v. Emil Arbenz und Hermann Wartmann, Bd. 5, 1531–1540, St. Gallen, 1903, S. 143: «Nam superiore prioris anni mense scribit Bucerus, Monasterium Westphaliae, quod pulchre evangelicum receperat dogma, misere nunc tumultari. Omnia enim urbis templa esse clausa excepto uno, in quo, vi populi fretus, declamet insignis quidam Hoffmannicae sectae discipulus adversus sancti senatus et omnium piorum consensum, esseque huius turbae auctorem Svenckfeldium, qui primus hoc virus, sed clanculo, quibusdam propinavit, qui nunc omnia simulans et dissimulans Augustae agat.»

22 Vgl. Klaus Deppermann, Schwenckfeld and Leo Jud on the Advantages and Disadvantages of the State Church, in: Peter C. Erb (Hsg.), Schwenckfeld and Early Schwenckfeldianism: Papers Presented at the Colloquium on Schwenckfeld and the Schwenckfelders Pennsburg, Pa., September 17–22, 1984, Pennsburg, Pa., 1986, S. 211–236. In der Zentralbibliothek Zürich haben sich zwei Drucke des schwenckfeldischen Spiritualisten Valentin Crautwald (ca. 1490–1545) erhalten, die Leo Jud in seiner Privatbibliothek stehen hatte: In tria priora capita libri Geneseos annotata, Strassburg, 1530 (Signatur: FF 1249.6); De oratione fidei, Strassburg, 1530 (Signatur: FF 1249.7). Auf beiden Titelblättern befindet sich ein Besitzvermerk Juds. Zudem steht in der Kapuzinerbibliothek Luzern ein Zürcher Druck von 1522 mit Juds Übersetzung der Paraphrasen von Erasmus von Rotterdam zu den Paulusbriefen mit einer Widmung von Jud an Wilhelm von Zell (ca. 1470–1546), der ebenfalls schwenckfeldische Neigungen aufwies (freundlicher Hinweis von lic. theol. Rainer Henrich, Zürich).

23 Vgl. dazu Schwenckfelds Ausführungen in seinem dritten Brief an Leo Jud vom 10. September 1533, in: Corpus Schwenckfeldianorum, Bd. 4, Letters and Treatises of Caspar Schwenckfeld von Ossig, December 1530–1533, hsg. v. Chester David Hartranft, Leipzig, 1914, S. 830–838. Der von Schwenckfeld beeindruckte Leo Jud äusserte sich ebenfalls dahingehend, so z. B. in einem Brief von anfangs März 1532 an Bullinger. Vgl. HBBW 2, S. 58: «Ego ecclesie puto excommunicationem esse datam a Christo. Magistratum autem et ecclesiam res esse longe diversissimas, non quidem sic, ut nunquam coire possint, sed natura sua res separatas et distinctas, si non scriptura, certe res ipsa clamat.» Gleiche Ansichten finden wir beim schwäbischen Reformator Johannes Brenz (1499–1570), beim Strassburger Chronisten Sebastian Franck (1499–1543) sowie einem unbekannten Autor aus der Umgebung Nürnbergs. Vgl.

der, wie etwa sein Strassburger Kollege Martin Bucer[24], die Bestrafung von Häretikern und die Sorge um den Schutz der Kirche als obrigkeitliche Pflichten betrachtete.[25]

Grundlage von Bullingers Konzept einer christlichen Gesellschaft bildete seine Bundestheologie. Gott hatte mit Adam einen Bund gemacht und diesen mit Noah, Abraham, Moses, David und Christus erneuert. Die Bundesbedingungen wie auch die göttlichen Normen sind im Alten wie im Neuen Testament die gleichen: «The pastor was the successor of the Old Testament prophet. Thus the pastor could only urge the ruler to establish religion according to the divine word and exhort the people to keep the covenant conditions. His function did not include discipline or even exclusion from the eucharist. The magistrate was the successor of the Old Testament kings. Like the Old Testament ruler, the magistrate alone had the power to establish religion and to discipline.»[26] Bullinger legte seine Bundestheologie und damit auch seine Auffassung des Staates und dessen Pflichten in seinem wichtigen Werk »De testamento seu foedere Dei unico et aeterno» dar, das 1534 bei Christoph Froschauer (ca. 1490–1564) in Zürich erschien.[27] Die Entstehung des Buches wurzelt in der Kontroverse mit Schwenckfeld und war letztlich eine Antwort auf seine Lehren.[28]

Gottfried Seebass, An sint persequendi haeretici? Die Stellung des Johannes Brenz zur Verfolgung und Bestrafung der Täufer, in: Blätter für württembergische Kirchengeschichte 70 (1970), S. 40–99; Marijn de Kroon, Bucerus Interpres Augustini, in: Archiv für Reformationsgeschichte 74 (1983), S. 84; Martin Brecht, Ob ein weltlich Oberkait Recht habe, in des Glaubens Sachen mit dem Schwert zu handeln, Ein unbekanntes Nürnberger Gutachten zur Frage der Toleranz aus dem Jahre 1530, in: Archiv für Reformationsgeschichte 60 (1969), S. 65–75.

24 Vgl. z. B. den Brief von Bucer an Bullinger vom 29. Oktober 1533, in: HBBW 3, S. 213–218.

25 Zu dieser ganzen Thematik vgl. den ausgezeichneten Aufsatz von: J. Wayne Baker, Church, State, and Dissent: The Crisis of the Swiss Reformation 1531–1536, in: Church History 57 (1988), S. 135–152.

26 J. Wayne Baker, Church, State, and Dissent: The Crisis of the Swiss Reformation 1531–1536, in: Church History 57 (1988), S. 138. Bullingers Verständnis des Alten Testaments unterschied sich deutlich von demjenigen der Täufer. Stellvertretend für die umfangreiche Literatur zu diesem Themenkomplex sei hier nur auf das Schreiben Bullingers vom Juni 1532 an den Berner Reformator Berchtold Haller hingewiesen, in welchem Bullinger ihm als Vorbereitung auf das Zofinger Täufergespräch (1.–9. Juli 1532) Hinweise gibt, wie er in der Diskussion dem AT und den daraus abgeleiteten Argumentationsketten das für die Reformierten erforderliche Gewicht verleihen könne. Vgl. Heinold Fast und John H. Yoder, How to Deal with Anabaptists: An Unpublished Letter of Heinrich Bullinger, in: Mennonite Quarterly Review 33 (1959), S. 83–95.

27 Bullingers Schrift «De testamento seu foedere Dei unico et aeterno» von 1534 wurde ins Englische übersetzt und mit einer ausführlichen Einleitung versehen von Charles S. McCoy und J. Wayne Baker, Fountainhead of Federalism: Heinrich Bullinger and the Covenantal Tradition; with a Translation of De testamento seu foedere Dei unico et aeterno (1534) by Heinrich Bullinger, Louisville, 1991.

28 J. Wayne Baker, Church, State, and Dissent: The Crisis of the Swiss Reformation 1531–1536, in: Church History 57 (1988), S. 148.

Bullinger beabsichtigte mit diesem Gutachten möglicherweise auch, den Einfluss aller noch im Verborgenen agierenden Gesinnungsgenossen einer schwenckfeldischen Entflechtung von Kirche und Staat einzudämmen. Leo Jud war sicher nicht der einzige Reformierte, der derartige Gedanken hegte, zumal er sie nicht für sich behielt. Er gab nämlich 1532 die «Rechenschaft des Glaubens» der böhmischen Brüder heraus. Das sechste Kapitel dieses von Froschauer gedruckten, 48 Blatt umfassenden Büchleins handelt von der Obrigkeit und lehnt deren Einmischung in Glaubensfragen ab.[29] Zudem wissen wir aus einem Brief von Berchtold Haller an Bullinger vom 9. Februar 1533, dass nicht nur in Zürich, sondern auch in Bern diskutiert wurde, ob es erlaubt sei, die Täufer mit dem Schwert zu richten.[30]

Spuren Augustins

Bullingers Argumentationsweise verläuft häufig stereotyp. Zur Untermauerung einer gewissen Ansicht oder einer theologischen Lehraussage zitiert er zunächst die entsprechenden Stellen aus der Bibel und ergänzt sie durch Aussagen der Kirchenväter. Das kommt nicht nur in verschiedenen gedruckten Werken zum Ausdruck, sondern sehr eindrücklich auch in seiner handschriftlichen, schätzungsweise etwa 1500 Seiten umfassenden Loci-Sammlung, die er sich 1534 oder später anlegte und die bis jetzt nicht untersucht worden ist.[31] Darin führt er zunächst zu jedem Stichwort die entsprechenden Stellen aus der Bibel und danach aus den Kirchenvätern an und ergänzt sie mit eigenen Kommentaren. Dass die Kirchenväter für Bullinger eine eminent wichtige Rolle spielten, ist in der Forschung hinlänglich bekannt.[32] So er-

[29] Rechenschafft des Glaubens der dienst unnd Cerimonien der brůder in Behmen und Mehrern, Zürich, Christoph Froschauer, 1532, f. 43r-46r.

[30] Vgl. HBBW 3, S. 62–64. Auch die Berner verfassten ein Gutachten, wie mit den Täufern zu verfahren sei, das Haller am 16. November 1534 Bullinger mit der Bitte um Stellungnahme zusandte. Vgl. HBBW 4, S. 401 ff.

[31] Die beiden handschriftlichen Bände befinden sich in der ZBZ, Signatur: Ms Car I 152 und 153. Die Festlegung von 1534 als «terminus post quem» für die Entstehung dieser Loci-Sammlung, bei der sich ein Haupttext und verschiedene spätere Zusätze unterscheiden lassen, basiert auf dem wiederholten, ausführlichen Zitieren der Augustin-Ausgabe, die 1528–29 bei Froben in Basel erschienen war und die Bullinger gemäss Besitzvermerk auf dem Titelblatt des ersten Bandes seit 1534 besass (ZBZ, Signatur: Rm 73–80). Vgl. zur Privatbibliothek Bullingers: Urs B. Leu und Sandra Weidmann, Die Privatbibliothek Heinrich Bullingers, Heinrich Bullinger Bibliographie, Bd. 3, Heinrich Bullinger Werke, 1. Abteilung, Bibliographie, Zürich, 2003 (in Vorbereitung).

[32] Vgl. u. a.: Joachim Staedtke, Die Theologie des jungen Bullinger, Studien zur Dogmengeschichte und systematischen Theologie, Zürich, 1962; Susi Hausammann, Römerbriefauslegung zwischen Humanismus und Reformation, Eine Studie zu Heinrich Bullingers Römerbriefauslegung von 1525, Zürich, S. 63–88; John M. Barkley, Bullinger's Appeal to the

staunt es auch nicht, dass die Alte Kirche in der Argumentationskette unseres Täufergutachtens wiederum ihren Platz hat.

Wie bereits erwähnt, greift Bullinger einleitend zwei Einwände auf, die gegen die Bestrafung der Täufer vorgebracht worden waren. Beide gingen auf die Donatisten zurück. Ein weiteres Mal führt er die Donatisten ins Feld, als es ihm darum geht zu zeigen, dass nicht derjenige die Wahrheit auf seiner Seite hat, der verfolgt wird. Nicht jeder, der leidet, darf als Märtyrer bezeichnet werden, sondern nur, wer um der Wahrheit willen leidet.

Es ist kein Zufall, dass Bullinger in diesem Täufergutachten auf die Donatisten zu sprechen kommt, waren sie für ihn doch nichts anderes als «die alten Widertöuffer» [33], die Täufer der Spätantike. [34] Es stimmt zwar, dass sich beide Gruppierungen von den Grosskirchen trennten und Erwachsene ein zweites Mal tauften. Die Motivation für diese Taufen war aber sehr unterschiedlich. Die Donatisten suchten eine zweite Taufe, weil der Spender der ersten unwürdig oder die betreffende kirchliche Gemeinschaft auf Abwege geraten war, was die erste Taufe für sie ungültig machte. Für die Täufer hingegen war es ein Akt der Bezeugung, dass man sich mit Christus der Welt für gestorben halten wollte, wie das der Apostel Paulus in Röm. 6 gelehrt hatte. [35]

Fathers, in: Henry Bullinger 1504–1575, Papers Read at a Colloquium Marking the 400th. Anniversary of his Death, Bristol Baptist College, 16–18 September 1975, S. 1–15 (nur vervielfältigt, nicht im Druck erschienen); Willy Rordorf, Laktanz als Vorbild Bullingers, in: Ulrich Gäbler und Endre Zsindely, Bullinger-Tagung 1975, Vorträge, gehalten aus Anlass von Heinrich Bullingers 400. Todestag, Zürich, 1977, S. 33–42; Pamela Biel, Bullinger against the Donatists: St. Augustine to the Defence of the Zurich Reformed Church, in: Journal of Religious History 16 (1991), S. 237–246; Alfred Schindler, Kirchenväter und andere alte Autoritäten in Bullingers »Der Christlich Eestand» von 1540, in: Hans Ulrich Bächtold (Hsg.), Von Cyprian zur Walzenprägung, Streiflichter auf Zürcher Geist und Kultur der Bullingerzeit, Zug, 2001, S. 29–39.

33 Heinrich Bullinger, Der Widertöufferen ursprung ..., Zürich, 1560, f. 181r.

34 Diese Auffassung teilten viele andere Reformatoren mit Bullinger: Vgl. beispielsweise Martin Luther, Vom Abendmahl Christi, Bekenntnis, in: D. Martin Luthers Werke, 26. Bd., Weimar, 1909, S. 506; Philip Melanchthon, Ob Christliche Fürsten schuldig sind/ der Widertauffer unchristlichen Sect mit leiblicher straffe/ und mit dem schwert/ zu wehren, Wittenberg, 1536, Reprint, in: Mennonite Quaterly Review 76 (2002), S. 330; für Calvin: Sjouke Voolstra, Donatus redivivus – Menno Simons' reformatie in theologisch perspectief, in: Doopsgezinde Bijdragen nieuwe reeks nummer 22 (1996), S. 172f.; für weitere Reformatoren sowie das 16. Jh. allgemein: David Wright, The Donatists in the Sixteenth Century, in: Leif Grane, Alfred Schindler, Markus Wriedt, Auctoritas Patrum II, Neue Beiträge zur Rezeption der Kirchenväter im 15. und 16. Jahrhundert ..., Veröffentlichungen des Instituts für Europäische Geschichte Mainz, Abt. Abendländische Religionsgeschichte, hsg. von Gerhard May, Beiheft 44, Mainz, 1998, S. 281–293.

35 Vgl. auch Alfred Schindler, Schriftprinzip und Altertumskunde bei Reformatoren und Täufern. Zum Rückgriff auf Kirchenväter und heidnische Klassiker, in: Theologische Zeitschrift 49 (1993), S. 236: «Dieses Ketzerklischee wurde aus der Zeit der Alten Kirche in die Gegenwart übernommen und aus naheliegenden Gründen auf die Täufer übertragen. Weil das Motiv der täuferischen Taufe – nämlich die Forderung eines bewussten Glaubensaktes erwach-

Über die äusserlichen Gemeinsamkeiten der Separierung und der Erwachsenentaufe hinweg ist es nicht möglich, die beiden Bewegungen unter einen Hut zu bringen. Die theologischen Unterschiede sind zu gross. So scheuten beispielsweise die Donatisten vor Gewaltanwendung nicht zurück[36], während das die meisten Täufer ablehnten, oder erstere verehrten Märtyrer und deren Reliquien[37], was letzteren, wie überhaupt allen protestantischen Richtungen, ein Greuel war.[38]

Bezeichnend für den Zürcher Antistes ist, dass sein Täufergutachten der Intention der bekannten Briefe Augustins an den Rogatisten Vincentius[39] und den römischen Offizier Bonifacius[40] folgt. Diese beiden Schreiben haben Kirchengeschichte gemacht, weil Augustin darin, im Zusammenhang mit seinem Kampf gegen die Donatisten, das obrigkeitliche Vorgehen gegen Häretiker rechtfertigt. Als biblische Grundlage dient ihm u.a. das «compelle intrare» aus Luk. 14,23.[41] Eine christliche Obrigkeit ist dazu aufgerufen, die Anliegen der Kirche zu schützen und Irrende notfalls mit gesetzlichen Mitteln zurück in den Schoss der rettenden Kirche zu treiben, ja zu zwingen.

sener Personen – vom Motiv der historischen Donatisten weit entfernt war, und weil dies kaum beachtet, jedenfalls nicht klar wahrgenommen wurde, schien es naheliegend, die Tatsache der Wiedertaufe als Analogon zu verwenden und die Täufer zu Donatisten zu erklären, vor allem nach der Ausbildung der Minderheitsgemeinden, die sich tatsächlich von ihrer Umwelt als Gemeinde der Reinen absonderten. Augustins Apologie für die Verfolgung des Donatismus ergänzte das Bild und lieferte die gewünschte Legitimation zur Verfolgung der Täufer.»

36 Vgl. Marijn de Kroon, Bucerus Interpres Augustini, in: Archiv für Reformationsgeschichte 74 (1983), S. 81.

37 Alfred Schindler, Die Theologie der Donatisten und Augustins Reaktion, in: Cornelius Mayer und Karl Heinz Chelius, Internationales Symposium über den Stand der Augustinus-Forschung vom 12. bis 16. April 1987 im Schloss Rauischholzhausen der Justus-Liebig-Universität Giessen, Würzburg, 1989, S. 139f. Die Donatisten kannten sogar das Suizid-Martyrium, vgl. ebd., S. 140.

38 Pamela Biel schrieb, dass Bullinger um die vielen Unterschiede zwischen Donatisten und Täufern wusste und dass er diesen Vergleich nur aus kirchenpolitischem Kalkül bemühte, was wir aber bezweifeln. Vgl. Pamela Biel, Bullinger against the Donatists: St. Augustine to the Defence of the Zurich Reformed Church, in: Journal of Religious History 16 (1991), S. 237. Bereits Augustin (Bullingers Hauptquelle!) vermittelte streckenweise ein einseitiges Bild von den Donatisten: Alfred Schindler, Die Theologie der Donatisten und Augustins Reaktion, in: Cornelius Mayer und Karl Heinz Chelius, Internationales Symposium über den Stand der Augustinus-Forschung vom 12. bis 16. April 1987 im Schloss Rauischholzhausen der Justus-Liebig-Universität Giessen, Würzburg, 1989, S. 135f.

39 Rogatus, Bischof von Cartenna in Mauretanien, fiel von den Donatisten ab und gründete eine eigene Kirche. Sie bildete die mildeste Partei der Donatisten.

40 In Bullingers Handexemplar seiner Augustinausgabe, Bd. 2, Basel, 1528 (ZBZ, Signatur: Rm 73.2) sind es die Briefe Nr. 48 und 50. Nach der neuen Zählung, die sich an der Edition der Mauriner orientiert, sind es die Briefe Nr. 93 und 185.

41 Aurelius Augustinus, Epist. 93, II, 5, in: Aurelius Augustinus, Epistulae, CSEL 34, Al. Godlbacher (Hrsg.), Wien und Leipzig, 1895, S. 449; ders., Epist. 185, VI, 24, in: Aurelius Augustinus, Epistulae, CSEL 57, Al. Godlbacher (Hrsg.), Wien und Leipzig, 1911, S. 23.

Dieser Handlungsimperativ für staatliche Ketzerbekämpfung «ist im Mittelalter und der frühen Neuzeit aber mit Vorliebe aufgegriffen und zur gängigen Handlungsmaxime kirchlicher und staatlicher Religionspolitik gemacht worden»[42], so auch von Bullinger!

Die Briefe Augustins an Vincentius und Bonifacius werden zwar im Gutachten nicht genannt, schimmern aber zwischen den Zeilen vereinzelt durch. Wenn Bullinger sagt, dass die beiden bereits genannten Einwände gegen die Bestrafung von Täufern, dass nämlich weder obrigkeitliche Massnahmen biblisch begründbar, noch Zwang in Glaubensfragen angebracht sei, zuerst von den Donatisten vorgebracht worden seien, so finden sich in beiden Briefen Augustins entsprechende Belege dazu.[43]

Bullinger erklärt anschliessend (Gutachten, S. 1031), dass die Apostel die Obrigkeit nicht zu Hilfe gerufen hätten, weil es sich damals um eine andere Zeit mit unchristlichen Kaisern gehandelt habe, von denen in Sachen Christentum nichts zu erwarten gewesen sei. Die ersten Christen litten selber unter den abgöttischen Regenten, gleich wie auch verschiedene Propheten des AT unter vielen schlechten Königen lebten. Aber so wie die guten Könige Israels, wie etwa Ezechias (Hiskia) und Josias (Josia), dem Bösen wehrten, so müssten auch die christlichen Kaiser das Frevelhafte bekämpfen. Man kann sich des Eindrucks nicht erwehren, dass Bullinger bei der Niederschrift dieses Abschnittes die Argumentationsweise Augustins aus dem Brief an Bonifacius im Hinterkopf hatte.[44] Eine weitere Passage betrifft die Frage des bereits oben angesprochenen richtigen Martyriums. Bullinger verweist in diesem Zusammenhang ausdrücklich auf Augustin (Gutachten, S. 1033) und scheint wiederum Abschnitte aus dem Brief an Bonifacius vor Augen zu haben.[45]

[42] Klaus Schreiner, «Duldsamkeit» (tolerantia) oder «Schrecken» (terror). Reaktionsformen auf Abweichungen von der religiösen Norm, untersucht und dargestellt am Beispiel des augustinischen Toleranz- und Gewaltkonzeptes und dessen Rezeption im Mittelalter und in der frühen Neuzeit, in: Dieter Simon (Hsg.), Religiöse Devianz. Untersuchungen zu sozialen, rechtlichen und theologischen Reaktionen auf religiöse Abweichung im westlichen und östlichen Mittelalter. Ius commune, Veröffentlichungen des Max-Planck-Instituts für Europäische Rechtsgeschichte Frankfurt am Main, Sonderhefte, Studien zur Europäischen Rechtsgeschichte 48, Frankfurt am Main, 1990, S. 168. Die Arbeit von Schreiner skizziert die beeindruckende Wirkungsgeschichte der genannten Briefstellen Augustins auf die Kirchen- und Ketzergeschichte bis in die frühe Neuzeit.

[43] Aurelius Augustinus, Epist. 93, II, 5, in: Aurelius Augustinus, Epistulae, CSEL 34, Al. Goldbacher (Hsg.), Wien und Leipzig, 1895, S. 449; ders., Epist. 93, III, 9, in: ebd., S. 453; Aurelius Augustinus, Epist. 185, VI, 22, in: Aurelius Augustinus, Epistulae, CSEL 57, Al. Goldbacher (Hsg.), Wien und Leipzig, 1911, S. 21.

[44] Aurelius Augustinus, Epist. 185, V, 19f., in: Aurelius Augustinus, Epistulae, CSEL 57, Al. Goldbacher (Hsg.), Wien und Leipzig, 1911, S. 17f.

[45] Aurelius Augustinus, Epist. 185, II, 9–11, in: Aurelius Augustinus, Epistulae, CSEL 57, Al. Goldbacher (Hsg.), Wien und Leipzig, 1911, S. 8–10.

In seinem Klassiker der antitäuferischen Schriften mit dem Titel «Der Widertoͤufferen ursprung, fürgang, Secten waͤsen …» von 1560 zieht Bullinger ebenfalls diese beiden Briefe Augustins heran.[46] Aus demjenigen an Vincentius zitiert er einen Passus ausführlich, um zu zeigen, dass «man die kåtzer moͤge und soͤlle mit gwalt zwingen.»[47] Genau diesen Abschnitt hat Bullinger in seinem persönlichen Exemplar der Werke Augustins am Rand mit Tinte angestrichen.[48] Er lautet in moderner deutscher Übersetzung: «Denn ursprünglich war meine Ansicht, es solle niemand zur Einheit Christi gezwungen werden; man müsse das Wort wirken lassen, den Irrtum durch Erörterung bekämpfen und durch Gründe besiegen, damit wir nicht an denen, die wir als aufrichtige Häretiker kannten, gezwungene Katholiken[49] bekämen. Aber diese meine Ansicht unterlag nicht dem Widerspruche in Worten, sondern dem Beweise in Beispielen. Zuerst hielt man mir meine eigene Bischofsstadt entgegen, die früher ganz auf der Seite des Donatus war, aber aus Furcht vor den kaiserlichen Gesetzen sich zur katholischen Einheit bekehrt und jetzt, wie wir sehen, einen solchen Abscheu vor eurer verderblichen Bitterkeit hat, dass man glauben sollte, sie sei nie auf eurer Seite gewesen. So wurden mir auch viele andere Städte namentlich aufgeführt, so dass ich durch Tatsachen erkannte, dass auch hier das Wort der Schrift mit Recht angewandt werden könne: ‹Gib dem Weisen Gelegenheit, und er wird noch weiser werden› [Spr. 9, 9]. Wie viele wollten schon, bewogen von der Unleugbarkeit der Wahrheit, gewisslich katholisch werden, aber da sie fürchteten, bei den Ihrigen Anstoss zu erregen, so verschoben sie es! Wie viele fesselte nicht die Wahrheit, auf die ihr nie grosses Vertrauen gesetzt habt, sondern die schwere Kette eingewurzelter Gewohnheit, so dass an ihnen jener göttliche Ausspruch in Erfüllung ging: ‹Mit Worten lässt sich ein hartnäckiger Knecht nicht bessern; denn wenn er es auch versteht, so wird er nicht folgen›.»[50]

Nicht nur für Bullinger, sondern auch für Bucer waren diese Texte Augu-

46 Heinrich Bullinger, Der Widertoͤufferen ursprung …, Zürich, 1560, f. 181r-182r. Vgl. zur beachtlichen europäischen Wirkungsgeschichte dieses Werkes: Urs B. Leu, Heinrich Bullingers Widmungsexemplare seiner Schrift «Der Widertoͤufferen ursprung …» von 1560, Ein Beitrag zur europäischen Wirkungsgeschichte des Zürcher Antistes, in: Zwingliana 28 (2001), S. 119–163. Interessant ist nicht nur die geographische Streubreite des Buches, sondern auch der Umstand, dass es über Jahrzehnte als Standardwerk in Sachen Täufer in Gebrauch war. So nahm beispielsweise J. J. Breitinger im Rahmen des Verhörs von Hans Landis und anderen Wädenswiler Täufern am 21. Januar 1613 auf Bullingers Werk Bezug (StAZ E II 444, f. 265r).

47 Bullinger, ebd., f. 181r.

48 Aurelius Augustinus, Opera, Bd. 2, Basel, 1528, S. 113 (ZBZ, Signatur: Rm 73.2).

49 Mit «katholisch» meint Augustin nicht die römisch-katholische Kirche, die es in ihrer heutigen Form damals noch nicht gab, sondern die allgemeine Kirche der Christenheit (καθολικός = allgemein).

50 Aurelius Augustinus, Ausgewählte Briefe, Aus dem Lateinischen mit Benutzung der Übersetzung von Kranzfelder übersetzt von Dr. Alfred Hoffmann …, Bd. 1. Bibliothek der Kirchenväter, Aurelius Augustinus ausgewählte Schriften, Bd. 9, München, 1917, S. 349f.

stins wichtig.[51] Kein Wunder deshalb, schrieb Bucer für die gedruckte deutsche Übersetzung des Briefes an Bonifacius aus der Feder des Augsburger Pfarrers Wolfgang Musculus ein Vorwort und ein Nachwort.[52] Beide, Bullinger wie Bucer, gingen aber in ihrer Härte gegenüber sogenannten Häretikern über Augustin hinaus.[53]

Wirkungsgeschichte des Gutachtens

Aufgrund der knappen Quellensituation zwischen den 1530er und 1560er Jahren[54] ist es schwierig, sich ein detailliertes Bild der Auswirkungen von Bullingers Täufergutachten machen zu können. Die wenigen überlieferten Texte zeigen aber dennoch, dass sich die Lage für die Täufer verschärfte.

Im Oktober 1535 erliess der Rat ein neues Täufermandat, das betitelt ist: «Aber eyn ander scherpfer Edict, als die toufbrůder widerumb anfiengend fürbrēchen anno etc. 1535 ußgangen».[55] Der volle Text lautet: «Unsern früntlichen, sunders geneigten willen und alles gůtz zůvor, fromer und wyßer, insonders lieber gethrüwer burger unnd vogt. Wir haben verrugckter jaren wider die irrige, schädliche unnd verfurische sect der töuffern, so stat unnd land in groß unnwyderbringlich irsall, zerüttung und verderpnuß zeprungen gedengkend, in offenen trügken und sunst hertte schwäre mandat, das man sy nienan endthalten noch getulden, sunder sy, deßglichen ire gönner und anhänger und die sich treu underziechend, inen fürschub und underschlůff ge-

[51] Bullinger wies bezeichnenderweise auch in seinem Brief an Leo Jud vom Dezember 1533, in dem er sich deutlich gegen Schwenckfeld äusserte, wiederholt auf Augustins Brief an Bonifacius hin, vgl. HBBW 3, S. 258f.

[52] Vom Ampt der oberkait, in sachen der religion und Gotsdiensts. Ain bericht auß götlicher schrifft, des hailigen alten lerers und Bischoffs Augustini, an Bonifacium den Kayserlichen Kriegs Graven inn Aphrica. Jns Teütsch gezogen, durch Wolfgangum Meüßlin, Prediger beim Creütz zů Augspurg. Mit ainer Vorrede, und zů end des Bůchs mit ainem kurtzen bericht, von der allgemainen Kirchen, Marti: Buceri. Augsburg, 1535.

[53] Vgl. für Bullinger: Pamela Biel, Bullinger against the Donatists: St. Augustine to the Defence of the Zurich Reformed Church, in: Journal of Religious History 16 (1991), S. 245; für Bucer: Marijn de Kroon, Bucerus Interpres Augustini, in: Archiv für Reformationsgeschichte 74 (1983), S. 93; A. Gäumann, Reich Christi und Obrigkeit, Bern et. ab. 2001 [ZBRG 20], S. 326–357.

[54] Vgl. Christian Scheidegger, Die Zürcher Täufer, 1531–1591, Obrigkeitliche Massnahmen, täuferisches Leben und Selbstverständnis, Lizentiatsarbeit an der Philosophischen Fakultät I der Universtität Zürich, Wintersemester 1999/2000, S. 8f.

[55] Der Text befindet sich in den Ratsmissiven (StAZ B IV 6, f. 109r) und in den Satzungs- und Verwaltungsbüchern (StAZ B III 6, f. 203v-204r). Zwei weitere Exemplare sind in den Archiven der Zürcher Landschaftsverwaltung (StAZ B VII 21.84, Nr. 1 und 35) erhalten geblieben. Beide datieren vom 20. Oktober 1535, sind von der gleichen Hand geschrieben worden und sind vom Bürgermeister und Rat der Stadt Zürich an Johann Rudolph Lavater, Vogt von Kyburg, adressiert worden. Transkriptionsgrundlage war für uns: StAZ, B VII 21.84, Nr. 35.

bend, zů unseren handen uberantwurten sölte, nach irem verschulden an lyb und läben zestraffen, ußgan und allenthalb verkünden laßen, da wir uns gäntzlich versächen, solichen mandaten wie billich gehorsamet worden wäre. So wir aber mit grosser beschwerlikeit vernemend, das soliche töuffer und töuffische gönner allenthalb wider fürbrächend und das from biderb volgk mit irer irsäligen selbs erdichten unwarhafften lere zůverfüren understandint, und wir aber sölichen verderplichen schäden von oberkeits wägen vorzesin schuldig, so ist an dich unser ernstlich unnd träffenlich gebot, will und geheiß, das du gemelten unserm mandat sines inhalts handtlich, getrüwlich und mit allem ernst nachkomen und benantlich die töuffer, ire gönner und anhänger und die sy behusen und beherbergend, ätzend, trengkend oder inen sunst fürschub, uffenthalt oder underschlouff gebend und hilff thůnd, heimlich oder offenlich, es sigind vatter, můter oder andere fründ, wer die oder wie nache sy inen yemar verwandt als gefründt sind, niemand ußgenomen. Deßglichen die, so sich der töuffery usßerlich verlougnend und aber wider die cristenlichen erbaren predicanten on erlich als notwendige ursachen fräffenlich sätzend, deß gemeinen kilchgangs verdächtlich entziechend und der heimlichen winckel predigen in holtz als väld beflysßentt, als mit den töuffern gemeinschafft, verwandtschafft und zůgang zů inen habennt, als an ire predigen gand, in welichen wäg das gespurt, und du iren inen werden, und wo du sy und ir yeden in unseren oberkeithen ergriffen magst, unangesechen und ungeschücht, ob sy dir schon in ein ander unser ampt entrunind, als bald vängklich annemen und mit schrifftlichem bericht, warin sy schuldig verdacht oder argwönig erfunden, uns wol verwart zů unseren handen uberschicken laßen, deßglichenn den abgewichnen ire hüser beschlüssen und zů irer hab und gůt angends griffen, und das zů gemeiner unser stat handen als malefitzischer lüthen verwürgkt und verfallen gůt ungehinderet aller ampts rächtenn, so hieneider sin möchtenn, beziechen und nemen und keinen flyß, müg noch arbeit hierin sparen. Ob du ouch yemands sölichs in unserm namen bevelchen und derselb ouch sümig hierin sin und durch die finger sächen würd, undervögt als andere, uns den oder die sälben ouch uberantwurten und dich so geflyßen hierin erzeigen wellest, als diser ernsthafft handel und die pflicht, damit du stat und lands gebrästen zů fürkomen schuldig bist, erforderet. Wir uns ouch aller trüw gentzlich zů dir versächend, dan soltestu hierin sümig erschinen, würden wir dich gewüsßlich selbs reichen laßen und gegen dir mit straff handlen, als ob du selbs sächer werest, wolten wir dir nit bärgen, dich und andere wüßen mögen vor schad und unserer herten straff zů vergoumen. Uß Zürich, mitwuchs nach Sant Gallen tag, anno 1535».

In diesem Schreiben wird ein deutlich ernsterer und agressiverer Ton angeschlagen, als im oben erwähnten Mandat vom 25. Oktober 1533. Insbesondere werden auch den Vögten und ihren Untergebenen harte Strafen angedroht, falls sie in Sachen Täufer säumig handelten. Als einzige direkte

Reaktion auf das Mandat ist uns ein Schreiben von Steffen Zeller vom 3. November 1535 überliefert[56], der von 1533 bis 1538 als Landvogt von Andelfingen amtete und der bereits in seinem Antrittsjahr wiederholt gegen Täufer vorging.[57] Er leitet seinen Brief an den Zürcher Rat mit der Bemerkung ein, dass es bis anhin aus verschiedenen Gründen nicht geschehen sei, dass Leute, die Täufer beherbergten, gefangen genommen worden seien. Es sei nun ein gewisser Uli Luppfer mit seiner Tochter zu ihm gekommen. Beide hätten zugegeben, dass sie Täufern Unterschlupf gewährt hätten, nämlich Luppfer seinem Sohn und die Tochter ihrem Mann namens Balthasar Schmid.[58] Beide wollten sich nun freiwillig der Obrigkeit in Zürich stellen. Zeller glaubt ihnen und bittet den Rat um Verständnis, dass er sie nicht als offizielle Gefangene in die Limmatstadt schicke, sondern dass sie dort selbständig erscheinen werden. Sie hätten ihm gegenüber auch beteuert, dass sie die besagten Täufer nicht beherbergt hätten, wenn sie gewusst hätten, damit gegen das Mandat zu verstossen. Zeller schliesst seinen Brief mit der Frage an den Zürcher Rat, was er mit den vielen anderen machen solle, die ebenfalls täuferische Familienmitglieder beherbergt hätten, bevor dieses neue Mandat öffentlich verlesen worden sei.

Schon im grossen Sittenmandat vom 26. März 1530[59] wurde die Beherbergung von Täufern ohne weitere Erklärungen oder Präzisierungen untersagt. Zeller rechtfertigt das Tun der Bevölkerung dem Rat gegenüber mit keiner Silbe, sondern scheint sich dieses Verbotes bewusst gewesen zu sein. Er

[56] StAZ E I 7.2, Nr. 86.

[57] Leonhard von Muralt und Walter Schmid, Quellen zur Geschichte der Täufer in der Schweiz, Bd. 1, Zürich, Zürich, S. 376 und 378. Vgl. auch: Emil Stauber, Geschichte der Kirchgemeinde Andelfingen, umfassend die politischen Gemeinden Andelfingen, Klein-Andelfingen, Adlikon und Humlikon und für die ältere Zeit auch die politischen Gemeinden Dägerlen, Dorf, Thalheim und Volken, Bd. 1, Zürich, 1940, S. 343.

[58] Balthasar Schmid von Ossingen taucht in den Täuferakten 1533 verschiedentlich auf, vgl.: Leonhard von Muralt und Walter Schmid, Quellen zur Geschichte der Täufer in der Schweiz, Bd. 1, Zürich, Zürich, S. 329, 365–367, 376. Nachdem er der Justiz zweimal der Täuferei wegen ins Netz gegangen war, wurde ihm im Urteil vom 9. Juli 1533 bei einer erneuten Hinwendung zum Täufertum die Todesstrafe durch Ertränken angedroht. Am 9. August 1533 wurde die Beschlagnahmung seiner Güter angeordnet. Vgl. auch: Emil Stauber, Geschichte der Kirchgemeinde Andelfingen, umfassend die politischen Gemeinden Andelfingen, Klein-Andelfingen, Adlikon und Humlikon und für die ältere Zeit auch die politischen Gemeinden Dägerlen, Dorf, Thalheim und Volken, Bd. 1, Zürich, 1940, S. 342.

[59] Leonhard von Muralt und Walter Schmid, Quellen zur Geschichte der Täufer in der Schweiz, Bd. 1, Zürich, Zürich, S. 339. Bezeichnenderweise warnt auch eine gedruckte Randglosse zu Jeremia 44 in der von Christoph Froschauer verlegten deutschen Zürcher Foliobibel von 1531 (2. Teil, f. 125v) vor der Aufnahme von «Feinden Gottes»: «Da lerne die gfaar deren, die so Gottes feind schirmend oder beherbergend.» Diesen Hinweis verdanke ich Pfr. Hans Rudolf Lavater (Erlach). Bekanntlich finden sich in dieser Bibel-Ausgabe mancherlei Seitenhiebe gegen die Täufer, vgl. Urs B. Leu, The Froschauer Bibles and their Significance for the Anabaptist Movement, in: Pennsylvania Mennonite Heritage 25/2 (2002), S. 13f.

schreibt ausweichend, dass es bisher aus verschiedenen Gründen unterblieben sei, die Beherbergung familienangehöriger Täufer zu ahnden. Das Volk wiederum scheint keine Ahnung davon gehabt zu haben, dass der Zürcher Obrigkeit sogar der natürliche, familiäre Umgang mit Angehörigen, die sich zu den Täufern gesellten, ein Dorn im Auge war. Vermutlich herrschte die Meinung vor, dass es verboten sei, fremde Täufer aufzunehmen. Niemand scheint einen Gedanken darauf verschwendet zu haben, dass auch die eigenen Verwandten von diesem Verdikt betroffen sein könnten. Das Mandat vom Oktober 1535 scheute sich nicht, zum ersten Mal in der traurigen Geschichte der Zürcher Täuferverfolgung die Reichweite des Beherbergungsverbotes zu präzisieren sowie expressis verbis in die Familien hineinzugreifen und die einzelnen Mitglieder gegeneinander aufzubringen. Mit dem Mandat sollte die letzte und intimste gesellschaftliche Zelle, wo Täufer noch Schutz, Trost und Unterschlupf finden konnten, vernichtet werden. Bullinger wirft den Täufern in seinem Gutachten gewisse familientrennende Momente vor (Gutachten, S. 1036), doch was per Mandat erlassen wurde, war nicht besser.

Nachdem die ersten beiden Amtsjahre Bullingers durch die Kontroverse mit Jud und Schwenckfeld sowie von anderen eingangs dargelegten täuferischen Unruhen überschattet waren und sowohl in Zürich wie in Bern Unsicherheit darüber bestand, wie man mit den Täufern umgehen sollte, folgte während der Jahre 1534/35 in Zürich eine Phase der Konsolidierung gegenüber dem linken Flügel. Auf Bullingers bereits oben erwähntes Werk «De testamento seu foedere Dei unico et aeterno» von 1534 folgte 1535 einerseits das vorliegende Gutachten, andererseits die lateinische Fassung seines 1531 gedruckten Buches gegen die Täufer mit einer deutlichen Textergänzung gegen die täuferische Sicht von der Obrigkeit und vom Kriegführen.[60] Allen drei Schriften ist gemeinsam, dass sie die Stellung der Staatsgewalt im reformierten Gemeinwesen stärkten und ein geistiges Bollwerk gegen die «unbelehrbaren» Täufer aufrichteten, das deren Verfolgung bis hin zur Todesstrafe legitimierte.

[60] Vgl. Fast, wie Anm. 2, S. 78. Leo Jud schreibt in der Vorrede, dass er Bullingers Täuferbuch von 1531 darum ins Lateinische übersetzt habe, damit es auch einer nicht deutschsprachigen Leserschaft zugänglich sei. Denn kaum würde die Reformation irgendwo Fuss fassen, ginge es nicht lange, und die Täufer würden diese neuen Kirchen verwüsten (Heinrich Bullinger, Adversus omnia catabaptistarum prava dogmata ..., Zürich, 1535, f. a3v): «Quem ego utcumque Latinum feci, ut eo utantur qui Christum extra Germaniam profitentur. Nam ubicumque Christus emergit, mox adsunt catabaptistae, ut ecclesias renatas et foeliciter institutas vastent et dissecent.»

Edition

[S. 1031] Ob einer eersammen oberkeyt zů stannde, zů straaffenn an eher, lyb oder gůt verfürte oder verfürische mennschenn im glouben

Die da vermeinennd, es gebüre sich nitt, habennd dis zwo ursachenn. Die ein, die apostel habennds nitt gethann; die annder, der gloub sye ein gaab gottes, möge nitt mit zwanng gegäben oder genomenn werden. Es habennd aber die zwo ursachenn vor thusennd jaren die Donatistenn, ein jrrige verfürische rodt, wider gůte ordnungen und christennliche mandatenn der keyßeren ingefürt, zeschirm irer thrennung und ires verfürens.[61]

Das die apostlenn angezogenn, ist lychtlich zů verantwurten.[62] Sy warennd leerer unnd prediger, nit oberer, glich wie auch die propheten im altenn

[61] Vgl. Aurelius Augustinus, Epist. 93, II, 5, in: Aurelius Augustinus, Epistulae, CSEL 34, Al. Goldbacher (Hsg.), Wien und Leipzig, 1895, S. 449: «Putas neminem debere cogi ad iustitiam, cum legas patrem familias dixisse seruis: ‹Quoscumque inueneritis, cogite intrare›, ...». Ders., Epist. 93, III, 9, in: ebd., S. 453: «Non inuenitur exemplum in euangelicis et apostolicis litteris aliquid petitum a regibus terrae pro ecclesia contra inimicos ecclesiae.» Ders., Epist. 185, VI, 22, in: Aurelius Augustinus, Epistulae, CSEL 57, Al. Goldbacher (Hsg.), Wien und Leipzig, 1911, S. 21: «Ubi est, quod isti clamare consuerunt: ‹Liberum est credere vel non credere; cui vim Christus intulit? quem coegit›?»

[62] Vgl. zur Argumenationsweise in diesem Abschnitt: Aurelius Augustinus, Epist. 185, V, 19f., in: Aurelius Augustinus, Epistulae, CSEL 57, Al. Goldbacher (Hsg.), Wien und Leipzig, 1911, S. 17f.: «Quod enim dicunt, qui contra suas impietates leges iustas institui nolunt, non petisse a regibus terrae apostolos talia, non considerant aliud fuisse tunc tempus et omnia suis temporibus agi. quis enim tunc in Christum crediderat imperator, qui ei pro pietate contra impietatem leges ferendo seruiret, quando adhuc illud propheticum complebatur: Quare fremuerunt gentes et populi meditati sunt inania? adstiterunt reges terrae et principes conuenerunt in unum aduersus dominum et aduersus Christum eius. nondum autem agebatur, quod paulo post in eodem psalmo dicitur: Et nunc reges, intellegite; erudimini, qui iudicatis terram; seruite domino in timore et exultate ei cum tremore. quo modo ergo reges domino seruiunt in timore nisi ea, quae contra iussa domini fiunt, religiosa seueritate prohibendo atque plectendo? aliter enim seruit, quia homo est, aliter, quia etiam rex est; quia homo est enim, seruit uiuendo fideliter, quia uero etiam rex est, seruit leges iusta praecipientes et contraria prohibentes conuenienti uigore sanciendo, sicut seruiuit Ezechias lucos et templa idolorum et illa excelsa, quae contra dei praecepta fuerant constructa, destruendo, sicut seruiuit Iosias talia et ipse faciendo, sicut seruiuit rex Nineuitarum uniuersam ciuitatem ad placandum dominum compellendo, sicut seruiuit Darius idolum frangendum in potestatem Daniheli dando et inimicos eius leonibus ingerendo, sicut seruiuit Nabuchodonosor, de quo iam diximus, omnes in regno suo positos a blasphemando deo lege terribili prohibendo, in hoc ergo seruiunt domino reges, in quantum sunt reges, cum ea faciunt ad seruiendum illi, quae non possunt facere nisi reges. Cum itaque nondum reges domino seruirent temporibus apostolorum, sed adhuc meditarentur inania aduersus eum et aduersus Christum eius, ut prophetarum praedicta omnia complerentur, non utique tunc possent impietates legibus prohibere, sed potius exercere. sic enim ordo temporum uoluebatur, ut et Iudaei occiderent praedicatores Christi putantes se officium deo facere, sicut praedixerat Christus, et gentes fremerent aduersus Christianos et omnes patientia martyrum vinceret.»

testamennt. Wie die selben unnder abgöttischenn künngen und denen regenten leptend, die die warheitt verfolgetennd unnd die unwarheitt schirmptend, leertend sy allein unnd littend verfolgung nitt minder dann ouch die apostlenn unnder den gottloßenn keyßerenn. Wenn aber gloübige künnig als zů Jsaie unnd Jeremie zyten Ezechias[63] unnd Josias[64] warennd, ward nitt nun die warheitt von den propheten geprediget, sonnder die selb ouch von regenten und oberenn geschirmpt, verfürte unnd verfürer gestraafft, das nun der heillig geyst durch die geschrifft hochlich in inen rhümpt, glych wie er die künnig unnd herrenn treffenlich schilt, die wider die warheitt denn falsch geschirmpt unnd verfürer nitt gestraafft habennd. Wann nun yemannds schliessen welte, Jeremias hat unnder Zedechia[65] keinen falschen prophetenn gestraafft, darumb sol man keinen verfürer nitt straaffen, so volget es nitt. Dann Zedechias was der Oberer, nitt Jeremias. Zedechias aber thet nitt, das er von rechten thůnn solt, Josias aber thets. Der straafft dyee unwarheitt unnd schirmpt die waarheitt, also stath es ouch mitt den apostlenn, welche unnder abgotischenn künngen oder keyßeren geläpt unnd umb der warheitt willenn verfolgung erlitten habennd, auch die kirchen

[S. 1032] der heidenn, in die künng (als Jsaias gewysaget[66]) komenn söltennd, nun angehept hannd. Diewil dann künngen zů stath nach der grechtigkeitt zů regierenn, darumb das sy künng oder regenntenn genempt werdennt, desglich inen zů stath, was herrenn, des sy diener sinnd, eher zeredten, schmach unnd verfürunng von inn zevergomen, darumb das sy christliche regenten genempt werdent. So habennd die selbenn christlichenn küng (wie Jsaias auch gewyssaget) tempel, altär unnd götzenn, wider gott uffgericht, lasßenn abbrechenn, die warheitt geschirmpt unnd das unwaar gesthraafft, welchs die historienn unnd geschrifften der uraltenn clärlich von denn heillgen künngenn Constantino[67], Gratiano[68], Valenntino[69], Theodosio[70], Archadio[71], Honorio[72] unnd annderenn bezügennd, dann ie vor dißenn der prophety Jsaie noch nit in allweg gnůg beschähenn, als aber unnder dißenn wordenn.

So dann uß dem, das der gloub ein frye gaab von gott ist, volgenn sölte, das mann kein ordnung unnd zucht oder meysterschafft bestellenn sölte. So ist

[63] König Hiskia, vgl. 2Kön 18–20, 2Chr 29–32, Jes 36–39.

[64] König Josia, vgl. 2Kön 22f., 2Chr 34f.

[65] König Zedekia, vgl. 2Kön 24, Jer 21–52.

[66] Jes. 49,23.

[67] Konstantin der Grosse, römischer Kaiser 309–337.

[68] In der Handschrift ist zu lesen: Gravano, gemeint ist aber Gratian, römischer Kaiser 367–383.

[69] Valentinian I., römischer Kaiser 364–375.

[70] Theodosius, römischer Kaiser 379–395.

[71] Arcadius, (ost)römischer Kaiser 383–408.

[72] Honorius, (west)römischer Kaiser 395–423.

wyßheitt, vernunfft unnd kunnst auch ein gab von gott. Volgte aber darumb, das man bößen unverständigenn kinndenn nitt sölte zuchter unnd leerer gäbenn, die sy straaffind? Dann ie so macht man mit streichen keinen wys, verstannd unnd wysheitt ist von gott, noch dennoch hatt er ein ordnung unnd zucht geordnet, also ouch, obschon der gloub ein gab von gott ist, glich wie ouch frumkeitt, recht sinn[73] unnd gedennck. Volget doch nitt, das ein ieder ungestraafft macht habe zehanndlen, was er will, oder so er unfromm ist unnd uß bößenn sinnen und gedannckcn stilt unnd übels hanndelt, das mann in darumb nitt straaffen sölle, ja darumb das fromkeitt allein von gott ist. Zů warem, gůten unnd rechten nödten, usß falschem, bößem unnd unrechtenn triben, ist gůt unnd nutzlich, aber zů falschem, bößem unnd unrechtem zwingen, ist bös unnd schedlich. Deshalb můß in dißem hanndel allweg bevor gon, das der da straafft, die warheitt uff siner siten hab, nit der da gestrafft[74] wirdt. Dann welcher in einer waren unnd gůten sach gestrafft oder auch getödt wirdt, ist ein Marterer, welcher aber ein unrechte unware sach hat, der

[S. 1033] lidet als ein übelthäter unnd hat sich nitt zerümen, wie Petrus der apostel[75], ouch der heillig Augustinus wider die Donatisten[76], rychlich unnd klarlich beweret. Unnd bißhar ist in gemein von dem geredt, das ein ersamme oberkeitt verfürte unnd verfürische mennschen straffen möge. Yetzunnd volget von dem unnderscheid der verfürten unnd verfüreren, darus dann ouch die maaß unnd underscheid des straaffenns, wie sy billich sin mög unnd sölle, folgenn wirt.

Wie nun ein kranckheitt[77] nach denn zůfelenn grösßer, ouch nach der edle der glideren, die sy bestath unnd angaath, schwärer unnd schädlicher verrechnet, also macht ouch der zůfaal unnd schwäre der irrung oder ferfürung grůsamer. Schedlicher ist die kranckheitt unnd der prest, der auch ann-

[73] Über dem letzten «n» des Wortes Sinn befindet sich in der Handschrift ein Strich, so dass das Wort eigentlich als «Sinnn» gelesen werden müsste, was aber sicher ein Verschreiber ist.

[74] In der Handschrift zu lesen: «... g da gestrafft ...». Das erste «g» ist ein Verschreiber, den der Schreiber im Text irrtümlich nicht durchgestrichen hat.

[75] 1Petr 2,20.

[76] Vgl. Aurelius Augustinus, Epist. 185, II, 9–11, in: Aurelius Augustinus, Epistulae, CSEL 57, Al. Goldbacher (Hsg.), Wien und Leipzig, 1911, S. 8 und 10: «Veri autem martyres illi sunt, de quibus dominus ait: Beati, qui persecutionem patiuntur propter iustitiam. non ergo qui propter iniquitatem et propter Christianae unitatis diuisionem, sed qui propter iustitiam persecutionem patiuntur, hi martyres veri sunt. ... Ista [ecclesia] itaque beata est, quae persecutionem patitur propter iustitiam, illi vero miseri, qui persecutionem patiuntur propter iniustitiam.» Eine ähnliche Aussage findet sich auch in: Aurelius Augustinus, Contra Fulgentium Donatistam Liber, in: Opera omnia, Bd. 7, Basel, 1528, S. 440. Bullinger besass die von Froben 1528/29 gedruckte stattliche Werkausgabe Augustins in seiner Privatbibliothek (vgl. Anm. 31). Diese Schrift gegen den Donatisten Fulgentius gilt heute als pseudoaugustinisch, vgl. Cyrille Lambot, L'écrit attribué à S. Augustin Adversus Fulgentium Donatistam, in: Revue Bénédictine 58 (1948), S. 177–222.

[77] Vgl. die Irrlehre als Krankheit bzw. wucherndes Krebsgeschwür: 2. Tim. 2,16f.

dere glidr anzünndt unnd vergifft, dann der in imm selbs bestath. Schedlicher ist der brest, der die subtilenn, leblichen glider angath, dan der nun ußerlich an das fleisch sitzt. Also sinnd ouch die verfürer unnd verfürungen grusammer, die zů schmaach unnd lesterunng ouch verlougnung gottes, der stuckenn unnßers heils unnd lebenndigen gloubenns, ouch zů zerstörunng der kilchenn, gůter gsatztenn unnd rechter warheitt reichennd. Dann die falschenn wähn unnd irrigenn meinungen, die weder zů schmach gottes noch zeumbkeren gemeiner warheitt, gloubenns, noch gůter sitten reichennd, ouch niemands wyter vergifftennd, sonnder by inen selbs blybennd, wie man nun nitt jedenn brästen brenndt odr etzti, nitt ieds presthaffts glid abhaupt, sonnder das nitt nun nitt heillen, sonnder ouch anndere anzünnden wil, dann etliche krannkheitten mögen ouch mitt der zyt mit sänffter arzney geweert werdenn. Also sol man ouch nitt ieden vefürten unnd verfürischenn hinnemenn, sonnder allerley arzney versuchenn. Wenn im dann der verfürt nitt nun nitt will laßen hellffen, sonnder ouch anndere wil vergifften, dannethin folget erst das abschniden. Unnd das man dißes noch klerer verstannde, so volgennd ietzunnd ettliche geschlecht der verfürten unnd verfüreren im glouben, darinn liechtlich ouch anndere geschlecht mögend gebracht werden.

[S. 1034] Es ist ettwann ein wohn, ein einfalte unwüßennde meinung in einem einfalten nitt boßhafften mennschen, die uß treffennlichem doch nitt rechtem wyßen yffer, ouch ettwann uß blöder erschrockener gwüsßne erwachst, doch niemands verbößeret, die warheitt nitt umbkert, nocht mitt verachtung, kyb und hallstarrige verharrtt. Es ist ein offne, freffennliche, schanntliche oder glichßnerische gotzlesterunng, die wider gottes eher unnd namen reicht. Derley ist, so mann göttliche geschrifft veracht als lug unnd funnd, gott unnd die heillige dryfaltigkeitt schmecht, die gottheitt oder mennschheitt Christi verneinet, die artickel, darin unnßer heill stath, verschupfft, veracht unnd umbkert. Es ist ein verfürunng, die die einnigenn kilchenn (uß dem wort gottes erwachßenn) zertheilt unnd threnndt, ouch die selben rechten kilchenn (so vil an iro ist) zegrund richt. Es sinnd verfürer, die mitt irem verfürenn gůte göttliche gsatztenn zerstörennd, wider gůte ordennliche policey strytend, biderbe lüth ann iro lyb unnd gůt schwechennd, unrůw unnd uffrůr mitt der zyt bewegennd. So nun in erzelten geschlechtenn eins schwerer ist dann das annder, so můs ietzunnd folgenn, das ouch die straaff an ir eher, lyb oder gůth nach grösße des übels wachsen oder abnemen sol, ye nach gestalt unnd gelegenheitt der sach.

Die gelegennheitt aber unnd gestalt der sach mag entscheidenn werdenn erstlich uß der personn desße, denn man straaffen sol. Namlich ist die personn ersam, gůts lümbdenns, die alweg wol gelept, nach eerenn[78] unnd

[78] In der Handschrift zu lesen: «... nach eeren, nach eerenn ...», wobei ersteres «nach eeren» vom Schreiber durchgestrichen wurde.

grechtigkeitt gestelt, nitt üppig, verlogenn, uffrürig, häderig, frömds gůts begirig, ist aber ietzunnd an iro selbs verworrenn, billich fart man dergestalt mit der straaff, das sy mag zůr bůß komenn unnd abston. Ist aber die personn verlümdet, unerber, verlogen, unrüwig, mag man wol denn glouben uß der personn erwegen unnd darnach die straaff richten. Demnach mag ouch die gelegennheitt unnd gestalt der sach uß der opinion unnd meinung oder uß der leer unnd articklenn des verfürten oder verfürischenn entscheiden werdenn. Dann ist die leer gotzlesterig, keert sy umb den glouben und die waarheitt, trenndt sy frevenlich die kilchenn, zerbricht

[S. 1035] sy gůte policey, vergifftets ouch annder lüth, billich wirt das bresthafft glid abgehowenn. Ist ouch weger, ein hannd werde abgehowenn, dann das der ganntz lyb solte verderben.[79] Wäger ists, ein verfürischer oder verfürter, der aber ouch ietzdann mitt gwalt annder über bericht sins irthumbs verfürt, werde an lyb unnd lebenn gestraafft, dann das vil werdint verdampt unnd umbbracht.

Unnd wie wol nun das gwüsß unnd heyter gnůg ist by allen verstenndigen, noch mag niemands kein einige gwüsße regel in dißenn hanndlen stellenn, dann die umbstennd merennd und minderennd die sache, darumb sy wol zeermesßen sinnd. Der from aber, der obgemeltenn entscheid verstannden, wirt wol konnen ein sach von der annderenn enntscheidenn unnd enntlich darůff sähenn, das die warheitt erhaltenn, die unwarheitt unndergetrukket, die einfalten unnd blödenn uff besßerung geduldet unnd vergoumpt, die fräfflenn bößenn bůben unnd verfürer abgethonn werdinnt. Das alles ist inn gemein von allerley seckten, verfürten unnd verfüreren, nitt nun allein von denn widertöůfferen, geredt, sonnder von allen dennen, die in der kilchenn Christi unwaarheitt pflantzend trenung machennd.

Ietzunnd der töufferenn halbenn allein zeredenn unnd urtheilenn wirt clar unnd verstenndig sin uß obgelüterter sach, ermesße man ir person, ermesße man ire artickel unnd leeren, wohin sy reichind, unnd demnach beschäch nach gestalt der sach. Damit aber die sach nitt rinng gewogen, dardurch man aber mitt der zytt in grosß abfal unnd schadenn kommen möchte, ist wol zemercken, was uß der gemeinen töufferischenn leer volgenn möchte, so man iro nitt ernnstlich warte, ouch was sy in iro haltet unnd vergrifft.

Erstlich des widertouffs halben: Wenn er nun für sich selbs ein irrige meinunng unnd ein verwennther won one anhanng bosßerer stucken were, möchte villicht mitt lanng mütigkeitt überwunndenn unnd mitt der zyt gebesßeret werdenn. Diewil er aber ein pflicht ist unnder die ganntzen toüffery, ist er gar nitt zedulden. Dann so nitt mee dann nun ein warer rechter touff sin mag unnd ist, darus die kinnder nitt ußgeschloßen sinnd, der unns ouch allein einest wordenn ist, deshalb der widertouff unnötig unnd falsch, sy, die

[79] Mt 5,30.

widertöuffer aber, inn schmehennd unnd lesterennd, den iren pryßend, das gůt boß und das böss gůt machennd, ist die schmaach des heilligen sacraments nit rinng zewegen.

[S. 1036] Demnach, so ir leer unnd widertouffenn enntlich uff ein trenung unnd absünderung von der rechtenn kilchen zů einer verwöhnten falschenn[80] kilchenn gewenndet unnd gericht ist, das es, so veer innen ires rottierenns gestattet, umb die rechten kilchenn gethon ist, ir wyß unnd touffen nitt zeverachten, als das wennig schadenn bringenn möge, dann die zerstörunng gůtter dingen unnder gůter gestalt kleiner achtung herinn bricht, hernach aber grossßen schaden thůt. Hie har gehört, das sy zů dem wort gottes nit gond, die leerer der waarheitt verfolgennd, verlesterennd unnd also die warheitt ouch annderen irer seckt zehörenn verbietend, ouch mee wychennd unnd nachgebennd denn påbstischenn dann dennen, so das euangelium wider ire irrthumb predigend, damitt ye der böß, ein fyennd aller warheitt, bewyst, das er die töüffischenn sect insonnders als ein instrument, euangelischer warheitt umb zekeerenn unnd hingeleyte irthumb unnder der gestalt der geystlicheyt wider in zefüren, erweckt hatt, als ouch ougennschiennlich in Solothurn beschähenn, dann für das es by inen darzů kommen, das die toüffer platz unnd statt überkommen, hatt der päpstisch huff mögenn fürtrucken.

Wyter stryttet ire leer wider gůte gesatz unnd policey, so sy leerend, kein Christ möge ein oberer sin, dann damitt wirt allein das zewegen bracht, das nüdt dann unglöübige im gwalt sin söllennd, diewill dann die unglöübigen die warheitt verfolgennd, kein rechts schirmennd, gůter gesatzten nit achten, tyrrannen sind, was ist dann annders gredt, so sy lerennd, kein Christ möge ein oberer sin, dann ob sy sprechinnd, man soll tyrrannen setzenn über das arm volck, die keiner gesatzten achtennd, die warheitt verfolgennd unnd alles unrechten uff richtind?

Ungehorsamme pflantzennd sy, damitt das sy lerennd, man möge unnd sölle kein eyd schwerren, ja so der eyd abgethonn, wirt es ein anlaß zů allen unrůwen sin. Sy sinnd ursechig, das die ehen getrenndt, biderben eegmëchlenn iro eheegmahel entfürt, das kinnden verlassen unnd ganntze gsümd zegrunnd gond.

Sy gebennd allerley betrugs unnd stälenns nitt klein ursachen, wenn sy redennd, kein Christ möge zinns oder zehennden nehmen. Dann der gmein man, der sunnst mitt unrůwen verhafft, gedennckt, ist er nitt ein Christ, was schad es denn, ob du schonn denn heiden nitt zum thrüwlichsten zinßest, damitt sy ie biderb lüth ann iren güteren schedigennd. Ja, der irthumb sinnd mee, dann iemands in kürtze erzellen möge.

[S. 1037] Wenn nun iemands der widertoüffischenn oder annderer seckt halbenn begriffen unnd erfunndenn wirt, der werde nitt nun erforderet, ob er

[80] In der Handschrift zu lesen: «... falsch falschen ...», wobei ersteres getilgt ist.

denn kinnder touff für gůt unnd denn widertouff für bösß gäbe, sonnder erkonne man vil mee sin personn, wie obgemelt, demnach in was stucken unnd articklen er töuffisch sye?

Darnach verhöre man inn ouch mitt sannfftmütigem geist. Ist dann ein gůte ard da, so veracht sy die underrichtung nitt. Ist ein böße da, die verlyt sich ouch nitt, ist dann neysß was besßerunng zehoffen. Billich hanndlet man nitt gäch mitt sömlichenn. Ist dann kein besßerunng zehoffen, ouch so gar nitt, das er nitt allein verderben, sonnder ouch annder mit im verderben will, hilfft kein waarheitt nitt, dan das er wol verstannden, das sin leer unnd weßen zů umbkeeren denn glouben, zetrennen die kilchenn, dessglich zů nachteil eins gůten regiments reichen will, nüdt dest minder über das alles leeren unnd verfüren will, so verschaff man mitt im, das er niemannds vergiffte. Globte er aber trüw unnd hielte nitt, karte widerumb zů sinem wůst, so zühe man der sach unnd dem hanndel denn glichßneten namen ab unnd hanndel man mitt sömlichen wie mitt anderen übelthäteren, ye nach gestalt der sach, als obgemelt, ouch alle göttliche, weltliche unnd keyßerliche rechten vermögennd.

Actum im meyen. Anno domini 1535.

Verordnete diener der kilchen Zürich, predicannten, lectores, decani unnd fürnemme predicanten ab dem lannde.

Dr. Urs B. Leu, Zentralbibliothek Zürich, Zähringerplatz 6, 8025 Zürich

Johann Caspar Lavater (1741–1801) / Felix Hess (1742–1768)

Exzerpte aus dem Rechenschaftsbericht an den Examinatorenkonvent der Zürcher Kirche über ihre Deutschlandreise vom Jahre 1763/64

VON CONSTANZE RENDTEL

Im März 1763, ein Jahr nach Abschluß seines Theologiestudiums am Collegium Carolinum und der Ordination zum Verbi Divini Minister der Zürcher Kirche, trat Johann Caspar Lavater (1741–1801) zusammen mit seinen Freunden Felix Hess (1742–1768) und Johann Heinrich Füssli (1741–1825), dem späteren Maler, eine Bildungsreise nach Deutschland an, die dreizehn Monate dauern sollte. Mutig hatten die drei jungen Predigtamtskandidaten einige Monate zuvor, Ende August 1762, in einem Traktat die korrupte Politik des ehemaligen Landvogts von Grüningen, Felix Grebel, angeprangert.[1] Grebels Machenschaften waren zwar allseits bekannt, aber niemand hatte bislang gewagt, diesen einflußreichen Mann, Schwiegersohn des regierenden Zürcher Bürgermeisters, zur Rechenschaft zu ziehen. Auch Lavater und seine Freunde bekamen sogleich die Macht der Obrigkeit zu spüren. Am 5. März 1763 wurden sie vom Magistrat ermahnt, künftig solche Eigenmächtigkeiten zu unterlassen und den «Gnädigen Herren und Oberen die schuldige Hochachtung und Gehorsam» zu erweisen. Unter diesen Umständen erschien es den Eltern der jungen Theologen angebracht, ihre Söhne für einige Zeit aus Zürich wegzuschicken. Schon drei Tage später, am 8. März, verließen Lavater, Hess und Füssli die Stadt. Man reiste in Begleitung des bekannten Schweizer Gelehrten Johann Georg Sulzer, der viele Jahre in Berlin gewirkt hatte und nun nach längerer Unterbrechung wieder dorthin zurückkehrte, um die Leitung der neugegründeten Ritterakademie zu übernehmen. Die Route der kleinen Reisegesellschaft führte von Winterthur über St. Gallen, Lindau, Augsburg, Saalfeld, Zeitz, Leipzig, Magdeburg nach Berlin, wo man am 27. März 1763 eintraf. Unterwegs lernten die drei jungen Männer dank der hervorragenden Kontakte ihres Mentors Sulzer einige bedeutende Persönlichkeiten aus dem kulturellen Leben kennen, so den Dichter Christian Fürchtegott Gellert und den Lyriker Johann Wilhelm Ludwig Gleim. Im friderizianischen Berlin – dessen kühles soziales und kulturelles Klima Lavater ebenso kritisierte wie die Militär- und Religionspolitik des preußischen Herrschers – besuchten sie vor allem führende Männer aus Gesellschaft und

[1] Johann Caspar *Lavater*, Der ungerechte Landvogd oder Klagen eines Patrioten, Zürich 1762; [JCLW, Bibliographie, Nr. 352.1]. Geplant ist die Edition des Grebelhandels in Band 1 von: J. C. *Lavater*, Ausgewählte Werke in historisch-kritischer Ausgabe [JCLW, I).

Kirche, wie die Prediger August Friedrich Wilhelm Sack, Johann Samuel Diterich und Martin Crugot, aber auch den jüdischen Aufklärungsphilosophen Moses Mendelssohn.

Nach einem Monat verließen die drei Schweizer Berlin und reisten nach Barth, einem kleinen Städtchen an der Ostsee, im damals schwedischen Vorpommern gelegen. Barth war das eigentliche Ziel ihrer Reise. Dort lebte der Theologe Johann Joachim Spalding (1714–1804), der durch seine Schrift ‹Die Bestimmung des Menschen›[2] einem breiten, theologisch interessierten Publikum bekannt geworden war und gerade auch von den reformierten Theologen der Schweiz hochgeschätzt wurde. So war es Johann Jakob Breitinger, Lavaters Lehrer, gewesen, der die Reise zu Spalding vorgeschlagen hatte. Spalding, in Barth als Pfarrer und Präpositus der Synode amtierend, war ein wichtiger Vertreter der deutschen Aufklärungstheologie und beeinflußte das religiöse Denken seiner Zeit nachhaltig mit seinen Predigten und populartheologischen Schriften, die eine von Orthodoxie und Konfessionalismus befreite Religiosität forderten.

Während Heinrich Füssli schon im Herbst 1763 wieder nach Berlin zurückreiste, entschlossen, sich künftig ganz der Malerei zu widmen, blieben Lavater und Hess ein Dreivierteljahr in Barth. Die neun unbeschwerten Monate, die Lavater mit Felix Hess in dem bescheidenen Pfarrhaus bei Spalding verleben durfte – erfüllt von intensiven Gesprächen über Religion, Literatur und Philosophie – blieben ihm stets in angenehmer Erinnerung.[3] Am 24. Januar 1764 verließen die jungen Männer das idyllische Barth und reisten über Greifswald nach Berlin zurück, begleitet von Spalding, der inzwischen zum preußischen Oberkonsistorialrat ernannt worden war und seine Übersiedlung in die Hauptstadt vorbereitete. Während ihres zweiten Berliner Aufenthalts (29. Jan. – 1. März 1764) hatten Lavater und Hess Gelegenheit, die im Vorjahr gemachten Bekanntschaften zu vertiefen. Die Rückreise in die Schweiz führte über Quedlinburg, wo man Klopstock und Resewitz besuchte, Halberstadt, Braunschweig, Göttingen, Kassel, Frankfurt a. M. und Straßburg nach Zürich.

[2] Johann Joachim *Spalding*, Die Bestimmung des Menschen, Greifswald 1748.– Diese bis 1794 in 13 Auflagen publizierte Schrift, die vom Autor immer wieder größeren Überarbeitungen unterzogen wurde, wird demnächst als Band I/1 der von Prof. Beutel (Münster) herausgegebenen Kritischen Spalding-Ausgabe erscheinen.

[3] So äußerte er sich etwa im ersten Teil (1. Brief) seiner ‹Aussichten in die Ewigkeit, in Briefen an Herrn Joh. Georg Zimmermann, königl. Großbrittannischen Leibarzt in Hannover, Zürich 1768› folgendermaßen: J. C. *Lavater*, Aussichten in die Ewigkeit 1768–1773/78, hrsg. von Ursula *Caflisch-Schnetzler*, Zürich 2001 (JCLW, II), 15 [zit.: *Lavater*, Aussichten]: «*Spalding* – ach! mit welchem heimwehähnlichen Schmerz denke ich an die goldenen Tage, die glücklichsten meines Lebens zurück, die ich mit zwey geliebten Freunden auf seinem Barthischen Pfarrhofe zugebracht». Siehe zu Spaldings Einschätzung des Besuchs Anm. 86.

Bald nach ihrer Rückkehr (26. März 1764) verfaßten Lavater und Hess pflichtgemäß einen gemeinsamen Bericht für den Examinatorenkonvent der Zürcher Kirche, dem die Aufsicht über die Expektanten, also Predigtamtskandidaten, oblag. Er und Hess hatten bereits im Dezember 1763 beschlossen, zunächst anhand der eigenen Tagebuchaufzeichnungen[4] einen separaten Text zu erstellen, anschließend jedoch beide Vorlagen zu einem gemeinsamen Bericht zu verschmelzen.[5] Laut Protokollnotiz des Examinatorenkonvents kam dieser Bericht am 5. August 1764 zur Verlesung und wurde gebilligt, jedoch anscheinend nicht zu den Akten genommen.[6]

Bei der Handschrift der Zentralbibliothek Zürich, Ms S 602, Nr. 4 – sie befindet sich im Nachlaß des Johann Jacob Hess (1741–1828), Antistes der Zürcher Kirche – handelt es sich nach paläographischem Befund mit Sicherheit nicht um ein Autograph eines der beiden Verfasser, sondern um eine spätere Abschrift durch eine unbekannte Person.[7] Zahlreiche Fehler machen deutlich, daß hier jemand am Werke war, der nur über geringe Kenntnisse der lateinischen Sprache verfügte. Wie aus dem Titel klar hervorgeht, gibt der vorliegende Text den Rechenschaftsbericht nicht vollständig wieder, sondern besteht nur aus Exzerpten desselben, was auch den abrupten, formlosen Schluß erklärt. Wann genau und zu welchem Zweck diese gekürzte Version erstellt wurde, ist bislang unbekannt.[8]

4 Vgl. Johann Kaspar *Lavater*, Reisetagebücher, Teil 1: Tagebuch von der Studien- und Bildungsreise nach Deutschland 1763 und 1764, hrsg. von Horst *Weigelt* in Zusammenarbeit mit Tatjana *Flache-Neumann* und Roland *Deinzer*, Göttingen 1997 (Texte zur Geschichte des Pietismus, Abteil. VIII 3) [zit.: *Lavater*, Tagebuch]. – Das Tagebuch von Felix Hess ist in den Beständen der Handschriftenabteilung der Zentralbibliothek Zürich nicht nachweisbar. Auch im Familienarchiv Hess in Nürensdorf befindet sich nach Auskunft von Herrn Emanuel Hess kein Tagebuch von Felix Hess unter den Archivalien. Für diese Informationen und eine Reihe weiterer wertvoller Hinweise möchte ich Frau Dr. Ursula Caflisch-Schnetzler, Miteditorin der historisch kritischen Lavater-Ausgabe, herzlich danken.

5 Vgl. *Lavater*, Tagebuch, 559: «Hesz und ich sprachen darnach von unserer Zurückkunft und der in den ersten Tagen derselben nothwendigen und verdrieszlichen Zerstreüung; auch von dem Aufsatz unserer Reisrechenschaft vor dem Consistorio. Wir fanden es gut, jeder eine besondre zu machen, aus denen dann eine zusammengeschmolzen werden konnte.»

6 Protocollum Actorum Ecclesiasticorum 1757–1764 (Staatsarchiv Zürich: E II 45) S. 350 zum 5. August 1764: «Hr. Exspect. Lavater u. Hr. Fel. Heß relatierten in einer lateinischen, weitläuffigen u. zimlich frey stylisierten Sermon, wie Ihr Iter Literarium abgelauffen. Diesere Relation wurde Ihnen auch mit bestem Willen abgenohmen u. weiter aller Göttliche Seegen angewünscht.» Die Marginalie lautet: «Ratio Studior. Hrn. Lavaters u. Heßen». Nach Auskunft von Herrn Dr. Hans Ulrich Pfister vom Staatsarchiv des Kantons Zürich, dem ich an dieser Stelle für seine Hilfe danken möchte, ist der Bericht im zugehörigen Beilagenband (Staatsarchiv Zürich: E II 75) nicht vorhanden.

7 Da sich der Text im Nachlaß des Johann Jacob Hess befindet, spricht einiges dafür, diese Person in dessen Umfeld zu suchen.

8 An dieser Stelle möchte ich meinen herzlichen Dank für die Anregung dieser Edition sowie die Durchsicht der Übersetzung Herrn Prof. Dr. Peter Stotz, Mittellateinisches Seminar der

In der späteren unter großem Interesse der gebildeten Öffentlichkeit ausgetragenen Kontroverse zwischen Lavater und Moses Mendelssohn[9] gewann der Reisebericht von 1763/64 eine unvorhergesehene Bedeutung. Bekanntlich hatte Lavater seiner Teilübersetzung von Charles Bonnets Werk ‹La Palingénésie philosophique› ein Zueignungsschreiben an Moses Mendelssohn vorangestellt[10], worin er den jüdischen Philosophen aufforderte, diese Schrift entweder öffentlich zu widerlegen, oder zu tun «was *Socrates* gethan hätte, wenn er diese Schrift gelesen, und unwiderleglich gefunden hätte».[11] Was Lavater erhoffte, war, wenn schon keine Bekehrung, so doch wenigstens eine deutliche Stellungnahme Mendelssohns für das Christentum.[12] Der Philosoph reagierte jedoch zu Lavaters Erstaunen mit Verärgerung auf dieses Ansinnen und gab zu verstehen, daß er niemals die Absicht gehabt habe, den Glauben seiner Väter zu verlassen und dies auch künftig nicht tun werde.[13] Nachdem Lavater sich für seine Unbesonnenheit entschuldigt hatte und beide überein gekommen waren, ihre diesbezüglichen Schriften gemeinsam zu publizieren[14], schien der Streit zunächst beigelegt. Es kam jedoch bald darauf zu einer erneuten Irritation des Berliner Philosophen. Im Dezember 1770

Universität Zürich, aussprechen. Hilfreich war auch die Überprüfung der Transkription durch Frau Marlis Stähli von der Handschriftenabteilung der Zentralbibliothek Zürich. Dank gebührt ebenfalls Herrn Prof. Dr. Alfred Schindler (Zürich) vom Herausgeberkreis der Lavater-Edition für Korrekturen an der Übersetzung. Mit Auskünften und Recherchen haben mir auch Dr. Ernst Ziegler (St. Galler Stadtarchiv) und Dr. Matthias Weisshaupt (Kantonsbibliothek Trogen, Appenzell AR) sowie Prof. Albrecht Beutel (Münster), Herausgeber der Kritischen Spalding-Ausgabe, geholfen, wofür ich herzlich danke.

9 Zu den in diesem publizistischen Streit veröffentlichten Schriften vgl. Johann Caspar *Lavater,* Briefe von Herrn Moses Mendelssohn und Joh. Caspar Lavater. 1770, hrsg. von Martin Ernst *Hirzel*, Zürich 2002 (JCLW, III), 119–273 [zit.: *Lavater*, Mendelssohn]. – Vgl. auch Moses *Mendelssohn,* Schriften zum Judentum I, bearb. von Simon *Rawidowicz*, Stuttgart/ Bad. Cannstatt 1874 (Moses *Mendelssohn,* Gesammelte Schriften, Jubiläumausgabe, 7)) [zit.: *JubA 7*]; sowie Alexander *Altmann*, Moses Mendelssohn. A Biographical Study, London 1998, 194–263 [zit: *Altmann,* Mendelssohn].

10 J. C. *Lavater*, Zuschrift der Bonnetischen Untersuchung der Beweise für das Christenthum an Herrn Moses Mendelssohn in Berlin, Zürich 1769; ediert in: *Lavater*, Mendelssohn, 233–234. – Die komplexen Beweggründe für diese Zueignung erörtert *Hirzel*, Einleitung, in: *Lavater*, Mendelssohn, 131–149.

11 *Lavater*, Mendelssohn, 234.

12 *Hirzel*, Einleitung, in: *Lavater*, Mendelssohn, 149, betont, daß dabei nicht an ein konfessionelles Christentum zu denken sei, sondern an «einen neuen geistbegabten Glauben [...], wie er ihn im Alten wie auch im Neuen Testament erkannt und als für Christen wie Juden genauso wichtig erkannt hatte.»

13 Mendelssohns Erwiderung unter dem Titel ‹Schreiben an den Herrn Diaconus Lavater zu Zürich von Moses Mendelssohn› datiert auf den 12. Dezember 1769 und wurde 1770 publiziert; ediert in: *Lavater*, Mendelssohn, 235–249; vgl. auch die Ausführungen von Hirzel, ibidem, 150–154.

14 Zu Lavaters ‹Antwort› und Mendelssohns ‹Nacherinnerung› vgl. *Hirzel*, Einleitung, in: *Lavater*, Mendelssohn, 155–183 sowie 251–273 (Text).

war anonym[15] diejenige Passage aus vorliegendem Rechenschaftsbericht in den ‹Jenaischen Zeitungen von gelehrten Sachen› publiziert worden, die über Lavaters Besuch bei Moses Mendelssohn in Berlin handelt und in der dem jüdischen Philosophen eine nahezu christliche Messiasvorstellung unterschoben wird.[16] Diesmal war Mendelssohn empört und hatte Mühe, Gelassenheit zu bewahren.[17] Auch Lavater war betroffen über die ohne sein Wissen erfolgte Veröffentlichung[18] und bemühte sich umgehend, Mendelssohn seiner Mißbilligung der ganzen Angelegenheit zu versichern.[19] Dabei bestätigte er zunächst einmal die ‹Echtheit› des Textes – dies, soweit er sich erinnere, denn das Original könne er nicht mehr auffinden[20] –, bestritt dann aber im weiteren, für den Inhalt des Berichts verantwortlich zu sein. Dieser, ein Werk jugendlicher Ungeschicklichkeit, dem keinerlei Bedeutung mehr zukomme, sei nämlich von seinem inzwischen verstorbenen Reisegefährten Felix Hess[21] verfaßt worden.[22] In gleichem Sinne äußerte sich Lavater auch in einer öffentlichen Stellungnahme[23], die am 25. Januar 1771 in den ‹Jenaischen Zeitungen› erschien. Mendelssohn akzeptierte diese Distanzierung Lavaters von der strittigen Publikation und verzichtete seinerseits auf eine öffentliche Erwiderung. Allerdings hielt er es für angebracht, Lavater wenigstens brieflich darüber zu informieren, was ihm an dem publizierten Textauszug «eigentlich anstößig» gewesen sei und legte in knappen Worten seine Position zu Christentum und Messiasglaube dar.[24] Nach diesem Schreiben kehrte langsam

[15] Vgl. *Rawidowicz*, Einleitung zum Lavater-Mendelssohn-Streit, in: *JubA 7*, XLVI-XLVII.

[16] Der Text erschien dort unter der unzutreffenden Überschrift ‹Aus Lavaters Tagebuch›; abgedruckt in: *JubA 7*, 353, Anhang (Nr. 25). Merkwürdigerweise wurde diese inkorrekte Zuordnung auch von Lavater selbst in seinen Briefen an Mendelssohn und in seiner öffentlichen Stellungnahme nicht berichtigt.

[17] So schrieb er am 4. Dez. 1770 an Lavater (*JubA 7*, 354–355, Anhang 26): «Aber beykommendes Zeitungsblatt habe ich in der That nicht ohne herzlichen Verdruß lesen können. Ist dieser Aufsatz ächt? Und ist er mit Ihrer Einwilligung bekant gemacht worden? Ich erkenne mich weder in dem ungeheuren Lobe, das mir beygelegt, noch in den Meinungen, die mir zugeschrieben worden sind.»

[18] Vgl. *Rawidowicz*, Einleitung, in: *JubA 7*, XLVI-XLVII.

[19] Briefe Lavaters vom 15. und 18. Dezember 1770 an Mendelssohn, ediert in: *JubA 7*, 355–358, Anhang (Nr. 27 u. 28).

[20] *JubA 7*, 356: «‹Ob er ächt sey?› – Mich dünkt, so viel ich mich noch erinnern kann (denn ich weiß das Original nicht mehr zufinden) – ziemlich ächt. Einige nicht sehr wesentlichen Ausdrücke wollen mir zwar etwas fremde scheinen.»

[21] Am 3. März 1768.

[22] *JubA 7*, 359: «Und itzt erdreistet sich eine fremde Hand, ohne alles mein Wissen, einen verjährten, jugendlichen, unpolirten Privat-Aufsatz, der nicht einmal von mir, sondern von einem meiner ehemaligen Reise Gefährten verfaßt worden ist, als meine Arbeit an das Licht zu schleppen.»

[23] Unter dem Titel: Lavaters Aufsatz über die Tagebuchveröffentlichung, *JubA 7*, 358–360, Anhang (Nr. 29) und *Rawidowicz*, Einleitung, in: *JubA 7*, XLVIII-XLIX.

[24] Vgl. Mendelssohns Brief an Lavater vom 15. Januar 1771, ediert als Anhang 31 in: *JubA 7*,

Ruhe ein, die Lavater-Mendelssohn-Kontroverse fand keine Weiterführung. – Lavaters Behauptung, nicht der Verfasser des Reiseberichtes zu sein, muß allerdings zurückgewiesen werden. Selbst wenn der Text überwiegend von Felix Hess formuliert wurde, was sich nicht überprüfen läßt, da dessen Tagebuch bislang nicht aufgefunden werden konnte, ist Lavater jedoch unbedingt eine Mitverfasserschaft zuzuschreiben.[25]

Editionsgrundsätze:
Editionsgrundsatz ist eine weitgehend diplomatisch getreue Wiedergabe. Nur bei offensichtlichen Fehlern wurde davon abgesehen. Die Groß- und Kleinschreibung wurde entsprechend der heutigen Regelung gehandhabt. Da die Interpunktion des Textes keine durchgängigen Regeln erkennen läßt, wurde auch die Zeichensetzung heutigen Regeln angepaßt. Damals gebräuchliche Kürzel wurden aufgelöst und die Ergänzungen in eckige Klammen [...] gesetzt.

Charakterzüge einiger gelehrter Männer, die der ehrwürdige Lavater und Felix Hess auf ihrer Reise angetroffen haben, von ihnen beschrieben und aus ihrem Rechenschaftsbericht über die Reise herausgegriffen.[26]

Lavater und Hess brachen von Zürich auf, geführt und begleitet von Professor Johann Georg Sulzer[27] aus Winterthur, der vordem in Berlin als Mathematiker wirkte: Er gilt in Deutschland in allen Wissenschaften als führend, berühmt als ein Mann von scharfem Verstand und einem Reichtum an sorgfältiger, auserlesener Bildung, berühmt vor allem wegen seiner gründlichen Kenntnisse in den Geisteswissenschaften, ein Mann schließlich, der sich durch seine Umgänglichkeit und Freundschaft auszeichnet.

In St. Gallen: Wegelin[28], Professor der Philosophie und Prediger in fran-

361–363 und *Rawidowicz*, Einleitung, in: *JubA 7*, XLVIII.

25 So auch Rawidowicz, Einleitung, *JubA 7*, XLVII-XLVIII; *Altmann*, Mendelssohn., 259–261; Hirzel, Einleitung zu: *Lavater*, Mendelssohn, 134–135.

26 Vorliegender Text wurde auszugsweise und in leicht abgeänderter Form publiziert in: Turicensia Latina. Lateinische Texte zur Geschichte Zürichs aus Altertum, Mittelalter und Neuzeit, hrsg. von Peter *Stotz*, Zürich 2003, 296–306.

27 Johann Georg Sulzer (1720–1779), seit 1749 als Professor für Mathematik am Joachimsthaler Gymnasium in Berlin tätig und 1750 zum Mitglied der Preußischen Akademie der Wissenschaften ernannt, hatte sich 1761 nach dem Tod seiner Ehefrau vom Dienst suspendieren lassen und lebte seitdem wieder in der Schweiz. 1763 kehrte er auf Wunsch Friedrichs II. nach Berlin zurück, um an der neubegründeten Ritterakademie zu wirken. Er nahm als Mentor die drei jungen Männer nach Berlin mit. Die Abreise von Zürich erfolgte am 8. März 1763. Die Route führte von Winterthur über St. Gallen, Lindau, Augsburg, Saalfeld, Zeitz, Leipzig, Magdeburg nach Berlin, wo man am 27. März 1763 eintraf.

28 Jakob Wegelin (1721–1791) lehrte seit 1759 als Professor für Philosophie und Latein am

zösischer Sprache, fürwahr ein großer Mann, hinsichtlich der Gewandtheit seines Geistes die meisten, ja selbst bedeutende Persönlichkeiten übertreffend, ein äußerst scharfsinniger Forscher nach der Wahrheit, hochgeschätzt bei uns, aber noch mehr bei den Auswärtigen wegen seiner einzigartigen Tüchtigkeit und Freiheit von Vorurteilen, die aus allen von ihm veröffentlichten theologisch-politischen Büchern wunderbar hervorleuchtet. Wegen der Unbescholtenheit seines Lebenswandels und der Reinheit seiner Sitten verdient er in Wahrheit den Namen Philosoph. Er ist überaus leutselig und freundlich.

Der Pastor Jakob Huber[29] – nicht der letzte, was Bildung, Begabung, Eifer und die Gabe zum Predigen anbelangt – wird von jedermann in dieser Stadt sehr geschätzt und ist ein Liebhaber der Geisteswissenschaften.

In Trogen, einem Ort in Appenzell Ausserrhoden, war der alte Arzt Zellweger[30], der jetzt unter den Seligen weilt[31], wegen der unverdorbenen Schlichtheit seines Lebenswandels, der angeborenen Vortrefflichkeit seines Geistes und der Redlichkeit seines Urteils bei jedermann sehr beliebt. Er war ein überaus würdiger Freund von Breitinger[32] und Bodmer[33]. Wir glaubten einen Patriarchen zu sehen, als wir ihn erblickten.

Porträt Berlins

Ja, der große König[34], der in der Tat, wenn man ihn mit anderen vergleicht, der größte ist – dessen Lob den gesamten Erdkreis zu erfüllen scheint – ein

Gymnasium in St. Gallen und war Pfarrer der französischen Gemeinde. 1766 wurde er zum Mitglied der Preußischen Akademie der Wissenschaften ernannt.

29 Jakob Huber (1715–1769), Registrator der Stadtbibliothek St. Gallen und seit 1752 Pfarrer zu St. Leonhard (Stadtarchiv SG, Stemmatologia Sangallensis oder Geschlechter-Register, Tomus J, Huber, LXVII, 144 und Stadtarchiv SG, Kirchenarchiv, IV, 1, 1, S. 237f).

30 Laurenz Zellweger (1692–1764), Arzt und Gelehrter.

31 Wörtlich: jetzt unter den Heiligen. – Laurenz Zellweger war am 14. Mai 1764 verstorben, vgl. HBLS 7, 1934, 640.

32 Johann Jakob Breitinger (1701–1776), Theologe, Philologe, Dichter, Professor für hebräische und griechische Sprache am Zürcher Kollegium Carolinum, Lehrer von J. C. Lavater.

33 Johann Jakob Bodmer (1698–1783), Gelehrter, Literaturtheoretiker, Dichter. Wirkte von 1731 bis 1775 als Professor für Helvetische Geschichte am Zürcher Collegium Carolinum und war ebenfalls Lehrer Lavaters. – Zum gelehrten Freundeskreis um Bodmer und Breitinger vgl. Peter *Faessler*, Die Zürcher in Arkadien. Der Kreis um J. J. B. und der Appenzeller Laurenz Zellweger, in: Appenzellische Jahrbücher 107, 1979, 3–48.

34 Friedrich II. war Ende März 1763 aus dem Siebenjährigen Krieg nach Berlin zurückgekehrt. Lavater sah ihn am 12. April beim Besuch der Berliner Kadettenschule, vgl. *Lavater*, Tagebuch, 44. Lavaters zunächst wertneutrales Bild vom Preußenkönig kehrte sich unter Spaldings Einfluß, der Friedrichs «Sentiment gegen die Religion» scharf kritisierte, bald ins Negative, vgl. ibid., 65 [passim]. Vgl. auch Horst *Weigelt*, Friedrich II. im Urteil Lavaters, in: Zeitschrift für Religions- und Geistesgeschichte 35, 1983, 335–351.

König, der mit seinem Intellekt alles und überall durchdringt, er ist scharfsinnig, hellwach und von unermüdlichem Eifer, zugleich voll Einsicht und Klugheit, und dennoch ein Pseudophilosoph, der nicht durch Verstandesurteil und begründete Argumentation, sondern durch ein ungezügeltes Naturell geleitet zu werden scheint. Nicht nur dem Aberglauben, sondern der Religion selbst war er stets Feind und spottet ganz unverblümt über alles Heilige.[35] Sein geschickter, übergenauer Umgang mit Geld scheint sich zuweilen so weit dem Geiz anzunähern, daß man ihn davon kaum mehr unterscheiden kann. Er ist ein König, der zwar dem Namen nach Gott die Ehre gibt, im übrigen aber das Gold seine Hoffnung und Zuversicht nennt. Das Volk dort ergeht sich in zahllosen Zerstreuungen und zeigt schon auf den ersten Blick ganz unverblümt entweder Vergnügungssucht und Ausschweifung oder aber Armut und Mangel oder sogar beides. Es stöhnt unter verborgenen Lasten und der Furcht vor einer langsam heraufziehenden Gewaltherrschaft und muß doch gehorchen, und den Leuten bleibt nichts anderes übrig, als den König und seine Diener zu verwünschen, sei dies im einzelnen gerechtfertigt oder nicht. Die Soldaten werden mit grausamer Disziplin gequält, die Heerführer und Hauptleute ihrerseits verfluchen den König und die Soldaten.[36]

Jene, die sich selbst weit klüger dünken und aus besserem Lehm geformt als die Tölpel aus dem gemeinen Volk und es lieben, sich als große Geister anreden zu lassen, behandelt er wie Gefangene.

Die Religion des Königs und derer, die um ihn sind, Aberglaube und Unwissenheit des Volkes

Wer hält Berlin nicht gleichsam für die Nährmutter aller guten Wissenschaften? Aber dennoch findet man dort so viele Verächter der Gelehrsamkeit, daß diejenigen, die es nicht sind, für nichts gehalten werden. Auch findet man sehr wenige wahre und fleißige Verehrer der Musen und Liebhaber von Büchern. Noch seltener sind Philosophen, die sich gründlichem Nachdenken und umfassender Forschung hingeben. Die Gier nach Gewinn scheint jeden vernünftigen Gedanken verdrängt, die Genußsucht die Seele der Religion,

[35] Vgl. *Lavater*, Tagebuch, 420, hier bezeichnet Lavater Friedrich II. ebenfalls als «Spötter der Religion».

[36] Zum menschenverachtenden Drill und den harten Disziplinierungsmaßnahmen im preußischen Heer vgl. Ulrich *Bräker*, Lebensgeschichte und Natürliche Ebentheuer des Armen Mannes im Tockenburg. Herausgegeben von H.[ans] H.[einrich] Füßli. Zürich, bey Orell, Geßner, Füßli und Compagnie 1789 (Sämtliche Schriften, 4): Lebensgeschichte und vermischte Schriften, bearb. von Claudia *Holliger-Wiesmann*, Andreas *Bürgi* et al. München 2000, 439–466.

der Philosophie, den Wissenschaften und jedweder Tugend entfremdet zu haben.

Es gibt freilich – wie sollte es in einer so großen Stadt anders sein – einige, von denen man nicht ihresgleichen findet: Da ist unser großer Sulzer, den wir bereits weiter oben lobend erwähnt haben[37], sodann Euler[38], der herausragende Mathematiker, der Vater und auch sein Sohn[39], und Béguelin[40], seinerzeit Erzieher des Prinzen von Preußen, ein Mann von größtem Wissen, schärfstem Verstand und einer bemerkenswerten vornehmen Schlichtheit. Da ist auch die Dichterin Karsch[41], von gefälligem Geist, und Ramler[42], ein feinsinniger Förderer der Humanwissenschaften. Da ist der Basler Merian[43], ganz der Philosophie verschrieben, und Bernoulli[44], der junge, überaus gelehrte Mathematiker. Da ist ein Mechaniker, Hohlfeld[45], ein Mann von philosophischem Geist, da sind Ärzte und Chemiker, Botaniker und Anatomen. Abgesehen von dreien oder vieren, gibt es jedoch keine Liebhaber irgendwelcher Musen. Einen freilich haben wir bis jetzt noch nicht genannt. Den Prémontval[46] vielleicht? Er ist zwar Vorleser von Büchern, ein nicht mittel-

37 Siehe Anm. 27.

38 Leonhard Euler (1707–1783) folgte 1741 einem Ruf Friedrichs II. an die Preußische Akademie der Wissenschaften in Berlin, zu deren Direktor der mathematischen Klasse er 1744 ernannt wurde.

39 Johann Albrecht Euler (1734–1800), Sohn des Leonard Euler. Lavater hatte erfahren, daß der junge Euler als Mitglied der Berliner Akademie eine stattliche Pension erhielt, vgl. *Lavater*, Tagebuch, 776.

40 Nicolas de Béguelin (1714–1789) war von 1745–1747 Mathematikprofessor am Joachimthalschen Gymnasium in Berlin. Friedrich II. machte ihn zum Erzieher seines Neffen Friedrich Wilhelm. Seit 1747 war er auch Mitglied der Akademie der Wissenschaften in Berlin.

41 Anna Luise Karsch (1722–1791). Lavater las des öfteren in ihren Gedichten, vgl. *Lavater*, Tagebuch, 785.

42 Karl Wilhelm Ramler (1725–1798) unterrichtete neben seiner dichterischen Tätigkeit seit 1748 als Philosophielehrer an der Schule des Kadettenkorps in Berlin. Er gehörte verschiedenen Zirkeln an, in denen die Berliner Aufklärer regelmäßig diskutierten. Lavater zitiert zum 31. März 1763 eine Ode Ramlers auf die Rückkehr Friedrichs II. nach Berlin, die an diesem Tag in der Berlinischen Zeitung erschienen war, vgl. *Lavater*, Tagebuch, 21.

43 Johann Bernhard Merian (1723–1807). Der Schweizer Philosoph war seit 1749 Mitglied der Berliner Akademie der Wissenschaften.

44 Johann III. Bernoulli (1744–1807), Enkel des Basler Mathematikers Johann I. Bernoulli, wurde 1764 zum Mitglied der Akademie der Wissenschaften in Berlin ernannt. Lavater beschreibt den jungen Mathematiker als sehr männliche Erscheinung, tadelt jedoch dessen Arroganz, vgl. *Lavater*, Tagebuch, 780.

45 Gottfried Hohlfeld (1710/11–1771). Lavater besuchte ihn am 25. April 1763 in Berlin, wobei der Mechaniker und Erfinder ihm eine große Uhr zeigte, die die Stunden mit neun verschiedenen Flötenspielen anzeigen konnte, vgl. *Lavater*, Tagebuch, 56.

46 André-Pierre le Guay de Prémontval (1716–1764). Der französische Gelehrte war seit 1752 Mitglied der Berliner Akademie der Wissenschaften. Lavater hatte ihn am 11. Februar 1764 bei dem Hofprediger und Oberkonsistorialrat Anton Achard kennengelernt, vgl. *Lavater*, Tagebuch, 780.

mäßiger Rhetor und – wenn es den Göttern beliebt – ein Mathematiker. Er ist – oder vielmehr: er hält sich für einen Philosophen, der alles gedanklich durchdringt. Beileibe nicht, den meinen wir nicht. Wen also meinen wir dann? Etwa den Samuel Formey[47], jenes große Ungeheuer von einem Schriftsteller, der mehr schreibt, als er denkt? Auch den meinen wir nicht. Wen also? Moses Mendelssohn[48], jüdischen Glaubens. Wegen der philosophischen Bücher, die er veröffentlicht hat[49], halten wir ihn für einen berühmten und in der Tat äußerst scharfsinnigen Philosophen, aber auch für einen Physiker und Mathematiker und – was man noch mehr bewundern muß – für einen sehr engagierten Förderer, geradezu einen Professor der Geisteswissenschaften. Wenn man seine Gestalt betrachtet, meint man, den Aesop vor sich zu haben.[50] Sein feiner, leibnizischer Verstand ist leicht zu erkennen, sobald er den Mund auftut. Dabei ist er ist nicht bloß gebildet, im Sinne einer Ansammlung von Kenntnissen, sondern alles in seinem Geiste leuchtet und ist aufs Beste geordnet, und von nichts ist er weiter entfernt als von eitler und

47 Jean Henri Samuel Formey (1711–1797). 1744 wurde der reformierte Pfarrer Mitglied der Berliner Akademie der Wissenschaften. Sein schriftstellerisches Werk war von großer Vielfältigkeit. Er publizierte Schriften mit historischem, philosophischem und theologischem Inhalt. Ein besonderer Schwerpunkt lag dabei auf der Vermittlung der Philosophie von Leibniz und Christian Wolff. Lavater besuchte Formey während seines Aufenthalts in Berlin mehrmals, vgl. *Lavater*, Tagebuch, 776 u. 792.

48 Moses Mendelssohn (1729–1786). Lavater und seine Freunde sahen ihn am 7. und am 18. April 1763 in seinem Berliner Kontor. Bei beiden Besuchen unterhielt man sich anscheinend ausschließlich über Literatur, vgl. *Lavater*, Tagebuch, 38 u. 49. Im Februar 1764, kurz vor der Rückreise nach Zürich, kam es zu einem dritten Treffen, bei dem auch über Religion gesprochen wurde, wie Lavater in einem Brief an seine Eltern mitteilte (Zentralbibliothek Zürich Familienarchiv Lavater Ms 570, Brief Nr. 10). – Der Textabschnitt über Moses Mendelssohn wurde in leicht gekürzter Form im Dezember 1770 in den ‹Jenaischen Zeitungen von gelehrten Sachen› erneut publiziert, und zwar anonym und ohne Wissen Lavaters, vgl. die Ausführungen in der Einleitung dieser Edition. Die Kürzungen betreffen nur den Anfang des Textes: so fehlt gleich zu Beginn der Hinweis auf Mendelssohns Zugehörigkeit zum jüdischen Glauben. Gestrichen wurde auch – wohl aus Gründen der Höflichkeit – der Vergleich mit Aesop, also die Anspielung auf Mendelssohns körperliche Verunstaltung. Der bei Rawidowicz abgedruckt Text (*JubA 7*, 353, Anhang Nr. 25) ist im Anhang der vorliegenden Edition wiedergegeben. Vgl. die Teilübersetzung dieses Abschnitts von *Altmann*, Mendelssohn, 257–258.

49 Moses *Mendelssohn*, Briefe über die Empfindungen, Berlin 1755; ders., Philosophische Gespräche, Berlin 1755.

50 Vermutlich kannte Lavater aus zeitgenössischen Abbildungswerken die berühmte Büste des Aesop aus der Villa Albani in Rom. Sie zeigt einen schmalbrüstigen Mann mit Buckel. Dieser Darstellungstyp ist nicht antik, sondern stammt aus dem byzantinischen Aesoproman, wurde über Zwischenstufen an die Büste der Villa Albani vermittelt und erlangte im 18. Jahrhundert allgemeine Verbreitung. Vgl. RE VI, 1909, Sp. 1714–1715. Auch Moses Mendelssohn war körperlich durch einen Buckel verunstaltet, vgl. *Altmann,* Mendelssohn, 12. – In späteren Jahren äußerte sich Lavater im Rahmen seiner ‹Physiognomischen Fragmente› mehrfach über Mendelssohns Aussehen. Unzweifelhaft repräsentiere er den Typus des Denkers, «den Mann, der nicht zum Athleten geboren ist», vgl. *Rawidowicz*, Einleitung, in *JubA 7*, L-LII.

lächerlicher Demonstration gelehrter Spitzfindigkeiten. Mit großer Verehrung und Bescheidenheit orientiert er sich gern an allen großen Männern. Überaus treffend und elegant sind alle seine Äußerungen. Wir haben bei ihm große Gottesfurcht beobachtet, den brennenden Wunsch nach Förderung göttlicher Tugend und die tiefste Verachtung aller Laster. Wir verehrten in ihm den offenherzigen Bewunderer und Lobredner großer und ruhmvoller Taten. Auch bewunderten wir seine sehr große Treue zu seinen jüdischen Brüdern[51] und die einzigartige Redlichkeit in seinem ganzen Betragen.[52] Aber so sehr er auch den schändlichen jüdischen Vorurteilen und Blasphemien gegen unseren Jesus fernsteht[53] und obgleich er ihn einen herausragenden Menschen nennt[54] und einen außerordentlich mächtigen Überwinder

[51] Lavater hatte bei einem Essen (26. Februar 1764) im Hause des Theologen Johann Samuel Diterich erfahren, daß Mendelssohn sich streng an die religiösen Vorschriften und Gebräuche des jüdischen Glaubens hielt, vgl. *Lavater*, Tagebuch, 799.

[52] Lavater machte über diesen ersten Besuch bei Moses Mendelssohn am 7. April 1763 folgenden Eintrag in sein Reisetagebuch, vgl. *Lavater*, Tagebuch, 38: «[Mendelssohn] Eine leütselige, leüchtende Seele im durchdringenden Auge und einer äsopischen Hütte. Schnell in der Aussprache, doch plötzlich durch ein Band der Natur im Laufe gehemmt. Ein Mann von scharfen Einsichten, feinem Geschmak und ausgebreiteter Wißenschaft. Ein großer Verehrer denkender Genies und selbst ein metafysischer Kopf. Ein unpartheyischer Beurtheiler der Werke des Geistes und Geschmaks, vertraulich und offenherzig im Umgange, bescheidener in seinen Reden als in s[einer] Litteratur, und beym Lobe unverändert, ungezwungen in seinen Gebehrden, entfernt von ruhmbegierigen Kunstgriffen niederträchtiger Seelen, freygebig und dienstfertig. Ein *Bruder* seiner Brüder, der Juden, gefällig und ehrerbietig gegen sie, auch von ihnen geliebt und geehret.» – Dieser Tagebucheintrag wird von *Rawidowicz*, Einleitung, in: *JubA 7*, XII, leicht verkürzt zitiert und fälschlicherweise als Text eines Briefes vom 18. April 1763 an J. J. Breitinger bezeichnet. Den falschen Angaben von Rawidowicz folgt *Altmann*, Mendelssohn, 201. Tatsächlich kopierte Lavater in seinem Reisetagebuch unter diesem Datum einen Brief an Breitinger. Dieser Abschnitt enthält jedoch keinerlei Nachrichten über Moses Mendelssohn. Das Original des Briefes befindet sich nicht in der ZBZ, FA Lav., vgl. *Lavater*, Tagebuch, 47–49.

[53] Mendelssohn legte in einem auf den 15. Januar 1771 datierten Brief an Lavater dar, was ihn an diesem Textausschnitt mißfiel, vgl. *JubA 7*, 362 und *Rawidowicz*, Einleitung, *ibid.*, XLIX. So bezeichnete er es als ein «eingewurzeltes Vorurtheil», daß die Juden «unaufhörlich die Religion der Christen und den Stifter derselben lästern». In früheren Jahrhunderten allerdings, als die Juden von den Christen wegen ihres Glauben verfolgt wurden, hätten jene oft zu diesem «Vergöltungsmittel» gegriffen und «bey verschlossenen Thüren die Religion ihrer Widersacher» herabgesetzt. Im gleichen Maße, wie nun bei den Christen die Toleranz wachse, sei es auch den Juden möglich, von ihrem Haß auf die Christen abzulassen und die christliche Religion nicht weiter zu verachten.

[54] Wie aus Mendelssohns Brief vom 15. Jan. 1771 (*JubA 7*, 363) hervorgeht, dachte er in diesem Punkt ganz anders, als Lavater und Hess im Rechenschaftsbericht behaupteten. Die «Unschuld» Christi und die «sittliche Güte seines Charakters» standen für Mendelssohn nämlich keineswegs als erwiesene Tatsache fest. Vielmehr machte er sein Urteil darüber von ‹Bedingungen› abhängig, die zu gelten hätten: «1) daß er sich nie dem Vater habe gleich setzen wollen, 2) nie für eine Person der Gottheit ausgegeben, 3) daß er sich folglich die Ehre der Anbetung nie angemaßt habe, und 4) daß er die Religion seiner Väter nicht habe umstoßen wollen, wie er offenbar das Gegentheil bey vielen Gelegenheiten zu erkennen gegeben zu ha-

angeborener Laster und gewisser übler Meinungen, die über seinen Namen und seine Verehrung geäußert wurden, und obgleich er die Schmähungen, die Jesus von den Sadduzäern und Pharisäern damals zugefügt wurden, sowie die Art und Weise, wie sie ihn behandelten, verurteilt und verabscheut[55], und obgleich er die ständigen Verleumdungen Jesu durch seine Glaubensbrüder beklagt, und obgleich auch er einen Messias erwartet, nichts allerdings weniger als einen irdischen, vielmehr einen ganz und gar geistigen[56], d.h. einen vollkommenen Menschen, frei und rein von allen Vorurteilen und Lastern und für sie unzugänglich, und durch die höchste, göttliche Autorität in solcher Weise erschaffen, wie vor ihm keiner der Propheten jemals; obgleich er einen König des gesamten Erdkreises und höchsten Gesetzgeber und künftigen Richter aller Völker[57] erwartet und jede Hoffnung auf irdische Herrlichkeit unter ihm gerne von sich weist: trotz alledem ist er [Moses Mendelssohn] gleichsam umgeben von einer unüberwindlichen Mauer und einem Bollwerk aus Vorurteilen gegen unsere göttliche Religion, und es hat den Anschein, daß niemand außer Gott selbst ihn ins Lager des wahren Messias wird überführen können.[58]

ben scheinet. Diese Bedingungen sind von der äußersten Nothwendigkeit; denn in der That, wenn einige verdächtige Reden und Äußerungen nach dem buchstäblichen Sinne genommen werden müßten; so würde das Urtheil über die moralische Güte seiner Absichten eine ganz andere Wendung nehmen.»

55 Mendelssohn war entrüstet, daß man bedenkenlos ihn und die Juden seiner Zeit dafür verantwortlich machte, was Sadduzäer und Pharisäer im Falle Jesu an Schuld auf sich geladen hatten; das alles liege sehr weit zurück und überhaupt fehle es hierbei an zuverlässigen Quellen (*JubA 7*, 362): «Was weiß ichs, was meine Vorfahren vor 17–1800 Jahren zu Jerusalem für gerechte oder ungerechte Urtheile gefällt haben?»

56 Mendelssohn bestritt (*JubA 7*, 363 u. *Rawidowicz*, Einleitung, XLIX), einen «Meßias spiritualis», zu erwarten; er hoffe vielmehr, unmittelbar durch Gott selig zu werden. Doch auch das Erscheinen eines irdischen Messias hielt er nicht für wünschenswert: «Der Messias, wie er in dem Aufsatze beschrieben wird, ist nach meinen Grundsätzen, ein Meßias terrestris, und auch von diesem erwarte ich nicht, daß er universi terrarum orbis rex, omniumque gentium supremus et legislator et judex seyn sollte. Wie die Menschen itzt beschaffen sind, würde eine solche Verfassung ihr Verderben, und der Untergang aller Freyheit, und alles edlen Bestrebens unter den Menschen seyn, dadurch sie ihre angebohrne Kräffte üben, ausbilden und zur Glückseeligkeit erziehen. Die Menschheit müßte ihre Natur ausziehen, wenn eine so allgemeine Monarchie sollte zu ihrem Besten dienen können.»

57 Vgl. Lavaters Eintrag in sein Tagebuch zum 2. Februar 1764. Spalding hatte ihm eine Äußerung Johann Samuel Diterichs, Prediger an der Marienkirche, über Mendelssohns Messiasvorstellungen hinterbracht, vgl. *Lavater*, Tagebuch, 749: «Diterich sagte, daß er sich einmal geaüßert hätte: Der Meßias wäre schon gekommen, aber die Christen glaubten nicht an den rechten; und ein anders Mal: Er finde in den Schriften des Alten Testaments keinen Meßias nach den Vorstellungen, die man sich gemeiniglich von dieser Person machte, vorherverkündigt.»

58 Bereits kurz nach seinem dritten Zusammentreffen mit Mendelssohn im Februar 1764 hatte Lavater in einem Brief an seine Eltern (von 27. Februar 1764, FA Lav Ms 570, Brief Nr. 10) wenig Hoffnung geäußert, daß sich der jüdische Philosoph jemals dem Christentum annä-

Und was sollen wir schließlich über die Berliner Geistlichkeit sagen? In der enormen Menge findet man nur wenige, die – großzügig beurteilt – über das Mittelmaß hinausreichen. Die meisten sind ganz oberflächlich und scheinen dem Lebenswandel wahrhaft gottgefälliger Männer völlig abgeneigt zu sein. Sie predigen über Dinge, von denen sie nichts wissen, und wagen es, andern etwas einzureden, woran sie selbst Zweifel haben. Doch nicht nur das, sondern sie versuchen auch Dinge zu veranlassen, die sie sich in ihrem tolldreisten und kopflosen Wahnwitz oft zu betreiben nicht gescheut hatten, Dinge, vor denen sie selbst mit ganzer Seele zurückschrecken. Das, was sie allenthalben im Munde führen, zeigt weder Geist, noch gute Gesinnung. Es scheint, daß sie den Annehmlichkeiten des Lebens, den Vergnügungen und dem, was ihrer Ehrsucht schmeichelt, mit größerem Eifer und brennenderer Sorge nachgehen als dem Ansehen von Wahrheit, Tugend und Religion. Ist denn keiner von besserer Art? Man möchte Besseres berichten können! Es gibt ihrer allerdings welche, aber nicht viele, teils solche, die uns andere lobend erwähnten, teils solche, die wir selber, wie es die Gelegenheit ergab, durch häufigen und zuweilen vertrauten Umgang kennenlernten. Zu jenen rechnen wir den Franzosen Bitaubé[59], den Autor von ‹Examen de la confession de foi du Vicaire Savoyard›[60], das der berühmte Jean-Jacques Rousseau[61] in seinem Buch über die Erziehung[62] veröffentlicht hat. Dann sind da der

hern werde (Text auszugsweise wiedergegeben in: *Lavater*, Mendelssohn, 135: «Abends besuchten wir den, durch s[eine] Gelehrsamkeit und philosophische Einsicht berühmten *Jud Moses*. Die Decke Mosis liegt noch fest auf seinem Angesicht. Gott, Ihr Vater, kann dieß Volk allein zu der Anbetung seines Meßias führen.» Mendelssohns Verhältnis zur christlichen Religion war damals bei einigen Berliner Theologen ein häufiges Gesprächsthema. So berichtete Spalding Lavater von einem Abendessen im Hause Sulzers (2. Februar 1764), bei dem sich der Oberkonsistorialrat August Friedrich Sack folgendermaßen geäußert habe, vgl. *Lavater*, Tagebuch, 749: «Er wundere sich so sehr, sagte Sak, daß Jud Moses hier sich nicht mehr mit der Untersuchung des Christenthums abgäbe. Er hofte ganz gewiß, daß er dasselbe nach seinen reinern Vorstellungen bey der strengsten Untersuchung vernunftmäßig und göttlich finden würde. Izt wäre er völlig Deist.» – Man war in diesen, der Aufklärung nahestehenden Berliner Theologenkreisen überzeugt, daß ein gebildeter Jude wie Mendelssohn allein aus intellektueller Redlichkeit gezwungen sei, die Überlegenheit des Christentums anzuerkennen, vgl. *Hirzel*, Einleitung, in: *Lavater*, Mendelssohn, 137.

59 Jérémie Paul Bitaubé (1732–1808), geboren in Königsberg als Sohn einer Hugenottenfamilie, widmete sich neben der Theologie vor allem der Antike und übersetzte den Homer ins Französische. Aufgrund dieser Schriften wurde er 1766 zum Mitglied der Berliner Akademie ernannt, 1786 verlieh man ihm den Titel eines «associé étranger» der «Académie des inscriptions et belles-lettres» in Paris, vgl. M. *Prevost*, «Bitaubé», in: Dictionnaire de Biographie française 6, 1954, 533–534.

60 Jérémie Paul *Bitaubé*, Examen de la confession de foi du Vicaire Savoyard contenue dans Emile, Berlin 1763. Lavater kaufte das Werk am 2. April 1763 in Berlin in der Nicolaischen Verlagsbuchhandlung, vgl. *Lavater*, Tagebuch, 29.

61 Jean-Jacques Rousseau (1712–1778), Philosoph und Schriftsteller.

62 Jean-Jacques *Rousseau*, Emile ou De l'éducation, 4. Buch, Glaubensbekenntnis des savoyischen Vikars, Paris 1762.

hochberühmte Woltersdorf[63] und ein gewisser Lorent[64], französischer Pfarrer. Da ist der alte Gualtieri[65], Kritiker des Jordan[66], jenes ehemaligen Deisten und Vertrauten des Königs, und vor allem jener Bruhn[67], den wir selbst predigen hörten[68], und dies mit größtem Vergnügen. Dann sind da Pauli[69] und unter den jungen Leuten Jablonski[70], Sack[71], Bamberger[72] und Gronau[73]. Von jenen, mit denen wir selbst verkehrt haben, waren es vor allem drei: der hochberühmte August Friedrich Sack, erster Hofprediger, Oberkonsistorialrat und «Beichtvater» der Königin von Preußen[74], Diterich[75], Pastor an der

[63] Johannes Lucas Woltersdorf (1721–1772), seit 1752 Pfarrer an der St. Gertrauden-Kirche in Berlin.

[64] Robert Lorent (1698–1782), seit 1738 Pfarrer in Französisch Friedrichwerder in Berlin.

[65] Samuel Melchisedek de Gualtieri (1696–1774), seit 1744 Pfarrer in Französisch Friedrichstadt in Berlin.

[66] Charles Etienne Jordan (1700–1745), Philosoph und Schriftsteller. Jordan, der aus einer Berliner Hugenottenfamilie stammte, hatte zunächst Theologie studiert und war seit 1725 als Pfarrer tätig. 1732, bald nach dem Tod seiner Frau, ließ er sich jedoch wegen seines schlechten Gesundheitszustands vom Amt dispensieren. Von 1736 bis zu seinem Tod war er Gesellschafter, Bibliothekar und Sekretär Friedrichs II., mit dem ihn eine enge Freundschaft verband. Jordan korrespondierte mit vielen Gelehrten und vermittelte Friedrich u a. den Kontakt zu Voltaire. – Lavater berichtet in seinem Reisetagebuch über eine Mitteilung Spaldings, wonach Jordan auf dem Krankenbett kurz vor seinem Tod tiefe Reue gezeigt haben soll, den geistlichen Stand aufgegeben zu haben und aus reiner Oportunität auf die atheistischen Neigungen des Königs eingeschwenkt zu sein. Gualtieri, der Jordan wegen der spöttischen Haltung zur christlichen Religion wiederholt kritisierte, habe den Schwerkranken in völliger Verzweiflung angetroffen, vgl. *Lavater*, Tagebuch, 117.

[67] David Bruhn (1727–1782), seit 1755 Diakon an der Berliner St. Marien-Kirche.

[68] Lavater hörte ihn am 24. April 1763 und am 12. Februar 1764 predigen, vgl. *Lavater*, Tagebuch, 54 u. 783.

[69] Georg Jakob Pauli (1722–1795), von 1751 bis 1764 reformierter Prediger an der Jerusalems-Kirche und Neuen Kirche in Berlin. Lavater hörte ihn am 24. April 1763 in der Jerusalems-Kirche predigen, vgl. *Lavater*, Tagebuch, 54.

[70] Vermutlich Daniel Siegfried Jablonski (gest. 1800), Hofprediger in Alt-Landsberg nahe Berlin, Enkel des bekannteren Daniel Ernst Jablonski (1660–1741).

[71] August Friedrich Wilhelm Sack (1703–1786), 1744 zum ersten Hofprediger ernannt und seit 1750 Oberkonsistorialrat in Berlin; seit 1744 auch Mitglied der Akademie der Wissenschaften. Lavater und seine Freunde besuchten Sack wiederholt in seiner Berliner Wohnung, vgl. *Lavater*, Tagebuch, 35 f [passim].

[72] Johann Peter Bamberger (1722–1804), evangelischer Theologe, zunächst Prediger einer reformierten Gemeinde in Berlin, später Kirchenrat und Hofprediger; Schriftsteller und Übersetzer zahlreicher, meist theologischer Schriften aus dem Englischen, vgl. Deutsche Biographische Enzyklopädie 1 (1995), S. 285.

[73] Karl Ludwig Gronau (1742–1826), Theologe und Meteorologe, seit 1796 Pfarrer an der reformierten Parochialkirche zu Berlin.

[74] Elisabeth Christina von Braunschweig-Bevern (1715–1797), seit 1733 Gemahlin Friedrichs II.

[75] Johann Samuel Diterich (1721–1797). Er war jedoch nicht Pfarrer an der Nikolaikirche, sondern an der Berliner Marienkirche, seit 1770 auch Oberkonsistorialrat. Lavater hörte ihn mehrfach dort predigen, vgl. *Lavater*, Tagebuch, 21 f [passim].

Nikolaikirche und schließlich Achard[76], Pastor an einer französischen Kirche und Konsistorialrat.

Pastor Sack ist freilich in verschiedener Hinsicht ein so vortrefflicher Mann, daß ihn zu kennen nicht nur von Nutzen ist, sondern geradezu ein Vergnügen. Er beschäftigt sich aufs reichlichste mit den Wissenschaften und ist in aller Lehre bewandert und überreich an Wissen, von einer unglaublichen Vielfalt der Interessen, glänzend vor allem durch eine hervorragende, aus den Quellen selbst geschöpfte theologische Bildung. Weit entfernt, ja gelöst und völlig frei von den Vorurteilen der Masse der Theologen und der sklavischen Ängstlichkeit einiger von ihnen im Erkunden der biblischen Wahrheit, ist er erfüllt und durchdrungen von dem tiefsten Sinn für die Religion, im Gespräch von ungewöhnlicher Güte und Liebenswürdigkeit. Sein allergrößtes Begehren ist es, unsere heiligste Religion allen Menschen als etwas Altehrwürdiges und Empfehlenswertes nahezubringen und sie zu reinigen von allen menschlichen Hinzudichtungen und Zutaten sowie den mannigfachen Verfälschungen, durch die sie verformt wird von ungebildeten und von Parteieifer geleiteten Personen – fasziniert gleichsam von ihren eigenen, zuvor erdichteten Denksystemen sind sie Interpreten, die diesen Namen nicht verdienen. Sein größtes Anliegen ist, Tugendhaftigkeit und gelebte Frömmigkeit bei jeder Gelegenheit als den wahren Zweck und das Ziel der Theologie als Wissenschaft nachdrücklich zu empfehlen. Mit größtem Eifer tritt er für die Erhaltung der Freiheit des Gewissens ein – die Protestanten das Wichtigste und Heiligste sein sollte – und der ungeschmälerten, unverbrüchlichen, von jeglicher Einschränkung bewahrten Erlaubnis, die Wahrheit zu erforschen. Er wünscht, in die Herzen aller Menschen, vor allem der Theologen, Mäßigung und Toleranz auszugießen und einzusäen.

[Pastor Sack] hatte zudem ein glückliches Naturell, ein gewisses Maß an Tugend der Seele einzupflanzen und selbst jungen Menschen ein gewisses Verständnis, sozusagen eine Kostprobe, von Religion und Frömmigkeit einzuträufeln, ihren Geist mit dem Licht der Wahrheit zu durchdringen, und seine ganze Größe zeigt sich darin, wie er sie mit Liebe zu einer liebenswerten Religion erfüllt.[77] Ihr seht daran, wahre Väter, wie hoch wir es schätzen mußten, mit diesem großen Mann Umgang zu haben. Dankbar erinnern wir uns an das, was wir von ihm hörten, vor allem an seinen großen Segen, den er uns bei unserer Abreise in die Heimat mit bewegter Seele und bewegender

[76] Antoine Achard (1696–1772). Der aus einer Genfer Pastorenfamilie stammende Achard war seit 1724 Pfarrer an der Werderschen Kirche, später Hofprediger, Oberkonsistorialrat (1738) und Geheimer Rat (1740) des französischen Oberdirektoriums in Berlin, seit 1743 Mitglied der Preußischen Akademie der Wissenschaften in der neugeschaffenen Klasse für spekulative Philosophie. Lavater besuchte ihn mehrmals, vgl. *Lavater*, Tagebuch, 45 [passim].

[77] Diese Offenheit für junge Menschen ist vermutlich im Zusammenhang zu sehen mit seiner Tätigkeit als Visitator des Joachimsthaler Gymnasiums, die er von 1750–1765 ausübte.

Stimme gleichsam mit der Würde eines Apostel mit auf den Weg gab: «Der Herr sei überall Euer Begleiter und möge Euch daheim in allem zu seinem Werk hinführen, seid eine Zierde unserer hochheiligen Religion, seid treue und standhafte Verteidiger der evangelischen Wahrheit, unbestechliche Zeugen der Erlösung durch Jesus Christus, Säulen und Lichter der Kirche.» Größe zeichnet diesen Mann aus, der die Verachtung und Mißgunst unkundiger und untüchtiger Menschen geringschätzt und den Spott selbst des Königs für nichts achtet. In Berlin gibt es nicht wenige Zeugen für seine Seelengröße, seine Nächstenliebe und Wohltätigkeit.[78]

Pastor Diterich verbindet tiefste, aufrichtigste Bescheidenheit, ohne jegliche Affektiertheit, christliche Demut und Selbsterniedrigung, ein unbescholtenes Leben frei von Schändlichkeiten mit größter Gelehrsamkeit und höchster Urteilskraft. Sanftmut, Milde, Selbstbeherrschung, Mäßigung, Duldsamkeit, liebenswürdige Schüchternheit, größte Freigebigkeit und Gastfreundlichkeit, unermüdlicher Fleiß und Redlichkeit in allen Belangen seines Amtes zeichnen diesen großen und erhabenen Geist aus, ebenso ein unerschütterliches Streben nach Wahrheit, größte Achtung vor den heiligen Büchern und eine einzigartige Gewandtheit in deren Erläuterung und Interpretation. – Und was nicht sonst noch die großen Verdienste dieses Mannes ausmacht! Wir hatten leichten und häufigen Zugang zu ihm und sind niemals von ihm weggegangen, ohne daß wir seine reine, wohlgeordnete Seele, die ungeschminkte Frömmigkeit, seine Festigkeit und seinen Scharfsinn bei Erörterungen bestaunten und uns zu der einzigartigen uns von ihm entgegengebrachten Freundschaft beglückwünscht hätten.

Achard verdient wegen seiner nicht geringen Gelehrsamkeit und Menschlichkeit, seiner würdevollen Freundlichkeit, der angenehmen, dienstfertigen Leutseligkeit und seinem höchstem Streben nach Gerechtigkeit alle Verehrung.

In Berlin gefielen uns die Gottesdienste nicht schlecht, sowohl diejenigen der Lutheraner, als auch diejenigen der Reformierten. Beide beginnen mit dem Gesang von Liedern, begleitet von Musikinstrumenten. Nach der Lesung des Evangeliums und einer kurzen Eröffnung wird wieder ein Lied, das der Prediger bestimmt hat und das zu dem zu behandelnden Thema paßt, in seiner ganzen Länge gesungen. Dies jedoch, wie sehr es auch beim Hören die Frömmigkeit anregen und steigern mag, bringt den Nachteil mit sich, daß die Predigt selber vom Anfang losgerissen und sehr weit entfernt ist.

Den Text erklären sie freilich nicht breit und in Einzelheiten, was zu lange dauern würde und – wenigstens den verständigeren Leuten – völlig am Ziel der Predigten vorbeizugehen schiene. Nur das Schwierige erklären sie, und

78 Sack stand dem Hallischen Pietismus und dessen sozialer Einstellung nahe. In Berlin regte er die Einrichtung des Domhospitals und des Domleibrentenhauses an.

das mit äußerster Kürze, ohne alle Zurschaustellung kritischer Gelehrsamkeit, d.h. die Sache selbst und die Quintessenz. Eine Wahrheit, sei sie dogmatischer oder ethischer Natur, behandeln sie, sofern sie dem ganzen Text oder diesem oder jenem Vers entspricht, und zwar so, daß sie, was sich ihnen an Argumenten aus dem Text selbst anbietet, auch aus ihm entnehmen. Besonders die Liturgie der Lutheraner schätzen wir sehr: in jedem Moment wird die Seele erhoben, vor allem mit wirkungsvollen Gebeten, die für die Elenden, Kranken, Irrenden und um ihr Seelenheil Besorgten gesprochen werden.

Die Danksagung erfolgt aus inbrünstiger Liebe. Der Segen wird nicht pauschal erteilt, sondern es wird unterschieden: diejenigen, die mit boshafter Halsstarrigkeit in ihren Lastern verharren, werden nicht entlassen von Gottes Drohungen. Von Berlin aus haben wir wiederholt Ausflüge gemacht, nicht nur, um die königlichen Paläste und jenes berühmte, anmutige Sanssouci[79] zu sehen sowie die zahlreichen, dort befindlichen Werke von Malern und Bildhauern, sondern auch und vor allem, um dort den reformierten Pastor Koch[80] aufzusuchen, einen Mann von größtem Urteilsvermögen und einzigartiger Festigkeit im Argumentieren und Predigen. Wir haben dort auch einen jungen Mann mit Namen Wilmsen[81] begrüßt, der Verbi Divini Minister ist und ein Mann von großer Menschenliebe und Bildung, bekannt durch seine Übersetzung der Paraphrase von Clarke[82] aus dem Englischen ins Deutsche.[83]

Johann Joachim Spalding[84], Pfarrer in Barth, einer kleinen Stadt in schwedisch Pommern, am äußersten Ende Deutschlands, an der Ostsee gelegen, Präpositus der Synode[85], hat uns aufs freundschaftlichste in seinem Haus aufgenommen, der liebenswürdige Spalding![86] Und vom ersten Augenblick

[79] Lavater und seine Freunde besuchten die königlichen Schlösser in Potsdam am 20. April 1763, vgl. *Lavater*, Tagebuch, 51 f.

[80] Leonhard Cochius (1718–1779), königlich-preußischer Hofprediger. Lavater sah ihn am 21. April in Potsdam, vgl. *Lavater*, Tagebuch, 52.

[81] Friedrich Ernst Wilmsen (1736–1797), evangelischer Theologe.

[82] Samuel Clarke (1675–1729), englischer Theologe und Philosoph.

[83] Samuel *Clarke*, Paraphrase der Vier Evangelisten nebst einigen kritischen Erläuterungen der schweresten Stellen zum Behuf häuslicher Andachten eingerichtet …, aus dem Englischen übersetzt von Friedrich Ernst *Wilmsen*, 3 Bde., Berlin, Stettin, Leipzig 1763. Lavater las wiederholt in der zitierten Übersetzung, vgl. *Lavater*, Tagebuch, 108.

[84] Vgl. Dominique *Bourel*, Art. Spalding, J. J., in: TRE 31, 2000, 607–610 und neuerdings Albrecht *Beutel*, Johann Joachim Spalding. Populartheologie und Kirchenreform im Zeitalter der Aufklärung, in: Peter *Walter* u. Martin H. *Jung* (Hrsg.), Theologen des 17. und 18. Jahrhunderts. Konfessionelles Zeitalter – Pietismus – Aufklärung, Darmstadt 2003, 226–243.

[85] Der Titel «Präpositus» ist auch in die evangelische Kirche übergegangen, vgl. H. F. *Jacobson*, «Propst», in: Realenzyklopädie für protestantische Theologie und Kirche (2. Auflage) 12, 1883, 236–238, dort 237. – Spalding führte den Titel seit 1757, vgl. Hans-Günter *Leder*, Pommern, in: TRE 27, 1997, 39–54, dort 47.

[86] Spalding seinerseits gedachte 1787, also mehr als zwei Jahrzehnte später, in einer persönli-

an empfanden wir die größte, ergebenste Dankbarkeit dafür, wie glücklich uns die Vorsehung geleitet hatte. Wie groß auch immer die Erwartung an einen solchen Mann war, sie wurde durch seine Gegenwart keineswegs enttäuscht, denn er übertrifft entschieden jede Beschreibung, die wir in unserer Unbeholfenheit von ihm geben können. Denn wie kann man einen Mann von seiner Art zutreffend beschreiben, wo doch fast in jedem Moment der von uns bei ihm verbrachten neun Monate neue hervorragende Eigenschaften dieser großen Seele und außerordentliche Beweise seines vorzüglichen Geistes hervorleuchteten? Aber bereits eine knappe Skizzierung wird Euch mit solcher Bewunderung für ihn erfüllen, daß Ihr uns zu seiner Freundschaft nur aufs herzlichste gratulieren könnt. Groß und vielseitig sind seine Geistesgaben, die höchste Reife erlangt haben und von denen er besten Gebrauch macht. Reich ist er an Verstand und von überlegener Urteilskraft, weit entfernt von der gewöhnlichen Beschränktheit seines Volkes, durch fortwährendes Nachdenken hat er seinen Geist in einem Maße von Vorurteilen gereinigt, wie dies hier auf Erden, der Wohnstätte von Vorurteilen und Irrtümern, kaum möglich zu sein scheint. Herausragend, erlesen, äußerst fein und elegant ist seine Gelehrsamkeit, mit großem Eifer widmete er sich allen edlen Wissenschaften. Und stets hat er sich bei deren Erwerb das eine große Ziel gesetzt: jenes nämlich, sich und die andern besser und glücklicher zu machen. Dies war bis jetzt und wird auch in Zukunft das Ziel aller seiner Tätigkeiten und Unternehmungen sein. Nichts verehrt, nichts liebt er außer der Wahrheit, die ganz besonders der Förderung des Glücks der anderen dient. Da ihm seit frühester Kindheit und Jugend nichts heiliger war als eben diese Wahrheit, nichts wichtiger als die Rechtschaffenheit und die Unbescholtenheit seiner Sitten, richtete er sich mit solch großer Ehrfurcht nach der Heiligen Schrift, daß seine Seele den größten, bis zum Überdruß reichenden Versuchungen mit eiserner Strenge widerstand. Die Wahrheit hat und wird niemals jemanden haben, der sie ernsthafter beachtet und in seinen Reden besser zur Geltung bringt als er, niemanden, der sie mit so großer Ausdauer predigt und sie so wie sich selber auch allen anderen ans Herz legt. Er scheint die Wahrheit selbst zu sein. Vollkommen trifft auf ihn das Lob zu, mit welchem unser überaus geliebter Erlöser den Nathanael[87] schmückte.

chen, nicht für die Veröffentlichung bestimmten Rückerinnerung der drei jungen Schweizer, vgl. Johann Joachim *Spalding*, Kleinere Schriften 2: Briefe an Gleim – Lebensbeschreibung, hrsg. von Albrecht *Beutel* und Tobias *Jersak*, Tübingen, 2002. S. 151–153 (Johann Joachim Spalding, Kritische Ausgabe, Band I/6).

87 Joh 1,47. – Lavater bezeichnete mit dem biblischen Nathanael wiederholt den Typus des wahrheitssuchenden Menschen. Als solchen sprach er beispielsweise, wenn auch indirekt, Moses Mendelssohn in dem Zueignungsschreiben an, das er seiner Teilübersetzung von Charles Bonnets Werk ‹La Palingénésie philosophique› voranstellte (Zuschrift der Bonnetischen Untersuchung der Beweise für das Christenthum an Herrn Moses Mendelssohn in

Doch wollen wir Euch, verehrte Väter, Gelegenheit geben, ihn noch näher kennenzulernen: Es gibt nichts, was größer und angenehmer ist als seine Menschlichkeit, seine Nächstenliebe, seine Großzügigkeit, seine Gastfreundschaft, seine Heiterkeit, sein angeborenes kultiviertes Wesen, das er ständig verfeinert, und seine gepflegten Umgangsformen, seine Bescheidenheit, Selbstbeherrschung, Milde, sein liebenswerter Charakter und seine Verbindlichkeit. Nichts ist aufrichtiger und reiner als sein unablässiges Streben nach allem, was ehrenvoll und lobenswert ist.

Wie bewandert er in der christlichen Theologie ist und wie begabt mit einem gesunden Gespür für die grundlegenden Dinge! Mit welcher Einfachheit, Liebe und Gründlichkeit, mit welcher wunderbaren Gewandtheit kann er alle, selbst die schwierigsten Loci trotz des großen Geflechts von Subtilitäten aufs Genaueste erklären und mit Leichtigkeit anschaulich machen! Weder das Allerlei theologischer Systeme und Loci, noch die ängstliche Unterwerfung unter die Meinungen anderer, geschweige denn die bloße Nachtreterei dieser und jener Philosophie haben ihm zu dem aufrichtigen und geradlinien Theologen gemacht, der er ist. Ganz fern liegt ihm die Verteidigung einzelner Glaubenssätze seiner eigenen Kirche, die dem lutherischen Bekenntnis angehört, jede noch so unbedeutende Parteilichkeit geht ihm völlig ab, eine Verurteilung anders Denkender gibt es bei ihm nicht.

‹Ein Diener Christi bin ich›, sagt er häufig, ‹so viele Menschen es gibt, so viele Ansichten mag es geben. Wieso sollte ich da ein Knecht sein? Ich bin auf den Namen Christi getauft, dessen Autorität allein folge ich und niemals irgendeiner von Menschen.› Wie immer man diese Art zu denken nennen will – eine Quelle der Ketzerei oder, noch gröber, des religiösen Synkretismus oder noch anders –, wir zögern keineswegs, sie mit dem Namen der lautersten Wahrheitsliebe zu ehren.

Alle seine Predigten[88] sind so vortrefflich und luzide, daß man an ihnen erkennt, was heilige Beredsamkeit zu bewirken imstande ist. Wie klar, wie

Berlin), ediert in: *Lavater,* Mendelssohn, 233: «Ich weiß die Hochachtung, die mir Ihre fürtreflichen Schriften und Ihr noch fürtreflicherer Charakter, eines *Israeliten, in welchem kein Falsch ist,* gegen Sie eingeflößt haben, nicht besser auszudrücken [...].» – Auch später machte er von dieser Titulierung Gebrauch, siehe J. C. *Lavater,* Nathanaél. Oder, die eben so gewisse, als unerweisliche Göttlichkeit des Christenthums. Für Nathanaéle, Das ist, Für Menschen, mit geradem, gesundem, ruhigem, truglosem Wahrheitssinne, Basel 1786 (JCLW, Bibliographie, Nr. 259, wird demnächst ediert in: JCLW, VII). Eingedenk seiner negativen Erfahrungen in der Mendelssohn-Affaire vermied es Lavater jedoch, den Adressaten seiner Widmung – die Schrift war Johann Wolfgang von Goethe zugedacht – offen zu nennen, vgl. Hirzel in der Einleitung zu: *Lavater,* Mendelssohn,186–187.

88 Die Predigten Spaldings sollen innerhalb der Kritischen Ausgabe als Zweite Abteilung ediert werden, vgl. Albrecht Beutel im Vorwort zu J. J.*Spalding,* Religion, eine Angelegenheit des Menschen (11797 – 41806), hrsg. von Tobias *Jersak* und Georg Friedrich *Wagner,* Tübingen 2001, VII.

einfach und deutlich sie sind, wie treffend, lauter, reichhaltig und elegant, ohne jedoch mit großem rhetorischen Glanz die Ohren zu kitzeln[89], wie weit entfernt vom üblichen Predigtstil, wie erfüllt von erhabenen und göttlichen Worten, wie würdig eines klugen und sorgsamen Amtsträgers der Kirche und nicht gering und verächtlich, aber auch nicht abgehoben und überladen, jedoch voller Würde, wohlgefügt und zusammenhängend, leicht, flüssig, enthalten sie nichts Unpassendes oder weit Hergeholtes. Niemals schweift er vom Thema ab, gleichmäßig und konsequent schreitet er voran, ohne holprig zu werden oder unschlüssig hin und her zu schwanken. – Alles ist wahrhaft, christlich, dem Evangelium gemäß, am Auffassungsvermögen der Zuhörer orientiert und aufs beste an Zeit und Ort angepaßt. Nichts klingt nach Zurschaustellung gelehrter Bildung, Bibelkritik und Rhetorik oder einer bestimmten kirchlichen Autorität. Niemand nämlich, der sie hört, vermag, ob er will oder nicht, sich der obsiegenden, göttlichen Kraft der Wahrheit selbst und deren unbezwingbaren Wirksamkeit zu verschließen. Kann man noch anders, als auf das aufgewühlte und laut mahnende Gewissen zu hören und diesem die Ehre geben? Kann man anders als begreifen, was man tun, was man lassen muß oder kann, und warum und wie? Alle seine Predigten sind die passende Antwort auf jene große Frage, die kein Prediger jemals vergessen sollte: Was muß ich tun, damit ich das Heil erlange?[90] Und wenn man erst das einmal gesagt hat, wie viel bleibt da sonst noch zu sagen! Tränen waren noch die geringsten unter den Wirkungen seiner Predigten. Doch ist unser Spalding nicht nur ein hervorragender Prediger, sondern auch ein äußerst pflichtbewußter Seelenhirte. Er kannte seine Schäflein bestens, nichts ist ihm teurer und mehr der Sorge wert gewesen als ihr Seelenheil. Nicht gezwungenermaßen, sondern aus eigenem Antrieb[91] widmete er sich der ihm anvertrauten Herde; keinerlei Gewinnstreben leitete ihn dabei, sondern er war von sich aus bereit, zu deren Glück beizutragen. Nicht wie ein Herrscher trat er auf gegenüber dem ihm von Jesus anvertrauten Erbteil, sondern er war seiner Herde ein Vorbild.[92] Was er durch seine öffentlichen Predigten nicht zustande brachte, bemühte er sich, durch private Ermahnungen zu erreichen.

Wenn er etwa Kranke und Gefangene besuchte – dies auch ungerufen, was

[89] Vgl. *Lavater*, Tagebuch, 420: Spalding kritisierte die neueren homiletischen Lehrbücher, die empfahlen, sich dem verfeinerten Geschmack der Zuhörer anzupassen.

[90] Vgl. Mt 19,16. – Ähnlich beim Tischgespräch auf Gut Boldevitz bei Stralsund am 30. August 1763 als Äußerung eines nicht genannten Teilnehmers, vgl. *Lavater*, Tagebuch, 311: «Eine Predigt sollte nur, sagte ein anderer, eine Antwort auf die Frage seyn: Was muß ich thun, daß ich selig werde? Diese Frage darf nicht in jeder Predigt ganz beantwortet werden, aber eine Predigt soll nichts enthalten, das nicht mittelbar oder unmittelbar mit zur Beantwortung derselben gehöret.»

[91] 1 Petr 5, 2.

[92] 1 Petr 5, 3.

ungewöhnlich ist – überließ er diese Menschen nicht sich selbst. Solche, die materiell schlecht dastanden, verunsichert über ihr weiteres Schicksal und schwankend im Glauben, unterstützte er mit großen Hilfeleistungen, die, angesichts seiner bescheidenen, ja geradezu ärmlichen Verhältnisse, über die Möglichkeiten seines Vermögens hinausgingen. Für die Bekümmerten war er eine Zuflucht, für die Verlassenen ein wohlwollender Ratgeber, für die Waisen ein Vater und für die Witwen eine Stütze, mit einem Wort: er war ein hervorragender Mensch, ein Christ und ein Seelenhirte. O, wenn Ihr ihn gesehen und gehört hättet, wie er sich zu Hause vor seinen trefflichen, allerliebsten Kindern liebreich über die Tugend verbreitete und sie zur Rechtschaffenheit anhielt[93] und zur größten Liebe gegen jedermann erzog und sie ihrer Auffassungsgabe entsprechend, zu allem Höheren anspornte![94] O, wenn Ihr erlebt hättet, wie er mit Menschen jeden Schlages umging und ihre Fehler mit besonnener Freundlichkeit korrigierte, und wie herzlich er auch mit den einfachsten Leuten sprach, o, wie sehr würdet Ihr seine Redlichkeit und Klugheit und seine große angeborene Liebenswürdigkeit bewundern! Leicht könnt Ihr, verehrte Väter, daraus schließen, daß der tägliche und vertraute Umgang mit diesem Mann nicht einfach nur höchster Genuß war, sondern für uns von ganz einzigartigem und fast unsagbarem Nutzen. Aber vielleicht wollt Ihr noch genauer wissen, wie wir unsere Zeit in seinem Hause und in seiner Gesellschaft genutzt haben und mit welchem Ertrag. So wisset denn: Gleich früh am Morgen sind wir zusammengekommen und haben mit Spalding beim Frühstück und oft noch eine Stunde darüber hinaus über eine bedeutende Materie gesprochen, sei diese theologischer, philosophischer oder historischer Natur. Aus diesen Wissenschaften wählten wir ein Buch und lasen eine Stelle, die uns einen diskussionswürdigen Sachverhalt bot, und jeder von uns legte offen seine Meinung dazu dar. Wenn er sich dann seinen Amtspflichten zuwandte, hielten wir das, was uns von seinen Äußerungen aufzeichnenswert erschien, in unserem Tagebuch fest. Ein halbes Stündchen vor dem Mittagessen gingen wir meist an den Strand des Meeres oder spazierten im Garten umher. Manchmal saßen wir auch mit ihm vor seinem Haus im Schatten des Vordaches oder erfreuten uns an der ausnehmenden Anmut und Intelligenz seines noch nicht vierjährigen Sohnes.[95] Bei Tisch unterrichteten wir Spalding über Sitten und Gebräuche der

93 Spalding verfaßte auch eine kleine Erziehungsschrift mit dem Titel ‹Belehrungen an meine Töchter›, vgl. *Lavater*, Tagebuch, 371, und Brief an die Eltern (3./5. Mai 1763, ZBZ FA Lav. Ms. 570, Nr. 15). Dieser Text wurde anscheinend nicht publiziert, läßt sich jedenfalls nirgendwo nachweisen.

94 Zur religiösen Erziehung der Kinder vgl. *Lavater*, Tagebuch, 398: Spalding las ihnen vor aus Johann Samuel *Diterich*, Kurzer Entwurf der christlichen Lehre, Berlin 1763. Die Kinder mußten das Gehörte jeweils wiederholen.

95 Aus der Ehe mit Wilhelmine Sophie, geborene Gebhardi (1734–1762), hatte Spalding zwei Töchter und zwei Söhne. Es handelt sich an dieser Stelle um den 1760 geborenen August Wil-

Schweizer und deren Institutionen oder hörten mit großem Ergötzen seiner kaum achtjährigen Tochter zu, die mit erstaunlicher Gewandtheit erzählte, was sie zuvor gelesen hatte.[96] Nach dem Essen blieben wir noch ein halbes Stündchen beieinander. Anschließend lasen wir bis nachmittags vier Uhr in all den hervorragenden Bücher, die sich in seiner Bibliothek befanden, besonders solchen in englischer Sprache. Und soweit unser lieber Gastgeber zu Hause weilte und nicht von anderen Beschäftigungen in Anspruch genommen war, unterhielten wir uns mit ihm angeregt bis um sechs oder sieben Uhr oder lasen etwas, zum Beispiel, was Hess und Füssli aus dem Englischen ins Deutsche übersetzt hatten.[97] Und manches, was daran gelungen war, lobte er; was weniger gut war, beanstandete er und erläuterte danach, wie er es sich gewünscht hätte. Oft lasen wir gemeinsam einen Abschnitt aus einem der Apostelbriefe, wobei einer von uns in den griechischen Text, ein anderer in die Übersetzung Luthers, der dritte in einen sehr guten Kommentar schaute und wir uns mit großem gemeinsamen Eifer bemühten, den Sinn der Dinge zu entschlüsseln. Dabei ließen wir uns von keiner Autorität bestimmen. Wir verwarfen es, dem Bekenntnis von Calvin und Zwingli zu folgen, und auch er wollte nicht ein blinder Anhänger Luthers sein. Was immer wir auf diese Weise erkannten, haben wir uns in schlichter Gesinnung angeeignet, auch wenn wir es zuvor anders verstanden hatten. Wir verwarfen, was sich uns als falsch erwiesen hatte, auch wenn es sich uns durch die Nachahmung [einer Autorität] zu empfehlen schien. O, wie erleuchteten uns jeden Tag mehr die göttlichen Reden heiliger Männer! Mit welcher Hochachtung und Dankbarkeit bestaunten wir jene von uns mit schlichtem und ehrlichem Gemüt begriffenen himmlischen Wahrheiten! Häufig waren wir auch ohne Bücher zusammen und sprachen, indem wir uns die Händen reichten, über Gott, den Erlöser, die Unsterblichkeit der Seele und die unendliche Herrlichkeit der Seligen. O, ihr glücklichen, unvergeßlichen Tage, die uns ganz von jenen abwechselnden Freuden erfüllt schienen! Schließlich, nach einem einfachen Abendessen, verbrachten wir nochmals zwei Stunden in derselben Weise. Meistenteils unterhielten wir uns vor dem Haus oder während wir im Garten spazierten, oder, wenn das Wetter dies nicht erlaubte, las uns von seinen Kindern die jüngere Tochter vor oder er-

helm. Bei der Geburt des zweiten Sohnes, Georg Ludwig, am 8. April 1762 war Wilhelmine Sophie verstorben.

96 Gemeint ist Lotta (1754–1767), die jüngere Tochter Spaldings. Sowohl Lotta als auch ihre ältere Schwester, Johanna Wilhelmine (1753–1832), lasen zuweilen nach dem Abendessen den Gästen aus der Schweiz aus religiösen Erbauungsbüchern vor, vgl. *Lavater*, Tagebuch, 132 [passim]. Lavater lobte besonders die intellektuellen Fähigkeiten von Lotta, ibid., 129.

97 Zu den Übersetzungen aus dem Englischen durch Felix Hess: Brief Lavaters an seine Eltern vom 7./10. November 1763 (ZBZ FA Lav. Ms. 570, Nr. 41), siehe *Lavater*, Tagebuch, 498, Anm. 2. Zu Johann Heinrich Füsslis Englischkenntnissen, ibid., 30. Füssli und Hess übersetzten zahlreiche Predigten aus Joseph *Butler*, Fifteen sermons, preached at the Rolls Chapel and a dissertation of the nature of virtue, London 1726, vgl. *Lavater*, Tagebuch, 160, 370, 372.

zählte etwas aus den besten Büchern, die es für die Bildung von Geist und Seele gibt, wie etwa aus den Gedichten von Gessner[98] und Haller[99] oder rezitierte aus den geistlichen Oden von Gellert[100]. Fast alle seine Predigten, von denen er jede Woche zwei hielt, besuchten wir, und die meisten davon lasen wir auch eifrig, ebenso wie andere seiner Schriften.[101]

Alles hatten wir gemeinsam, sogar die Briefe[102], die wir aus der Heimat bekamen, und jene, die ihm von Freunden geschickt wurden: alles, was ihm gehörte, gehörte uns, und alles, was uns gehörte, gehörte ihm. Die Freunde – unter ihnen vor allem ein gewisser Pastorius[103], Propst auf der Insel Rügen, in höchstem Grade Philosoph und äußerst feinsinnig, sowie ein gewisser Richter[104], ein Feldprediger, der fast jeden Tag zu uns kam – verehren in Spalding den unschätzbaren Gelehrten. Von ihm [Spalding] geführt, sahen wir auch den scharfsinnigen Doktor von Aken[105], einen großen Redner, und hörten ihn predigen. Er [Spalding] brachte uns zu allen seinen Verwandten, die in dieser Gegend, vor allem in Stralsund, wohnen. Von ihnen ist besonders sein Schwiegervater der Erinnerung würdig, der verehrungswürdige Superintendent Gebhardi[106], ein gelehrter Mann, äußerst kundig in der lateinischen, griechischen und hebräischen Sprache sowie ein herausragender Kenner der gelehrten Theologie. Und dann dessen Sohn, der Magister Gebhardi[107], ein

[98] Johann Salomon *Gessner*, Der Tod Abels. In fünf Gesängen, Zürich 1758. Sowohl Lotta als auch Johanna Wilhelmine Spalding lasen häufig aus dem Werk vor, vgl. *Lavater*, Tagebuch, 337 [passim].

[99] Albrecht *Haller*, Versuch Schweizerischer Gedichte. Vierte, vermehrte und veränderte Auflage, Göttingen 1748.

[100] Christian Fürchtegott *Gellert*, Geistliche Oden und Lieder, Leipzig 1757.

[101] Lavater besuchte regelmäßig die Sonntagspredigt Spaldings und hospitierte auch bei der dienstäglichen katechetischen Unterweisung. Sein Tagebuch enthält zahlreiche Auszüge aus Spaldings Predigten, *Lavater*, Tagebuch, 269 [passim].

[102] Lavaters umfangreiche Korrespondenz befindet sich größtenteils in der Handschriftenabteilung der Zentralbibliothek Zürich. Der Zugang erfolgt über die inzwischen unter Leitung von Christoph Eggenberger und Marlis Stähli erstellte Mikrofiche-Edition, bearbeitet von Alexandra Renggli unter Verwendung der Vorarbeiten von Ursula Caflisch-Schnetzler, Zürich 2002.

[103] Hermann Andreas Pastorius (1730–1795), Theologe, seit 1759 Pfarrer in Poseritz auf Rügen. Lavater war am 22./23. August 1763 Gast in seinem Haus, vgl. *Lavater*, Tagebuch, 284–287.

[104] Bisher nicht identifiziert. Ein Feldprediger Richter findet in Lavaters Reisetagebuch keine Erwähnung. Auch der Herausgeber der Kritische Spalding-Ausgabe, Prof. Albrecht Beutel, konnte keine weiteren Angaben zu dieser Person machen.

[105] Adolf Christoph von Aken (1713–1768), Propst in Gingst auf Rügen. Lavater lernte ihn im Juli 1763 bei Spalding kennen und hatte am 28. August in Boldevitz bei Stralsund Gelegenheit, von Aken predigen zu hören, vgl. *Lavater*, Tagebuch, 112 u. 304.

[106] Brandanus Heinrich Gebhardi (1704–1784), Superintendent. Spalding war in erster Ehe mit dessen Tochter Wilhelmine Sophie Gebhardi (gest. 1762) verheiratet gewesen.

[107] Bogislaw Heinrich Gebhardi (1737–1818), Prediger an St. Nicolai in Stralsund. Lavater lernte Vater und Sohn erstmals am 24. Mai 1763 in Barth kennen. Es folgten mehrere Besuche, vgl. *Lavater*, Tagebuch, 89 [passim].

sehr bescheidener Mann, gelehrt und nicht ganz unbewandert in der Philosophie und den Humanwissenschaften. Wir sahen auch zwei Brüder von Spalding, der eine Kaufmann[108], der andere Pfarrer[109]. Dann einen gewissen Nestius[110], einen schlichten Mann, fromm und aufrichtig, der neulich einen Band mit Predigten veröffentlicht hat und wegen seiner großen Popularität und seiner Salbung keineswegs zu verachten ist. Dann einen gewissen Brunnemann[111], einen Mann, der sich auszeichnet durch viele Vorzüge, wenn man das so nennen will: durch Reichtum und beim Predigen durch ein gewissermaßen wunderbares, d.h. affektiertes, gestelztes Pathos.

Auf der Heimreise von Barth kamen wir mit unserem Spalding durch Greifswald, wo wir Dähnert[112], Professor für Geschichte, besuchten und Ahlwardt[113], Professor für Metaphysik, einen ungehobelten Mann, der, wie er selbst bekannte, fast nur die natürliche Religion pflegt[114]. Wir sahen auch den Mathematikdozenten Doktor A. Mayer[115], der uns verschiedene Fernrohre und andere Instrumente zeigte. In Suckow in der Mark Brandenburg besuchten wir den edlen und freundlichen von Arnim[116], der sich sehr um die

108 Dieser Bruder mit unbekanntem Vornamen war Kaufmann in Stralsund, vgl. *Lavater*, Tagebuch, 257.

109 Carl Wilhelm Spalding, seit 1757 Pfarrer in Tribsee, vgl. *Lavater*, Tagebuch, 259.

110 Michael Nestius (1721–1794), seit 1751 Diakon in Bergen auf Rügen. Er war ein Schwager von Spalding und hatte diesem eine Reihe von Predigten, die er drucken lassen wollte, zur Begutachtung übersandt, vgl. *Lavater*, Tagebuch, 252.

111 Christian Anton Brunnemann (1716–1774), Propst in Bergen auf Rügen. Spalding hatte Lavater und seinen Freunden Brunnemann als Beispiel für einen Geistlichen mit lasterhaftem Lebenswandel angeführt; er sei ein «ebenso blöder als irreligioser Geistlicher». Die jungen Schweizer lernten Brunnemann, der sich seiner Redegewalt auf der Kanzel rühmte, am 29. August 1763 im Haus von Brandanus Heinrich Gebhardi persönlich kennen, vgl. *Lavater*, Tagebuch, 174.

112 Johann Karl Dähnert (1719–1785), seit 1758 Professor für Philosophie und schwedisches Staatsrecht an der Universität Greifswald. – Der Besuch bei Dähnert und Ahlwardt fand am 25. Januar 1764 statt, vgl. *Lavater*, Tagebuch, S. 731.

113 Peter Ahlwardt (1710–1791), Professor für Philosophie, war ein typischer Vertreter der Aufklärungsphilosophie. Bereits im August 1763 – so berichtet Lavater in seinem Reisetagebuch – hatte sich Felix Hess in einem Brief in die Schweiz sehr negativ zu den Geifswalder Professoren, besonders zu Ahlwardt, geäußert: «Felix Heß las mir s[einen] Brief an Herren *Schmidli* vor. Er entwirft ihm unter andern den Charactr der greifswaldischen Profeßoren, die überhaupt nicht viel beßer sind als eine Bande sorgloser, träger Bauchpfleger. *Ahlwarth* (...) hat ein bischen Philosophie, Kritik und Philologie gar keine; ob er eine Religion habe, ist noch ziemlich zweifelhaft. Zum wenigsten soll er mit einer unehrerbietigen Kälte und unphilosophischen Zergliederungen von dem Ewigen und Unendlichen reden», vgl. *Lavater*, Tagebuch, 260. – Vermutlich war der Brief an Johann Schmidlin, seit 1754 Pfarrer in Wetzikon, Kt. Zürich, gerichtet.

114 Zur sogenannten natürlichen Religion veröffentlichte Ahlwardt 1735 eine Abhandlung mit dem Titel ‹Über die Unsterblichkeit der Seele und über die Freiheit Gottes›.

115 Andreas Meyer (1716–1782), seit 1741 Professor für Astronomie und Mathematik an der Universität Greifswald.

116 Georg Friedrich von Arnim von Suckow (1717–1772), Herr auf Suckow in der Uckermark.

Förderung der Freien Wissenschaften bemüht. In Berlin ging er oft zu einflußreichen Hofleuten und pflegte vertrauten Umgang mit Lambert[117], jenem bedeutenden, scharfsinnigen Philosophen, und mit dem ehrwürdigen Crugot[118], dem berühmten Verfasser von ‹Der Christ in der Einsamkeit›[119], dem Hofprediger des Fürsten in Carolath, einem aufrichtigen Mann, von glühender Frömmigkeit und brennender Liebe zu Christus und einem geradezu schlichten Glauben, der auf ihn allein die Hoffnung auf Heil setzt, wenn er auch allen Erklärungen zu Art und Weise unserer Erlösung fernsteht und er die Spekulationen von Theologen nicht als Glaubenswahrheiten annimmt. Den Verdacht der Ketzerei gegenüber vielen Stellen in seinen Schriften[120] vermochte er mühelos zu zerstreuen, auch versprach er uns, als wir ihn dar-

Die Schweizer hatten Baron von Armin bereits am 28. März 1763 in Berlin kennengelernt. Lavater äußerte sich schon damals positiv über ihn, der ein großer Freund und Verehrer von Spalding war, vgl. *Lavater*, Tagebuch, 18: «Arnim scheint ein überaus artiger, vernünftiger und kindlich guter Mann, ein paßionirter Liebhaber alles deßen, was in den Schönen Wißenschaften Litteratur, und in der Beförderung derselben einschlägt, daneben von gutem Geschmak zu seyn.»

117 Johann Heinrich Lambert (1728–1777), Universalgelehrter, der sich vor allem der Mathematik, Physik, Astronomie und Philosophie widmete. Lavater und Felix Hess trafen ihn am 4. Februar 1764 in Berlin unerwartet bei Johann Georg Sulzer an, vgl. *Lavater*, Tagebuch, 756.

118 Martin Crugot (1725–1795), reformierter Theologe und Schriftsteller, von 1752 bis zu seinem Tode Hofprediger in Carolath, der Residenz des Fürstentums Carolath-Beuthen-Schönaich (Niederschlesien, nahe Glogau). Lavater und Füssli trafen Crugot am 17. Februar 1764 bei Sulzer, vgl. *Lavater*, Tagebuch, 794: «Herr Crugot kam gegen 12 Uhr. Ein männlich schöner, starker Mann, dem man den Hof bey dem ersten Blik anmerkte. Er embraßirte Füßli und mich und schien sehr vergnügt zu seyn, daß er uns kennenlernte. Seine Kleidung war so ordentlich, so simpel und schlecht als möglich.» Lavater hatte bereits 1761 einen Briefwechsel mit ihm aufgenommen, vgl. Horst *Weigelt*, Aspekte zu Leben und Werk des Aufklärungstheologen Martin Crugot im Spiegel seiner Korrespondenz mit Johann Kaspar Lavater, in: Jahrbuch für Schlesische Kirchengeschichte 73, 1994, 225–311, dort 226 [zit.: *Weigelt*, Aspekte].

119 Martin *Crugot*, Der Christ in der Einsamkeit, Breßlau: Korn, 1756.

120 Der Ketzereivorwurf bezog sich auf Stellen aus ‹Der Christ in der Einsamkeit› und Crugots ‹Predigten von dem Verfasser des Christen in der Einsamkeit›, Breßlau: Korn 1759 (2. Sammlung, Breßlau: Korn 1770; die von Weigelt angeführte, Lavater angeblich vorliegende Ausgabe der 2. Sammlung von 1761 läßt sich nirgendwo nachweisen). Lavater hatte eine wohlwollende Rezension dieses Werkes publiziert in ‹Ausführliche und kritische Nachrichten von den besten und merkwürdigsten Schriften unsrer Zeit nebst andern zur Gelehrtheit gehörigen Sachen›, 3. St. (1763) 118–136; 4. St. (1764) 213–250, und in einem Brief an Crugot vom 23. Sept. 1763 aus Barth betont, daß er sich darin um Objektivität bemüht habe und nicht den «Ton eines Ketzermachers» angeschlagen habe, vgl. *Weigelt*, Aspekte, 244. Ebenfalls noch während seines Deutschlandaufenthalts publizierte Lavater anonym ein polemisches Schreiben, das an einen Hauptgegner Crugots, Karl Friedrich Bahrdt, gerichtet war: Zwey Briefe an Herrn Magister Carl Friedrich Bahrdt, betreffend seinen verbesserten Christen in der Einsamkeit (JCLW, Bibliographie, Nr. 394; diese Schrift wird demnächst erscheinen in: Johann Caspar *Lavater*, Jugendschriften 1762–1769, hrsg. von Bettina *Volz-Tobler*, JCLW, I). – Crugot selbst zeigte große Gelassenheit gegenüber seinen Kritikern (neben Karl Friedrich Bahrdt v.a. Christoph Christian Sturm) und betrachtete sie nicht als seine persönliche Gegner, vgl. *Weigelt*, Aspekte, 244–250.

um baten, ihn in einer gedruckten Abhandlung für alle Rechtdenkenden zu beseitigen, wenn auch nicht in allen Punkten.

Von Berlin ging es nach Quedlinburg[121], wo wir Klopstock trafen, der uns ins Allerheiligste der Musen führte und einige bislang unveröffentlichte Oden und einen Abschnitt aus der unsterblichen Messiade[122] vorlas. Resewitz, Geistlicher der Äbtissin[123], der einzige Mann unter den Bürgern, mit dem Klopstock Umgang hat, ist ein bescheidener und verständiger Theologe. Er verbindet eine einzigartige Leidenschaft für die Theologie mit der Liebe zur Philosophie und der Schönen Literatur. Das bezeugen aufs beste seine Schriften, seine Erörterung über das Erkenntisvermögen von Genies[124] und die Übersetzung des Testaments des Polier[125] mit Anmerkungen, Verbesserungen und Zusätzen von ihm reichlich vermehrt. In Halberstadt besuchten wir Gleim[126], einen Dichter von großer Begabung und angeborener Schlicht-

[121] Lavater und Hess hielten sich dort vom 4. bis 7. März 1764 auf.

[122] Die ersten drei ‹Gesänge› des ‹Messias› waren 1748 in den ‹Bremer Beiträgen› erschienen. Lavater las während seiner Studienreise ständig in diesem Werk, vgl. *Lavater*, Tagebuch, 801. Nach Weigelt dürfte Lavater eine der folgenden Ausgaben benutzt haben: Friedrich Gottlieb *Klopstock*, Der Messias, ein Heldengedicht, 2 Bde., Halle 1751 und 1756. – Vgl. Friedrich Gottlieb *Klopstock,* Werke und Briefe. Historisch-Kritische Ausgabe (HKA, IV.1–3), hrsg von Horst *Gronemeyer*, Elisabeth *Höpker-Herberg*, Klaus *Hurlebusch* und Rose-Marie *Hurlebusch*, Berlin/New York 1974–1996.

[123] Friedrich Gabriel Resewitz (1729–1806), Theologe und Philosoph, war 1757 von Prinzessin Anna Amalia v. Preußen, Schwester Friedrichs II. und seit 1756 Äbtissin des evangelischen Damenstifts Quedlinburg, zum ersten Prediger an der dortigen St. Benediktkirche ernannt worden, vgl. ADB 28, 242.

[124] Resewitz hatte 1755 einen Vortrag «Über das Genie» vor einer von ihm selbst, Friedrich Nicolai und Moses Mendelssohn begründeten gelehrten Gesellschaft in Berlin gehalten. Diese Erörterung erschien einige Jahre später in der von Nicolai herausgegebenen Reihe «Sammlung vermischter Schriften zur Beförderung der schönen Wissenschaften und der freyen Künste», Berlin 1759–1763, Bd. 2, S. 131–179 und Bd. 3, S. 1–69, vgl. H. *Holstein*, ADB 28, 242. Zur Bedeutung dieser Schrift im zeitgenössischen Diskurs über das Genie vgl. Herman *Wolf*, Versuch einer Geschichte des Geniebegriffs in der deutschen Ästhetik des 18. Jahrhunderts, Bd 1 (Beiträge zur Philosophie 9), Heidelberg 1923, S. 115–124.

[125] Das Neue Testament in Fragen und Antworten, worinn der heilige Text ganz beybehalten ist, nebst kurzen Erklärungen und Anmerkungen zum besseren Verstande dieses heiligen Buches, und einem Register der vornehmsten Wahrheiten und Sachen. Aus dem Französischen übersetzet, und mit einigen eignen Anmerkungen begleitet von Friedrich Gabriel *Resewitz*, Quedlinburg und Leipzig 1760. Aus dem Vorwort (S. V) ist ersichtlich, daß es sich um eine Übersetzung und Kommentierung des folgenden Werkes handelt: Le nouveau Testament mis en catéchisme par demandes et par réponses, par Georges Pierre G. *Polier de Bottens*, Amsterdam 1756. – Der Herausgeber Georges P. G. Polier de Botten (1675–1759) wirkte als Professor für griechische und hebräische Sprache an der Akademie in Lausanne, vgl. HBLS 5, 1929, 460. – Ich möchte Herrn Prof. Dr. Reinhard Düchting, Seminar für Lateinische Philologie des Mittelalters der Universität Heidelberg, für einen wertvollen Hinweis, der zur Identifikation dieses Werkes von Resewitz führte, herzlich danken.

[126] Johann Wilhelm Ludwig Gleim (1719–1803). Die Schweizer besuchten ihn am 7. März 1764 in Halberstadt/ Sachsen-Anhalt, vgl. *Lavater*, Tagebuch, 4.

heit. Wir besuchten auch den außerordentlich verehrungswürdigen Abt Jerusalem[127], einen Theologen von ungewöhnlicher Bescheidenheit und Aufrichtigkeit, der – wie er nicht zögerte zu bekennen – aus dem Umgang mit den allen Gebildeten wohlbekannten Engländern Foster[128] und Whiston[129] neben einigen vortrefflichen Dingen aus ihrem Leben, Betragen und ihrem Geist gelernt hat, daß selbst ein guter Mensch, strebend nach der alleinigen Wahrheit, in theologische Irrtümer von nicht geringer Bedeutung fallen kann, und von daher hielt er immer an dem Vorsatz fest, niemanden wegen Fehlern in seiner Lehre der Verstocktheit, geschweige denn der Abtrünnigkeit zu beschuldigen. Dieser hervorragende Mann leidet auf der Brust an Schwindsucht, was nicht erlaubt, daß er öffentlich predigt.[130] Er widmete daher seine Zeit und Kraft der Aufgabe, die Prinzen von Braunschweig zu erziehen und zu unterrichten[131], eine Aufgabe, der er mit so viel Redlichkeit und Umsicht nachgekommen ist, daß die jungen Prinzen nach dem einhelligen Urteil aller die übrigen Menschen ihres Standes an Sitten und Bildung weit übertreffen. Nun, nach Abschluß dieser Mühen, hat er sich erneut der Theologie zugewandt und hat beschlossen und in Aussicht gestellt, einen zweiten Teil der ‹Briefe über die Mosaische Philosophie›[132] herauszugeben sowie einen Katechismus[133], der so geordnet ist, daß er der Kürze nach all das enthält, was erforderlich ist, damit man die wichtigsten Punkte des Glaubens ohne größere Mühe verstehen, anwenden und verteidigen kann – auch hat er sich vorgenommen und versprochen, dem Werk einige Erörterungen zu Glaubenslehren von höchster Wichtigkeit beizufügen.

127 Johann Friedrich Wilhelm Jerusalem (1709–1789), Vertreter der Neologie innerhalb der deutschen Aufklärungstheologie. 1745 begründete er in Braunschweig das Collegium Carolinum mit. Lavater sah ihn in dort am 8./9. März 1764, vgl. *Lavater*, Tagebuch, 4.

128 Jacob Foster (1697–1753), Theologe und Prediger bei den Londoner Wiedertäufern, vgl. Johann Christoph *Adelung*, Fortsetzung und Ergänzungen zu Christian Gottlieb Jöchers allgemeinem Gelehrten=Lexico, worin die Schriftsteller aller Stände nach ihren vornehmsten Lebensumständen und Schriften beschrieben worden, Band 2: E bis J. Leipzig 1787 (Nachdruck Hildesheim 1960), Sp. 1181–1182. – Lavater lernte durch Spalding mehrere Werke Fosters kennen und las z. B. in ‹Reden über wichtige Wahrheiten der christlichen Religion›. Aus dem Englischen übersetzt, Frankfurt und Leipzig 1750–1752, vgl. *Lavater*, Tagebuch, 95 [passim].

129 William Whiston (1667–1752), Theologe und Philosoph, Professor für Mathematik und Astronomie in Cambridge.

130 Jerusalem war Hofprediger an der Residenz von Herzog Karl I. von Braunschweig-Wolfenbüttel-Lüneburg.

131 Seit 1742 wirkte Jerusalem als Erzieher des damals siebenjährigen Erbprinzen Karl Wilhelm Ferdinand, später übernahm er auch den Unterricht der jüngeren Prinzen.

132 Johann Friedrich Wilhelm *Jerusalem*, Briefe über die Mosaischen Schriften und Philosophie, Erste Sammlung, Braunschweig 1762. Die zweite Sammlung erschien 1772.

133 Vermutlich handelt es sich um das folgende Werk: Johann Friedrich Wilhelm *Jerusalem*, Betrachtungen über die vornehmsten Wahrheiten der Religion: an Se. Durchlaucht den Erbprinzen von Braunschweig und Lüneburg, Braunschweig 1768.

Auch Ebert[134] und, was könnte angenehmer sein, Gärtner[135], Schmid[136], und den Dichter Zachariä[137], Professoren der Theologie und der weltlichen Wissenschaften am Collegium Carolinum, Namen, die jeder kennt, haben wir gesehen. In Göttingen[138] haben wir mit J. David Michaelis[139], einem hochberühmten Mann, gesprochen, der sich nach seiner Gewohnheit uns gegenüber gefällig und zuvorkommend erwies, sich viel auf das altgediegene Studium der orientalischen Sprachen durch einige junge Leute zugute tat und sein Verständnis von einigen Hauptpunkten der Theologie nach seinem Vermögen wohlgeordnet und offenherzig erläuterte. Er versprach eine neue, erweiterte Ausgabe seiner Einführung ins Neue Testament.[140] In Kassel[141] gingen wir zu Huber[142], Dozent der Medizin, aus Basel gebürtig, ein Freund unseres Gesners[143], und besichtigten unter seiner persönlichen Führung die Sehenswürdigkeiten der Stadt, darunter die riesige Natur- und Raritätensammlung der Fürsten von Hessen[144], die in Jahrhunderten zusammengetra-

[134] Johann Arnold Ebert (1723–1795), seit 1753 Professor am Collegium Carolinum in Braunschweig. Neben eigenen Dichtungen arbeitete Ebert als Übersetzer englischer Dichtwerke, so hatte er die neun Bände von Richard Glover ‹Leonidas, ein Heldengedicht› aus dem Englischen übersetzt und mit einem Vorwort versehen (Leipzig 1748), ein Werk, das Lavater in Barth las, vgl. *Lavater*, Tagebuch, 440. In der Übersetzung von Ebert las Lavater später auch: Dr. Edward Young's Klagen, oder Nachtgedanken über Leben, Tod und Unsterblichkeit. In neun Nächten, 2 Bde., Braunschweig 1760–1763. Er nahm mehrfach darauf bezug in: J. C. *Lavater*, Aussichten, 20 [passim].

[135] Karl Christian Gärtner (1712–1791), Dichter und Literaturkritiker, seit 1749 Professor für Sittenlehre, Rhetorik und lateinische Dichtkunst am Collegium Carolinum. Lavater besuchte ihn und Ebert in Braunschweig am 8./9. März 1764, vgl. *Lavater*, Tagebuch, 4.

[136] Konrad Arnold Schmid (1716–1789), Theologe und Philologe, seit 1761 am Collegium Carolinum tätig. Er hielt Vorlesungen über römische Schriftsteller und Altertumswissenschaften.

[137] Justus Friedrich Wilhelm Zachariae (1726–1777), Dichter und Komponist, wirkte seit 1748 am Collegium Carolinum.

[138] Die Schweizer trafen dort am 14. März 1764 ein, vgl. *Lavater*, Tagebuch, 4.

[139] Johann David Michaelis (1717–1791), bedeutender Orientalist und Theologe, seit 1750 Professor für Philosophie in Göttingen. Lavater und Felix Hess hatten bereits am 20. Januar 1764 mit Spalding über Fragen beraten, die sie Michaelis bei ihrem Besuch vorlegen wollten, u.a., wann er seine Geschichte der morgenländischen Sprachen herausgeben werde und was er vom Zustand der englischen Kirche wisse, vgl. *Lavater*, Tagebuch, 724. Lavater hatte verschiedene seiner Schriften gelesen, z. B.: Fragen an eine Gesellschaft gelehrter Männer, die auf Befehl des Königs von Dänemark nach Arabien reisen, Frankfurt/M. 1762.

[140] Johann David *Michaelis*, Einleitung in die göttlichen Schriften des Neuen Bundes, 1. Aufl. Göttingen 1750; 3. Aufl. 1777 und 4. Aufl. 1787/88 wesentlich erweitert.

[141] Lavater und Felix Hess hielten sich dort am 16. und 17. März 1764 auf.

[142] Johann Jacob Huber (1707–1778), in Basel geboren, Studium der Medizin, seit 1742 Professor für Anatomie und Chirurgie am Lyceum in Kassel, Hofrat und Leibarzt des Fürsten von Hessen.

[143] Johann Salomon Gessner (1730–1788).

[144] Raritätenkabinett der Landgrafen von Hessen-Kassel (heute Naturkunde-Museum im Ottoneum), eine der ältesten naturkundlichen Sammlungen Europas.

gen worden ist. In Frankfurt[145] sahen wir ein halbes Stündchen lang Moser[146], den Autor vieler Bücher über Politik und berühmter poetischer Werke[147] und hörten ihn fast in einem fort von der Tyrannei der Fürsten Deutschlands und dem Drohen eines allgemeinen Unglücks aller Menschen reden sowie – während das Leben der Fürsten in Luxus überfließe und ihre großen Heere zum Angriff bereitständen – die Vorzüge und Glück unserer Länder unter Tränen beschwören.

In Straßburg besuchten wir Schöpflin[148], den großen Liebhaber von Altertümern, und seinen Schwiegersohn, A. Lamey[149], und betrachteten und bewunderten seine philologisch-kritische Bibliothek und die von ihm gesammelten Altertümer. Wir wurden auch beglückt durch den Umgang mit dem verehrten Müller[150], dem Erzieher der Zöglinge im dortigen Kollegium, der einige Jahre lang in Zürich weilte, wie Ihr wißt. Immer wieder erinnert er sich dankbar an Euch[151] und bringt was immer er hat und vermag, zum Nutzen derjenigen auf, die seiner besonderen Sorge anvertraut sind. Von ihm wurden wir auch zu seinen besten Straßburger Freunden geführt.

Anhang

Im Dezember 1770 erschien im 92. Stück der ‹Jenaischen Zeitungen von gelehrten Sachen› ein leicht gekürzter Auszug aus dem Rechenschaftsbericht von Lavater und Felix Hess unter dem unzutreffenden Titel ‹Aus Lavaters

145 In Frankfurt/M. trafen Lavater und Felix Hess am 19. März 1764 ein.

146 Gemeint ist wohl Friedrich Karl Freiherr von Moser (1723–1798). Als Hessen-Homburgischer Staatsbeamter wirkte er seit 1756 in Frankfurt/M.

147 Friedrich Karl *Moser*, Daniel in der Löwen-Grube. In sechs Gesängen, Frankfurt/M. 1763; Geistliche Gedichte, Psalmen und Lieder, Frankfurt/M. 1763. Lavater hatte bereits am 2. Februar 1764 in Berlin eine dieser Schriften gekauft, vgl. *Lavater*, Tagebuch, 749.

148 Johann Daniel Schöpflin (1694–1771), seit 1720 Professor für Geschichte und Rhetorik in Straßburg.

149 Andreas Lamey (1726–1802), Schüler von Schöpflin, seit 1761 Universitätsbibliothekar in Straßburg.

150 Philipp Jakob Müller (1732–1795). Der in Straßburg geborene Theologe wirkte in den Jahren 1762–1766 als Lehrer am dortigen Collegium Wilhelmitanum, vgl. Marie-Joseph *Bopp*, Die evangelischen Gemeinden und Hohen Schulen in Elsaß und Lothringen von der Reformation bis zur Gegenwart, Neustadt a. d. Aisch 1963, 457.

151 Eine Zürcher Nennung für Müller findet sich im Protocollum Actorum Ecclesiasticorum 1749–1756 (Staatsarchiv Zürich: E II 44), S. 323. Im Protokoll vom 2. November 1756 sind mehrere in Zürich weilende Fremde aufgezählt, darunter «Hr. Jac. Müller». – Müller trat 1756 eine Stelle in Zürich als Hauslehrer bei Johannes von Muralt (1710–1782) an. Dieser – seit 1753 «Obrist par Commission» im Zürich Regiment, dessen Standort damals im Bereich Elsaß/Lothringen lag – hatte Müller offensichtlich von Straßburg nach Zürich mitgebracht, vgl. Marie-Joseph *Bopp*, Die evangelischen Geistlichen und Theologen in Elsaß und Lothringen von der Reformation bis zur Gegenwart, Neustadt a. d. Aisch 1959, 383.

Tagebuch›, abgedruckt in: *JubA* 7, 353, Anhang (Nr. 25): «Folgendes ist ein Auszug des Reise Journals, das sich ehedem Hr Lavater entwarf, und betrift seine erste Bekanntschaft mit Hrn Moses Mendelssohn in Berlin: Mosen, Mendelii filium, Philosophum Cel. re vera Philosophum, sed physicum quoque et mathematicum, et, quod magis mireris, litterarum humaniorum intensissimum cultorem et doctorem adivimus. – Sublimem eius et Leibnitzianam mentem facillime cognoscas, necesse est, ut modo os aperiat. Non est eruditus tantum, ut quasi cognitionum farrago: omnia in mente eius lucida, optimeque sunt disposita, a nulla autem longius abest, quam a vana et ridicula eruditionis acuminisque ostentatione. Summa veneratione et modestia magnos omnes libenter prosequitur viros; plurimum habent eius sermones salis et amœnitatis. Magnam in ipso observavimus erga Deum pietatem, maximumque virtutis promovendae desiderium alterum: vitiorum omnium contemtum, apertum magnorum praeclareque factorum et admiratorem in ipso venerabamur; nec non summam in fratres Judaeos pietatem, singularemque in omni eius habitu candorem. At quamquam sit a nefandis Judaeorum contra Jesum nostrum praeiudiciis blasphemiisque alienus, quamvis optimum illum appellet hominem et ingenuum vitiorum, et quorundam humiliorum de nomine eiusque cultu opinionum fortissimum expulsorem, quamvis tum temporis Judaeos Sadducaeorum Pharisaeorumque in ipsum contumelias et ipsum tractandi modum et damnet et abhorreat, quanquam contra continuas fratrum suorum in Jesum contumelias clamat, quamvis etiam Messiam quendam nihil vero minus quam terrestrem, sed spiritualem prorsus, id est, perfectissimum ab omnibus praeiudiciis vitiisque liberum, purum iisque inaccessum hominem, summa ac divina auctoritate ita exstructum, ut ante eum nullus unquam prophetarum, universi terrarum regem orbis, omniumque gentium supremum et legislatorem et iudicem futurum expectet, omnemque sub ipso gloriae terrestris rem libentissime a se declinet, praeiudiciorum tamen contra nostram divinam religionem quasi inexpugnabili custodia praesidioque ita circumcinctus est, ut praeter Deum nemo ad veri Messiae castra eum traducturus unquam esse videatur.»

Dr. phil. Constanze Rendtel, Universität Zürich, Historisches Seminar, Karl Schmid-Str. 4, 8006 Zürich

Characteres Virorum quorundam eruditorum, quos Rv. Lavaterus et Felix Hessius in itinere suo convenerant, ab ipsis descripti et ex ratione itineris excerpti.

Lavaterus et Hessius Turico profecti sunt duce et comite I. Georgio Sulzero, matheseos olim Berolini professore Vitodurano. Vir dicitur omnium bonarum literarum in Germania princeps, iudicii acumine, doctrinae accuratae et exquisitae copia, humanarum inprimis scientiarum peritia et soliditate celeberrimus, vir denique consuetudine et familiaritate excellens.

Sangalli – Waegelinus philosophiae professor et concionator gallicus, vir profecto magnus, ingenii solertia plurimos maximosque antecellens, acerrimus acutissimusque veri investigator, ob singularem soliditatem et a praeiudiciis immunitatem ex omnibus eius theologicis-politicis foras datis libris mirifice elucentem, apud nos, sed magis adhuc apud exteros aestumatissimus[1], vitaeque integritate et morum castitate veri nominis philosophus, consuetudine humanissimus amicissimusque.

Iacobus Huberus pastor, quoad eruditionem, ingenium, zelum et concionandi donum non postremus, omnibusque urbis huius commendatissimus nec non humaniorum literarum cultor.

Troga, vicus Abbatis Cellae exterioris, Zellwegerus, medicus senex, νῦν ἐν ἁγίοις, qui ob morum incorruptam simplicitatem et nativam ingenii judiciique bonitatem nulli non amatissimus esse poterat. Breitingeri et Bodmeri dignissimus familiaris. Patriarcharum videre videbamur quendam, cum ipsum videremus.

Berolini effigies

En ibi regem magnum, imo si cum aliis compares, maximum, qui magnitudinis suae laude universum terrarum orbem implere videtur – regem acuminis omnia ubique penetrantissimi, acerrimi et praesentissimi, indefatigabilis industriae, verum perspicacissimus prudentissimusque, tamen pseudo-philosophus, qui non judicio, non solidioribus argumentis, sed luxuriante quodam ingenio duci videtur, qui non superstitioni modo, sed ipsi religioni hostis semper fuit et omnium sacrorum apertissimus cavillator. Cuius optima quidem et exactissima oeconomia interdum avaritiae tantum accedere videtur, ut ab ipsa haud amplius discerni queat – regem, qui gloriam Dei sui nomine

[1] So archaisierend für aestimatissimus.

honestat aurumque spem suam et fiduciam appellat. Populus ibi innumeris dissipationibus oberrans aut voluptatem luxuriamque aut paupertatem, penuriam aut utramque primo iam adspectui quasi fronte aperto ostendens, sub occultis oneribus subque insurgentis tyrannidis timore ingemiscens, facere coactus nihilque reliqui habent, quam iustas iniustasque maledictiones in regem et eius ministros, milites ibi disciplina crudeli macerati, duces et centuriones diras et regi et militibus imprecantes.

Eos, qui sibi ipsis aliis longe ingeniosiores esse videntur et de meliore luto[2] quam plebiculae homunciones ficti, et spiritus fortes se appellari amant, captivos quasi tenet.

Religio regis eorumque, qui circum eum sunt, plebis[3] superstitio et ignorantia

Quis Berolinum omnium bonarum literarum quasi matrem et nutricem non crediderit? At tot profecto[4] ibi scientiarum contemtores reperias, ut, qui non sint, nulli esse videantur. Paucissimos ibi deprehendes Musarum veros et assiduos cultores et librorum amantes: pauciores revera philosophos, qui ipsi assiduis meditationibus amplaeque indagini incumbunt. Lucri cupido detrudisse omnem sensum luxuriaque animum a religione, a philosophia, a literis et ab omni virtute alienasse videtur.

Dantur quidem, et quid hoc in tam vastissima urbe, dantur nonnulli, quibus in ipsorum genere vix pares invenies: et quidem ibi magnus noster iamque supra laudatus Sulzerus, et sublimis ille calculator Eulerus, pater filiusque, est Bequelinus studiorum ac morum regni Borussici haeredis olim moderator, vir maximae scientiae summique acuminis nec non mirae cuiusdam et decentissimae simplicitatis, est ibi quoque facilis ingenii poetria Karschra[5] et literarum humaniorum elegantissimus cultor Ramlerus, est ibi Merianus Basiliensis, philosophiae addictus, et iuvenis matheseos studiosissimus Bernoulli, est mechanicus quidam et ingenii philosophici Holefeldius, sunt medici quidam, sunt chymici, sunt botanici, sunt anatomici, quod, si vero tres aut quatuor adhuc excipias, nullos amplius habebis musarum quarumcunque cultores. Unum quidem nondum adhuc nominavimus. Premontvallum forte putabis? Est ille quidem librorum lector, est declamator non mediocris, est, si diis placet, mathematicus, est, id est, videtur sibi philosophus omnium penetrantissimus. Non profecto, non eum putamus. – Quem

[2] tuto (‹sicher›) Abschreibefehler für luto.
[3] plebem die Handschrift.
[4] perfecto die Handschrift.
[5] Varsichra die Handschrift.

igitur? Samuelem Formey, magnum illud scriptoris monstrum, qui plus scribit, quam cogitat? Et illum non volumus – quem tandem? Mosen Mendelii filium Judaeum religione, philosophicis, quos edidit libris celeberrimum et acutissimum[6] revera philosophum, sed physicum quoque et mathematicum et, quod magis adhuc mireris, literarum humaniorum intensissimum cultorem et quasi doctorem. Corporis quidem si figuram spectes, Aesopi effigiem tibi spectare videris. Sublimem vero et Leibnitianam mentem facillime cognoscas necesse est, ut modo os aperiat. Non est eruditus tantum aut quasi cognitionum farrago, omnia in eius mente lucida optimeque sunt disposita, a nulla autem longius abest quam a vana et ridicula eruditionis acuminisque ostentatione; summa veneratione modestiaque magnos omnes et libenter prosequitur viros. Plurimum habent omnes eius sermones salis et amœnitatis, magnam in ipso observavimus[7] adversus Deum pietatem maximumque virtutis divinae promovendae desiderium, altum vitiorum omnium contemtum; apertum magnorum praeclareque factorum et admiratorem et laudatorem in ipso venerabamur nec non summam in fratres Judaeos pietatem singularemque in omni eius habitu candorem. At quantum sit a nefandis Judaeorum contra Jesum nostrum praejudiciis blasphemiisque alienus, quamvis optimum illum appellet hominem et ingenuum vitiorum et quarundam humiliorum de nomine eiusque cultu opinionum fortissimum expulsorem, quamvis tum temporis Judaeos Sadducaeorum Pharisaeorumque in ipsum contumelias et ipsum tractandi[8] modum et damnet et abhorreat, quamvis contra continuas fratrum suorum in Jesum calumnias clamet, quamvis etiam Messiam quendam, nihil vero minus quam terrestrem, sed spiritualem prorsus, id est, perfectissimum ab omnibus praejudiciis vitiisque liberum, purum iisque inaccessum hominem, summa ac divina auctoritate ita exstructum, ut ante eum nullus unquam prophetarum, universi terrarum orbis regem omniumque gentium supremum et legislatorem et judicem futurum exspectet omnemque sub ipso gloriae terrestris spem libentissime a se declinet, praejudiciorum tamen contra nostram divinam religionem, quasi inexpugnabili custodia praesidioque circumcinctus ita est, ut praeter Deum nemo ad veri Messiae castra eum traducturus unquam esse videatur.

Et quid tandem de Berolinensibus ecclesiasticis dicemus? Innumerabili fere multitudine parum multos reperies, qui, si multum adhuc dixerimus, supra mediocritatem. Levissimi plerique et a vero sacrorum virorum habitu omnino alieni videntur. Concionantur[9] de iis, quae non intelligunt, ea aliis persuadere audent, de quibus ipsi dubitant, non tantum, verum etiam, quae

6 acutissimumque die Handschrift.

7 observabimus die Handschrift.

8 tractendi die Handschrift; vielleicht steht dahinter der Gedanke an tradendi (‹zu verraten›).

9 Concionator die Handschrift.

saepius illusionibus temerariis et amentissimis prosequi non erubuerant, adeo movere conantur, a quibus ipsi toto animo abhorrent, non cogitationem, non pectus resipiunt, quae vulgo proferunt. Vitae vero commoditates et delectamenta et, quae ambitioni suae blande palpantur, maiori studio fervidiorique cura sectari videntur quam veritatis, virtutis, religionis gloriam. At nulli igitur sunt melioris notae? Melius quaeso ominare! Sunt omnino, sed parum multi, sunt partim, quos alii nobis commendarunt, partim, quos ipsos usu et consuetudine tum frequenti, tum familiari cognoscendi nobis occasio fuit. Illis quidem annumeramus Bitoubeum francicum, auctorem examinis fidei confessionis vicarii Sabaudiae[10], quam celebris ille I[ohannes] Iacobus Rousseau cum suo de educatione libro vulgavit, celeberrimum deinde Woltersdorffium, Lorentium quendam pastorem francicum, ut et Gualtierium senem, Jordani illius olim deistae ac regis familiaris correctorem, nec non cum primis Brunium quendam, quem ipsi concionantem audivimus, et quidem summa cum voluptate, tum Pauli et inter iuniores vero Jablonski, Sakkium, Bambergerum et Gronavium. Horum vero, quibus ipsi utebamur, tres erant praecipue: Celeberrimus A[ugustus] Frider[icus] Sackius, concionator aulicus supremus et curiae supremae ecclesiasticae senator et qui reginae Borussorum est a confessionibus. Pastor templi Nicolaitici Diterichius; Achardus[11] denique pastor ecclesiae cuiusdam francicae et consistorialis.

Pastor quidem Sackius nimirum vario respectu tantus est tamque excellens, ut ipsum nosse non minus utilitatis quam oblectamenti adferre possit. Vir est profecto in scientiarum studiis liberalissimis doctrinisque versatus, incredibili quadam varietate rerum et copia abundans, praeclara inprimis et ex ipsis fontibus hausta et exquisita eruditione theologica ornatus, animi supra vulgi theologorum praejudicia et in vestiganda ipsa veritate biblica servilem quorundam anxietatem longe elati, soluti atque expediti, summo religionis sensu perfusi et penetrati, liberalitatis in dicendo et suavitatis non vulgaris; maximi deinde desiderii, sanctissimam nostram religionem, omnibus antiquiorem, et commendatiorem reddendi, eamque ab omnibus hominum figmentis appositionibusque et multifariis illis, quibus ab indoctis partiumque studio ductis, et suis antea sibi fictis systematibus quasi fascinatis falsi nominis interpretibus circumflexa est, adulterationibus purgandi, ipsam vero virtutem et practicam pietatem maximo zelo nullis non occasionibus ut verum aut unicum omnis scientiae theologiae scopum ac finem commendandi et urgendi, summo denique studio eam, qua protestantibus antiquius nihil et sanctius esse deberet, conscientiae libertatem et veritatem indagandi licentiam integram atque incorruptam et omni circumscriptione sartam tec-

[10] Subaudi die Handschrift.
[11] Acharaus die Handschrift.

tamque conservandi, moderationem et tolerantiam in omnium, inprimis theologorum animis diffundendi ac disseminandi.

Fautricem insuper habuit naturam in tribuenda animi quadam virtute, vel ipsis adolescentibus hominibus sensum quendam et quasi gustum religionis et virtutis instillandi et mentem ipsorum veritatis luce perfundendi, totus, quantus est imbuendis iis amabilis cuiusdam religionis amore. Videtis, opinor patres veri, quanti id ducendum fuerit nobis tanto viro uti. Gratissime nostros animos earum rerum, quas ab ipso audivimus, subit memoria et magnae illius praeprimis, quae commoto animo ac voce commovente et apostolica quasi gravitate nos in patriam redituros ornavit benedictionis, ‹Deus vobis ubique sit comes et omnibus ad opus suum exstruat domi, sanctissimae nostrae religionis estote ornamento, estote fidissime et constantissime veritatis evangelicae assertatores, testes redemtionis per Jesum Christum incorrupti, columnae et lumina ecclesiae.› Satis magnus talis vir est, qui imperitorum ignavorumque contemtum et invidiam contemnat et ipsius regis cavillationes nihili ducat. Magnitudinis animi eius et caritatis beneficentiaeque haud parum multi exstant Berolini testes.

Pastor Dietrichius maximam maximaeque doctrinae summoque judicio, sincerrimam et ab omni affectatione alienam iungit modestiam, revera christianam humilitatem et demissionem, integerrimam vitam scelerisque puram: mansuetudo, lenitas, temperantia, moderatio, tolerantia et amabilis quaedam verecundia, summa liberalitas et hospitalitas, indefessa in omnibus officii sui partibus industria fidesque, animus quidam magnus et sublimis, invictum veritatis studium, summa in libros sanctos observantia et singularis in explicandis iis interpretandisque[12] dexteritas – et quae non alia magna huius viri merita constituunt? Facilis nobis et frequens erat ad eum aditus, et nunquam ab ipso discessimus, quin eius candorem, animum bene constitutum, non fucatam pietatem soliditatemque in disserendo atque acumen admirati et nobis de singulari eius adversus nos amicitia gratulati fuerimus.

Achardus ob doctrinam haud mediocrem, humanitatem et comitatem cum gravitate conditam, dulcem et officiosam animi excelsitatem et facilitatem summumque iustitiae studium omni veneratione dignus est.

Berolini nobis res divinae non displicuerunt, Lutheranorum non[13] minus quam reformatorum. Utrique ordiuntur a cantu hymnorum, quibus instrumentorum musicorum symphoniam admiscent. Post textus evangelici praelectionem et breve exordium iterum hymnus quidam a concionatore praescriptus materiaeque tractandae conveniens totus decantatur, quod quidem, quantumvis devotionem in audiendo excitet et augeat, hoc incommodum habet, ut ipsa tractatio ab exordio avulsa atque nimis remota videatur.

[12] –que fehlt in der Handschrift.

[13] non am Seitenübergang versehentlich zweimal.

Textum non quidem prolixe et analytice explicant, quod longum nimis foret[14] et a scopo concionum, melioribus quidem, alienum omnino videretur. Non nisi difficiliora brevissime[15] absque omni eruditionis criticae ostentatione explicant, id est, rem ipsam et summam modo rei proponunt. Veritatem quandam sive dogmaticam sive ethicam, aut toti textui aut versui huic vel illi convenientem tractant, et ita quidem, ut quicquid argumentorum istis ex textu[16] offertur, inde depromant. Lutheranorum inprimis lithurgiam non possumus non maximopere approbare, extollitur omni puncto animus et efficacibus inprimis, quae funduntur pro miseris, pro aegrotis, pro errantibus, pro sollicitis denique salute sua anxiis precibus.

Gratiarum actio flagrantissimo caritatis sensu profunditur. Benedictio non datur in universum, sed cum discrimine: minis divinis non dimittuntur, qui malitiosa pervicacia in vitiis suis perstent. Berolino saepe excursum fecimus semel atque iterum, non modo ibi regia palatia clarissimaque illa amœna Sans Souciana et, quae hic continentur summa summorum pictorum sculptorumque artificia, spectandi causa, verum etiam inprimis magnum quendam maximi acuminis et singularis prorsus in disserendo concionandoque soliditatis[17] virum Kochium reformatorum ibi pastorem accedendi. Salutavimus et ibi Wilmserium quendam iuvenem, verbi divini ministrum, hominem multae humanitatis, multarumque literarum, sua Paraphraseos Clarkii ex anglo in germanicum traductione non ignotum.

Ioannes Ioachimus Spaldingius, pastor Barthae, parvae[18] cuiusdam Pomerianae Suecicae urbis, extremis Germaniae[19] finibus ad mare Balticum sitae, synodique praepositus, amicissime nos in domum suam recepit, optimus Spaldingius. Et a primo statim[20] momento, quam clementer nos providentia duxerit summa devotissimaque gratia, sentiebamus. Quanta fuerit cunque de tanto viro expectatio, praesentia non modo non minuebatur, omni quidem, quam vobis tenuitas nostra fingere possit, descriptione omnino est maior.[21] Qui enim eiusmodi virum perfectissime exprimas, ex quo unoquoque fere novem mensium momento novae quaedam singulares maximi animi proprietates summaque summi ingenii quasi documenta eluxere? Sed iam quaedam eius vel levissima adumbratio tanta vos admiratione perfundet, ut nobis

14 floret die Handschrift.

15 brevissima die Handschrift.

16 tectu die Handschrift.

17 soliditatus die Handschrift.

18 pravae (pravus ‹verkehrt›) Abschreibefehler.

19 –nicae die Handschrift.

20 statim unsicher, die Handschrift hat unsinniges patim.

21 maior erfordert der Zusammenhang; die Handschrift hat minor (‹geringer›): Verquickung zweier unterschiedlicher Satzbaupläne (oder Abschreibefehler).

quam maxime de eius adversus nos amicitia gratulati fueritis.[22] Magnae sunt ac variae eius animi dotes, et summam maturitatem[23] assecutae adque optimos quosque usus adhibentia. Pollentis est ingenii, subacti judicii et a vulgari gentis suae stupiditate remotissimi, propriis frequentibusque meditationibus mentem suam a praejudiciis ita purgavit, ut his in terris, praejudiciorum errorumque quasi domicilio, vix effici posse videatur. Eximia est, exquisita politissimaque atque elegantissima eius doctrina, summe semper omnium liberaliorum doctrinarum fuit studiosus, atque in comparandis iis unicum sibi semper praefixit eundemque maximum scopum – hunc scilicet se aliosque meliores felicioresque efficiendi, qui adhuc est, ut erit, omnium negotiorum susceptorumque ultimus finis. Nil veneratur, nil amat, nil nisi veritatem, quae vel aliorum felicitati promovendae inseruit. Cumque ipsi iam prima aetate atque etiam adolescente hac ipsa veritate nihil fuit sanctius, probitate morumque integritate nihil antiquius, tanta quoque divinas scripturas est observantia prosecutus, ut vel maximis[24] tentationibus ferreum opposuerit animum. Neminem habuit veritas vel sinceriorem vel ipsius eloquiis observantiorem vel etiam in propaganda se omnibusque commendanda magis assiduum cultorem, aut habebit unquam. Ipse nil nisi veritas ipsa esse videtur. Et omnino in ipsum convenit, qua dulcissimus Soter[25] noster Nathanaelem ornavit, laus.

Sed propius[26] eum vobis dabimus conspiciendum, p[atres] v[enerandi][27], nihil possit esse eius humanitate, caritate, beneficentia, hospitalitate, comitate et nativa eius et exquisito[28] studio exculta urbanitate atque consuetudine, nihil eius modestia, moderatione, mansuetudine, amicissimo animo ac familiaritate maius et suavius, nihil summo eius in omne, quicquid honestum est atque laudabile, studio sincerius candidiusque.

Quam vero in theologia christiana est versatus et simplici quodam ac vero rerum primariarum sensu praeditus atque imbutus! Quanta simplicitate, caritate[29], soliditate[30] quamque mira dexteritate omnes vel difficillimos et multa subtilitatum textura distinctius explicare involutos locos et illustrare facillime potest! Non profecto systematum locorumque theologicorum farrago, non anxia sub aliorum quasi oracula submissio neque etiam huius illiusve philo-

22 fuerimus die Handschrift.

23 naturitatem statt ma– die Handschrift.

24 In der Handschrift folgt ein schwer lesbares, vermutlich griechisches Wort: adanisian, das man als ad ἀκηδίαν (zum Überdruß) auflösen könnte.

25 socer die Handschrift.

26 proprius die Handschrift.

27 P. P. V. die Handschrift.

28 exquisita die Handschrift (zufolge falschen Bezuges).

29 caridate die Handschrift.

30 solididate die Handschrift.

sophiae sectatio tantum, eum tanquam simplicem fecerunt theologum. Ab ecclesiae suae, quae Lutheri confessionem sequitur, dogmatum singularium defensione aut ullo vel levissimo partium studio omnino est[31] alienissimus et quam longissime ab omni aliter sentientium condemnatione abest.

‹Servus Christi sum›, saepius inquit, ‹hominum quanti sint quantaque oracula habeantur; qui mihi liceret esse servum? Christi nomine sum baptizatus, in illius solam auctoritatem iuro neque hominum ullam unquam.› Quo hanc cogitandi rationem nomine velis notare, sive eam fontem[32] haeresium, sive rudiorem syncredismi[33] religiosi sive aliter eam appelles – nos sincerrimi veritatis amoris nomine honestare nulli dubitamus.

Eius conciones omnes tam sunt praeclarae luculentaeque, ut in iis sacra eloquentia quid efficere possit, videatur experta. Quam clarae, quam faciles dilucidaeque, quam accuratae, purae, copiosae, elegantes neque tamen valde nitentes auresque vellicantes, quam a quotidiana concionandi consuetudine alienae, quam gravibus et divinis verbis refertae, quam prudente et vigilante ministro dignae sunt, nec humiles nec abiectae nec nimis altae nec aggeratae, plenae tamen gravitatis, iunctae, cohaerentes, leves, fluentes, nihil continent alieni aut alte nimis repetiti, nunquam oberrat a scopo, aequaliter constanterque ingreditur nec claudicat nec quasi fluctuat. Omnia sunt vera, christiana, evangelica, ad auditorum captum accommodata, tempori locoque quam maxime convenientia. Non doctrinae, non criticae sacrae, non oratoriae artis, non auctoritatis cuiusdam ecclesiasticae ostentationem resipiunt. Quis enim audiat, quin divinam ipsius veritatis atque vincentem vim et invictam efficaciam, velit, nolit, totus, quantus sentiat? Quin conscientiam excitatam clamantemque audiat atque venerari cogatur? Quin sciat, quid facere, quid omittere, qua ratione quibusve viis et debeat et possit. Singulae eius conciones non nisi responsa apta sunt ad magnam illam et concionatori nunquam[34] ex animo amittendam quaestionem: quid mihi est faciendum, quo salvus fiam? Et hoc si dixeris, quantum non dixeris? Lacrymae minimae erant concionum eius efficientiae. Sed non solum optimus concionator, verum[35] etiam fidissimus pastor est noster Spaldingius. Optime noverat oves suas, nihilque ipsi carius atque magis curae fuit quam[36] ipsarum salus. Non coacte gregis sibi concrediti gerebat curam, sed libenter, nullo ducebatur lucri studio, sed ad omnem felicitatem per se erat proclivis, non dominabatur in Jesu sui haereditatem, sed gregis erat exemplar; quod concionibus efficere publicis non valebat, privatis exhortationibus perficere studebat.

[31] et die Handschrift.
[32] Obiger Wortlaut unsicher; eum fonte die Handschrift.
[33] So für –etismi.
[34] nunquem die Handschrift.
[35] rerum die Handschrift.
[36] quem die Handschrift.

Aegrotos vel non vocatus, licet contra morem, quando visitabat captivos, non sibi ipsis relinquebat, labentes re, fortuna, fide fulciebat magnis, et in mediocritate, imo vero tantum non paupertate fortunarum, ultra rei familiaris modum, subsidiis. Sollicitorum erat refugium, benevolus relictorum consiliarius, orborum pater viduarumque auxilium, verbo optimus homo, christianus et pastor. O si eum domi cum optimis gratissimisque eius liberis amicissime de virtute disserentem aut sinceritatem ipsorum animis instillantem et quasi caritate erga omnes summa nutrientem, imo ad magna quaeque pro captu ipsorum excitantem vidissetis audissetisque, aut si vobis eum cum omnis generis hominibus conversantem eorumque vitia modestia amicissima confundentem ipsiusque cum minimis familiaritatem contigisset, o quantopere vos ipsius et candorem et prudentiam summamque et nativam gratiam admiraturi fuissetis! Coniectura facile adsequi potestis, p[atres] v[enerandi][37], maximam in tanti viri quotidiana et familiari consuetudine inesse non solum voluptatem, verum etiam singularem prorsus et ineffabilem fere utilitatem. Sed accuratius forte scire vultis, qua ratione tempus nostrum in eius domo ac usu degerimus. Accipiatis, quaeso: Primo statim mane sumus congressi atque ad ientaculum et saepius adhuc insuper horam de gravi aliqua materia sive theologica sive philosophica sive etiam historica fuimus cum eo collocuti, et ex quodam de his scientiis libro locum quendam disserendi nobis materiam praebentem legimus et suam quisque mentem fideliter explicavit. Cum ipse ad negotia sua accesserit, nos, quae memoratu digna ab eo accepimus, in diaria nostra comportavimus. Semihorulam ante meridiem aut ambulabamus ad maris ripam aut in horto aut ante domum eius sub toldarum[38] umbra cum ipso egimus, aut filii[39] eius nondum quadrini[40] singulari gratia ingenioque delectabamur. Inter coenam aut de Helvetiorum variis consuetudinibus moribusque et institutis eum instruebamus aut filiam eius vix[41] adhuc octo annorum mira quadam dexteritate, quae ipsa legerat, narrantem summa cum admiratione audiebamus; post coenam semihorulam simul adhuc eramus invicem. Ad quartam exinde vesperae horam usque[42] optimos quosque, qui in bibliotheca eius continebantur, libros, anglos cum primis, legimus, et ubi domi fuerit hospes amicissimus, neque occupationibus impeditus, ad sextam aut septimam usque horam familiariter cum eo sumus collocuti aut legimus quid, ut ex[empli] gr[atia] Hessius et Fuesslinus[43] quae ex anglo in germanicum transfuderunt sermonem; aliaque, quae in iis laudanda essent,

37 P. V. die Handschrift.
38 vielleicht abgeleitet von spanisch: toldos, Sonnensegel, Jalousie.
39 filiis die Handschrift.
40 So für gebräuchlicheres quadrimi.
41 vi die Handschrift.
42 usque ad die Handschrift.
43 Fruestinus die Handschrift.

laudavit, quae minus, notavit, et quid desideraret, explicavit. Saepius vero apostolicam quandam partem una legimus inspiciente quidem uno in textum graecum, in versionem[44] Lutheri altero, tertio in optimum quendam commentarium, summo et communi studio rerum sensum investigare curavimus, neque ulla ducebamur auctoritate. Ex animo ejiciebamus nos Calvini et Zwinglii confessiones[45] sequi, neque ille Lutheri assecla quasi coecus[46] esse voluit. Quicquid vero nobis videbatur, simplici animo sumus amplexi, quamvis aliter antea senserimus, respuimus vero, quicquid falsum esse cognoscebamus, quamvis vero imitatione quadam se nobis commendare videretur. O quam divina et quotidie magis sacra ita divorum hominum eloquia nobis illuxere! Quanta observantia gratiaque veritates illas[47] coelestes simplici ac sincero animo conceptas sumus admirati! Saepius quoque absque libris una eramus et de Deo, de Sotere, de animae immortalitate, de infinita beatorum gloria manibus invicem junctis disseruimus. O felices illos et non obliviscendos[48] dies, quibus alternas illas voluptates percipere[49] videbamur! Post frugalem denique coenam duas semper horas adhuc ipsa[50] eadem ratione fuimus usi; plurimum ante domum collocuti aut in horto ambulantes aut, tempestate non permittente, inter filios eius saepius praelegebat nobis filia iunior aut narrabat ex optimis ad formandum fingendumque animum ac ingenium libris, ut ex[empli] gr[atia] ex Gesneri et Halleri poematibus aut sacras Gellerti odas recitabat. Conciones omnes fere, quas duas habebat hebdomatim, frequentavimus, et plurimos lectitavimus aliaque[51] eius scripta.

Omnia inter nos erant communia, vel ipsae, quas ex patria acceperamus literae, et quae ipsi ab amicis mittebantur: omnia eius nostra erant nostraque omnia eius. Amici, inter quos inprimis Pastorius quidam in insula Rug[ia] synodi praepositus, vir summe philosophus elegantissimusque nec non Richtius quidam, concionator castrensis, qui singulis fere diebus nos adibat, in[52] Spaldingio doctorem quendam inaestimabilem venerantur. Eo duce vidimus quoque acutissimum doctorem Ackenium, magnum oratorem, et audivimus concionantem. Ad omnes eius propinquos his regionibus, Stralsundi praesertim, habitantes nos duxit. In his commemoratione praeprimis sunt digni eius socer, venerandus sacrorum ibi praefectus Gebhardi, vir doctus et

44 versionam die Handschrift.
45 confessionis die Handschrift.
46 So für caecus.
47 illa die Handschrift.
48 Danach illos in der Handschrift wiederholt.
49 Zu perodpere verschrieben.
50 ipso die Handschrift.
51 aluaque die Handschrift.
52 et in die Handschrift, was grammatikalisch keinen Sinn ergibt.

singulariter[53] latinae, graecae et hebraicae linguarum peritissimus[54] et in theologia scholastica eximius; eius deinde filius magister Gebhardi, homo modestissimus, doctus neque in philosophia literisque humanioribus plane rudis. Vidimus duos Spaldingii fratres, alterum mercatorem, alterum pastorem. Nestium quendam hominem simplicem, pium, candidissimum, qui nuper sermonum sacrorum volumen edidit, ob singularem popularitatem unctionemque[55] non contemnendum[56] prorsus. Brunnemannium quendam hominem multis divitiarum et mirae cuiusdam, id est affectatae, in declamando auctoritatis et quasi gravitatis, si nobis placet, meritis illustrem.

In reditu in patriam Bartha cum Spaldingio nostro Gryphiswaldiam transivimus, ubi salutavimus Daehnertum[57], historiae professorem, metaphysices professorem Allwarthum, hominem rusticum et solius fere religionis, ut ipse quidem confitebatur, naturalis cultorem, matheseos doctorem A. Mayerum, qui nobis varios tubos opticos aliaque instrumenta ostendit. Sucoviae Marchiae Brandenburgicae, vid[imus] de Arnheimo[58] nobilem ac liberalissimum, propagandarum scientiarum liberalium studio intensissimum. Berolini ad superiores familiares accessit, frequens cum Lamberto, summo illo et acutissimo philosopho, consuetudo nec non cum celebri illo ‹Christiani in solitudine› auctore reverendo Crugoto, qui principi Carolaticae ab aulicis est concionibus, viro sincerrimo et ardentissimae pietatis et flagrantissimi in Jesum amoris, simplicissimaeque fidei plane[59], in ipsoque solo spem salutis collocante, quamvis ab omni redemtionis nostrae modi explicatione sit alienus, neque theologorum hypotheses ut fidei dogmata accipiat. Haereseos suspicionem a multis scriptorum suorum locis facillime amovit et dissertatione quadam publici iuris facienda omnibus aeque judicantibus, non omnibus quidem punctis, amovere nobis ipsum rogantibus promisit.

Berolino venimus Quedlinburgum, hic convenimus Klopstokium, qui nos in interiora musarum adyta duxit odasque adhuc ineditas ac immortalis Mesiados partem praelegit. Resewitzium, qui abbatissae a sacris est, virum quo Klopstokius solo inter cives utitur, modestum ac sanum theologum, qui theologiae studio singulari studium philosophiae et elegantium literarum adiunxit. Id quod scripta eius, dissertatio de discrimine ingeniorum et versio testamenti Polieri[60] notis, emendationibus et additionibus ab ipso aucta, satis abunde testantur. Halberstadii salutavimus Gleimium ingenio multo et nati-

53 singularem die Handschrift.
54 peritissimis die Handschrift.
55 -que fehlt in Handschrift.
56 contemnendorum die Handschrift.
57 Duehnertum die Handschrift.
58 Arhheimb. die Handschrift.
59 plano die Handschrift.
60 Policiri die Handschrift.

vae cuiusdam simplicitatis poetam, frequentavimus unice venerandum antistitem Ierusalemum, theologum rarae prorsus modestiae et sinceritatis, qui, ut ipse confiteri haud dubitat, in consuetudine Fosteri[61] et Whistoni Angliae eruditorum nemini ignotorum praeter optima quaeque ex vita moribusque ac mente ipsorum didicit, virum bonum et[62] veritatis unicae studiosum in theologicos non minimi momenti errores incidere posse, et hinc hoc propositum semper tenuit propter doctrinae vitia neminem obstinaciae[63] nedum praevaricationis incusare. Pectus viri huius optimi phtisi[64] laborans ipsum publice concionari non patitur, tempus itaque et operam educandis atque in instituendis principibus Brunswigiae addixit, quo munere tanta cum fide ac prudentia perfunctus est, ut iuvenes illi principes unanimi omnium consensu et moribus et literis reliquos sui ordinis homines longe post se relinquant. Nunc Spartha hac defunctus ad theologiam se recepit nobisque alteram de Mosaica[65] philosophia epistolarum partem, catechismum etiam aliquem, qui ordine a brevibus omnia continere debeat, quae requiruntur, ut quis fidei capita primaria intelligere, applicare et defendere facillima opera queat, cui etiam dissertationes quasdam [de] dogmatibus maximi momenti addere secum constituit et promisit.

Ebertum quoque, et quo nihil amabilius Gae[r]tnerum, Schmidium et poetam Zachariae, divinarum humanarumque in Carolino professores, nomina nemini non nota, vidimus.[66] Gottingae collocuti sumus cum illustrissimo viro I. David Michaele, qui, ut solet, facilem et comem se nobis praebuit, ac de avito studio orientalium linguarum apud iuvenes quosdam gloriatus est et mentem suam super aliquot theologiae capita, quo potuit, ordine ac libertate explicavit. Introductionis suae in testamentum novum editionem aliam eamque auctam promisit. Cassellis Huberum medicinae doctorem, Basilea oriundum, I. Gesneri nostri amicum, adivimus eiusque auspiciis res urbis memoratu dignas inspeximus, in quas infinita illa rariorum quorundam et naturae collectio a Cattorum principibus per aliquot iam secula aucta. Francofurti Moserum plurimum de rebus politicis poeticorumque quorundam librorum celeberrimorum auctorem per semihorulam vidimus, atque semper ferme tyrannidem Germaniae principum ac imminentem universalem omnium fere calamitatem, quam vita principum luxu diffluens et magni illorum exercitus minantur, commoditatem atque felicitatem terrarum nostrarum lacrymis depraedicantem audivimus.

Argentorati magnum illum antiquarium Schoeplinum eiusque generum

61 Fasteri die Handschrift.
62 est die Handschrift.
63 ostinaciae die Handschrift.
64 phoisi die Handschrift.
65 Mosaici die Handschrift.
66 visimus die Handschrift.

A. Lamey[67] frequentavimus, atque bibliothecam eius philologicam et criticam antiquitatisque monumenta ab ipso collecta aspeximus atque mirati sumus. Consuetudine etiam reverendi Mylleri in collegio ibi alumnorum paedagogi, quem Turici per aliquot annos degentem cognovistis, gavisi sumus. Grata semper memoriam vestri mente revocat et quicquid habet et potest in usum eorum, qui singulari eius curae sunt mandati, confert. Ab[68] ipso quoque ad eius amicos Argentoratenses optimos quosque ducti fuimus.

[67] Lameg die Handschrift.
[68] Abi die Handschrift.

Bullinger-Jubiläum 2004 – Ein Werkstattbericht

VON EMIDIO CAMPI

Heinrich Bullinger, dessen 500. Geburtstag 2004 begangen wird, war massgeblich an der Konsolidierung, Entfaltung und europaweiten Ausstrahlung der Zürcher Reformation beteiligt. Die Leserinnen und Leser der Zwingliana an diesen Sachverhalt zu erinnern, heisst Eulen nach Athen zu tragen. Eine gebührende Anerkennung von Seiten der internationalen Fachwelt ist dem Zürcher Antistes und seinem Werk indessen noch nicht zuteil geworden. Zwar hat die Bullinger-Forschung seit 1975, anlässlich der letzten grossen Veranstaltungen zu seinem 400. Todestag, Beträchtliches und Grundlegendes geleistet – man denke etwa an die planmässig fortschreitende Briefwechsel-Edition. Aber einen generellen Meinungsumschwung zeigt dies noch nicht an. Diesem Mangel wollen die Initianten des Bullinger-Jahres 2004 mit einem neuen Versuch abhelfen. Dank planender Voraussicht sowie einer vorzüglichen Zusammenarbeit zwischen dem Zwingliverein und dem Institut für Schweizerische Reformationsgeschichte der Universität Zürich konnte vor rund drei Jahren mit den Vorbereitungsarbeiten für das Gedenkjahr begonnen werden. Jetzt liegt ein nüchternes, aber sachgerechtes Jubiläumskonzept mit inhaltlich klar definierten und teilweise sogar bereits verwirklichten Hauptelementen vor. Ich darf sie im folgenden kurz skizzieren:

1. Im Gedenkjahr wird der erste Band einer von Fritz Büsser verfassten neuen *Bullingerbiographie* erscheinen. Sie führt nur bis ins Jahr 1551; eine Fortsetzung ist jedoch zu erwarten. Dass es sich dabei um die erste Gesamtdarstellung des Lebens und vor allem des Denkens Bullingers seit dem Standardwerk von Pestalozzi aus dem Jahr 1858 (!) handelt, dies allein macht bereits Ihre «Originalität» aus. Sie ist keine Biographie im traditionellen Sinn, denn in ihr wird vornehmlich das geistige Profil des Reformators analysiert.

2. Des weiteren werden kritische *Editionen* des umfangreichen Werkes Bullingers publiziert.

Reformationshistoriker und -historikerinnen sind mit der gediegenen Edition des *Briefwechsels* wohl vertraut. Planmässig werden H.-U. Bächtold und R. Henrich bis 2004 zwei neue Bände, nämlich die Jahrgänge 1540–1541 der Korrespondenz herausgeben.

In Zusammenhang mit dem international gewachsenen Interesse für das Buchwesen der Reformationszeit steht das von U. Leu herausgegebene *Verzeichnis der Bibliothek Bullingers*, das ebenfalls im Jahr 2004 erscheinen soll. Ein Seitenblick auf die Calvinforschung zeigt, wie eine solche Edition für die Entwicklung weiterführender Fragestellungen fruchtbar werden kann.

Besonders begrüssenswert ist im Bullinger-Jahr 2004 die Erscheinung der kritischen Edition der *Sermonum decades quinque,* herausgegeben von P. Opitz. Das achthundert Folioseiten füllende Werk bildet eine Sammlung von fünfzig Lehrpredigten (in fünf Teilen zu je zehn Predigten gegliedert, daher einfach als «Dekaden» bezeichnet), die mit Recht als die beste und schlüssigste Zusammenfassung von Bulligers Theologie gelten. Darüber hinaus zählen sie zusammen mit Calvins Institutio und Vermiglis Loci communes zu den einflussreichsten Gesamtdarstellungen christlicher Lehre im frühen reformierten Protestantismus. Da das Werk bislang weder in einer kritischen Edition noch in einer modernen deutschen Übersetzung vorlag, versteht sich die Bedeutung einer solchen Ausgabe für die Reformationsforschung von selbst.

Die Ursachen der vergleichsweise geringen Beschäftigung der Reformationsforschung mit Bullinger sind komplex. So fehlt unter anderem immer noch eine zuverlässige kritische Gesamtausgabe seiner Werke sowie eine deutsche Werkauswahl. Mit den «*Bullinger Schriften*» – einer wissenschaftlich gesicherten Übersetzung in moderner deutscher Sprache – werden die wichtigsten Schriften Bullingers erstmals zugänglich gemacht. Das siebenbändige Werk, das von E. Campi, D. Roth und P. Stotz herausgegeben und im Aussehen der vierbändigen Ausgabe von Zwinglis Schriften entsprechen wird, enthält die folgenden Schriften:

Bd. I
- *De prophetae officio, 1532*
- *De testamento seu foedere dei unico et eterno, 1534*
- *Bericht der Kranken, 1535*
- *De origine erroris circa coenam domini sacram et missam papisticam, 1539*[2]
- *Der alte Glaube, 1539*
- *Der christliche Ehestand, 1540*
- *Gegensatz und kurzer Begriff der evangelischen und päpstlichen Lehre, 1551*

Bd. II
- *De scripturae sanctae authoritate, 1538*

Bd. III – V
- *Sermonum decades quinque, 1552*

Bd. VI
– *Schriften zum Tage*, 1527–1575

Bd. VII
– *Register*

Im Moment (Juli 2003) liegen knapp 4/5 des Materials übersetzt vor. Die Korrekturarbeiten sind in vollem Gange und nehmen vor allem aufgrund der Zielsetzung, eine formal und sprachlich möglichst einheitliche Ausgabe zu präsentieren, sehr viel Zeit in Anspruch. Geplant ist die Erscheinung dieses Werkes spätestens im Sommer 2004.

3. In Ergänzung zu den Editionsprojekten arbeiten verschiedene Forscher und Forscherinnen, Doktorandinnen und Doktoranden im In- und Ausland gegenwärtig an *Spezialstudien* zum Lebenswerk Bullingers. Ich verweise zunächst auf einige bereits erschienene Arbeiten, die zwar ohne direkten Bezug auf das Gedenkjahr entstanden, jedoch in ihrer Gesamtheit mit der Bullingerforschung im Vorfeld des Jubiläums eng verknüpft sind. Den gegenwärtig instruktivsten Überblick über Bullingers europäische Wirkung bietet die Habilitationsschrift von A. Mühling, Bullingers europäische Kirchenpolitik, Bern 2001. Einen Kontrapunkt zu Mühling setzt der von H. U. Bächtold herausgegebene Sammelband, Von Cyprian zur Walzenprägung. Streiflichter auf Zürcher Geist und Kultur der Bullinger Zeit. FS Schnyder, Zürich 2001, der sich sich mit grosser Ausschliesslichkeit auf Bullinger und die Schola Tigurina in seiner Zeit konzentriert. Erwähnt zu werden verdient auch der von E. Campi herausgegebene Kongressband Peter Martyr Vermigli (1499–1562): Humanismus – Republikanismus – Reformation, Genf 2002. Obwohl dieser nicht direkt auf Bullinger, sondern auf den italienischen Glaubensflüchtling und Zürcher Theologieprofessor bezogen ist, treten in weiteren Teilen des Bandes viele interessante Aspekte von Bullingers Leben und Werk in den Vordergrund. Die Lizentiatsarbeit von Chr. Moser, «Vil der wunderwerchen Gottes wirt man hierinn saehen». Studien zu Heinrich Bullingers Reformationsgeschichte, Zürich 2002, ist in zweifacher Hinsicht bemerkenswert: Zum einen wird erstmals Bullingers Reformationsgeschichte eingehend untersucht; zum andern wird seine konfessionell geprägte Historiographie differenziert gewürdigt und im Rahmen der Geschichtsschreibung der Frühen Neuzeit eingeordnet. Der bisher umfangreichste und im besten Sinne des Wortes weiterführende Beitrag zu einem angemesseneren Verständnis der Theologie Bullingers, der in der Forschung fortan einen wichtigen Platz einnehmen dürfte, ist die Habilitationsschrift von P. Opitz, Gemeinschaft mit Gott als Heiligung des Lebens. Eine Studie zur Theologie der Dekaden Heinrich Bullingers, Zürich 2003, die im Frühjahr 2004 erscheinen soll. Zu dieser sowohl systematisch wie historisch ausgewogenen Unter-

suchung gesellen sich einige Dissertationen, die kurz vor dem Abschluss stehen und ebenfalls im Gedenkjahr herauskommen sollen, so z.B. jene von M. Baumann, Vermigli in Zürich, in der die Konstellation in der Zürcher Hohen Schule in den Jahren 1556–1562 mit wertvollen Hinweisen auf Bullingers Rolle untersucht wird; jene von R. Diethelm, Liturgie und Gottesdienst bei Bullinger, die vieles in den weithin unbekannten Nischen des Gesamtwerkes Bullingers anspricht, das noch der Entdeckung harrt; jene von C. Euler, Bullinger and the English Church, in der mit Beharrlichkeit und Präzision der Einfluss der Theologie Bullingers in der englischen Kirche in der elisabethanischen Zeit aufgezeigt wird.

4. Im Sommersemester 2003 führte die Theologische Fakultät der Universität Zürich eine *interdisziplinäre Ringvorlesung* zum Thema «Bullinger und seine Zeit» durch, in welcher verschiedene Aspekte von Bullingers Denken und Wirken beleuchtet wurden:

Prof. B. Roeck, Zürich und Europa in der zweiten Hälfte des 16. Jahrhunderts
Prof. P. Stotz, Bullingers Bild des Mittelalters
Dr. U. Leu, Bullinger und die Zürcher Buch- und Lesekultur 1526–1575
Prof. Th. Krüger, Bullinger als Ausleger des Alten Testaments
Prof. I. Backus, Bullinger als Ausleger des Neuen Testaments
Prof. S.-P. Bergian, Bullinger und die griechischen Kirchenväter
Prof. A. Schindler, Bullinger und die lateinischen Kirchenväter
Prof. E. Bryner, Die Ausstrahlung Bullingers auf die Reformation in Ungarn und Polen
Dr. P. Opitz, Eine Theologie der Gemeinschaft im Zeitalter der Glaubensspaltung
Prof. P. Bühler, Bullinger als Systematiker am Beispiel der Confessio Helvetica posterior
PD Dr. A. Mühling, Bullinger als Kirchenpolitiker
Dr. H.-U. Bächtold, Bullinger als Historiker der Schweizer Geschichte
Prof. D. Roth, Bullingers Eheschrift
Prof. E. Campi, Bullinger und die Eigenart der Zürcher Reformation

Die Beiträge werden in Zwingliana XXXI (erscheint im Frühjahr 2004) publiziert werden, aber auch als gesonderte Publikation erhältlich sein.

5. *Weitere Veröffentlichungen*: Heinrich Bullinger. An Introduction. Sammelband auf Englisch herausgegeben von Emidio Campi und Bruce Gordon, mit Beiträgen von Institutsmitgliedern. Es ist aus einem Forschungsseminar in St Andrews heraus entstanden. Zu erwähnen ist auch das Heft ‹Evangelische Theologie› vom Frühjahr 2004, das Bullinger gewidmet ist. Auch hier haben Mitglieder des Instituts mitgewirkt.

6. Vom Mittwoch, 25. August bis Sonntag, 29. August 2004 findet in Zürich (Theologisches Seminar und Helferei Grossmünster, Kirchgasse 9/13) ein *Internationaler Kongress* statt, der sich um eine historische angemessene Würdigung des Reformators bemüht:

«Heinrich Bullinger (1504–1575), Leben – Denken – Wirkung».

Das Vorbereitungskomitee besteht aus: *Irena Backus, Genf; Fritz Büsser, Zürich; Diarmaid MacCulloch, Oxford; Elsie McKee, Princeton; Hermann J. Selderhuis, Apeldoorn; Christoph Strohm, Bochum; Kaspar von Greyerz; Basel, Hans Stickelberger, Zürich; Emidio Campi (Koordination).*

Nähere Informationen dazu finden sich unter *http://www.irg.unizh.ch/bullinger2004*

Für Anfragen: Email: Bullinger2004@theol.unizh.ch. Postadresse: Institut für Schweizerische Reformationsgeschichte, Kirchgasse 9 CH-8001 Zürich. Tel. 0041 (0)1 634 47 56 (Fax 0041 (0)1 634 39 91).

Eine Reihe namhafter Forscherinnen und Forscher aus dem In- und Ausland haben ihre Teilnahme zugesagt (siehe oben angegebene homepage). Ausserdem ist ein internationaler «call for paper» ergangen. Ein Kongressband ist geplant.

7. Mit einer von Spezialisten gestalteten *Ausstellung* (Juni – Oktober 2004) im Grossmünster Zürich wird versucht, Bullinger in den Zusammenhang der reformatorischen Ereignisse und zeitgeschichtlichen Probleme zu stellen. Der Titel der Ausstellung – Der Nachfolger –, an dem lange gefeilt wurde, ist schlicht und vielschichtig zugleich. Chronologisch bedeutet er «Weiterführung, Vollendung», inhaltlich aber auch «Weitergehen auf dem Weg der Nachfolge Christi». Die Ausstellung ist also nicht nur der Person Bullingers gewidmet, sondern auch seiner Kirche, seinen Mitstreitern sowie seinen verkannten und/oder berechtigten Widersachern, den Täufern, den Dissidenten und Glaubensflüchtlingen seiner Zeit. Der Ausstellungskatalog richtet sich an ein breites Publikum und kann zugleich als adäquate Ergänzung zu den wissenschaftlichen Publikationen anlässlich des Jubiläums angesehen werden.

Es ist reizvoll die Struktur dieses Tätigkeitsprogramms zu betrachten: Die unerschütterliche Standfestigkeit der textkritischen Editionen wird ergänzt durch die agile Beweglichkeit der Werkauswahl in moderner Übersetzung, und beide werden durch Einzelstudien flankiert, die unter Beiziehung jener Texte methodisch und thematisch neue Einsichten vermitteln dürften. Was den Kongress anbelangt, soll er – so ist es zumindest beabsichtigt – nicht nur den gegenwärtigen Stand der Forschung dokumentieren, sondern eine Chance für weitere Untersuchungen über das Denken und Wirken des grossen Antistes bieten. Natürlich bestehen noch immer erhebliche Defizite zur angemessenen Würdigung dieses zu Unrecht in Vergessenheit geratenen Reformators. Aber gerade angesichts solcher Desiderate wäre zu hoffen, dass der Impuls des Bullingerjahres 2004 noch anhält und zur weiteren Erforschung bisher vernachlässigter Themen anregt.

Prof. Dr. Emidio Campi, Institut für Schweizerische Reformationsgeschichte, Kirchgasse 9, 8001 Zürich

Professor Dr. Edward A. Dowey, Jr. (1918–2003)

Dr. Edward A. Dowey, specialist in the theology of John Calvin and Heinrich Bullinger and for many years Professor at Princeton Theological Seminary, died at the age of eighty-five on May 5, 2003, after a long and full life of service to the intellectual world and Christian fellowship.

Born on Feb. 18, 1918, in Philadelphia, PA, USA, Edward Dowey was the first son of Edward A. and Margaret Turner Dowey. The children of a Presbyterian minister, Edward and his brother William grew up in a strongly religious household. During his years at university, first at Keystone College and the Lafayette College, exploring Biblical criticism, philosophy, and other exciting challenges, young Edward began to question his belief in God. Dowey was nevertheless drawn to study for the pastoral ministry by John Mackay, President of Princeton Seminary, the premier theological faculty of the Presbyterian Church in the United States. President Mackay himself, and especially Professor Joseph Hromadka, made a deep impression on the young Dowey. In 1943, when he graduated from Princeton Seminary, he was ordained as a pastor and served as chaplain in the United States Navy in the Pacific theatre and then in a Navy hospital, until the end of World War II.

In 1946 Edward Dowey took up again his theological studies, first in the United States, then in Switzerland. In New York his teachers included Reinhold Niebuhr and Paul Tillich, and culminated in a M. A. from Columbia Univeristy, with a thesis on the neotic effects of sin according to John Calvin. In Zurich he studied with Emil Brunner and received his Doctor of Theology degree in 1949; his doctoral thesis, *The Knowledge of God in Calvin's Theology,* was first published in 1952 by Columbia University Press. The influence of this remarkable book, often considered the best introduction to Calvin's theology in the English language, has been great, as witness the new editions in 1965 and again in 1994 (Wm. B. Eerdmans).

Dr. Dowey returned to the United States in 1949 and began his career in theological education. He was Instructor at Lafayette College 1949–51, Lecturer and then Assistant Professor at Columbia University 1951–54, Associate Professor of Church History at McCormick Theological Seminary in Chicago 1954–57, and then Professor at Princeton Theological Seminary 1957–88. In 1982 he was honored as the Archibald Alexander Professor of Christian Doctrine, receiving a named chair in memory of the first Professor of the Seminary. Over the course of years of teaching, Professor Dowey shared his gifts with many different institutions, as visiting professor at universities and theological faculties both in the United States and around the world. In 1971 a speaking tour took him to Lebanon, Egypt, Korea, Hong

Kong, and Thailand. The Dowey family (Professor and Mrs. Lois Dowey and children Edward and Elizabeth) spent many happy sabbaticals in Zurich, and his relationship with the Institut fuer Schweizerische Reformationsgeschichte and the colleagues there was always a joy for Dr. Dowey. Later, as Mrs. Dowey's interest in Africa grew, they also traveled there with great delight.

The Professor remained deeply involved in his church commitments, also. He served for a time on the Faith and Order Commission of the World Council of Churches. The most notable contribution to the larger Presbyterian Church was his years-long work as chairman of the committee which drafted a new Brief Contemporary Statement of Faith, which has come to be known as the Confession of 1967. After the arduous process of guiding the confession through writing and revisions and confirmation, Professor Dowey also published *A Commentary on the Confession of 1967 and an Introduction to The Book of Confessions.*

Professor Dowey had a life-long love for John Calvin and Heinrich Bullinger and the Reformed tradition. Besides his seminal work on Calvin's understanding of the knowledge of God, another of Dowey's important contributions to Calvin studies was his service for many years on the Praesidium of the International Congress for Calvin Research, for which he was honored at the Eighth Congress in August 2002, in Princeton. Though suffering from Parkinson's Disease and physically frail, Dowey's mind remained clear and sharp, and his sense of humor and delight in repartee were as bright as ever – so that in response to the Congress' award, he topped off his words of thanks with a bit of his favorite poetry.

The Professor's fascination with Calvin was rivaled only by his great interest in Bullinger. The extent of his learning never became fully evident in print, since he was constantly revising his ideas, re-reading Bullinger, considering further angles, and starting over again to set out the full picture in a new way. In the death of Professor Dowey the scholarly world has lost one of the most gifted modern interpreters of Bullinger. Nevertheless, some glimpses of that erudition will become public with the inclusion of several of his important recent articles on Bullinger as «Prism of the Reformation» and «Bullinger as Theologian» in a volume edited by Professors Emidio Campi and Bruce Gordon, which will appear in celebration of Bullinger's 500th birthday next year, 2004.

Elsie McKee, Princeton

Neue Literatur zur zwinglischen Reformation

Hans Ulrich Bächtold · Hans Jakob Haag · Kurt Jakob Rüetschi

Berücksichtigt sind wissenschaftliche und wissenschaftsrelevante Publikationen zu Themen und Personen der Zürcher Reformation und zu deren Umfeld; Rezensionen wurden nicht aufgenommen. Redaktionsschluß dieser Ausgabe: Juni 2003. Die Bibliographie ist in vier Abteilungen gegliedert: Sammelschriften, Bibliographien, Quellen und Darstellungen. Die Titel der Sammelschriften erscheinen unter der jeweils angegebenen Kurzform in den übrigen Abteilungen. Außer den kursiven Nachbemerkungen stammen auch die in eckigen Klammern gesetzten Zusätze von den Autoren der Bibliographie.

Als Abkürzung für Werke und Zeitschriften gelten – neben den in den ZWINGLIANA üblichen (vgl. oben S. 4) – folgende Sigel:
ARG (Archiv für Reformationsgeschichte)
BZGA (Basler Zeitschrift für Geschichte und Altertumskunde)
TRE (Theologische Realenzyklopädie)
UMI (University Microfilms International)
ZTB (Zürcher Taschenbuch).

Wir danken allen aufmerksamen LeserInnen, die uns auf entlegene Titel hingewiesen haben. Die Bibliographie steht Internet-Benutzern auch als HTML-Dokument zur Verfügung (URL: http://www.unizh.ch/irg/biblio.html).

Sammelschriften

Friedrich Wilhelm *Bautz*, Traugott Bautz: Biographisch-Bibliographisches Kirchenlexikon. Bde. 17–19 (Ergänzungen 4–6). Herzberg (Bautz) 2000–2001; Bde. 20–21 (Ergänzungen 7–8). Nordhausen 2002–2003.
Zitiert: Bautz …

Peter *Blickle* et al. (Hg.): Macht und Ohnmacht der Bilder. Reformatorischer Bildersturm im Kontext der europäischen Geschichte. München (R. Oldenbourg) 2002.
Zitiert: Blickle: Macht und Ohnmacht der Bilder …

Eberhard *Busch* et al.: Reformierte Bekenntnischriften. Bd. 1/1: 1523–1534. Neukirchen-Vluyn (Neukirchener Verlag) 2002 (Reformierte Bekenntnisschriften. Hg. v. Heiner Faulenbach, Eberhard Busch et al.).
Zitiert: Reformierte Bekenntnisschriften …

Emidio *Campi* et al. (Hg.): Peter Martyr Vermigli. Petrus Martyr Vermigli. Humanism, Republicanism, Reformation. Humanismus, Republikanismus, Reformation. Genf (Librairie Droz) 2002 (Travaux d'Humanisme et Renaissance, 365).
Zitiert: Campi: Vermigli …

Klaus *Ganzer*, Bruno Steimer: Lexikon der Reformationszeit. Freiburg i.Br. (Herder) 2002.
Zitiert: Ganzer / Steimer: Lexikon der Reformationszeit …
«Auf der Grundlage des Lexikon für Theologie und Kirche, 3. Auflage». Wiederabdruck der Personenartikel mit aktualisierten Literaturangaben; Sachartikel teilweise gekürzt oder neu gefasst.

Martin H[annes] *Graf* und Christian Moser (Hg.): Strenarum lanx. Beiträge zur Philologie und Geschichte des Mittelalters und der Frühen Neuzeit. Festgabe für Peter Stotz zum 40-jährigen Jubiläum des Mittellateinischen Seminars der Universität Zürich. Zug (achius) 2003.
Zitiert: Graf / Moser: Strenarum lanx …

Kaspar von *Greyerz*, siehe Werner Meyer.

Wolfgang *Harms*, Alfred Messerli (Hg.): Wahrnehmungsgeschichte und Wissensdiskurs im illustrierten Flugblatt der Frühen Neuzeit (1450–1700). Basel (Schwabe) 2002.
Zitiert: Harms / Messerli: Wahrnehmungsgeschichte …

Katharina *Koller-Weiss*, Christian Sieber (Hg.): Aegidius Tschudi und seine Zeit. Basel (Krebs) 2002.
Zitiert: Koller / Sieber …
Zu den zahlreichen Bezügen zu Zürich und zur Reformation vgl. auch das Reg.

Sigrid *Lekebusch*, Hans-Georg Ulrichs (Hg.): Historische Horizonte. Vorträge der dritten Emder Tagung zur Geschichte des reformierten Protestantismus. Wuppertal (Foedus) 2002 (Emder Beiträge zum reformierten Protestantismus, 5).
Zitiert: Lekebusch / Ulrichs …

Carter *Lindberg* (Hg.): The Reformation Theologians. An Introduction to Theology in the Early Modern Period. Oxford (Blackwell) 2002 (The Great Theologians).
Zitiert: Lindberg: The Reformation Theologians …

Alfred *Messerli*, siehe Wolfgang Harms.

Werner *Meyer*, Kaspar von Greyerz (Hg.): Platteriana …, Beiträge zum 500. Geburtstag des Thomas Platter (1499?-1582). Basel (Schwabe) 2002 (Basler Beiträge zur Geschichtswissenschaft, 175).
Zitiert: Meyer / von Greyerz: Platteriana …

Christian Moser, siehe Martin H[annes] Graf.

Peter *Niederhäuser* (Hg.): Alter Adel – neuer Adel? Zürcher Adel zwischen Spätmittelalter und Früher Neuzeit. Zürich (Chronos) 2003 (Mitteilungen der Antiquarischen Gesellschaft in Zürich, 70 = 167. Neujahrsblatt).
Zitiert: Niederhäuser: Adel …

Peter *Opitz* (Hg.): Calvin im Kontext der Schweizer Reformation. Historische und theologische Beiträge zur Calvinforschung. Zürich (Theologischer Verlag) 2003.
Zitiert: Opitz: Calvin im Kontext der Schweizer Reformation …

Christian Sieber, siehe Katharina Koller-Weiss

Bruno *Steimer*, siehe Klaus Ganzer.

Peter *Stotz,* David Vitali (Hg.): Turicensia Latina. Lateinische Texte zur Geschichte Zürichs aus Altertum, Mittelalter und Neuzeit. Zürich (Verlag Neue Zürcher Zeitung) 2003.
Zitiert: Stotz / Vitali: Turicensia Latina ...

Hans-Georg *Ulrichs*, siehe Sigrid Lekebusch.

David *Vitali*, siehe Peter Stotz.

Bibliographien

Hans Ulrich *Bächtold*, Hans Jakob Haag, Kurt Jakob Rüetschi: Neue Literatur zur zwinglischen Reformation. In: Zwa 29, 2002, 121–144.

Paul *Fields*: Calvin Bibliography 2001 und 2002. In: Calvin Theological Journal, 36, 2001, 343–364, und 37, 2002, 297–317.
Vgl. bes. die Abschnitte «Friends and Associates» und «Polemical Relationships» (347f; 301) sowie «Calvinism» (357–360; 308–312).

Hans Jakob *Haag*, siehe Hans Ulrich Bächtold.

Marianne *Härri*, Margrit Schütz: Bibliographie der Geschichte, Landes- und Volkskunde von Stadt und Kanton Zürich, Juli 2001-Juni 2002. In: ZTB 2003, NF 123, 2002, 381–477.

M. *Haverals* et al.: Bibliographie. In: Revue d'Histoire Écclésiastique, 97/2, 2002, 1*–286*.
Zur Schweiz siehe bes. unter «Histoire des Églises protestantes» (153-156*).*

Helmar *Junghans* et al.: Lutherbibliographie 2002. In: Lutherjahrbuch, 69, 2002, 155–211.
Siehe insbesondere die Abschnitte «‹Schwärmer› und Täufer» sowie «Schweizer und Oberdeutsche» (186–188).

James M. *Lattis*, siehe John Tedeschi.

Urs B. *Leu*: Die Privatbibliothek von Johannes Fries (1505–1565). In: Graf / Moser: Strenarum lanx ..., 2003, 311–329.

Kurt Jakob *Rüetschi*, siehe Hans Ulrich Bächtold.

Heiner *Schmidt*: Quellenlexikon zur deutschen Literaturgeschichte. Bibliography of Studies on German Literary History. Personal- und Einzelwerkbibliographien der internationalen Sekundärliteratur 1945–1990 zur deutschen Literatur von den Anfängen bis zur Gegenwart. Zugleich 3. überarb., wesentlich erw. und auf den neuesten Stand gebrachte Aufl. des Quellenlexikons der Interpretationen und Textanalysen. Bde. 30–34: Stah-Sum, Sum-Vai, Vai-Wie, Wie-Wit, Wit-Zz. Duisburg (Verlag für pädagogische Dokumentation) 2002–2003.
Verzeichnet die neuere Literatur auch über Autoren aus dem Umfeld der zwinglischen Reformation wie Johann Stumpf (XXX 477f), Simon Sulzer (XXX 512), Mi-

chael Toxites (XXXI 293f), Aegidius (Gilg) Tschudi (XXXI 406–408), Valentin Tschudi (XXXI 410), Johann Konrad Ulmer (XXXI 463), Zacharias Ursinus (XXXI 498f), Joachim Vadian (XXXI 508–511), Jörg Vögeli (XXXII 69), Rudolf Walther [Gwalther] (XXXII 302f), Thomas Wyttenbach (XXXIV 252f), Johannes Zwick (XXXIV 425) und Huldrych Zwingli (XXXIV 427–462).

Margrit *Schütz*, siehe Marianne Härri.

Pierre Louis *Surchat*: Bibliographie der Schweizer Geschichte – Bibliographie de l'histoire suisse 1999. Bern 2003 (Landesbibliothek) 2003.
Vgl. bes. 12–16: «Die Frühe Neuzeit (16.–18. Jahrhundert).»

John *Tedeschi*, James M. Lattis: The Italian Reformation of the Sixteenth Century and the Diffusion of Renaissance Culture: A Bibliography of the Secondary Literature (Ca. 1750–1997). With an Historiographical Introduction by Massimo Firpo. Ferrara / Modena (Franco Cosimo Panini) 2000 (Istituto di Studi Rinascimentali Ferrara, Strumenti).
Verzeichnet unter «Sources» (1–19) auch die Briefwechsel-Editionen der schweizerischen Reformationstheologen und unter «Personages» (107–561) und «Addenda» (983–1013) Literatur auch über Persönlichkeiten mit engen Verbindungen zu Zürich, Basel, Graubünden wie Baldassare Altieri (120), Pietro Bizzarri (132f), Sebastien Castellion (169–182, 988–991), Celio Secundo Curione (235–243, 992), Taddeo Duno (269f), Michelangelo Florio (285f), Giulio da Milano (della Rovere) (313–315), Guglielmo Grataroli (319–321), Scipione Lentulo (334–336), Francesco Lismanini (336f), Vincenzo Maggi (339), Agostino Mainardi (339f), Olimpia Fulvia Morato (347–352), Francesco Negri (358–360, 994), Bernardino Ochino (361–378), Orelli (Familie) (378), Paravicini (Familie) (397), Pietro Perna (401–403, 994), Camillo Renato (415f), Fausto und Lelio Sozzini (447–465, 996), Francesco Stancaro (470–472), Pier Paolo Vergerio (520–536, 997), Pietro Martire Vermigli (536–553, 997f), Girolamo Zanchi (554–560). Beachte unter «Places» das Kapitel «Switzerland» (764–798, 1007), ferner auch «Theological and Intellectual Currants» (901–907).

D. *Vanysacker* et al.: Bibliographie. In: Revue d'Histoire Écclésiastique, 97/3–4, 2002, 1*-215*.
Zur Schweiz siehe bes. unter «Histoire des Églises protestantes» (89-92*).*

Manfred *Vischer*: Zürcher Einblattdrucke des 16. Jahrhunderts. Baden-Baden (Koerner) 2001 (Bibliotheca bibliographica Aureliana, 185).

Markus *Wriedt*: Literaturbericht. In: ARG. Beiheft 31, 2002.
Siehe bes. unter «Zwingli» (30), «Protestantismus: Theologie und Kirche» (33–41), «Täufertum und heterodoxe Richtungen» (42–45) und «Schweiz» (108–114).

Quellen

Hippolyte *Aubert*, Alain Dufour, Béatrice Nicollier, Hervé Genton: Correspondance de Théodore de Bèze. Bd. 24: 1583. Genf (Droz) 2002 (Travaux d'Humanisme et Renaissance, 366).

Der Band enthält u.a. elf an Gwalther gerichtete und sieben von diesem geschriebene sowie 6 an Johann Jakob Grynäus gerichtete Briefe, dazu je einen an Heinrich Bullinger d. J. und an den Berner Gräzisten Peter Hübner.

Hans Ulrich *Bächtold*, Rainer Henrich: Heinrich Bullinger: Briefwechsel. Bd. 9: Briefe des Jahres 1539. Zürich (Theologischer Verlag) 2002 (Heinrich Bullinger Werke. Zweite Abt.: Briefwechsel, 9).

Max *Bänziger*, Peter Stotz: Humanistisches Städtelob – und eine Erklärung dazu. Ausschnitt aus Glareans Panegyrikus auf die Eidgenossenschaft samt dem Kommentar des Oswald Myconius (1514/1519). In: Stotz / Vitali: Turicensia Latina ..., 2003, 143–150.

Daniela *Beilstein*: Die Zürcher sind anders als ihr denkt! Aus dem Schreiben des Oswald Myconius an die Innerschweizer Geistlichen zugunsten der Zürcher Reformation (1524). In: Stotz / Vitali: Turicensia Latina ..., 2003, 151–157.

Daniela *Beilstein*: Zürich – Hauptstadt helvetischer Gastfreundschaft. Aus Johann Wilhelm Stuckis «Antiquitates conviviales» (1582). In: Stotz / Vitali: Turicensia Latina ..., 2003, 224–232.

Valerie *Boban*, Barbara Vannotti: Von springenden Jünglingen, schwimmenden Schönheiten und der Flucht eines Gefangenen. Aus Nikolaus Wynmanns «Colymbetes sive De arte natandi» (1538). In: Stotz / Vitali: Turicensia Latina ..., 2003, 164–175.

Valerie *Boban*: Lorbeeren für den Reformator. Karl Corrodis Ode auf Huldrych Zwingli (1831). In: Stotz / Vitali: Turicensia Latina ..., 2003, 307–317.

Daniel *Bolliger*: Infiniti contemplatio. Grundzüge der Scotus- und Scotismusrezeption im Werk Huldrych Zwinglis. Mit ausführlicher Edition bisher unpublizierter Annotationen Zwinglis. Leiden (Brill) 2003 (Studies in the history of Christian thought, 107).
523–804: «D. Editorischer Teil.»

Barbara *Braune-Krickau*: Flüchtlingspolitik im Zeitalter der Glaubensspaltung. Aus dem Bericht des Taddeo Duno über die Vertreibung und Übersiedlung der Locarner nach Zürich (1602). In: Stotz / Vitali: Turicensia Latina ..., 2003, 236–243.

Eberhard *Busch*: Der Consensus Tigurinus (1549). In: Calvin-Studienausgabe. Hg. v. Eberhard Busch. Bd. 4: Reformatorische Klärungen. Neukirchen-Vluyn (Neukirchener) 2002, 1–27.

Eberhard *Busch*: Zwinglis Thesen von 1523. In: Reformierte Bekenntnisschriften ..., 1/1, 2002, 68–101, Nr. 1.

Eberhard *Busch*: Die Zürcher Einleitung von 1523. In: Reformierte Bekenntnisschriften ..., 1/1, 2002, 102–151, Nr. 2.

Emidio *Campi*: Pier Paolo Vergerio und sein Briefwechsel mit Heinrich Bullinger. In: Lekebusch / Ulrichs ... 2002, 19–37.
36f: Abdruck des Briefes von Bullinger an Vergerio vom 9. Juli 1557.

Stefanie *Cueni*, David Vitali: Begegnungen der dritten Art. Aus dem Gespensterbuch Ludwig Lavaters (1570). In: Stotz / Vitali: Turicensia Latina ..., 2003, 206–212.

Alain *Dufour*, siehe Hippolyte Aubert.

Glenn *Ehrstine*: Theater, Culture, and Community in Reformation Bern, 1523–1555. Leiden (Brill) 2002 (Studies in Medieval and Reformation Thought, 85).
297–305: «Appendix: Song Texts» (Wiedergabe der deutschen oder lateinischen Originaltexte). Im Buch viele, ausführliche Zitate mit englischer Übersetzung; unter den Illustrationen auch mehrere Textseiten.

Heiner *Faulenbach*: Die Basler Reformationsordnung von 1529. In: Reformierte Bekenntnisschriften ..., 1/1, 2002, 238–258, Nr. 10.

Heiner *Faulenbach*: Das Basler Bekenntnis von 1534. In: Reformierte Bekenntnisschriften ..., 1/1, 2002, 571–583, Nr. 18.

David F. *Ford*, Mike Higton (Hg.): Jesus. Oxford (University Press) 2002 (Oxford Readers).
Enthält Auszüge aus Zwinglis «On the Lord's Supper» von 1526 (221–223) und aus Vermiglis «Dialogue on the Two Natures in Christ» von 1561 (233f).

Matthias *Freudenberg*: Friedrich Adolf Lampe: Milch der Wahrheit nach Anleitung des Heidelbergischen Catechismi. Rödingen (ß-Verlag) 2000 (Beiträge zur Katechismusgeschichte, 4).

Reinhold *Friedrich*, Berndt Hamm und Andreas Puchta: Martin Bucer. Briefwechsel – Correspondance. Bd. IV: Januar-September 1530. Leiden (Brill) 2000 (Studies in Medieval and Reformation Thought, 78).
Enthält zahlreiche Briefe, inbes. von/an Zwingli, vereinzelt von/an Vadian, Simon Grynäus, Karlstadt und Ökolampad.

Peer *Frieß*: Rivalität im Glauben. Die Rechtfertigungsschrift des wegen seiner zwinglianischen Gesinnung entlassenen Memminger Predigers Eusebius Kleber, verfasst um 1575. Memmingen (Stadtarchiv) 2001 (Materialien zur Memminger Stadtgeschichte, Reihe A: Quellen, Heft 3).

Klaus *Ganzer*, Karl-Heinz zur Mühlen: Akten der deutschen Reichsreligionsgespräche im 16. Jahrhundert. Zweiter Band: Das Wormser Religionsgespräch (1540/41). [Göttingen] (Vandenhoeck & Ruprecht) 2002.
II. Teilband, 1325–1346, Nr. 4.15: Bericht von S. Grynäus über das Wormser Religionsgespräch zuhanden der Zürcher Kirche.

Hervé *Genton*, siehe Hippolyte Aubert.

Elvira *Glaser*: Latein für den Alltag. Aus Konrad Klausers Anleitung zur Konversation für Lateinschüler (1562). In: Stotz / Vitali: Turicensia Latina ..., 2003, 190–196.

J. F. Gerhard *Goeters* †: Ilanzer Schlußreden von 1526. In: Reformierte Bekenntnisschriften ..., 1/1, 2002, 173–179, Nr. 5.

Martin Hannes *Graf*: Vergleichende germanische Philologie im 16. Jahrhundert. Aus Conrad Gessners Vorrede zum Wörterbuch von Josua Maaler (1561). In: Stotz / Vitali: Turicensia Latina ..., 2003, 176–189.

Berndt *Hamm*, siehe Reinhold Friedrich.

Rainer *Henrich*, siehe Hans Ulrich Bächtold.

Mike *Higton*, siehe David F. Ford.

Christian *Krieger*, Jean Rott (Hg.): Correspondance de Martin Bucer. Bd. III: 1527–1529. Leiden (Brill) 1995 (Studies in Medieval and Reformation Thought, 56).
Enthält zahlreiche Briefe von/an Zwingli und Ökolampad.

Friedhelm *Krüger*: Lehrartikel des Berner Synodus von 1532. In: Reformierte Bekenntnisschriften ..., 1/1, 2002, 508–548, Nr. 16.

Michael *Meyer-Blanck*: Liturgie und Liturgik. Der Evangelische Gottesdienst aus Quellentexten erklärt. Gütersloh (Chr. Kaiser / Gütersloher Verlagshaus) 2001 (Theologische Bücherei, 97).
152–161: «Text 10. Aktion oder Brauch des Abendmahls (Ulrich Zwingli 1525).»

Christian *Moser*: Geistlicher und weltlicher Alltag im Jahre 1566. Die Chronik eines Jahres im Diarium Heinrich Bullingers. In: Stotz / Vitali: Turicensia Latina ..., 2003, 197–205.

Christian *Moser*: Zürichs Zünfte und Ämter. Aus Josias Simlers Verfassungskunde der Eidgenossenschaft und ihrer Stände (1576). In: Stotz / Vitali: Turicensia Latina ..., 2003, 213–220.

Christian *Moser*, Peter Stotz: «Brüderliche Eintracht» – Das gelehrte Zürich während des Reformationsjahrhunderts. Aus Johann Heinrich Hottingers «Schola Tigurinorum Carolina» (1664). In: Stotz / Vitali: Turicensia Latina ..., 2003, 264–272.

Christian *Moser*: Ratramnus von Corbie als «testis veritatis» in der Zürcher Reformation. Zu Heinrich Bullinger und Leo Juds Ausgabe des «Liber de corpore et sanguine Domini» (1532). In: Graf / Moser: Strenarum lanx ..., 2003, 235–309.
262–307: Edition der Zürcher Ratramnus-Übersetzung von 1532 samt der Widmungsvorrede an Albrecht von Preussen.

Andreas *Mühling*: Zürcher Prädikanteneid von 1528. In: Reformierte Bekenntnisschriften ..., 1/1, 2002, 206–210, Nr. 8.

Andreas *Mühling*: Zwinglis «Christianae fidei brevis et clara expositio ad regem Christianum» (Appendix) von 1531. In: Reformierte Bekenntnisschriften ..., 1/1, 2002, 495–507, Nr. 15.

Wilhelm H. *Neuser*: Berner Thesen von 1528. In: Reformierte Bekenntnisschriften ..., 1/1, 2002, 197–205, Nr. 7.

Wilhelm H. *Neuser*: Die Marburger Artikel von 1529. In: Reformierte Bekenntnisschriften ..., 1/1, 2002, 259–267, Nr. 11.

Wilhelm H. *Neuser*: Zwinglis «Fidei ratio» von 1530. In: Reformierte Bekenntnisschriften ..., 1/1, 2002, 421–446, Nr. 13.

Béatrice *Nicollier*, siehe Hippolyte Aubert.

Jakob *Otther*: Katechismen, herausgegeben von Jochen Gruch. Rödingen (ß-Verlag) 2001 (Beiträge zur Katechismusgeschichte, 3).
Jakob Ot(t)her/Otter (um 1485–1547) aus der Pfalz, 1529–1532 Pfarrer in Aarau, dann in der Reichsstadt Esslingen, widmete seinen ersten, 1530 in Basel gedruckten Katechismus seiner Gemeinde Aarau.

Andreas *Puchta*, siehe Reinhold Friedrich.

Martin *Rothkegel*: Täufer und ehemalige Täufer in Znaim. Leonhard Freisleben, Wilhelm Reublin und die «Schweizer» Gemeinde des Tischlers Balthasar. In: Mennonitische Geschichtsblätter 58, 2001, 37–70.
61–64: Edition von: Wilhelm Reublin an den Rat der Stadt Zürich, [Znaim], 21. August 1547.

Jean *Rott*, siehe Christian Krieger.

Kurt Jakob *Rüetschi*, Peter Stotz: Alltagsdichtung aus dem 16. Jahrhundert. Drei Proben aus den vermischten Gedichten Rudolf Gwalthers (1519–1586). In: Stotz / Vitali: Turicensia Latina ..., 2003, 221–223.

Helga *Scheible*: Willibald Pirckheimers Briefwechsel. V. Band. München (C. H. Beck) 2001.
Enthält u.a.: Konrad Pellikan an P., Basel, 16. 1. und 27. 3. 1524 (107–109), Zwingli an P., Zürich, 24. 10. 1524 (250f), Glarean an P., Basel, Ende 1523 (95–97) und 21. 4. 1524 (156f), P. an Ökolampad, Nürnberg, 1. 7. 1523 (74), 23. 1. 1524 (112–114), Ökolampad an P., 26. 2. (317) und 25. 4. 1525 (395–398).

Ernst *Schläppi*: Reformationszeit im Berneroberland. Vom Freiheitstraum zum Glaubensstreit. Im Besonderen: Der Inderlappische Krieg und das Städtchen Unterseen im Brennpunkt der Schweizergeschichte. Interlaken/Spiez (Schlaefli & Maurer) 2000.
Zitiert zahlreiche Quellen ganz oder in Ausschnitten innerhalb der Darstellung.

Daniel *Shute*: Peter Martyr Vermigli: Commentary on the Lamentations of the Prophet Jeremiah. Kirksville, Mo. (Truman State University Press) 2002 (Sixteenth Century Essays & Studies, 55 = The Peter Martyr Library, 6).
Übersetzung und Kommentierung von Vermigli: In Lamentationes sanctissimi Ieremiae prophetae ... Commentarium, Zürich 1629 (posthum hg. v. Johann Rudolf Stucki).

C. Arnold *Snyder* (Hg.): Biblical Concordance of the Swiss Brethren, 1540. Übersetzt von Gilbert Fast und Galen A. Peters. Eingeführt von Joe A. Springer. Kitchener, Ont. (Pandora Press) 2001.

Marlis *Stähli*: Bildersturm privat. Das Bekenntnis eines wohlhabenden Zürcher Zunftherrn zur Toleranz in der Bilderfrage. In: Zwa 29, 2002, 95–116.

115f: Wiedergabe des Bekenntnisses (eines Heidegger, 16. Jahrhundert) im Originalwortlaut und in neuhochdeutscher Übersetzung.

Peter *Stotz*: Zwinglis Sicht eines christlichen Gemeinwesens. Aus der Vorrede zu seinen Jeremia-Erklärungen (Frühjahr 1531). In: Stotz / Vitali: Turicensia Latina ...„ 2003, 158–163.

Peter *Stotz*: Thuricus – der vergessene Ahnherr. Aus dem Gedichtzyklus Johann Rudolf Beyels über die Dreizehn alten Orte (1584). In: Stotz / Vitali: Turicensia Latina ..., 2003, 233–235.

Peter *Stotz*, siehe Max Bänziger; Christian Moser; Kurt Jakob Rüetschi.

István *Tőkés* (Übers. / Hg.): A Második Helvét Hitvallás. 1566. évi eredeti latin szövegének a Wilheim[!] Niesel kritikai kiadása alapján elkészített fordítása Tökés István. Nagyvárad (Kiadja a Királyhágómelléki Református Egyházkerület) 2002.
Neueste ungarische Übersetzung des Zweiten Helvetischen Bekenntnisses. Die Ausgabe enthält auch die Geschichte des Bekenntnisses im ungarischen Sprachraum, geht auf Übersetzungsprobleme ein, gibt Kurzbiographien der erwähnten Personen und enthält ein Namen- und Sachregister.

Barbara *Vannotti*, siehe Valerie Boban.

Lukas *Vischer*: Das Bekenntnis von Locarno: Zeugnis einer bedrängten Kirche. In: Histoire et herméneutique. Mélanges pour Gottfried Hammann. Hg. v. Martin Rose. Genf (Labor et Fides) 2002 (Histoire et Société, 45), 411–418.
411f: Wiedergabe des am 9. Juli 1554 den reformierten Orten unterbreiteten Bekenntnisses der evangelischen Locarner in neuhochdeutscher Fassung.

David *Vitali*, siehe Stefanie Cueni.

Karl-Heinz *zur Mühlen*, siehe Klaus Ganzer.

Darstellungen

Giuseppe *Alberigo*: Bernardino Ochino. In: Ganzer / Steimer: Lexikon der Reformationszeit ..., 2002, 544f.

Rollin *Armour*: Islam, Christianity, and the West. A Troubled History. New York (Maryknoll) 2002 (Faith Meets Faith Series).
111–113: «Theodor Bibliander.»

Matthias *Asche*: Johannes Stumpf. In: Ganzer / Steimer: Lexikon der Reformationszeit ..., 2002, 727f.

Cornelis *Augustijn*: Farel und Calvin in Bern 1537–1538. In: Opitz: Calvin im Kontext der Schweizer Reformation ..., 2003, 9–23.

Irena *Backus*: Prière en latin au 16e siècle et son rôle dans les Églises issues de la Réforme. In: ARG, 93, 2002, 43–71.
Behandelt auch Zürcher Editionen lateinischer Gebete (von Vermigli, Georg Schmaltzing) (44, 49f, 59–62).

Irena *Backus*: Historical Method and Confessional Identity in the Era of the Reformation (1378–1615). Leiden (Brill) 2003 (Studies in Medieval and Reformation Thought, 94).
Vgl. bes.: «Basel Collections of Minor Writings of the Early Church» (253–270).

Esther *Bächer*: Gottlieben. Informationen zur Geschichte. Kreuzlingen (Bodan Druckerei und Verlag) 2001.
Vgl. bes. die Abschnitte «Gottlieber Reformierte unter katholischer Herrschaft» (57–61) und «Eine Schule unter protestantischer Aufsicht» (61–65).

Hans Ulrich *Bächtold*: Heinrich Bullinger. In: Ganzer / Steimer: Lexikon der Reformationszeit …, 2002, 105f.

Hans Ulrich *Bächtold*: Josias Sim(m)ler . In: Ganzer / Steimer: Lexikon der Reformationszeit …, 2002, 692f.

Olivier *Bangerter*: La pensée militaire de Zwingli. Bern (Peter Lang) 2003 (Zürcher Beiträge zur Reformationsgeschichte, 21).

Barbara *Bauer*: Die Krise der Reformation. Johann Jacob Wicks Chronik außergewöhnlicher Natur- und Himmelserscheinungen. In: Harms / Messerli: Wahrnehmungsgeschichte. 2002, 193–236.

Michael *Baumann*: Petrus Martyr Vermigli: Doctor, Lehrer der Heiligen Schrift und Zürcher. Hinweise zu Vermiglis Tätigkeit in Zürich. In: Campi: Vermigli …, 2002, 213–224.

Harold S. *Bender*: La vision anabaptiste. In: Bulletin de la Société de l'Histoire du Protestantisme Français 148, 2002, 179–207.
Französische Übersetzung von «The Anabaptist Vision» (1944). Darin viele Belege aus Schriften Bullingers und Grebels.

Philip *Benedict*: Christ's Churches Purely Reformed. A Social History of Calvinism. New Haven (Yale University Press) 2002.
9–48: «Zurich contra Wittenberg.» 49–76: «The Second Generation. Switzerland and Germany.»

Jan Andrea *Bernhard*: Das Verhältnis des Bündner Kirchenhistorikers Petrus D. Rosius à Porta (1734–1806) zu den «reformatorischen Vätern», im Speziellen zur Theologie Johannes Calvins. In: Opitz: Calvin im Kontext der Schweizer Reformation …, 2003, 271–301.
Verzeichnet u.a. Bücher der Reformatoren im Besitz des Rosius à Porta (274–279).

Eoin de *Bhaldraithe*: Meeting the Radical Reformation. In: Engaging Anabaptism. Conversations with a Radical Tradition. Hg. v. John D. Roth. Scottdale, Pa. (Herald Press) 2001.
110f: «Michael Sattler.»

Fritz *Blanke*: Brüder in Christo. Die Geschichte der ältesten Täufergemeinde (Zollikon 1525). Winterthur (Schleife Verlag) 2003.
Das Werk erschien erstmals 1955 im «Zwingli Verlag», Zürich. Es enthält ein Vorwort von Ruedi Reich.

Magdalen *Bless-Grabher*, siehe Barbara Helbling.

Daniel *Bolliger*: Dankesrede zum Empfang des J. F. Gerhard Goeters-Preises. In: Lebusch / Ulrichs ..., 2002, 13–18.
Handelt von der scholastisch-scotistischen Prägung Zwinglis.

Daniel *Bolliger*: Infiniti contemplatio. Grundzüge der Scotus- und Scotismusrezeption im Werk Huldrych Zwinglis. Mit ausführlicher Edition bisher unpublizierter Annotationen Zwinglis. Leiden (Brill) 2003 (Studies in the history of Christian thought, 107).

Sebastian *Bott*, Matthias Fuchs: «... dann ich besorgte woll ein ungelägenheit ...» Religiöse Konflikte in der Schweizer Landgemeinde Würenlos [Geschichtsunterricht, Sek. I]. In: Geschichte lernen, 14/84, 2001, 50–54.

Sebastian *Bott*, Matthias Fuchs: «Es ist denen Herren von Zürich gram um das würenlos.» Bausteine zu einer Konfessionalisierungsgeschichte der Grafschaft Baden. Die Reformierten im 17. Jahrhundert. In: Argovia, 114, 2002, 148–175.
150–158: «Die Situation der Reformierten in der Grafschaft Baden zwischen dem Zweiten und dem Vierten Landfrieden (1531–1712).»

Fabian *Brändle*, siehe Kaspar von Greyerz.

Giulio Orazio *Bravi*: Über die intellektuellen Wurzeln des Republikanismus von Peter Martyr Vermigli. In: Campi: Vermigli ..., 2002, 119–141.
Stützt sich auf in Straßburg und Zürich gehaltene, in Zürich gedruckte Auslegungen Vermiglis über das Alte Testament.

Franz *Brendle*: Johannes Zwick. In: Ganzer / Steimer: Lexikon der Reformationszeit ..., 2002, 840f.

Maurice *Brouard*, u.a. (Hg.): Eucharistia. Encyclopédie de l'Eucharistie. Paris (Les Éditions du Cerf) 2002.
207f: «La Réformation: Luther, Zwingli et Calvin.» Vgl. auch das Register.

Matthias *Brütsch*: Ist die Kirche Mönchaltorf die erste protestantische Kirche weltweit? Die Kirche Mönchaltorf feiert dieses Jahr ihr 1100-Jahr-Jubiläum. 1522 wurde das neue Gotteshaus eingeweiht – als reformierte Kirche. In: Heimatspiegel (Illustrierte Beilage im Verlag «Zürcher Oberländer» und «Anzeiger von Uster»), 5, Mai 2002, 33–39.

Ines *Buhofer*, siehe Barbara Helbling.

Martin *Bundi*: Der Entscheid für die Reformation und dessen Umsetzung im Freistaat der Drei Bünde. In: Studien zur Geschichte des Bistums Chur (451–2001). Hg. v. Michael Durst. Fribourg (Universitätsverlag) 2002, 83–112.

Christian von *Burg*: «Das bildt vnsers Herren ab dem esel geschlagen.» Der Palmesel in den Riten der Zerstörung. In: Blickle: Macht und Ohnmacht der Bilder ..., 2002, 117–141.
Berücksichtigt vor allem schweizerische Beispiele (Mittelalter und Reformationszeit).

Christoph *Burger*: Calvins Beziehungen zu Weggefährten in der Schweiz 1536–1538. In: Opitz: Calvin im Kontext der Schweizer Reformation ..., 2003, 41–55.
Siehe bes.: «Kontakte mit dem Basler Reformator Simon Grynäus» (50–54).

Lucas *Burkart*: «Das crutzsyfix, so im munster uff dem letner stund.» Bildersturm als Mediengeschichte. In: Blickle: Macht und Ohnmacht der Bilder ... 2002, 177–193.
Dargestellt am Basler Bildersturm 1529 und an der Bewahrung des Münsterschatzes.

Johannes *Burkhardt*: Das Reformationsjahrhundert. Deutsche Geschichte zwischen Medienrevolution und Institutionenbildung 1517–1617. Stuttgart (W. Kohlhammer) 2002.
Behandelt in Teil 2, Kapitel 3: «Andere und reformierte Konfessionsbildungen – der Primat der Praxis» (116–135) auch die Täufer (117f) und Zwingli (118–120).

Karl Heinz *Burmeister*: Sebastian Münster. In: Ganzer / Steimer: Lexikon der Reformationszeit ..., 2002, 521.

Amy Nelson *Burnett*: Generational Conflict in the Late Reformation. The Basel Paroxysm. In: The Journal of Interdisciplinary History 32, 2001, 217–243.

Amy Nelson *Burnett*: Preparing the Pastors. The Theological Education and Pastoral Training in Basel. In: History has many Voices. Hg. v. Lee Palmer Wandel. Kirksville (Truman State University Press) 2003 (Sixteenth Century Essays & Studies, 63), 131–151.

Fritz *Büsser*: Vermigli in Zürich. In: Campi: Vermigli ..., 2002, 203–211.

Emidio *Campi*: Pier Paolo Vergerio und sein Briefwechsel mit Heinrich Bullinger. In: Lekebusch / Ulrichs ..., 2002, 19–37.
Vgl. auch die italienische Fassung (s. Zwa 28, 2001, 197).

Emidio *Campi*: Ideali repubblicani nella Zurigo riformata dell' età protomoderna. In: Ideali repubblicani in età moderna. Hg. v. Fiorella De Michelis Pintacuda und Gianni Francioni. Pisa (Edizioni ETS) 2002 (Dipartimento di Filosofia, Università di Pavia. Memorie e Atti di Convegni, 17), 73–96.

Emidio *Campi*: Streifzug durch Vermiglis Biographie. In: Campi: Vermigli ..., 2002, 17–36.
Zu Vermiglis Zürcher Zeit siehe bes. 24f, 31–35.

Emidio *Campi*: Über das Ende des Weltzeitalters. Aspekte der Rezeption des Danielbuches bei Bullinger. In: Europa, Tausendjähriges Reich und Neue Welt. Zwei Jahrtausende Geschichte und Utopie in der Rezeption des Danielbuches. Hg. v. Mariano Delgado, Klaus Koch und Edgar Marsch. Stuttgart (Kohlhammer) 2003 (Studien zur christlichen Religions- und Kulturgeschichte, 1), 225–238.

Emidio *Campi*, siehe Lukas Vischer.

Emir Fethi *Caner*: Truth is Unkillable. The Life and Writings of Balthasar Hubmaier, Theologian of Anabaptism. Diss. University of Texas at Arlington 1999 (Ann Arbor, UMI).

Alessandro *Canestrini*: «ohne Charakter zwahr und ohne Muth die gesichter.» Beiträge zum graphischen Oeuvre des Hieronymus Lang d. Ä. (um 1520–1582). In: Zeitschrift für Schweizerische Archäologie und Kunstgeschichte, 59, 2002 / 1, 57–76.
Enthält Mitteilungen über das Leben des in Schaffhausen tätigen Künstlers und über die Stifter der von ihm entworfenen Glasgemälde.

Christine *Christ-von Wedel*: Johannes Zwicks Underrichtung neu gelesen. Zum Verständnis von Schrift und Gesetz zwischen 1521 und 1524. In: Lekebusch / Ulrichs ..., 2002, 93–103.

Adrian *Collenberg*: «daz es solt ein ee sin.» Ehegerichtsbarkeit im Oberen Bund im 16. Jahrhundert. In: Bündner Monatsblatt, 2002, 3–29.

Jérôme *Cottin*: Das Wort Gottes im Bild. Eine Herausforderung für die protestantische Theologie. Übersetzt aus dem Französischen von Marianne Mühlenberg. Mit einem Geleitwort von Horst Schwebel. Göttingen (Vandenhoeck & Ruprecht) 2001.
Zu Zürich und Zwingli vgl. «Der Bildersturm: eine aufrührerische Volksbewegung» (244–247).

Étienne *Decrept*: Un épisode de la Réforme: La course à l'édition princeps des lettres Ignatiennes. In: Revue d'Histoire et de la Philosophie Religieuse 82, 2002, 401–416.
Fast gleichzeitig mit Valentin Paceus edierte Johannes Brunner mit Konrad Geßner in Zürich Ignatius-Briefe im griechischen Urtext.

Catherine *Dejeunemont*: Schwärmer, Geist, Täufer, Ketzer: de l'allié au criminel (1522–1550). In: Bulletin de la Société de l'Histoire du Protestantisme Français 148, 2002, 21–46.
Berücksichtig eingehend Zwingli und Oekolampad.

Rudolf *Dellsperger*: Wolfgang Musculus (Müslin). In: Ganzer / Steimer: Lexikon der Reformationszeit ..., 2002, 527f.

R[udolf] *Dellsperger*, M[arc] van Wijnkoop Lüthi: Peter Martyr Vermigli und Wolfgang Musculus. In: Campi: Vermigli ..., 2002, 105–118.

Rahel *Eggenberger*: Huldrych Zwingli. Von der Bibel be-geist-ert! In: Beat Christen [Hg.]: La Suisse existe. Die Schweiz existiert. Die Schweiz: Geschichte, Identität und Vision. Belp (Jordi) 2001, 39–46.

Beate *Ego*: Konrad Pellican und die Anfänge der wissenschaftlichen christlichen Hebraistik im Zeitalter von Humanismus und Reformation. In: Humanismus und Reformation. Historische, theologische und pädagogische Beiträge zu deren Wechselwirkung. Hg. v. Reinhold Mokrosch und Helmut Merkel. Münster (LIT Verlag) 2001 (Arbeiten zur Historischen und Systematischen Theologie, 3), 73–84.

Glenn *Ehrstine*: Theater, Culture, and Community in Reformation Bern, 1523–1555. Leiden (Brill) 2002 (Studies in Medieval and Reformation Thought, 85).

Olivier *Fatio*: Neuchâtel et Genève face au Consensus Helveticus, ou comment l'éviter? In: Histoire et herméneutique. Mélanges pour Gottfried Hammann. Hg. v. Martin Rose. Genf (Labor et fides) 2002 (Histoire et société, 45), 161–173.

Heiner *Faulenbach*: Einleitung: I. Textsammlungen reformierter Bekenntnisschriften. In: Reformierte Bekenntnisschriften …, 1/1, 2002, 1–44.
Vgl. bes. den tabellarischen Überblick (8–25) und das Kapitel «Die älteren Bemühungen um eine reformierte Lehrharmonie» (26–31).

Albert *Fischer*: Reformatio und Restitutio. Das Bistum Chur im Zeitalter der tridentinischen Glaubenserneuerung. Zugleich ein Beitrag zur Geschichte der Priesterausbildung und Pastoralreform (1601–1661). Zürich (Chronos) 2000.
Viele Bezüge zu reformierten Kirchen während des 16. Jahrhunderts in den Teilen I-II (23–217), bes. im Kapitel «Das Bistum Chur in den Wirren der Reformation» (111–139).

James Thomas *Ford*: Preaching in the Reformed Tradition. In: Preachers and People in the Reformations and Early Modern Period. Hg. v. Larissa Taylor. Leiden (Brill) 2001, 65–88.
Wesentliche Bezüge zu Zwingli und Bullinger.

Silvan *Freddi*: Melchior Dürr, genannt Macrinus – Solothurner Humanist und Anhänger der Reformation. In: Jahrbuch für Solothurnische Geschichte 75, 2002, 261–279.
Dürr korrespondierte mit Myconius und Zwingli.

Shaun [A.] de *Freitas*, siehe Andries Raath.

Matthias *Freudenberg*, siehe Karl E. Haas.

Matthias *Fuchs*, siehe Sebastian Bott.

Werner *Führer*: Das Amt der Kirche. Das reformatorische Verständnis des geistlichen Amtes im ökumenischen Kontext. Neuendettelsau (Freimund) 2001.
Im Teil «Modelle und Probleme der Rezeption» siehe bes. das Kap. «Huldrych Zwingli».

Norbert *Furrer*: Die vierzigsprachige Schweiz. Sprachkontakte und Mehrsprachigkeit in der vorindustriellen Gesellschaft (15.–19. Jahrhundert). Bd. 1: Untersuchung; Bd. 2: Materialien. Zürich (Chronos) 2002.
Vgl. bes. in Bd. 1 die Tabellen 3/1: «Gelehrte Wahlschweizer», Ende 15. bis Mitte 19. Jahrhundert (226–229); 5/5: Latinisierte und gräzisierte Namen von Humanisten im Raum der Eidgenossenschaft (355–360), Zitate aus Werken von Aegidius Tschudi (38f, 366) und Aspers Porträt von Theodor Bibliander auf dem Umschlag sowie in Bd. 2 die Kurzbiographien in Tabelle 3: Polyglotte «Gelehrte» in der Eidgenossenschaft, 15.–19. Jahrhundert (117–133).

Rudolf *Gamper*: Repräsentative Chronikreinschriften in der Reformationszeit. In: Koller / Sieber …, 2002, 269–286.
Behandelt Chronikreinschriften von Heinrich Brennwald / Johannes Stumpf, von Johannes Salat, Johannes Kessler, Gregor Mangolt und Joachim Vadian / Wolfgang Fechter.

Rudolf *Gamper*: Der Adel in den Zürcher Chroniken. In: Niederhäuser: Adel …, 2003, 125–141.
133–137: «Die eidgenössische Chronik von Johannes Stumpf.»

Urs L. *Gantenbein*: Handschriftenfunde zur Alchemie im Alten Zürich. In: Gesnerus 58, 2001, 240–248.

Ermanno *Genre*, Sergio Rostagno und Giorgio Tourn: Le chiese della Riforma. Storia, teologia, prassi. Cinisello Balsamo (Mailand) (San Paolo) 2001 (Universo teologia, 71).
165f: «Anabattisti.» 216f: «Huldrych (Ulrich) Zwingli (1484–1531).»

Jean-Pierre *Gerber*: Das Liedgut der Wiedertäufer. In: Mennonitica Helvetica, 24/25, 2001-/02, 79–110.
Berücksichtigt auch die von Schweizer Täufern des 16. Jahrhunderts gedichteten Lieder.

Scott Alexander *Gillies*: Zwingli and the Origin of the Reformed Covenant 1524–1527. In: Scottisch Journal of Theology 54, 2001, 21–50.

Carlos *Gilly*: Die Manuskripte in der Bibliothek des Johannes Oporinus. Verzeichnis der Manuskripte und Druckvorlagen aus dem Nachlass Oporins anhand des von Theodor Zwinger und Basilius Amerbach erstellten Inventariums. Hommage à François Secret. Basel (Schwabe) 2001 (Schriften der Universitätsbibliothek Basel, 3).

Lucas Marco *Gisi*: Niklaus Manuel und der Berner Bildersturm 1528. In: Blickle: Macht und Ohnmacht der Bilder …, 2002, 143–163.

Anja-Silvia *Göing*: Die Zürcher Hohe Schule 1525–1560 als Bildungsinstitution. In: Zeitschrift für pädagogische Historiographie 8, 2002, 79–83.

Hans-Jürgen *Goertz*: Das schwierige Erbe der Mennoniten. Aufsätze und Reden. Im Auftrag des Mennonitischen Geschichtsvereins hg. v. Marion Kobelt-Groch und Christoph Wiebe. Leipzig (Evangelische Verlagsanstalt) 2002.
19–37: «Konrad Grebel. Eine Skizze.» 93–120: «Zwischen Zwietracht und Eintracht. Zur Zweideutigkeit täuferischer und mennonitischer Bekenntnisse» [Darin, 100–104: «Die Schleitheimer Artikel (1527)»].

Bruce *Gordon*: The Swiss Reformation. Manchester (University Press) 2002 (New Frontiers in History).

Bruce *Gordon*: God Killed Saul. Heinrich Bullinger and Jacob Ruef on the Power of the Devil. In: Kathryn A. Edwards [Hg.]: Werewolves, Witches, and Wandering Spirits. Traditional Belief & Folklore in Early Modern Europe. Kirksville, Mo. (Truman State University Press) 2002 (Sixteenth Century Essays and Studies, 62), 155–179.

Bruce *Gordon*: «Welcher nit gloupt der ist schon verdampt»: Heinrich Bullinger and the Spirituality of the Last Judgement. In: Zwa 29, 2002, 29–53.

Bruce *Gordon*: Heinrich Bullinger (1504–1575). In: Lindberg: The Reformation Theologians …, 2002, 170–183.

Brad S. *Gregory*: Salvation at Stake. Christian Martyrdom in Early Modern Europe. Cambridge, Mass. (Harvard University Press) 1999.
Betr. Täufertum in der Schweiz s. 200–203.

Martin *Greschat*: Martin Bucer (1491–1551). Un réformateur et son temps. Traduit de l'allemand et préfacé par Matthieu Arnold. Paris (Presses Universitaires de France) 2002 (Études d'histoire et de philosophie religieuses, 80).
Übersetzung der deutschen Ausgabe von 1990. – Zum Bezug zur zwinglischen Reformation vgl. das Reg.

Kaspar von *Greyerz*: Leo Jud (Judae, auch Keller). In: Ganzer / Steimer: Lexikon der Reformationszeit ..., 2002, 376f.

Kaspar von *Greyerz*, Fabian Brändle: Basler Selbstzeugnisse des 16./17. Jahrhunderts und die neuere historische Forschung. In: Meyer / von Greyerz: Platteriana ..., 2002, 59–75.

Gerhard *Gronauer*: Reformatorische Pastoral- und Seelsorgelehre im Vergleich. Zwinglis «Der Hirt» (1524) und Bucers «Von der waren Seelsorge» (1538). In: Anwalt der Liebe. Martin Bucer als Theologe und Seelsorger. Beiträge zum 450. Todestag des Reformators. Hg. v. Thomas Schirrmacher. Bonn (Verlag für Kultur und Wissenschaft) 2002 (Jahrbuch des Martin Bucer Seminars, 1, 2002), 95–142.

Hans R. *Guggisberg*: Sebastian Castellio 1515–1563. Humanist and Defender of Religious Toleration in a Confessional Age. Übers. und hg. v. Bruce Gordon. Aldershot (Ashgate) 2003.

Thomas *Gutwald*: Prodigium hoc cum nostro seculo inusitatum sit ... Das Nordlicht vom 28. Dezember 1560 als Gegenstand vernetzter Wahrnehmung durch frühneuzeitliche Informationssysteme. In: Harms / Messerli: Wahrnemungsgeschichte. 2002, 239–261.
Behandelt u.a. Darstellung und Wertung des Nordlichts in der Sammlung Johann Wicks und in einem Traktat Konrad Geßners.

Karl E. *Haas*, Matthias Freudenberg: Reformierte Theologie in Erlangen. Nürnberg (P. Athmann) 2000.
Enthält Kapitel über den Zwingliforscher Johann Martin Usteri und den Bullingerforscher Joachim Staedtke.

Lisbeth *Haase*: Katharina Zell. Pfarrfrau und Reformatorin. Stuttgart (Edition Anker) 2002.
38–44: «Schweizer Gäste» [Zwingli und Ökolampad].

Thomas A. von *Hagel*: The «Genus Maiestaticum»-Christology of the Catalog of Testimonies. Diss. Saint Louis University 1997 (Ann Arbor, UMI).
Vgl. unter «Eucharistic Controversy» das Kap. «Ulrich Zwingli» (70–108).

Joachim *Hamm*: Servilia bella. Bilder vom deutschen Bauernkrieg in neulateinischen Dichtungen des 16. Jahrhunderts. Wiesbaden (Reichert) 2001.
225–244: «Konfessionspolemik und humanistisches Bildungsideal. Die ‹Elegia de bello rustico› (Basel 1528) des Johannes Atrocianus.» Vgl. auch das Register.

Gottfried *Hammann*, Gerhard Philipp Wolf: Die Geschichte der christlichen Diakonie. Praktizierte Nächstenliebe von der Antike bis zur Reformationszeit. Göttingen (Vandenhoeck & Ruprecht) 2003.
215–240: «Huldrych Zwingli – Diakonie als weltlicher Sozialdienst.»

Jörg *Haustein*: Der Abendmahlsstreit des 16. Jahrhunderts, sein Hintergrund und seine Bedeutung für die Ökumene der Gegenwart. In: Abendmahl heute. Reflexionen zur theologischen Grundlegung und zeitgemäßen Gestaltung. Hg. v. Wolfgang Erich Müller und Enno Konukiewitz. Frankfurt am Main (Peter Lang) 2002, 23–40.
30–40: «Das Marburger Religionsgespräch und die Einheit der Reformation.»

Barbara *Helbling*, Magdalen Bless-Grabher, Ines Buhofer (Hg.): Bettelorden, Bruderschaften und Beginen in Zürich. Stadtkultur und Seelenheil im Mittelalter. Zürich (Verlag Neue Zürcher Zeitung) 2002.
Zur Reformationszeit vgl. das Kap. «Umbruch und Neuordnung» (279–305).

Carol Piper *Heming*: Protestants and the cult of the saints in German-speaking Europe: 1517–1531. PhD-Diss. University of Missouri – Columbia, 2000. Ann Arbor, Mich. (UMI) 2000.
Berücksichtigt in der Analyse zahlreicher Flugschriften auch die Schweiz, bes. auch Zwinglis Meinung.

Rainer *Henrich*: Oswald Myconius (eigentlich Geißhüsler). In: Ganzer / Steimer: Lexikon der Reformationszeit …, 2002, 536 f.

Barbara *Henze*: Johannes Kessler. In: Ganzer / Steimer: Lexikon der Reformationszeit …, 2002, 391 f.

Alasdair I. C. *Heron*: Der Gottesbund als Thema reformierter Theologie. In: Lekebusch / Ulrichs …, 2002, 39–65.
Berücksichtigt Zwinglis Impuls und die Entwicklung einer Bundestheologie bei Bullinger und in spätern Zeiten (bes. 51–53).

Alasdair I. C. *Heron*: Föderaltheologie. In: Ganzer / Steimer: Lexikon der Reformationszeit …, 2002, 246 f.
«Der Anfang liegt in Zürich bei der Verteidigug der Kindertaufe (Heinrich Bullinger: De testamento seu foedere Dei unico et aeterno. Zürich 1534).»

Stefan *Hess*: Zwischen Verehrung und Versenkung. Zum Nachleben Kaiser Heinrichs II. in Basel. In: BZGA 102, 2002, 83–143.
Zur Liquidierung des Heinrichkultes, zur Erhaltung des Münsterschatzes und zur Geschichtsschreibung im 16. Jahrhundert siehe S. 100–117.

Francis *Higman*: La Réforme. Pourquoi? Essai sur les origines d'un événement fondateur. Genf (Labor et Fides) 2001.
85–93: «Huldrych Zwingli (1483–1531).

M. *Hillar*, Claire A. Allen: Michael Servetus. Intellectual Giant, Humanist, and Martyr. Mit einem Vorwort von Ángel Alcalá. Lanham (University Press of America) 2002.
13–18: «Basel.» Vgl. auch das Register.

Paul-R. *Hinlicky*: The Doctrine of the New Birth From Bullinger to Edwards. In: Missio-Apostolica 7, 1999, 102–119.

R. Gerald *Hobbs*: Conrad Pellican and the Psalms. The Ambivalent Legacy of a Pioneer Hebraist. In: Reformation and Renaissance Review. Journal of the Society for Reformation Studies 1, 1999, 72–99.

Urban *Hodel*: Barnabas Bürki (auch Steiger). In: Ganzer / Steimer: Lexikon der Reformationszeit …, 2002, 106.

Thomas *Hoffmann-Dieterich*: Reformation. Die wichtigsten Daten. Gütersloh (Gütersloher Verlagshaus) 2002.
Zur zwinglischen Reformation vgl. das Stichwort- und Personenregister.

Katrin *Hürlimann*: Die Gerichtsherrschaft Breitenlandenberg-Turbenthal unter Hans Rudolf II. von Breitenlandenberg. In: Niederhäuser: Adel …, 2003, 85–90.
Behandelt auch die engen Beziehungen Hans Rudolfs zu Zürich (2. Hälfte 16. Jahrhundert).

Herbert *Immenkötter*: Kempten zwischen Wittenberg und Zürich. Luther oder Zwingli: Die Reformation in der Reichsstadt. In: Allgäuer Geschichtsfreund 100, 2000, 97–102.

Wolf-Christian *Jaeschke* (Hg.): Adolph Zahn. Von Gottes Gnade und des Menschen Elend. Ein Querschnitt durch das Werk eines faszinierenden Verfechters einer vergessenen Theologie. Bonn (Verlag für Kultur und Wissenschaft) 2001 (Theologische Nachfahren Luthers und Calvins, 1).
245–255: «Zwinglis große Entdeckung.» [Betr. die Abendmahlslehre.]

Frank A. *James* III: «De Iustificatione.» The Evolution of Peter Martyr Vermigli's Doctrine of Justification. Diss. phil. Westminster Theological Seminary 2000 (Ann Arbor, UMI).

Frank A. *James* III: Peter Martyr Vermigli (1499–1562). In: Lindberg: The Reformation Theologians …, 2002, 198–212.

Hanspeter *Jecker*: Konrad Grebel. In: Ganzer / Steimer: Lexikon der Reformationszeit …, 2002, 300f.

Beat R. *Jenny*: Helvetische Streiflichter auf den Praeceptor Germaniae. In: Dona Melanchthoniana. Festgabe für Heinz Scheible zum 70. Geburtstag, hg. v. Johanna Loehr. Stuttgart-Bad Cannstatt (frommann-holzboog) 2001, 147–169.

Beat R. *Jenny*: Humanismus und städtische Eliten in Basel im 16. Jahrhundert unter besonderer Berücksichtigung der Basler Lateinschulen von 1529–1586. In: Meyer / von Greyerz: Platteriana …, 2002, 77–121.

Elke *Jezler*: Schacht-Novelle. Zum Berner Bildersturm. In: Reformatio. Zeitschrift für Kultur, Politik und Kirche, 49, 2000, 295–302.

Pamela *Johnston*, Bob Scribner: La Reforma en Alemania y Suiza. Übers. v. Elena Castro Oury. Tres Cantos (Ediciones Akal) 1998 (Temas de historia, 15).
Übersetzung des Werkes «The Reformation in Germany and Switzerland» von 1993.

Hans *Jorissen*: Abendmahlsstreit. In: Ganzer / Steimer: Lexikon der Reformationszeit …, 2002, 2–5.
Behandelt u.a. die Auseinandersetzungen zwischen Luther und Zwingli.

Henning P. *Jürgens*: Johannes a Lasco in Ostfriesland. Der Werdegang eines europäischen Reformators. Tübingen (Mohr Siebeck) 2002.
Zu den Beziehungen zum Zürich Bullingers vgl. das Reg.

Martin H. *Jung*: Abendmahlsstreit. Brenz und Oekolampad. In: Blätter für württembergische Kirchengeschichte 100, 2000, 143–162.

Franziska *Kaiser*: Schweizer Städte aus der Vogelschau: städtische Repräsentation im 16. und frühen 17. Jahrhundert. In: Kunst + Architektur in der Schweiz, 53, 2002/4, 6–15.
Jos Murers Planvedute von Zürich (1576) ist die erste und damit älteste ihrer Art.

Wolfgang *Kaiser*: Der Oberrhein und sein «konfessioneller Grenzverkehr». Wechselbeziehungen und Religionskonflikte im 16. und 17. Jahrhundert. In: Eidgenössische «Grenzfälle»: Mülhausen und Genf. En marge de la Conféderation: Mulhouse et Genève. Hg. v. Wolfgang Kaiser, Claudius Sieber-Lehmann und Christian Windler. Basel (Schwabe) 2001 (Basler Beiträge zur Geschichtswissenschaft, 172), 155–185.
Beziehungen und Abgrenzungen von Basel und Mülhausen zur katholischen Nachbarschaft während und nach der Reformation.

Wolfgang *Kaiser*: Gesellige Rivalität. Zum Umgang mit Grenzen im Basler Raum (16.–17. Jahrhundert). In: BZGA 102, 2002, 23–36.
Geht vor allem auf die konfessionellen Rivalitäten ein.

Carl-A. *Keller*: Calvin mystique. Au coeur de la pensée du Réformateur. Genf (Labor et Fides) 2001 (Petite Bibliothèque de Spiritualité).
45–49: «La tradition réformée. Entente avec les théologiens de Zurich.»

Wilfried *Kettler*: Trewlich ins Teütsch gebracht. Lateinisch-deutsches Übersetzungsschrifttum im Umkreis des schweizerischen Humanismus. Bern (Peter Lang) 2002.
Behandelt u.a. Übersetzungen von Leo Jud, Huldrych Zwingli, Georg Binder, Johannes Fries und Johannes Stumpf.

Torrance *Kirby*: Vermilius Absconditus? The Iconography of Peter Martyr Vermigli. In: Campi: Vermigli ..., 2002, 295–303.
Die ältesten Vermigli-Porträts sind das wohl von Hans Asper gemalte und das von Jos Murer in Holz geschnittene.

Ralf *Klötzer*: Täufer. In: Ganzer / Steimer: Lexikon der Reformationszeit ..., 2002, 736–740.
Berücksichtigt das schweizerische Täufertum.

Christof *Koch*: Aegidius Tschudi: Chronicon Helveticum. Hilfsmittel 2. Teil: Glossar. Basel (Krebs) 2001 (Quellen zur Schweizer Geschichte, NF 1. Abt. Chroniken Bd. VII/H2. Bearb. der Reihe: Bernhard Stettler).

Ernst *Koch*: Consensus Tigurinus (Zürcher Übereinkunft). In: Ganzer / Steimer: Lexikon der Reformationszeit ..., 2002, 171.

Ulrich H. J. *Körtner*: Theologie des Wortes Gottes. Positionen – Probleme – Perspek-

tiven. Göttingen (Vandenhoeck & Ruprecht) 2001.
81–84: «Wort und Predigt bei Zwingli und Bullinger.»

Armin *Kohnle*: Joachim Vadian. In: TRE 34, 2002, 489–492.

Alexander *Koller*: Pietro Paolo Vergerio der Jüngere. In: Ganzer / Steimer: Lexikon der Reformationszeit …, 2002, 789–791.

Matthias *Krieg*, Gabrielle Zangger-Derron (Hg.): Die Reformierten. Suchbilder einer Identität. Zürich (Theologischer Verlag) 2002.
152–154: «Der Reformator, der Göttliches und Menschliches nicht verwechselt. Huldrych Zwingli.» 157–159: «Der Reformator, der 2000 Briefe schreibt. Heinrich Bullinger.» 276–278: «Nach Gottes Wort reformiert. Die Zürcher Bibel (1531).» 310–312: «Niklaus Manuel. Ablasskrämer (1525).» 369f: «Tobias Stimmer. Gorgonischer Medusenkopf (1577).» 404–407: «Ein Rundgang. Bei Zwingli und Bullinger in Zürich.» 408–410: «Eine Tagestour. Bei Zwingli und Bullinger in Kappel.»

Thomas *Krüger*: Peter Martyr Vermiglis Hermeneutik des Alten Testaments am Beispiel seines Kommentars über die Königsbücher. In: Campi: Vermigli …, 2002, 225–240.
Behandelt Vermiglis letzte Zürcher Vorlesung, welche von Johannes Wolf herausgegeben worden ist.

Thomas K. *Kuhn*: 600 Jahre Kartause und Bürgerliches Waisenhaus in Basel. In: BZGA 102, 2002, 145–157.
Berührt auch das Schicksal der Kartause mit ihrer Bibliothek und ihren Kunstschätzen während der Reformationszeit.

Albert de *Lange*, Thomas Wilhelmi: Martin Bucer (1491–1551). Auf der Suche nach Wiederherstellung der Einheit. Begleitbuch zur Ausstellung im Universitätsmuseum Heidelberg, 9. November 2001–24. Januar 2002. Ubstadt-Weiher (Verlag Regionalkultur) 2001 (Archiv und Museum der Universität Heidelberg: Schriften, 5).
Vgl. bes. das Kap. «Religionsgespräche» mit nähern Angaben und Abbildungen zu Zwingli und Oekolampad (41–50).

Francisca *Loetz*: Mit Gott handeln. Von den Zürcher Gotteslästerern der Frühen Neuzeit zu einer Kulturgeschichte des Religiösen. Göttingen (Vandenhoeck & Ruprecht) 2002 (Veröffentlichungen des Max-Planck-Instituts für Geschichte, 177).

Charles H. *Lohr*: Simon [und] Johann Jakob Grynäus (Gryner). In: Ganzer / Steimer: Lexikon der Reformationszeit …, 2002, 307f.

Johannes *Madey*: Wilhelm Reublin. In: Ganzer / Steimer: Lexikon der Reformationszeit …, 2002, 655f.

Thomas *Maissen*: Weshalb die Eidgenossen Helvetier wurden. Die humanistische Definition einer ‹natio›. In: Diffusion des Humanismus. Studien zur nationalen Geschichtsschreibung europäischer Humanisten. Hg. v. Johannes Helmrath, Ulrich Muhlack und Gerrit Walther. Göttingen (Wallstein) 2002, 210–249.
Bezieht sich u.a. auf Glareanus, Stumpf und Tschudi sowie deren Kontakte zu Oswald Myconius, Vadian, Bullinger und Josias Simler.

G. *Marc'hadour*: Thomas Morus and his Friends during the 1519–1520 Outbreak of the Plague in Basel. In: Moreana 39, 2002, 61–68.

Günther *Massenkeil*: Musik und Reformation. In: Ganzer / Steimer: Lexikon der Reformationszeit ..., 2002, 528–535.
532f: «2. Jean Calvin und Huldrych Zwingli.»

Franz *Mauelshagen*: Johann Jakob Wick. In: Bautz, 17 (Ergänzungen, 4), 2000, 1536–1540.

Gerhard *May*: Kunst und Reformation. In: Ganzer / Steimer: Lexikon der Reformationszeit ..., 2002, 417–423.
419f: «3. b) Huldrych Zwingli.»

Elsie Anne *McKee*: Reformed Worship in the Sixteenth Century. In: Christian Worship in Reformed Churches Past and Present. Hg. v. Lukas Vischer. Grand Rapids, Mich. (Eerdmans) 2003.
11–15: «The Zwinglian Reformed Tradition.»

Joseph C. *McLelland*: Pietro Martire (Petrus Martyr) Vermigli. In: Ganzer / Steimer: Lexikon der Reformationszeit ..., 2002, 791–793.

Dieter *Mertens*: Abtausch und Abgrenzung. Die oberrheinischen Universitäten an der Wende zum 16. Jahrhundert. In: BZGA 102, 2002, 7–22.
Führt die Untersuchung von der Gründung der Universitäten Heidelberg, Basel, Freiburg i.Br. und Tübingen bis zum Jahr 1535.

Harding *Meyer*: Bekenntnisschriften. In: Ganzer / Steimer: Lexikon der Reformationszeit ..., 2002, 66–71.
70: Reformierte Bekenntnisschriften.

Michael *Meyer-Blanck*: Liturgie und Liturgik. Der Evangelische Gottesdienst aus Quellentexten erklärt. Gütersloh (Chr. Kaiser / Gütersloher Verlagshaus) 2001 (Theologische Bücherei, 97).
152–161: «Text 10. Aktion oder Brauch des Abendmahls (Ulrich Zwingli 1525).»

Werner *Meyer*: Geissbub und Schlossherr. Die Eidgenossenschaft um 1500 in der Wahrnehmung Thomas Platters. In: Meyer / von Greyerz: Platteriana ..., 2002, 17–57.
Die Darstellung umfasst auch Platters Zürcher Aufenthalte (1521, 1531) und den Erwerb von Häusern in Basel (1538) und Gundeldingen (1549).

Gregory J. *Miller*: Huldrych Zwingli (1484–1531). In: Lindberg: The Reformation Theologians ..., 2002, 157–169.

Bernd *Moeller*: La Réforme urbaine, en Suisse et en haute Allemagne. In: Luther et la réforme 1525–1555. Le temps de la consolidation religieuse et politique. Paris (Editions du temps) 2001, 233–242.

Bernd *Moeller*: Ambrosius [und] Thomas Blarer. In: Ganzer / Steimer: Lexikon der Reformationszeit ..., 2002, 83.

Christoph *Mörgeli*, siehe Uli Wunderlich.

Travis J. *Moger*: Pamphlets, Preaching and Politics. The Image Controversy Wittenberg, Zürich and Strassburg. In: Mennonite Quarterly Review 75, 2001, 325–355.

Christian *Moser*: Ratramnus von Corbie als «testis veritatis» in der Zürcher Reformation. Zu Heinrich Bullinger und Leo Juds Ausgabe des «Liber de corpore et sanguine Domini» (1532). In: Graf / Moser: Strenarum lanx ..., 2003, 235–309.

Marie-Thérèse *Mourey*: Polémique et théâtre en Suisse. Les «Totenfresser» (1521) de Pamphilus Gengenbach. In: Luther et la réforme. Du Commentaire de l'Épître aux Romains à la Messe allemande. Paris (Éditions Desjonquères) 2001, 327–352.

Andreas *Mühling*: Vermigli, Bullinger und das Religionsgespräch von Poissy. In: Campi: Vermigli ..., 2002, 241–249.

Andreas *Mühling*: Welchen Tod sterben wir? – Heinrich Bullingers «Bericht der Kranken» (1535). In: Zwa 29, 2002, 55–68.

Andreas *Mühling*: Bemerkungen zum «Bekenntnis der Theologen und Kirchendiener zu Heidelberg» aus dem Jahr 1574. In: Confessio. Bekenntnis und Bekenntnisrezeption in der Neuzeit. Prof. Dr. Heiner Faulenbach zum 65. Geburtstag. Hg. v. Vicco von Bülow und Andreas Mühling. Zug (achius)2003, 9–27.
Geht auf den (schwindenden) Einfluss Zürichs in Heidelberg ein und berücksichtigt den Briefwechsel mit den und unter den Schweizern als eine wichtige Quelle.

Gerhard *Müller*: Marburger Religionsgespräch. In: Ganzer / Steimer: Lexikon der Reformationszeit ..., 2002, 489f.

Frank *Muller*: Portraits de Luther, portraits des réformateurs zwingliens. Leurs différences symboliques. In: Luther et la réforme. Du Commentaire de l'Épître aux Romains à la Messe allemande. Paris (Éditions Desjonquères) 2001, 353–371.

Samuel Byung-doo *Nam*: A comparative study of the baptismal understanding of Augustine, Luther, Zwingli, and Hubmaier (Saint Augustine, Martin Luther, Huldrych Zwingli, Balthasar Hubmaier). PhD-Diss., Southwestern Baptist Theological Seminary, 2002. Ann Arbor, Mich. (UMI) 2002.

Thomas *Neukom* et al.: Wasterkingen – ein Dorf und seine Grenzen. Zürich (Chronos) 2002.
Vgl. bes. die Abschnitte «Der Maienrodel von 1567» (29f) und «Die Kirche» (58–63).

Burkhard *Neumann*: Kaspar Megander (eigentlich Großmann). In: Ganzer / Steimer: Lexikon der Reformationszeit ..., 2002, 503f.

Jeanne Elizabeth *Nuechterlein*: Holbein and the Reformation of Art. Diss. University of California, Berkeley 2000 (Ann Arbor, UMI).

Peter *Opitz*: Hebräisch-biblische Züge im promissio-Verständnis Heinrich Bullingers. In: Lekebusch / Ulrichs ..., 2002, 105–117.

Peter *Opitz*: «Dein Reich komme» – Variationen reformierter Unservater-Auslegung. In: Opitz: Calvin im Kontext der Schweizer Reformation ..., 2003, 249–269.
Vergleicht die Auslegungen Calvins und Bullingers.

Milan *Opočenský*: Reformierte Kirchen. 2. Entstehung und Merkmale. In: Ganzer / Steimer: Lexikon der Reformationszeit ..., 2002, 646–648.

Stefan *Osieja*: Das literarische Bild des verfolgten Glaubensgenossen bei den protestantischen Schriftstellern der Romania zur Zeit der Reformation. Studien zu Agrippa d'Aubigné, Francesco de Enzinas, Juan Pérez de Pineda, Raimundo González de Montes, Olympia Fulvia Morata, Scipione Lentulo und Taddeo Duno. Frankfurt am Main (Peter Lang) 2002 (Europäische Hochschulschriften. Reihe XIII: Französische Sprache und Literatur, 262).
Von den behandelten Schriftstellern standen de Enzinas [Dryander] und Lentulo mit Bullinger in Briefkontakt; Duno, einer der 1555 aus Locarno ausgewiesenen Reformierten, wirkte als Arzt und Schriftsteller in Zürich.

Albert *Portmann-Tinguely*: Berchtold Haller. In: Ganzer / Steimer: Lexikon der Reformationszeit ..., 2002, 315.

Albert *Portmann-Tinguely*: Ludwig Hätzer. In: Ganzer / Steimer: Lexikon der Reformationszeit ..., 2002, 320f.

Lynne *Price*: Theology Out of Place. A Theological Biography of Walter J. Hollenweger. London (Sheffield Academic Press) 2002 (Journal of Pentecostal Theology. Supplement Series, 23).
28–33: «Huldrych Zwingli. Reformer.»

Helmut *Puff*: Leselust. Darstellung und Praxis des Lesens bei Thomas Platter (1499–1582). In: Archiv für Kulturgeschichte 84, 2002, 133–156.

Helmut *Puff*: Vom Lob der Sodomie. Eine Invektive aus dem Zeitalter der Glaubenskriege. In: Invertito. Jahrbuch für die Geschichte der Homosexualitäten 4, 2002, 117–139.
Erwähnt u.a. Bullingers Exemplar der inkriminierten Gedichtsammlung von Giovanni della Casa und zitiert die Meinung von Oswald Myconius dazu.

Andries *Raath*, Shaun [A.] de Freitas: Theologico-Political Federalism. The Office of Magistracy and the Legacy of Heinrich Bullinger (1504–1575). In: The Westminster Theological Journal 63, 2001 , 285–305.

Andries *Raath*: Covenant and the Christian Community. Bullinger and the Relationship between Church and Magistracy in Early Cape Settlement (1652–1708). In: The Sixteenth Century Journal 33, 2002, 999–1021.

Andries *Raath*: The Origins of Defensive Natural Law in Huldrych Zwingli's Covenant Theology. [Online-Version:] http://puritanism.online.fr/The Defensive Role 2002/2003, 24 Seiten.

Andries W. G. *Raath*, Shaun A. de Freitas: Heinrich Bullinger and the Marian Exiles. The Political Foundations of Puritanism. [Online-Version:] http://puritanism.online.fr/marian exiles.pdf 2002/2003, 23 Seiten.

Andries W. G. *Raath*, Shaun A. de Freitas: Calling and Resistance. Huldrych Zwingli's (1484–1531) Political Theology and his Legacy of Resistance to Tyranny. [Online-Version:] http://puritanism.online.fr/puritanism/Calling 2002/2003, 23 Seiten.

Siegfried *Raeder*: Konrad Pellikan (eigentlich Kürsner). In: Ganzer / Steimer: Lexikon der Reformationszeit ..., 2002, 572f.

Fidel *Rädle*: Simon Lemnius (eigentlich Margadant). In: Ganzer / Steimer: Lexikon der Reformationszeit ..., 2002, 439f.

Keith *Randell*: Luther and the German Reformation 1517–55. 2. Aufl.. London (Hodder & Stoughton) 2000 (access to history).
62–75: «Zwingli.»

Pierre *Rannou*: Une critique de Jean Calvin faite contre la Confession de Schleitheim. Longueil (les Éditions Chantal Déragon) 2001.

Elf S. *Raymond*: Heinrich Bullinger 1504–75. Man of Reconciliation. In: Contemporary Philosophy 23, 2001, 14–20.

Bernard *Reymond*: Le protestantisme et la Musique. Musicalités de la Parole. Genf (Labor et Fides) 2002 (Protestantismes).
80–83: «Zwingli et l'abolition du chant.»

Bernard *Reymond*: Théâtre et christianisme. Genf (Labor et Fides) 2002 (Pratiques, 21).
60–62: «Suisse alémanique» [Reformationszeit].

Ingvild *Richardsen-Friedrich*: Antichrist-Polemik in der Zeit der Reformation und der Glaubenskämpfe bis Anfang des 17. Jahrhunderts. Argumentation, Form und Funktion. Frankfurt am Main (Peter Lang) 2003 (Europäische Hochschulschriften. Reihe I: Deutsche Sprache und Literatur, 1855).
162–166: «Rudolf Walters Predigten über den Antichrist (1546).»

Markus *Ries*: Johannes Komander (Comander; Gräzisierung von Dorfmann, auch Hutmacher genannt). In: Ganzer / Steimer: Lexikon der Reformationszeit ..., 2002, 401.

Markus *Ries*: Matthäus Schiner. In: Ganzer / Steimer: Lexikon der Reformationszeit ..., 2002, 673f.

Markus *Ries*: Theodul Schlegel. In: Ganzer / Steimer: Lexikon der Reformationszeit ..., 2002, 674f.

Markus *Ries*: Aegidius (Gilg) Tschudi. In: Ganzer / Steimer: Lexikon der Reformationszeit ..., 2002, 775f.

Markus *Ries*: Joachim Vadian (von Watt). In: Ganzer / Steimer: Lexikon der Reformationszeit ..., 2002, 781f.

Jan *Rohls*: Philosophie und Theologie in Geschichte und Gegenwart. Tübingen (Mohr Siebeck) 2002.
277–282: «Zwingli, Melanchthon und Calvin.»

Sergio *Rostagno*, siehe Ermanno Genre.

Robert *Roth*: Theodor Bibliander (Buchmann). In: Ganzer / Steimer: Lexikon der Reformationszeit ..., 2002, 77f.

Robert *Roth*: Sebastian Castellio (Chât[e]illon; Pseudonym: Martinus Bellius). In: Ganzer / Steimer: Lexikon der Reformationszeit …, 2002, 142f.

Martin *Rothkegel*: Täufer und ehemalige Täufer in Znaim: Leonhard Freisleben, Wilhelm Reublin und die «Schweizer» Gemeinde des Tischlers Balthasar. In: Mennonitische Geschichtsblätter 58, 2001, 37–70.
Siehe bes. «Wilhelm Reublin in Znaim und die Znaimer Verbindungen zu Zürich und Ulm 1545–1547» (50–54, 61–64).

Peter *Roubik*: Erscheinung eines Strafen verkündenden Kindes auf dem Türmli 1534. In: Urner Wochenblatt, 126. Jg. / Nr. 30, 20. April 2002.
Stellt eine von Rudolf Weingartner an Bullinger berichtete und nur in der Wickiana überlieferte Vision des Wächters zu Uri in das damalige Lebensumfeld.

Peter *Roubik*: Interpretation der Türmli-Vision von 1534. In: Urner Wochenblatt, 126. Jg. / Nr. 54, 13. Juli 2002.
Geht auf die Spannung ein zwischen dem Bericht und der Zeichnung in der Wickiana.

Manfred *Rudersdorf*: Ulrich von Hutten. In: Ganzer / Steimer: Lexikon der Reformationszeit …, 2002, 360–362.

Hartmut *Rudolph*: Paracelsus (eigentlich Theophrastus Bombast von Hohenheim). In: Ganzer / Steimer: Lexikon der Reformationszeit …, 2002, 560–563.

Christian *Rümelin*: Bildverwendung im Spannungsfeld der Reformation. Aspekte oberrheinischer Buchillustration. In: Blickle: Macht und Ohnmacht der Bilder …, 2002, 195–222.
Behandelt u.a. «Die Bildlegitimation bei Leo Jud» (196–198), Stellungnahmen Luthers und Zwinglis, Illustrationen in Zürcher und Basler Bibeln, «Titelblätter der Zwingli-Schriften» (218–221).

Kurt Jakob *Rüetschi*: Gwalther, Wolf und Simler als Herausgeber von Vermigli-Werken. In: Campi: Vermigli …, 2002, 251–274.

Kurt Jakob *Rüetschi*: Mittelalterliches in der Wahrnehmung Rudolf Gwalthers. In: Graf / Moser: Strenarum lanx …, 2003, 331–351.

Mylène *Ruoss*: Zur Ikonographie des Rütlischwurs am Beispiel der Zürcher Glasmaler im 16. Jahrhundert. In: Zeitschrift für Schweizerische Archäologie und Kunstgeschichte, 59, 2002/1, 41–56.
Behandelt vor allem Jos Murer (1530–1580), seine Auftraggeber, seine Vorbilder in Stumpfs Chronik und seine Nachwirkungen.

Gregor A. *Rutz*: Zürcher Staatskirchenrecht im Lichte der Verfassungsreform. Freiburg i. Üe. (Universitätsverlag) 2001.
Über die Entstehung der Zürcher Staatskirche in der Reformationszeit vgl. 17–24.

Martin *Sallmann*: Huldrych Zwingli. In: Ganzer / Steimer: Lexikon der Reformationszeit …, 2002, 842–849.

Martin *Sallmann*: Zwinglianismus. In: Ganzer / Steimer: Lexikon der Reformationszeit …, 2002, 849–854.

Martin *Sallmann*: Huldrych Zwingli. Reformator und Humanist in Zürich. In: Theologen des 16. Jahrhunderts. Humanismus – Reformation – Katholische Erneuerung. Eine Einführung. Hg. v. Martin H. Jung und Peter Walter. Darmstadt (Wissenschaftliche Buchgesellschaft) 2002, 83–101.

Dieter *Sasse*: Thomas Platter, aus der Sicht eines Hochschullehrers und Mediziners. In: Meyer / von Greyerz: Platteriana ..., 2002, 157–169.

Erwin *Schadel*: Sozinianer. In: Ganzer / Steimer: Lexikon der Reformationszeit ..., 2002, 713–716.
Viele Antitrintarier hielten sich bis zur Servets Verbrennung in der Schweiz auf; Lelio Sozzini blieb in Zürich.

Alfred *Schindler*: Thomas Wyttenbach. In: Ganzer / Steimer: Lexikon der Reformationszeit ..., 2002, 832.

Alfred *Schindler*: Huldrych Zwingli (1484–1531). In: Key Thinkers in Christianity. Hg. v. Adrian Hastings, Alistair Mason & Hugh Pyper. Oxford (University Press) 2003, 64–67.

Ernst *Schläppi*: Reformationszeit im Berneroberland. Vom Freiheitstraum zum Glaubensstreit. Im Besonderen: Der Inderlappische Krieg und das Städtchen Unterseen im Brennpunkt der Schweizergeschichte. Interlaken/Spiez (Schlaefli & Maurer) 2000.

Heinrich Richard *Schmidt*: Das Abendmahl als soziales Sakrament. In: Traverse, 9, 2002/2, 79–93.
Vgl. den Abschnitt «Zwingli» (83) und zur Praxis der Chorgerichte in Bern und Biel: 86–88.

G. Michael *Schmitt*: Michael Sattler. In: Ganzer / Steimer: Lexikon der Reformationszeit ..., 2002, 669.

Hans *Scholl*: Der Geist der Gesetze – Die politische Dimension der Theologie Calvins dargestellt besonders an seiner Auseinandersetzung mit den Täufern. In: Opitz: Calvin im Kontext der Schweizer Reformation ..., 2003, 93–125.
Berücksichtigt u.a. Calvins und Zwinglis Auseinandersetzung mit den Schleitheimer Artikeln.

Hans *Scholl*: Calvin und die Schweiz – Die Schweiz und Calvin. In: Opitz: Calvin im Kontext der Schweizer Reformation ..., 2003, 303–328.
Behandelt bes. Calvins Beziehungen zu Bern, Basel und Zürich.

Samuel *Schüpbach-Guggenbühl*: Ilanzer Religionsgespräch. In: Ganzer / Steimer: Lexikon der Reformationszeit ..., 2002, 367.

Bob *Scribner*, siehe Pamela Johnston.

Gottfried *Seebaß*: Hans Denck. In: Ganzer / Steimer: Lexikon der Reformationszeit ..., 2002, 187f.

Christian *Sieber*: Begegnungen auf Distanz – Tschudi und Vadian. In: Koller / Sieber ..., 2002, 107–138.

Stefan *Siemons*: Johannes Wanner (Wannius, Vannius, Vanius). In: Ganzer / Steimer: Lexikon der Reformationszeit ..., 2002, 807f.

Franz-Josef *Sladeczek*: «das wir entlichs verderbens und des bettelstabs sind.» Künstlerschicksale zur Zeit der Reformation. In: Blickle: Macht und Ohnmacht der Bilder ..., 2002, 273–304.
Vgl. bes. «Die Kunst im reformierten Gebiet der Eidgenossenschaft» (279–282), «Künstlerische Umschulungspraktiken» (288–295) und «Der Fall Niklaus Manuel – ein Sonderfall?» (295–303).

Heribert *Smolinsky*: Andreas Karlstadt (eigentlich Bodenstein). In: Ganzer / Steimer: Lexikon der Reformationszeit ..., 2002, 382–385.

Heribert *Smolinsky*: Thomas Murner. In: Ganzer / Steimer: Lexikon der Reformationszeit ..., 2002, 524–526.

Heribert *Smolinsky*: Konrad Treger (Träyer, Dreiger). In: Ganzer / Steimer: Lexikon der Reformationszeit ..., 2002, 756.

Iren L. *Snavely jr.*: Zwingli, Froschauer, and the Word of God in Print. In: Journal of Religious & Theological Information 3, 2000, 65–89.

Arnold C. *Snyder* (Hg.): Biblical Concordance of the Swiss Brethren, 1540. Übersetzt von Gilbert Fast und Galen A. Peters. Eingeführt von Joe A. Springer. Kitchener, Ont. (Pandora Press) 2001.

Willem van't *Spijker*: Girolamo Zanchi. In: Ganzer / Steimer: Lexikon der Reformationszeit ..., 2002, 832f.
Betont den Einfluss von Vermigli und Bullinger auf Zanchi, der auch einige Jahre in Graubünden Pfarrer war.

Joe A. *Springer*: Das «Concordantz-Büchlein» – Bibliographische Untersuchung einer vor 1550 entstandenen täuferischen Bibelkonkordanz. In: Mennonitica Helvetica, 24/25, 2001/02, 115–152.
Weist u.a. nach, dass die Bibeltexte im «Concordantz-Büchlein» von Zürcher Bibeln herstammen (126–132) und dass es auch in Basel und Zürich gedruckt worden ist (138–142).

Marlis *Stähli*: Bildersturm privat. Das Bekenntnis eines wohlhabenden Zürcher Zunftherrn zur Toleranz in der Bilderfrage. In: Zwa 29, 2002, 95–116.
Das von einem (nicht sicher bestimmbaren) Heidegger verfasste Bekenntnis entstand erst längere Zeit nach dem Bildersturm.

Frans Pieter van *Stam*: Luthers Lied «Ein feste Burg», mitten aus dem Abendmahlsstreit mit Zwingli entstanden – 1527. In: Nederlands archief voor kerkgeschiedenis 82, 2002, 35–60.

Frans Pieter van *Stam*: Das Verhältnis zwischen Bullinger und Calvin während Calvins erstem Aufenthalt in Genf. In: Opitz: Calvin im Kontext der Schweizer Reformation ..., 2003, 25–40.

James *Stayer*: The Anabaptist Revolt and Political and Religious Power. In: Power, Authority, and the Anabaptist Tradition. Hg. v. Benjamin W. Redekop und Calvin

W. Redekop. Baltimore (The Hopkins University Press) 2001 (Center Books in Anabaptist Studies), 50–72.
Behandelt (51–59) die schweizerische Täuferbewegung.

Kathrin *Stegbauer*: Perspektivierung des Mordfalles Diaz (1546) im Streit der Konfessionen. Publizistische Möglichkeiten im Spannungsfeld zwischen reichspolitischer Argumentation und heilsgeschichtlicher Einordnung. In: Harms / Messerli: Wahrnehmungsgeschichte ..., 2002, 371–414.
Analysiert u.a. (390–394) ein in Zürich gedrucktes Flugblatt über Glauben, Lehre, Leben und Tod des Juan Diaz und weist nach, dass wichtige Teile darin von Theodor Bibliander verfasst bzw. aus andern Schriften übersetzt worden sind.

David C. *Steinmetz*: Reformers in the Wings. From Geiler von Kaysersberg to Theodore Beza. 2. Aufl.. Oxford (University Press) 2001.
93–99: «Heinrich Bullinger (1504–1575). Covenant and the Continuity of Salvation History.» Vgl. auch die Beiträge über Vermigli (106–113), Karlstadt (123–130) u.a.

William Peter *Stephens*: Authority in Zwingli – in the First and Second Disputations. In: Reformation and Renaissance Review. Journal of the Society for Reformation Studies 1, 1999, 54–71.

William Peter *Stephens*: Bullinger and the Anabaptists with Reference to his «Von dem unverschämten Frevel» (1531) and to Zwingli's Writings on the Anabaptists. In: Reformation and Renaissance Review. Journal of the Society for Reformation Studies 3, 2001, 96–107.

[William] Peter *Stephens*: Bullinger's Defence of Infant Baptism in Debate with the Anabaptists. In: Reformation & Renaissance Review 4, 2002, 168–189.

Martin *Stiewe*, François Vouga: Le sermon sur la montagne. Un abrégé de l'Évangile dans le miroitement de ses interprétations. Genf (Labor et Fides) 2002.
Unter «La réception théologique du sermon sur la montagne» siehe bes. «Huldrych Zwingli, Martin Luther et Jean Calvin» (27–31).

Eckehart *Stöve*: Pier Paolo Vergerio. In: TRE 34, 2002, 690–694.

Christoph *Strohm*: Petrus Martyr Vermiglis Loci Communes und Calvins Institutio Christianae Religionis. In: Campi: Vermigli ..., 2002, 77–104.
Geht auch auf die zürcherischen Bemühungen um die Herausgabe von Vermiglis Werken ein (79–83).

Christoph *Strohm*: Pietro Martire Vermigli. In: TRE 34, 2002, 726–729.

Christoph *Strohm*: Bullingers Dekaden und Calvins Institutio. Gemeinsamkeiten und Eigenarten. In: Opitz: Calvin im Kontext der Schweizer Reformation ..., 2003, 215–248.

Andrea *Strübind*: Eifriger als Zwingli. Die frühe Täuferbewegung in der Schweiz. Berlin (Duncker & Humblot) 2003.

Olivier *Tache*: Koordination und Subordination in Huldrych Zwinglis «Glaubensbekenntnis». In: Textsorten deutscher Prosa vom 12./13. bis 18. Jahrhundert und ihre Merkmale. Akten zum Internationalen Kongress in Berlin, 20. bis 22. September

1999. Hg. v. Franz Simmler. Bern (Peter Lang) 2001 (Jahrbuch für Internationale Germanistik. Reihe A: Kongressberichte, 67), 181–201.

Viola *Tenge-Wolf*: Wendelin Oswald. In: Ganzer / Steimer: Lexikon der Reformationszeit ..., 2002, 554.

Hellmut *Thomke*: Der Bildersturm in schweizerischen Dramen der Reformationszeit. In: Blickle: Macht und Ohnmacht der Bilder ..., 2002, 379–390.

John L. *Thompson*: Writing the Wrongs. Women of the Old Testament among Biblical Commentators from Philo through the Reformation. Oxford (University Press) 2001.
Vgl. unter «Hagar. Abraham's Wife and Exile» die Kap. «Huldreich Zwingli. Mixing Stereotypes with Admiration» (73–75), «Conrad Pellican. Faith under Providence of God» (75–78) und «Peter Martyr Vermigli. Unresolved Discomforts» (78–83); unter «Jephthah's Daughter and Sacrifice» das Kap. »Martin Borrhaus. An Independent and Ambiguous Witness» (163f) sowie «Protestant Reading of the Levite's Wife. Pellican, Brenz, Bucer, and Vermigli» (208–214). Vgl. auch das Reg.

Barbara Sher *Tinsley*: Pierre Bayle's Reformation. Conscience and Criticism on the Eve of the Enlightenment. Selinsgrove (Susquehanna University Press) 2001.
Enthält Kapitel zu Castellio (253–270), Ochino (272–284) u.a. Vgl. auch das Reg.

Ilse *Tobias*: Die Beichte in den Flugschriften der frühen Reformationszeit. Frankfurt am Main (Peter Lang) 2002 (Europäische Hochschulschriften. Reihe III/III, 919).
110–123: «Johannes Oekolampad. Das Paradoxon der Beichte als Hilfe, aber auch als Tyrannei.» 143–147: «Ulrich Zwingli und sein Verständnis der Schlüsselgewalt.» 147–150: «[Otmar Karg]. Im ‹Gefängnis› der kirchlichen Vorschriften.»

Giorgio *Tourn*, siehe Ermanno Genre.

Silvia Serena *Tschopp*: Frühneuzeitliche Medienvielfalt. Wege der Popularisierung und Instrumentalisierung eines historisch begründeten gesamteidgenössischen Bewußtseins im 16. und 17. Jahrhundert. In: Harms / Messerli: Wahrnehmungsgeschichte ..., 2002, 415–440.

Pierre *van der Haegen*: Der frühe Basler Buchdruck. Ökonomische, sozio-politische und informationssystematische Standortfaktoren und Rahmenbedingungen. Basel (Schwabe) 2001 (Schriften der Universitätsbibliothek Basel, 5).

Cornelis P. *Venema*: Heinrich Bullinger and the Doctrine of Predestination. Author of «the Other Reformed Tradition»? Grand Rapids, Mich. (Baker Academic) 2002 (Texts and Studies in Reformation and Post-Reformation Thought).

Lukas *Vischer*: Bilder aus der Vergangenheit – Wege in die Zukunft. Texte zur Ausstellung «450 Jahre Reformation im Bergell» vom 16. Juni bis zum 20. Oktober 2002. [Promontogno und Stampa] ([Società culturale di Bregalia und Verkehrsverein Pro Bregalia]) 2002.
Siehe insbesondere die Kapitel «Ins Bergell» kam die Reformation aus dem Süden» (4); «Die Flüchtlinge aus Italien (5); «Pier Paolo Vergerio» (von Emidio Campi, 6f); «Die Reformation in Soglio.» (8) – Das Heft erschien auch in italienischer Sprache.

Lukas *Vischer*: Das Bekenntnis von Locarno. Zeugnis einer bedrängten Kirche. In: Histoire et herméneutique. Mélanges pour Gottfried Hammann. Hg. v. Martin Rose. Genf (Labor et fides) 2002 (Histoire et société, 45), 411–418.

Matthias *Vogel*: Das Bild im Zeitalter der Verschriftlichung. Zur didaktischen und ästhetischen Funktion der Buchillustration im 16. Jahrhundert. In: Meyer / von Greyerz: Platteriana ..., 2002, 123–155.
Vgl. bes. 134–154: «Sebastian Münster und der exemplarische Einsatz des künstlerisch hochwertigen Bildes im Sachbuch.»

François *Vouga*, siehe Martin Stiewe.

Peter *Walter*: Bonifatius Amerbach. In: Ganzer / Steimer: Lexikon der Reformationszeit ..., 2002, 26.

Peter *Walter*: Martin Borrhaus (Bur[r]ess, Cellarius). In: Ganzer / Steimer: Lexikon der Reformationszeit ..., 2002, 90.

Lee Palmer *Wandel*: Switzerland. In: Preachers and People in the Reformations and Early Modern Period. Hg. v. Larissa Taylor. Leiden (Brill) 2001, 221–247.

Martina *Wehrli-Johns*: Mariengebete in Zürcher Frühdrucken der Offizin von Hans Rüegger. In: Graf / Moser: Strenarum lanx ..., 2003, 209–233.
Thematisiert neben der Zürcher Marien-Frömmigkeit unmittelbar vor der Reformation auch die Bedeutung des Bruches mit der Vergangenheit in Zürichs Druckereigewerbe im Jahr 1521.

Christoph *Weismann*: Johannes Oekolampad(ius) (eigentlich Huschin, Huszschyn). In: Ganzer / Steimer: Lexikon der Reformationszeit ..., 2002, 545–547.

Erich *Wenneker*: Scipione Calandrini. In: Bautz, 19 (Ergänzungen, 6), 2001, 125–128.

Erich *Wenneker*: Bartolomeo Maturo. In: Bautz, 19 (Ergänzungen, 6), 2001, 959–961.

Erich *Wenneker*: Francesco Negri (Niger). In: Bautz, 19 (Ergänzungen, 6), 2001, 991–996.

Erich *Wenneker*: Johannes Pontisella [d. Ä. und d. J.]. In: Bautz, 19 (Ergänzungen, 6), 2001, 1083–1088.

Erich *Wenneker*: Johannes Brunner. In: Bautz, 21 (Ergänzungen, 8), 2003, 155–158.

Erich *Wenneker*: Johannes Willing. In: Bautz, 21 (Ergänzungen, 8), 2003, 1561–1569.
Behandelt u.a. die Beziehungen zu Bullinger und weist nach, dass Willing kurz Pfarrer in Küblis im Prättigau war.

M[arc] van *Wijnkoop Lüthi*, siehe R[udolf] Dellsperger.

Thomas *Wilhelmi*, siehe Albert de Lange.

Christof *Windhorst*: Balthasar Hubmaier (Hiebmair), genannt Friedberger (Pacimontanus). In: Ganzer / Steimer: Lexikon der Reformationszeit ..., 2002, 350 f.

Gerhard Philipp *Wolf*, siehe Gottfried Hammann.

Scott R. *Wright*: Regeneration and Redemptive History. Diss. Westminster Theologi-

cal Seminary. 1999 (Ann Arbor, UMI).
11–28: «The Early Swiss Reformed Tradition.» 68–79: «The Later Swiss Reformed Tradition.»

Uli *Wunderlich*, Christoph Mörgeli: Ein Zürcher Totentanz nach Hans Holbein. In: ZTB 2003. NF 123, 1–67.

Gabrielle *Zangger-Derron*, siehe Matthias Krieg.

Ernst Walter *Zeeden*: Badener Disputation. In: Ganzer / Steimer: Lexikon der Reformationszeit ..., 2002, 52f.

Ernst Walter *Zeeden*: Thomas Erastus (eigentlich Lieber, Liebler, Lüber). In: Ganzer / Steimer: Lexikon der Reformationszeit ..., 2002, 224f.

Peter *Ziegler*: Die Johanniter und die Zürcher Reformation. In: Niederhäuser: Adel ..., 2003, 51–60.

Karl-Heinz *zur Mühlen*: Religionsgespräche. In: Ganzer / Steimer: Lexikon der Reformationszeit ..., 2002, 654f.
Nennt auch die Religionsgespräche in der Schweiz.

Dr. phil. Hans Ulrich Bächtold und Lic. phil. Kurt Jakob Rüetschi, Bullinger-Briefwechsel-Edition, Kirchgasse 9, CH-8001 Zürich (e-mail: hub@theol.unizh.ch; kjr@theol.unizh.ch).

Hans Jakob Haag, M. A., Zentralbibliothek Zürich, Zähringerplatz 6, CH-8001 Zürich (e-mail: haag@zb.unizh.ch.

Buchbesprechungen

Peter Martyr Vermigli. Humanism, Republicanism, Reformation. Edited by Emidio Campi in co-operation with Frank A. James III, Peter Opitz, Geneva: Droz, 2002 (Travaux d'Humanisme et Renaissance, vol. 365), 326 pp. ISBN 2-600-00653-2

The present volume contains nineteen papers delivered at the symposium held in Kappel in July 1999 to commemorate the 500th anniversary of the Italian reformer's birth. The papers, despite the manifest diversity of methods and approaches still cover only some aspects of Vermigli's life and theological activity. These are their titles:
J. C. McLelland, «From Montreal to Zurich (1949–1999). Vermigli Studies Today»; Emidio Campi, «Streifzug durch Vermiglis Biographie»; Alfred Schindler, «Vermigli und die Kirchenväter»; Frank A. James III, «The complex of Justification: PMV versus Albert Pighius»; John Patrick Donnelly, «PMV's Political Ethics»; Robert M. Kingdon, «PMV on Church Discipline»; Christoph Strohm, «PMVs *Loci communes* und Calvins *Institutio Christianane Religionis*»; R. Dellsperger and M. van Wijnkoop Lüthi, «PMV und Wolfgang Musculus»; Giulio Orazio Bravi, «Über die intellektuellen Wurzeln des Republikanismus von PMV»; J. Andreas Löwe, «PMV and Richard Smyth's *De votis monasticis*»; Diarmaid MacCulloch, «Peter Martyr and Thomas Cranmer»; Fritz Büsser, «Vermigli in Zürich»; Michael Baumann, «PMV: Doctor , Lehrer der Heiligen Schrift und Zürcher. Hinweise zu Vermiglis Tätigkeit in Zürich»; Thomas Krüger, «PMVs Hermeneutik des Alten Testaments am Beispiel seines Kommentars über die Königsbücher»; Andreas Mühling, «Vermigli, Bullinger und das Religionsgespräch von Poissy»; Kurt Jakob Rüetschi, «Gwalther, Wolf und Simler als Herausgeber von Vermigli-Werken»; Bruce Gordon, «PMV in Scotland. A 16th century Reformer in a 17th century Quarrel»; Torrance Kirby, «Vermilius absconditus? The Iconography of PMV»; Philip M. J. McNair, «Peter Martyr the Preacher. A Meditation on John 20: 19–23».
Before going on, we should point out that three major symposia were devoted to PMV in his anniversary year. The symposium held in Padua shortly after the one in Kappel (28–29 october 1999) assembled some of the same participants (particularly Campi, Anderson, McNair) as well as many Italian scholars and touched on some themes not handled in Kappel, such as Vermigli's Catechism, his Italian roots and his Humanism. The one in St. Louis, also held in october 1999, was composed mainly of Anglo-Saxon scholars and dealt with PMV in the context of the European Reformation. Both are still to appear in print. (For details see Campi, «Streifzug» in present volume, p. 17–18.)
The Kappel volume provides an excellent illustration of both the achievements and the limitations of Vermigli studies today. Indeed, while Vermigli's nomadic existence – he was active in Italy, Strasbourg, England and Zürich – means that there is interest in him in several countries, no single church and no single country or city claims him as «its own».

This has both advantages and shortcomings. Among the most obvious advantages is the international and character of the present volume. Of the 19 contributors, two are Italian, three Canadian, three American, three German, two are British and six come from various Swiss cantons. Another advantage is the volume's interdisciplinary nature, as indicated by the title, which means that several aspects of Vermigli's activity can be and in many cases are studied to a high standard. The contributors are specialists in a wide variety of historical and theological fields: Old Testament Studies, the Early Church, pastoral theology, political and institutional history, history of ideas, Classical studies etc. Apart from historiography and biography, the subjects covered by the contributions listed above include PMV's use of the church fathers, his doctrine of justification, his ethics, his political thought, his biblical exegesis, his preaching, his influence in England and Scotland and iconography. The most evident disadvantage, however, of Vermigli's cosmopolitan influence is the absence of a critical edition of his works. Kurt Rüetschi's remarkable contribution on editions of Vermigli's works undertaken shortly after his death implicitly shows just how necessary a critical edition is but also points to many of the problems that his would-be editors encountered in the 16th century. (See Rüetschi, «Gwalther, Wolf und Simler» in present volume, p. 251–274.) Indeed, had it not been for individual efforts of editors such as Simler, Wolf, Gwalther and somewhat later Johann Rudolf Stucki, not even one half of PMV's biblical commentaries would be available to us today. Indeed, five out of the eight extant today were edited posthumously from the Italian reformer's lecture notes and other material. However, no-one has thought to persevere and to this day, the most accessible edition of PMV's works is the Peter Martyr Vermigli Library, which has no claims to completeness, as it is simply an English translation of selections from the reformer's works. (The Peter Martyr Library, vol. 1–5, ed. J. P. Donnelly, J. McLelland, Frank A. James III, Kirksville, Mo., 1994–1999. Other volumes are in preparation.) On 1st July 1563, Theodore Beza in a letter to Heinrich Bullinger said that the Genevans thought it would be most useful to extract the loci communes from the works of Vermigli, more especially from his biblical commentaries. The project was finally put into operation in 1576 by Jacques Le Maçon, pastor of the French Strangers' Church in London, who ordered the loci according to a particular plan emphasising i. a. moral issues. (For details see Strohm, «PMVs Loci communes» in present volume, p. 77–104.) The Zürich edition of the Loci appeared in 1580 and the English translation in 1583. The absence of any attempt at a critical edition of Vermigli's complete works since the efforts of late 16th century Zürich editors and the success encountered by the Peter Martyr Vermigli Library would suggest that history is repeating itself and that Vermigli is forever to be studied through extracts, digests and translations of his works.

And yet, the availability of certain writings at the expense of others inevitably means that the coverage of Vermigli's activities has been somewhat patchy. While a certain amount of work has been done on Vermigli's Italian roots and his influence on the Reformation in Europe, Alfred Schindler's contribution suggests that the topic of PMV's reception of the early church has barely been touched upon, despite the fact that there is a general agreement about its importance in his thought. Similarly, Thomas Krüger's contribution shows that PMV's biblical exegesis has hardly attracted any attention from scholars despite the fact that his exegetical activities constitute a guiding thread throughout his career so that much could be learned from studying changes of method and orientation between PMV's Italian beginnings and his final years in Zürich. Moreover, no one has ever investigated the exact role of ancient pagan literature and thought in his work, despite the fact that he commonly passes for a humanist. His doctrine of resistance has never been investigated and yet it constitutes a radicalisation of Bucer's teaching on the subject seeing as Vermigli advocate resistance by minor magistrates in his *Romans* commentary in terms, which Bucer never dared use even though he relied on the same sources as Vermigli did later. (On this see I. Backus, «Bucer's view of Roman and Canon Law in his Exegetical writings and in his Patristic Florilegium» in *Martin Bucer und das Recht*» ed. Christoph Strohm in collaboration with Henning P. Jürgens, Geneva, 2002, 83–100.)

The critical edition of the first Catalogue of the Genevan Academy (Alexandre Ganoczy, *La Bibliothèque de l'Académie de Calvin, le catalogue de 1572 et ses enseignements*, Geneva, 1969) tells us that Beza purchased Vermigli's library for the *Collège* and that a large number of Vermigli's books bearing his annotations in the margin are today a part of the holdings of Geneva's Bibliothèque publique et universitaire. If we examine these books, we see that they provide some very important clues to Vermigli's intellectual context and orientation. A quick count yields the following results: by far the most numerous are the editions of the Church Fathers, both Greek and Latin with writers of pagan Antiquity coming close second. The third largest group is made up of dictionaries and biblical commentaries particularly on the Old Testament. No one has as yet undertaken an analytical breakdown of Vermigli's library, not to mention a study of his marginal manuscript annotations. There is, however, no doubt that a study of this kind would greatly enrich our understanding of Vermigli and of his intellectual context.

The above remarks are in no way intended to detract from the importance of what has been achieved so far or to belittle the worth of the present volume, which (apart from the articles discussed already as either making a positive contribution or pointing to gaps in our knowledge) contains significant papers which throw a light on subjects as diverse as Vermigli's political ethics (Donnelly), his crucial influence on the English Reformation which would probably have looked very different without him (MacCulloch) and the use of his works by the Scottish Episcopal party in the 17th century (Gordon). It is somewhat to be regretted that the volume contains no bibliography and that it is not more exhaustively indexed. However, we can only hope that both the positive contribution it makes and the gaps in our knowledge it points to, will give a spur to Vermigli studies irrespective of anniversaries.

Irena Backus, Genève

Heinrich Bullinger, Briefwechsel. Bd. 8: Briefe des Jahres 1538, bearb. von Hans Ulrich Bächtold, Rainer Henrich, Zürich: Theologischer Verlag 2000 (Heinrich Bullinger, Werke, Abt. 2, Bd. 8), 311 S., ISBN 3-290-17211-2

Nur zwei Jahre nach dem Erscheinen des siebenten Bandes, der die Briefe des Jahres 1537 enthält, konnten die Editoren bereits den achten mit denen des Jahres 1538 vorlegen. Er enthält 104 Briefe an Bullinger und neunzehn von ihm. Fünfzehn Briefe sind lediglich in der Form von ausführlichen Regesten aufgenommen worden, acht davon sind Briefe Bullingers. Briefe von oder an Bullinger, die andernorts bereits brauchbar ediert worden sind, werden ja seit dem siebenten Band der Bullinger-Korrespondenz nicht mehr erneut abgedruckt und kommentiert. Zu dieser Entscheidung hat gewiß in erster Linie der Zwang zum Sparen an den Gehältern der Editoren geführt. Benutzer, die einen der lediglich in Form eines Regests aufgenommenen Briefe lesen wollen, sehen sich seitdem gezwungen, die Editionen aufzusuchen, in denen er bereits einmal ediert worden ist. Und wie Marc van Wijnkoop Lüthi in seiner Besprechung des siebenten Bandes des Bullinger-Briefwechsels (in Zwingliana 26, 1999, S. 192) kritisch angemerkt hat, sind diese Editionen nicht einmal in Universitätsbibliotheken stets greifbar. Doch sollten zwei wichtige Vorteile nicht vergessen werden, die eben auch aus dieser Beschränkung resultieren: dieser achte Band der Bullinger-Korrespondenz konnte unter anderem wegen dieser Entscheidung nun schon zwei Jahre nach dem vorigen vorgelegt werden, und er wurde einigermassen erschwinglich. In Zeiten, in denen nicht nur individuelle Gelehrte sich die Frage vorlegen, ob sie es sich leisten können, eine Edition anzuschaffen, sondern in denen auch Instituts- und Universitätsbibliotheken mit knappen Budgets kämpfen müssen, ist auch der Ladenpreis von erheblicher Bedeutung.

Umfaßte der Band mit den Briefen des Jahres 1535 noch 507 Seiten, der des Jahres 1536 gar 518 Seiten, so fanden die 156 erhalten gebliebenen Briefe des Jahres 1537 dank der Entscheidung, in anderen Editionen brauchbar publizierte Briefe nur noch in der Form von Regesten aufzunehmen, Platz auf 357 Seiten, und die 123 Briefe aus dem Jahre 1538 beanspruchen nun sogar bloß 311 Seiten.

Dankbar vermerkt der Rezensent, wie sorgfältig die Editoren die Regesten nicht aufgenommener Briefe gestaltet haben. Ferner haben sie einen Brief Luthers an Bullinger vom 14. Mai 1538 erneut ediert, weil die Textgestaltung in WABr 8, 223–224 (1938) noch auf einer Edition der Briefe Luthers aus der ersten Hälfte des 19. Jahrhunderts beruhte, die heutigen Ansprüchen nicht mehr genügt. Die Bullinger-Editoren haben zwar auch aufgrund der Autopsie des Originals keine für Theologen oder Historiker wirklich aufregenden Veränderungen im Text dieses Lutherbriefes vornehmen können, wohl aber bieten sie nun im Gegensatz zur Edition in WABr die korrekte Textgestalt und aufgrund ihrer eigenen Forschung weiterführende Anmerkungen.

In der knappen Einleitung (S. 11–12) skizzieren die Editoren auf der Basis ihrer profunden Kenntnis der Briefe die thematischen Schwerpunkte der Korrespondenz dieses Jahres. Das sind in erster Linie das anhaltende Ringen mit Martin Luther um das angemessene Verständnis des Abendmahls und die Auseinandersetzungen zwischen Anhängern Bucers und Zwinglis in Bern. Wer den Band aufmerksam durchsieht, stellt fest, daß ein Rechtfertigungsbrief Bucers an Bullinger, einer von 108 im Volltext edierten Briefen, mit seinen etwas mehr als 33 Seiten allein zwölf Prozent vom Umfang des gesamten Briefcorpus einnimmt! Neben diesen beiden Konflikten fordern auch die Spannungen in Genf und die Entwicklungen in England Bullingers Aufmerksamkeit. Korrespondenten halten ihn auf dem Laufenden über den Türkenkrieg und die Bündnisse, die der Schmalkaldische Bund eingeht. Aber sie bitten ihn auch um die Vermittlung von Stellen für Pfarrer und Lehrer. Der Student Rudolf Gwalther wendet sich in elf

Briefen an Bullinger als an seinen Förderer (praeceptor, patronus, pater). Er dankt ihm für Förderung, beschafft aber auch seinerseits Bücher für Bullinger. Das Verhältnis zwischen beiden ist also nicht völlig einseitig, auch Gwalther hat etwas zu bieten.

Eindrucksvoll sind auch bei den Briefen dieses Bandes wieder die Sorgfalt und der staunenswerte Kenntnisreichtum der Bearbeiter. Ich nenne nur einige wenige Beispiele, die dem Benutzer die Weiterarbeit erleichtern können, ob er nun Allgemeinhistoriker sein mag, Theologe, Buchhistoriker oder was auch immer: Sie haben den Namen eines niederländischen ambulanten Buchhändlers ermittelt, den der Schreiber des Briefes, Peter Schnyder aus Biel, seinerzeit nicht hatte nennen können (S. 200, Anm. 12). Sie geben Auskunft über einen Buchhändler aus Geldern, der eine wichtige Mittlerrolle zwischen England und dem Kontinent innehatte (S. 274–275, Anm. 14). Sie weisen den Benutzer darauf hin, was Martin Frecht 1538 nicht hatte wissen können, daß nicht ein Wojwode der Moldau die Türken vertrieben hatte, sondern umgekehrt (S. 243, Anm. 22) und daß in der Tat der Khan der Krimtataren mit seinen Truppen das türkische Heer verstärkt hatte (S. 280, Anm. 5). Auf diese Weise verschaffen die Editoren den Benutzern zuverlässige Information sowohl darüber, welche Informationen Bullinger erreichten, als auch darüber, was der Stand der Forschung zu den berichteten Ereignissen zum Zeitpunkt der Drucklegung der Edition ist.

Unter den vielen möglichen Aspekten, unter denen diese Briefe Interesse verdienen, sei herausgehoben, in welcher Sprache die Briefe verfaßt worden sind. In deutscher Sprache sind zwölf von den 104 Briefen an Bullinger und zwei von den neunzehn erhalten gebliebenen Briefen Bullingers geschrieben. In sechs Briefen wechseln Korrespondenten aus der lateinischen in die Muttersprache, bald in der Form bloßer Einsprengsel (beispielsweise S. 52, 68–71 und S. 255, 35–37), bald in der Form ausführlicher Zitate (beispielsweise S. 221, 5 – S. 223, 58). Da sie das ganz offenbar nicht deswegen tun, weil ihnen etwa die Fähigkeit fehlte, lateinisch zu formulieren, verdienen diese Stellen besondere Aufmerksamkeit. Johannes Rhellikan scheint mir dann Schweizerdeutsch zu sprechen, wenn er seine Gefühle auf diese Weise besser zum Ausdruck bringen kann (S. 52, 68–71). Rudolf Gwalther formuliert, wenn ich recht sehe, dann einen ganzen Satz in der Muttersprache, wenn es um eine Maßeinheit geht, die nur im Schweizerdeutsch existiert.

Den Editoren ist auch für diesen achten Band hohes Lob zu zollen.

Christoph Burger, Amsterdam

Ratpert. St. Galler Klostergeschichten (Casus sancti Galli), hrsg. von Hannes Steiner, Hannover: Hahnsche Buchhandlung 2002 (Monumenta Germaniae Historica. Scriptores rerum Germanicarum in usum scholarum separatim editi, Bd. 75), 283 S. ISBN 3-7752-5475-7

Kritisch gegenüber jeder Einflussnahme von aussen insbesondere die des Bischofs von Konstanz erzählt Ratpert die ersten Jahrhunderte des Klosters St Gallen nach. Seine nüchterne Klostergeschichte aus dem Ende des 9. Jahrhunderts ist auch für Reformationshistoriker interessant. Denn Vadian und nach ihm Johannes Stumpf haben auf sie zurückgegriffen. Vadian in seiner Geschichte der Äbte und seiner kleinen Schrift: Von Stand und Wesen der Zeiten und Stumpf in seiner Chronik, die sich für die frühe Geschichte St. Gallens fast ausschliesslich auf Ratpert abstützt. (Vgl. Einl. S. 114). Jetzt liegt ihre Vorlage in einer sorgfältigen Edition mit zuverlässiger Übersetzung, samt einem hilfreichen Apparat und einer kritischen Einleitung vor. Es wäre wünschenswert, dass diese Ausgabe eine Studie über den Umgang Vadians und Stumpfs mit dieser Quelle anregen würde.

Ratpert ging es um die ‹libertas› des Klosterkonventes, die durch Einflussnahme des Bischofs oder auch des Königs immer wieder gefährdet war. Dabei pocht er nicht nur auf alte Privilegien, er vertraut darauf, dass die welchselvollen Schicksale des Klosters, die «casus diversi», letztlich in den Händen Gottes liegen und von ihm gelenkt werden. Der sonst so nüchterne Erzähler, der sich den Wundern der Gallusvita gegenüber sehr spröde zeigt, berichtet ausführlich von einer Episode zur Zeit Ludwigs des Frommen. Der Bischof habe eine gefälschte Urkunde anfertigen lassen, nach der das Kloster keine Immunität besässe, sondern ihm unterstellt wäre. Die wollte er dem König vorweisen. Feierlich wird die Urkunde präsentiert und zum Zeichen der Ehrerweisung von allen Zeugen das Siegel geküsst. Als sie verlesen wird, bemerkt der Bischof zu seinem Ärger, dass die Urkunde verwechselt wurde und eine für das Kloster vorteilhaftere vorlag. Der Schaden ist nicht mehr gutzumachen, der König bestätigt die verlesene Urkunde. Soweit die von Theodor Sickel und Gerold Meyer von Knonau beargwöhnten, von Hannes Steiner aber als ernst zu nehmen beurteilten Fakten der Erzählung. (Vgl. Einl. S. 37 und S. 43 f.). Ratperts Kommentar dazu lautet: «Sed divina pietas suis, quibus humana deerant solatia, superna dignata est intercedente sancto Gallo conferre subsidia. – Aber es beliebte der göttlichen Barmherzigkeit, aufgrund der Fürsprache des heiligen Gallus den Ihren, denen die menschlichen Stützen fehlten, himmlische Hilfe zukommen zu lassen.» (S. 180). «Divina pietas suis» – der Konvent gehört nicht dem Bischof, auch nicht dem König, sondern unmittelbar Gott. Dem Reformationshistoriker drängt sich eine – wenn auch etwas gewagte – Parallele auf: Wie die Zürcher von 1523 an gegenüber dem Bischof auf die Gemeindeautonomie pochten, so wird von Ratpert immer wieder auf die Autonomie des Konventes gepocht. Ihm allein stehe die Abtwahl zu, und er solle ausser dem König, keiner Gewalt unterstellt sein, ohne «Beeinträchtigung» von aussen solle er dem Herrn dienen. (S. 154; S. 160; S. 162 u. a.).

Mit sichtbarem Stolz weist der Schulmeister zweimal auf den sich unter guter Führung mehrenden Bücherbestand. Welche Bücher scheinen ihm dabei erwähnenswert? Heiligenviten werden nur ganz wenige aufgezählt, dagegen eine stattliche Liste von Kirchenväterausgaben – unter denen sich freilich einige irrtümlich zugeschriebene, sogar eine Schrift des Pelagius befanden (Vgl. Einl. S. 61) – an erster Stelle aber stehen Ausgaben der biblischen Bücher. (S. 204 ff. und S. 220 ff.).

Kein Wunder, dass Vadian und Stumpf dieser Quelle besondere Aufmerksamkeit schenkten!

Christine Christ-von Wedel, Frauenfeld

Henning P. Jürgens, **Johannes a Lasco in Ostfriesland. Der Werdegang eines europäischen Reformators,** Tübingen: Mohr Siebeck 2002 (Spätmittelalter und Reformation N. R. 18), 428 S., ISBN 3-16-147754-5

Mit diesem Band wird erstmals eine detaillierte biographische Studie zu dem Reformator Johannes a Lasco (1499–1560) vorgelegt. Im Zentrum der Arbeit stehen der Werdegang des polnischen Barons und seine Tätigkeit als Superintendent in Ostfriesland (1542–1549). Eigentlich – so Jürgens – war a Lasco durch seine Herkunft aus dem polnischen Adel, durch seine Erfahrungen und Kontakte im Ausland sowie durch seine Begabungen prädestiniert «für eine Karriere in den höchsten kirchlichen und politischen Kreisen Polens» (32). Der Umstand, dass sein Onkel Jan Łaski Erzbischof von Gnesen, Primas von Polen und Kanzler unter König Sigismund I. war, beförderte seine «Pfründenkarriere» (39). Mit 22 Jahren wurde er zum Priester geweiht und brachte es schließlich bis zum Dekan von Gnesen und zum Domherrn in Krakau. Noch 1538 übernahm er das Archidiakonat des Bistums Warschau. Die Hoffnungen auf eine Bischofswürde blieben ihm jedoch versagt. Grund dafür war die Unterstützung seines Bruders Hieronimus bei den diplomatischen und militärischen Unternehmungen im Rahmen des ungarisch-habsburgischen Thronfolgekonfliktes.

Aufgrund der schwierigen Quellenlage bleibt im Dunkeln, was den polnischen Diplomaten, Gelehrten und Geistlichen letztlich dazu bewogen hat, sich der Reformation anzuschließen. Jürgens vertritt die These, dass a Lasco bis zuletzt auf ein Bischofsamt in der Kirche Polens gehofft habe. Erst durch das Scheitern der Religionsgespräche zwischen Protestanten und ‹Katholiken› im Jahre 1541 sei er zu der Erkenntnis gelangt, dass wenig Aussicht bestand, seine humanistischen Reformvorstellungen an führender Stelle in der polnischen Kirche zu verwirklichen. Dies habe ihn veranlasst, sich 1542 durch Gräfin Anna von Ostfriesland in das Amt eines «Superattendenten» berufen zu lassen und sich der durch Melanchthon, Bucer und Bullinger vertretenen Reformation zuzuwenden. Aber erst in den Folgejahren – so Jürgens – habe er eine dezidiert oberdeutsch-schweizerische Theologie entwickelt (159f). Grundlage für diesen «reformatorischen Durchbruch» war die frühe und intensive Freundschaft mit Erasmus von Rotterdam, dessen Bibliothek a Lasco später erwarb. Ihn beanspruchte a Lasco zeitlebens als «Lehrer und Urheber seiner Hinwendung zur wahren Religion» (77). Auch die Begegnung mit dem Humanisten und Theologen Albert Hardenberg, die Jürgens auf 1537 datiert, spielte eine große Rolle. Zusammen mit ihm studierte a Lasco in Mainz und Löwen. In Löwen schlossen sie sich einem Kreis evangelisch gesinnter Bürger an, aus der auch die Bürgerstochter Barbara stammte, die a Lasco 1540 (als geweihter Priester) heiratete. Um der drohenden Verfolgung durch die Inquisition zu entgehen, verließ a Lasco Löwen zusammen mit seiner Frau und gelangte nach Emden. Dort wurde ihm von Enno II. Cirksena die Stellung eines Superintendenten der Grafschaft Ostfriesland angetragen. A Lasco lehnte jedoch ab. Er eilte zu seinem sterbenden Bruder nach Polen und regelte dort seine Angelegenheiten. Durch einen «Reinigungseid» vor dem Primas Piotr Gamrat wahrte er sich 1542 die Möglichkeit, in seine frühere Position zurückzukehren. Erst 1543 vollzog er einen Bruch, verzichtete auf alle seine polnischen Ämter und Ansprüche und übernahm von Gräfin Anna, der Witwe Ennos II., die Superintendentur. Ausführlich schildert Jürgens die politische und kirchliche Ausgangslage in der Grafschaft Ostfriesland zu Beginn der Tätigkeit a Lascos. Die Handlungsfreiheit der Gräfin zur Durchsetzung der Reformation waren durch ihren Schwager Johann Cirksena begrenzt, der Ansprüche auf die Herrschaft anmeldete und in Diensten des ‹altgläubigen› Kaisers Karl V. stand. Die kurze und durch Reisen sowie Krankheit unterbrochene Amtszeit a Lascos dauerte von Ende 1542 bis zur Einführung des sog. Ostfriesischen Interims im Sommer 1549. Sie war gekennzeichnet durch die Auseinandersetzung mit den Emder Mönchen um die Bilderverehrung, durch Religionsgespräche mit Mennoniten und Joristen (die in Ostfriesland Zuflucht gefunden hatten) sowie durch den Neuaufbau der ostfriesischen Kirche. A Lasco schuf Strukturen, die zum Teil bis heute Bestand haben, etwa den Emder Kirchenrat und den Coetus (die synodale Zusammenkunft der Prediger Ostfrieslands). Auf a Lascos Engagement im Bereich der Diakonie und Armenfürsorge geht Jürgens aufgrund bereits vorliegender Untersuchungen nicht ein. Gleiches gilt für die Abendmahlslehre und den zweiten Aufenthalt a Lascos in Emden 1553–1555. Auch die weitere Tätigkeit in England als Superintendent der Flüchtlingsgemeinden, in Frankfurt am Main und seiner polnischen Heimat finden gerade einmal Erwähnung. Leider bleiben das theologische Profil a Lascos und seine inneren Motive ein wenig unterbelichtet. Vor allem die Frage, warum sich der durch Erasmus geprägte Reformhumanist ausgerechnet der oberdeutsch-schweizerischen Reformation anschloss, bleibt offen. Doch dies mag der Quellenlage und dem Forschungsstand geschuldet sein.

Insgesamt kann die Göttinger historische Dissertation mit ihrer gründlichen Detailarbeit als willkommener Beitrag zur Erforschung der europäischen Reformationsgeschichte gewertet werden. Vor allem die Aufarbeitung des polnischen Kontextes und der ostfriesischen Jahre sowie die Zusammenstellung des Briefwechsels a Lascos sind Jürgens zu danken. Die Darstellung der zahlreichen Verflechtungen mit der übrigen Reformation in Europa und insbesondere der Schweiz lassen deutlich werden, dass sich in der Person a Lascos das Auf und Ab der Reformations- und Konfessionalisierungsgeschichte spiegelt.

Achim Detmers, Güsten

Glenn Ehrstine, **Theater, Culture, and Community in Reformation Bern, 1523–1555,** Leiden/Boston/Köln: Brill 2002, ISBN 90-04-12353-9

Nach der Gesamtausgabe der Werke und Briefe von Niklaus Manuel (hg. 1999 von Zinsli und Hengartner) und der Publikation sämtlicher Dramen von Hans von Rüte (hg. 2000 von Christ-Kutter, Jaeger und Thomke) legt Glenn Ehrstine eine umfassende Studie vor, die die Aufführungen dieser beiden Leitfiguren der Berner Spieltradition in einem erweiterten Umfeld des Diskurses über die Rolle des Theaters und der Kunst im frühen Prostestantismus interpretiert. In Anlehnung an neuere Arbeiten zur Reformation in England werden die theatralen Aktivitäten in einem breiten Kontext der Politik, Literatur und Theologie des 16. Jahrhunderts situiert und als wichtiges Mittel zur Schaffung einer neuen, religiösen und kulturellen Identität der städtischen Bevölkerung gedeutet.

Ausgehend von der Stellung der Reformatoren zur Dramatisierung der Heiligen Schrift wird im einleitenden Kapitel der theoretische Rahmen abgesteckt für die Untersuchung des protestantischen Theaters als Agens des Wechsels und der Konsolidierung. Abgesehen von differierenden Auffassungen zur Darstellung des Erlösers waren sich die Reformatoren weitgehend einig, dass Theateraufführungen ein der Predigt überlegenes Vehikel zur Verkündigung des Gotteswortes und der Unterweisung der Jugend darstellten. Der Vergleich von protestantischer und katholischer Bühnenpraxis ergibt, dass das Reformationstheater nicht auf Emotionen und Mitleid zielte, sondern auf intellektuelle Einsicht und Stärkung des Glaubens. Die im zwinglianisch orientierten Bern angewandte Konzeption des Reformationsdramas beschreibt Ehrstine als «Gemeinschaftstheater» («community theater»), das einen breiten Querschnitt der lokalen Bevölkerung in die Diskussion über verschiedene Angelegenheiten des politischen und religiösen Lebens involvierte. Die an bestehende Traditionen anknüpfenden Aufführungen ermöglichten kollektive Erlebnisse für Spieler und Zuschauende und dienten damit der Identitätsstiftung und der Etablierung und Verankerung einer einheitlichen Glaubensdoktrin. Als Berner Eigenheit erweist sich dabei der Umstand, dass sämtliche Aufführungen zwischen 1523 bis 1555, egal ob sie in der Fastnachtspieltradition wurzeln oder biblische Themen behandeln, zentral um die Fragen nach dem rechten Glauben kreisten. Dies verdeutlicht, wie gezielt die mit obrigkeitlicher Billigung veranstalteten Spiele in den Dienst der Glaubensreform gestellt wurden.

Im zweiten Kapitel werden die wichtigsten Stationen der Schweizer Reformationsgeschichte rekapituliert und die Rolle des von katholischen Gebieten umgebenen Stadtstaates Bern in jener Zeit des Umbruchs durchleuchtet. In diesem Zusammenhang definiert Ehrstine Manuels und Rütes Spiele als Stimmen im soziopolitischen Diskurs der lokalen Reformation und weist im Detail nach, dass die Aufführungen zu den jeweils aktuellen Problemstellungen unmittelbar Stellung bezogen. Dass die beiden Dramenautoren dabei als Sprachrohr der Obrigkeit fungierten, wird untermauert durch die ausführlich kommentierten Biographien, die die enge Verflechtung beider Persönlichkeiten mit der herrschenden politischen und sozialen Elite der Stadt Bern offenlegen.

Im Zentrum des dritten Kapitels steht die Frage nach der Spezifik und den Widersprüchen des protestantischen Karnevals und dem Niederschlag der Karnevalskultur in den Fastnachtspielen von Niklaus Manuel («Vom Papst und siner Priesterschaft», «Vom Papst und Christi Gegensatz», «Der Ablasskrämer», «Elsli Tragdenknaben») und Hans von Rüte («Abgötterey»). Eingehend werden auch die Veränderungen der politischen Bedeutung der Fastnacht herausgestellt und der Übergang der Reformationsdramaturgie von den derben antipäpstlichen Fastnachtspielen zu den feierlichen Bibeldramen beleuchtet. In Bezug auf die Wechselwirkung zwischen Karnevalspoetik und protestantischer Polemik unterteilt Ehrstine den untersuchten Zeitraum in vier Phasen:

1. Die Anfangsperiode zwischen 1523 bis 1525 mit ausgeprägt antipäpstlicher Agitation, in der die politischen Auswirkungen der religiösen Reform noch nicht absehbar waren.
2. Die Zeit konfessioneller Spannungen nach den Bauernkriegen, in der die Obrigkeit öffentliche religiöse Polemik aus Angst vor Revolten untersagte.
3. Nach der 1528 eingeführten Reformation wurden wieder Fastnachtspiele aufgeführt, allerdings in modifizier-

ter Form, denn durch die wachsende Unterdrückung aller Überreste des Katholizismus geriet auch der von der Fastenzeit abhängige Karneval in Misskredit.

4. Nach der Aufführung von Rütes «Abötterei» 1531 wurde die fastnächtliche Polemik unter dem Druck der führenden Theologen und Politiker endgültig erstickt.

Im vierten Kapitel werden die fünf Bibeldramen von Rüte («Goliath 1535, 1545, 1555», «Joseph 1538», «Gedeon 1540», »Noe 1546», «Osterspiel 1552»), die nun an der Stelle der abgeschafften Fastnachtspiele das theatrale Leben in der Aarestadt prägten, im nachreformatorischen Kontext analysiert. Dabei kommt Ehrstine zum Schluss, dass die Bibeldramen entgegen weit verbreiteter Meinung nicht weniger «politisch» sind als die Fastnachtspiele. Das fünfte Kapitel ist der Bildlichkeit der Spiele gewidmet. Ehrstine weist nach, dass sowohl Manuel wie auch Rüte für die Inszenierung der Spiele direkt von den zeitgenössischen visuellen Medien wie den in Flugschriften verbreiteten Holzschnitten und den Illustrationen der Bibelausgaben borgten. Abgesehen von der gemeinsamen ikonographischen Grundlage adaptierten die Autoren auch von Bildern abgeleitete Techniken wie die antithetische Unterteilung der Bühne, die Kreation von «lebenden Bildern» oder das Auftreten deiktischer Figuren. Die offensichtliche Bildlichkeit der Aufführungen ermöglichte eine sinnliche Vermittlung religiöser Inhalte, die sich kontrastreich abhob von der theologischen Bildfeindlichkeit und ikonoklastischen Zerstörung der Devotionalien. Das letzte Kapitel befasst sich mit der Musik der Spiele. Im Gegensatz zu Luther und Calvin, die den Kirchengesang als taugliches Mittel zur Förderung der Frömmigkeit betrachteten, lehnte Zwingli die Kirchenmusik als Ablenkung der Gläubigen von der wirklichen Kontemplation Gottes ab. Demzufolge wurde der Gottesdienst in Bern von 1529–1558 allein durch das Wort bestritten. Auf der Berner Bühne hingegen wurden auch in dieser Zeit religiöse Instrumentalmusik und Gesänge gepflegt. Die gemeinsame Erfahrung des Singens von Liedern trug dazu bei, die religiöse Gemeinschaft zu konsolidieren. Im Anhang publiziert Ehrstine die in den Bibeldramen verwendeten Liedtexte, die zum Teil im Original erhalten, fallweise aber unter Verwendung von Incipits und Regieanweisungen aus zeitgenössischen protestantischen Liedersammlungen rekonstruiert sind.

In seiner profunden Längsschnitt-Studie, die die Periode des Übergangs von der vorreformatorischen zur reformierten Gesellschaft umfasst, weist Ehrstine überzeugend nach, dass die Wiederherstellung einer gemeinsamen kulturellen Gemeinschaft in Bern mindestens ebenso bestimmend für den Erfolg des neuen Glaubens war wie die Etablierung der reformierten Theologie. Den Berner Spielen weist er bei diesen Bestrebungen eine führende Rolle zu, weil sie den Bürgern erlaubten, sich aktiv an der Schaffung einer neuen religiösen Symbolik zu beteiligen und ein sichtbares Zeugnis abzulegen für die Zugehörigkeit zur neuen Kirche. Über die bisher erschienenen Monographien hinausgehend vergleicht und situiert Ehrstine die Spiele *beider* Theaterautoren im soziokulturellen Umfeld der Stadt Bern, was sowohl Kontinuität wie auch Wandel der theatralen Aktivitäten deutlicher hervortreten lässt. Durch die Übersetzung der Originalzitate erleichtert Ehrstine auch dem englischsprachigen Publikum den Zugang zu diesem wichtigen Kapitel der Theatergeschichte der Stadt Bern.

Heidy Greco-Kaufmann, Horw

Erika Rummel, **The Confessionalization of Humanism in Reformation Germany**, Oxford: Oxford University Press 2000 (Oxford Studies in Historical Theology), 211 S. ISBN 0-19-513712-4

Erika Rummel ist in der Erasmusforschung seit langem als ausgewiesene Spezialistin bekannt. Bereits 1995 wandte sie sich mit dem Titel *The Humanist-Scholastic Debate in the Renaissance et Reformation* einem übergreifenden Thema zu. Nun liegt nochmals ein Werk vor, dass sich an alle Kirchengeschichtsforscher wendet und wärmstens zu empfehlen ist. Das Werk zeichnet sich durch eine bewundernswert breite Quellenkenntnis und sorgfältige Textinterpretationen aus und ist dazu noch gut lesbar.

Was bietet es? Es will nicht in theologische Streitigkeiten über einzelne dogmatische Fragen einführen, schon gar nicht will es sie bewerten, es will die grundsätzliche Debatte zwischen Humanisten und Reformatoren und ihre Entwicklung dokumentieren. Als Quellen werden vornehmlich Briefe und Werke der zeitgenössischen Humanisten herangezogen, um deren Sicht es vor allem geht. Zeitlich greift die Autorin weit aus, sie beginnt schon vor den 20er Jahren und führt die Untersuchung bis zur Schwelle des 17. Jahrhunderts. Die Instruktion zum Regensburger Gespräch von 1601 ist die späteste Quelle, die sie heranzieht. Thematisch aber beschränkt sie sich auf wenige Bereiche: Die gemeinsame Frontstellung gegen die Scholastik, die unterschiedlichen Erziehungsideale, die humanistische *ars dubitandi,* bzw. ihre Zurückweisung als unchristlicher Skeptizismus durch die Reformatoren, die Reaktion der Humanisten auf den zunehmenden konfessionellen Druck und die daraus wachsende Diskussion um den Nikodemismus, schliesslich die Übernahme der humanistischen Akkommodationslehre durch kompromissbereite Politiker. Die Themen werden geschickt chronologisch aufgearbeitet, wodurch die Autorin Wiederholungen vermeidet.

Das erste Kapitel belegt einmal mehr, wie sehr der gemeinsame Kampf von Humanisten und Reformatoren gegen die überkommene Theologie dazu verführte, beide Bewegungen als verbündet, wenn nicht als eine zu sehen. Nur wenige waren vor des Erasmus *Diatribe* von 1524 bereit, Unterschiede zur Kenntnis zu nehmen und wenn, dann so obenhin wie Melanchthon, der nach einer Studentennachschrift von 1522 Erasmus nur noch als Sittenlehrer gelten lässt. Für die Glaubenspredigt sei Luther zuständig. Anhänger wie Gegner haben beide Bewegungen zusammen gesehen. Die altgläubige Polemik versteifte sich darauf, die humanistische Methode als das Fundament der lutherischen Häresie zu bezeichnen, um, so behauptete Erasmus, Luther und die *studia humanitatis* zugleich zu vernichten (S. 26). Die reformatorische Bewegung selber war zunächst aus verständlichen Gründen daran interessiert, die Gemeinsamkeiten herauszustellen.

Das zweite Kapitel verfolgt die Debatte um den Niedergang der Universitätsstudien nach 1522. Die Studentenzahlen gingen erschreckend zurück. Es werden nicht nur die gegenseitigen Schuldzuweisungen dokumentiert, darüber hinaus beleuchtet die Autorin die unterschiedlichen Erziehungsideale. Wohl sahen sich die Reformatoren als Förderer des Humanismus und begünstigten tatsächlich die Sprachstudien. Das wurde auch in der Kritik des Erasmus an ihren Schulen anerkannt. Zugleich aber bemängelte er, dass sie den Studiengang auf Sprachen und Dogmen einengten (S. 44). Das seine Kritik ins Schwarze traf, wird anhand von Zitaten aus Luther, Farel, Canaye und Oekolampad belegt (S. 45). – Hier wünschte sich die Rezensentin eine vertiefende Studie, laufen doch die gegebenen Zitate, abgesehen von Bugenhagens später Schulordnung von 1564 darauf hinaus, dass die weltlichen Studien in den Dienst der Schriftauslegung zu treten haben, eine Zuordnung, die auch von Erasmus selber so ausgesprochen wurde. – Die Humanisten legten Wert auf die persönliche Frömmigkeit, während die Reformatoren vor allem die richtige Doktrin oder besser das rechte Bekenntnis lehren wollten. Die Humanisten versuchten, die guten Anlagen des Schülers zu entwickeln, die Reformatoren konzentrierten sich darauf, die sündige menschliche Natur zu korrigieren (S. 46f.).

Das dritte Kapitel «*No Room for Skeptics*» ist das Herzstück des Buches. Dass Erasmus sich in der *Diatribe* dazu bekannte, lieber ein Skeptiker zu sein, als in Glaubensfragen, die aus der Heiligen Schrift nicht eindeutig zu entscheiden sind, feste Behauptungen zu wagen, ist seit langem bekannt, ebenso Luthers empörte Reaktion in *De servo arbitrio*. Die Autorin stellt diesen Befund in einen grösseren Zusammenhang. Neben Erasmus werden Agrippa von Nettesheim und Sebatian Castellio als christliche Skeptiker je in ihrer Eigenart gewürdigt. Sie forderten, beide Seiten einer umstrittenen Lehrfrage müssten unparteiisch geprüft werden. Im Zweifelsfalle solle man auf ein Urteil verzichten. Bekanntlich hat Erasmus sich dafür entschieden, sich dann dem Urteil der Kirche zu beugen. Agrippa hat in seinem Spätwerk nur einem engen Biblizismus und göttlicher Inspiration vertrauen wollen und Castellio hat wie Erasmus – er dürfte Erasmus hier sehr nahe stehen – eine unbedingte *claritas scripturae* bestritten und folgerichtig Toleranz gefordert. Der mehr als eine Generation jüngere Zeitgenosse musste bereits auf eine 25jährige erbitterte Polemik sowohl von altgläubiger wie von neugläubiger Seite zurückblikken. Jaques Masson hatte mit seinem *Dialogus de trium linguarum et studii theologici ratione* von 1518 die Diskussion eröffnet (S. 50). Castellio hat dem Problem ein eigenes zu seinen Lebzeiten unpubliziertes Werk *De arte dubitandi et confidendi, ignorandi et sciendi* gewidmet, in der die Heilige Schrift das Fundament der Wahrheitsfindung sein soll. Spricht die Schrift klar, gibt es keine Zweifel, bei uneindeutigen Stellen aber kann mit Vernunft entschieden werden, je nachdem muss aber auch Raum für Zweifel bleiben.

So sehr das skeptische Abwägen und das zurückhaltende Offenlassen von letzten Fragen humanistischen Selbstverständnisses entsprach, so sehr widersprach es dem dogmatischen Denken beider Konfessionen. Hier verliefen die Fronten am eindeutigsten. Und dieser grundsätzliche Unterschied prägte die ganze Debatte.

Kapitel vier behandelt, wie die Humanisten mit dem zunehmenden konfessionellen Druck umgingen. Zunächst versuchten sie mit Erasmus, sich aus dem Streit heraus zu halten und neutral zu bleiben. Nach dem Reichstag von Worms blieb denen, die weiterhin zu ihrer eigenen, nicht konfessionell gebundenen oder der herrschenden Konfession nicht konformen Meinung stehen wollten, nur noch der Rückzug, meist verbunden mit einer beruflichen Neuorientierung. Martin van Dorp, Beatus Rhenanus und Willibald Pirckheimer dienen als Beispiel für Humanisten, die auf theologische Publikationen verzichteten und/oder von öffentlichen Ämtern zurücktraten.

Andere versuchten, so Kapitel fünf, zu lavieren. Die Autorin geht den Biographien von Urbanus Rhegius und Wolfgang Capito nach, die, bis sie eine Anstellung als protestantische Prediger fanden, ihre reformatorische Gesinnung vor ihren bischöflichen Arbeitsgebern nie offen bekannten. Eine heftige Debatte entspann sich über solch nikodemische Praxis: Von Bucer und Capito wurde sie gedeckt, von Calvin schärfstens verurteilt und von Luther als erasmisch gebranntmarkt. Erika Rummel macht indessen darauf aufmerksam, dass Erasmus sich schon 1521 vom lavierenden Capito distanzierte und sich nie zum Nikodemismus bekannte (S. 116 und 120). Sehr wohl aber bekannte er sich zur Akkommodation, ja forderte, man habe sich mit dem Apostel Paulus an die jeweiligen Umstände anzupassen und entsprechende Kompromisslösungen zu suchen, vor allem nicht in jeder Situation alles heraus zu posaunen, auch wenn es wahr sei.

Das letzte Kapitel thematisiert, wie die Akkommodationslehre in Jülich-Cleve und von Georg Witzel und Joris Cassander verpolitisiert wurde. Sie wurde als Grundlage für politische Kompromisslösungen instrumentalisiert, verlor dabei allerdings ihre Erasmische Eigenart. Dennoch dürften alle ihre Verfechter von Erasmus geprägt gewesen sein. Dass solch friedlicher Kompromisssuche im konfessionalisierten Reich kaum Erfolg beschieden war, braucht nur angemerkt zu werden. – Für Schweizer Forscher stellt sich hier die Frage, ob und inwieweit die eidgenössischen Kompromisslösungen, die ja insbesondere in den Gemeinen Herrschaften zum politischen und konfessionellen Alltag gehörten, von der humanistischen Akkomodationslehre beeinflusst waren.

Das ist freilich nur eine der weiterführenden Fragen, die sich angeregt durch dieses faszinierende Buch aufdrängt. Eine andere Frage deutet Erika Rummel selber an, wenn sie im Epilog mit Lewis Spitz fragt: Was wenn statt Luther Müntzer, statt Melanchthon Amsdorf und statt Calvin Farel die Reformation massgeblich geprägt hätten (S. 151)? – Wie weit, ist zu fragen, hat die humanistische Schulung der Reformatoren ihre Hinwendung zur Welt und auch – insbesondere durch die exegetische Methode – ihre dogmatischen Entscheidungen beeinflusst?

Chr. Christ-von Wedel, Frauenfeld

Andrea Strübind, **Eifriger als Zwingli. Die frühe Täuferbewegung in der Schweiz**, Berlin: Duncker & Humblot 2003, 617 S., ISBN 3-428-10653-9

Die Publikation, eine Habilitationsschrift im Wissenschaftlich-Theologischen Seminar der Universität Heidelberg, ist eine Arbeit, die der Entstehung des Täufertums in Zürich nachgeht und sich dabei intensiv mit der Genese des Prototäufertums befasst und dessen theologischen Gehalt analysiert, sodann die Auseinandersetzung mit Zwingli formuliert und schliesslich die Entwicklung einiger Phasen des schweizerischen Täufertums aufarbeitet, mit ausgewählten Schwerpunkten von der ersten Erwachsenentaufe bis zum Schleitheimer Bekenntnis 1527. Bevor das Werk detailreich die geschichtlichen Abläufe analysiert und darstellt, setzt es sich mit dem neueren und neuesten Forschungsstand und vor allem auch mit den dabei entwickelten methodischen Ansätzen in breiter Form auseinander.

Die Autorin legt die Entwicklung der Forschung besonders seit etwa 1970 dar. Sie knüpft dabei vorerst an eine normativ-typologisch genannte Sicht des Täufertums an, welche die theologischen Akzente wichtiger Täuferführer profiliert und von einander abgrenzt. Diesem Ansatz wird eine «revisionistisch-sozialgeschichtliche Täuferforschung» gegenübergestellt, die vorerst den historischen Formungsprozess des schweizerischen Täufertums betonte, nachher aber den polygenetischen Ursprung des Täufertums unterstrich und schliesslich auch den «Aufweis sozialrevolutionärer Tendenzen im frühen Täufertum» zu machen suchte. Vor allem der letztere Aspekt wird von der Autorin im ganzen Werk immer wieder kritisiert. Diese nach ihrer Meinung übermässig von den Sozialwissenschaften beeinflusste Betrachtung weise ein methodisches Defizit auf und führe Kirchengeschichte in blosse Sozialgeschichte hinein. In dieser historischen Analyse, so die Autorin, werden die täuferischen Intentionen des Glaubens von bloss out-come-orientierten Funktionen und Verhaltensweisen verdrängt. Darin spiegle sich die Methodendiskussion in der gegenwärtigen Historiographie. Bei dieser Betrachtungsweise mutiert die wichtigste Strömung der neuen Täuferforschung im deutschen Sprachraum und in den USA, die unter anderem durch Hans-Jürgen Goertz und durch James M. Stayer geprägt wurde, zum Gegenpol und dadurch zur Zielscheibe. «Als besonders folgenschwer im Blick auf seine (H.-J.Goertz) Untersuchungen erweist sich die These, dass qualifizierte historische Arbeit nicht nach Intentionen fragen sollte, sondern nach deren historischen Bedingungen und gesellschaftlichen Implikationen» (S. 58f.). Die Autorin postuliert dagegen, dass Kirchengeschichtsschreibung eigentlich historische Theologie sein müsse (S. 77). Und dann kommt die deutliche Aussage: «Trotz dieser Prämisse, vielmehr wegen dieser Prämisse, sollen ihre Ergebnisse der historischen Bestandesaufnahme in Korrelation und Distanz zu denen anderer Vorverständnisse geprüft werden.» Auch wenn man diese Beurteilung der Autorin nicht teilt, wird man anerkennen, dass sie Standpunkt und Methode offen legt und sich nicht mit undefinierter Erzählweise durch die Details der täuferischen Frühgeschichte in Zürich und St.Gallen bis hin zum Schleitheimer Bekenntnis bewegt.

Umfangreich und aufschlussreich ist die Darstellung der früh in Erscheinung tretenden Zirkel, Freundeskreise, Bibelkreise, dieser radikalen Gefolgsleute Zwinglis mit ihren antiklerikalen Ausbrüchen, Zehntverweigerungen, Predigtstörungen und vereinzelten apokalyptischen Deutungen. Hier sind die Ergebnisse der bisherigen neueren Forschung nahe, wobei besonderes Gewicht auf die Bedeutung der Selbstorganisation der Bibelkreise für die Entwicklung der frühen Täuferbewegung und ihrer Ekklesiologie gelegt wird. Dabei wird durchaus gesehen, dass zum Beispiel bei den Fastenbrüchen 1522 wichtige Personen beteiligt waren, die später kürzere oder längere Zeit zur Täuferbewegung gehörten.

Bei der Zehntverweigerung wird im Buch nicht bestritten, dass spätere Täufer dabei beteiligt waren. Die Behauptung, ihre *führende* Rolle könne aufgrund der Quellenlage nicht glaubhaft gemacht werden, greift aber zu kurz. Das reicht nicht aus für die Wechselbeziehungen von Täufern, Bauern und sozialem Umfeld. Hier wurden Fakten ausgeblendet, möglicherweise weil sich diese mit theologischen Aussagen bestimmter Täufer nicht ohne weiteres zur Deckung bringen liessen. Gerade die Forschungen Peter Blickles und anderer über die Zugänge zur bäuerlichen Reformation haben gezeigt, wie die Zehntverweigerung und das Postulat der freien Pfarrwahl verbreitet waren, auf der Zürcher Landschaft zum Beispiel in Marthalen und dann vor allem im benachbarten schaffhausischen Hallau, wohin später die Täufer Johannes Brötli, vertrieben aus Zürich und seiner Landschaft, sowie zeitweise auch Wilhelm Reublin gezogen sind. In dieser Abhandlung kommt dieser Zusammenhang nicht vor. Die Erwähnung S. 471 ff. ist keine eigentliche Erörterung. Die Briefe Brötlis an die Täufer in Zollikon werden nur unter dem Gesichtspunkt der religiösen oder theologischen Inhalte besprochen. Schon Günther Franz hat jedoch Akten über den Aufstand in Hallau publiziert. Ausgerechnet dort wollte die Obrigkeit den täuferischen Prediger abführen lassen, worauf er von den aufständischen Bauern verteidigt wurde. Der aus Zollikon vertriebene Täufer Heini Aberli und andere mehr gingen nach Hallau und dann weiter ausgerechnet nach Marthalen, wo sich die Bauern ebenfalls sehr früh im Sinne der Gemeindereformation von unten gegen Zehnten und herrschaftlichen Pfarreinsatz gewehrt hatten. Es geht nicht um die Frage der *führenden* Rolle der Täufer, sondern um die Tatsache, dass auch Täufer Orte aufsuchten, die im Strome antiklerikaler Ausbrüche und Erhebungen für eine neue Ordnung markant in Erscheinung traten. Es ist bedauerlich, dass sich hier die Abhandlung zu eng an die täuferischen Selbstzeugnisse hält und sich den Fragen nach dem Verhalten der Täufer in ihrem damals bewegten Umfeld weitgehend verschliesst.

Auch die Darstellung der täuferischen Aktivitäten im Zürcher Oberland bewegt sich eng an ausgewählten Selbstzeugnissen. Dabei müsste einbezogen werden, wie sich das Täufertum in den damals bestehenden gesellschaftlichen Strukturen von Verwandtschaft, Familie und «Freundschaft» bewegt und warum es allenfalls für die zürcherische Herrschaft auch destabilisierend gewirkt hat. Die Frage bleibt, warum die Täufer sich das Oberland zum Tätigkeitsfeld ausgesucht hatten, wo die Bauernunruhen besonders spürbar waren. Eine Gegenüberstellung von unterschiedlichen Betrachtungsweisen und deren Ergebnisse wäre dem Anspruch, eine Geschichte des frühen Schweizer Täufertums zu schreiben, möglicherweise gerechter geworden. Unter diesem Gesichtspunkt hätte die Verbindung der Zürcher Täufer zu Waldshut und von dort aus nach Basel und via Waldshut nach Aarau und nach Bern Aufschlüsse über das soziale Beziehungsnetz der Verbreitung gegeben.

Die Abhandlung befasst sich indessen mit der Stadt Zürich sowie auf der Landschaft mit Zollikon und Zürcher Oberland. Zusätzlich werden die Ereignisse in St. Gallen einbezogen. Auch im letzteren Fall sind die Täufer gemäss vorliegender Arbeit ihren ursprünglichen Überzeugungen treu geblieben. Wenn man nach der Auswahl der regionalen Schwerpunkte fragt, kommt man zum Schluss, dass jene ausgewählt wurden, die in den schriftlichen Kontroversen der Reformatoren mit den Täufern damals eine erhebliche Rolle spielten. Man wird den leisen Verdacht nicht ganz los, dass bei der Auswahl auch apologetische Gesichtspunkte mitgespielt haben, bewusst oder unbewusst.

Die Abhandlung ist bemüht, eine täuferische Identität herauszuarbeiten, deren Substanz seit den verschiedenen Phasen der Frühgeschichte im Kern erhalten geblieben sei, auch wenn die Ausformulierung in einzelnen Fällen situationsbezogen erfolgen konnte. Vor diesem Hintergrund wird die Absonderung der täuferischen Gemeinde als Kontinuum interpretiert. Das Schleitheimer Bekenntnis ist damit insbesondere in die Tradition der Absonderung eingeordnet. Eine Verschiebung der Schwerpunkte wird in Abrede gestellt, wobei das Thema des Eides

und die Bereinigung der Meinungsverschiedenheiten bezüglich Schwert und Obrigkeit zu Recht ausgenommen wird.
Die Stossrichtung der Publikation liegt in der theologischen Systematik der Lehre der frühen Schweizer Täufer und nicht in der Einordnung in das zeitgenössische und soziale Umfeld. Die Arbeit von Andrea Strübind wird wohl kontroverse Reaktionen auslösen. Vielleicht birgt sie die Chance, die Diskussion über die Interpretation wieder neu zu beleben.

Martin Haas, Winterthur

Thomas K. Kuhn, **Der junge Alois Emanuel Biedermann.** Lebensweg und theologische Entwicklung bis zur «Freien Theologie» 1819–1844, Tübingen: Mohr 1997 (Beiträge zur historischen Theologie 98), XII, 471 S., ISBN 3-16-146714-0

Der Schweizer Theologe Alois Emanuel Biedermann (1819–1885) gehört zu den vielen vergessenen Theologen des 19. Jahrhunderts, aber unter ihnen ist er einer der bedeutendsten, denn er gehörte zu den Bahnbrechern des theologischen Liberalismus. Thomas K. Kuhn, seit 2001 Assistenzprofessor für neuere Kirchen- und Dogmengeschichte an der Theologischen Fakultät der Universität Basel, hat sich mit seiner bereits im Wintersemester 1994/95 von der Theologischen Fakultät der Universität Basel angenommenen und mit mehreren Preisen (Fakultätspreis 1995, Philipp-Matthäus-Hahn-Preis 1996) ausgezeichneten Dissertation erstmals ausführlich dieser grossen Gestalt des deutschsprachigen Protestantismus im 19. Jahrhundert zugewandt. Seine Arbeit verfolgt nicht wie viele andere Dissertationen und Habilitationen über Theologen des 19. Jahrhunderts ausschliesslich systematisch-theologische Interessen, sondern es handelt sich – was bezogen auf theologische Themen des 19. Jahrhunderts Seltenheitswert hat – um eine solide historische Arbeit von bleibendem Wert. Kuhn analysiert und interpretiert nicht einfach, losgelöst von den historischen Umständen, Biedermanns theologisches Denken, sondern er behandelt seine – frühe – Theologie im Kontext von Geschichte und Biographie. In diesem Sinne ist Kuhns Arbeit vorbildlich dafür, wie man sich theologiegeschichtliche Arbeiten eigentlich wünscht. Kuhn hat Bibliotheken und Archive aufgesucht, um an bislang unbeachtete Materialien heranzukommen und kann deswegen eine Fülle neuer Fakten ausbreiten. Das Buch ist eine Fundgrube nicht nur für denjenigen, der sich für Biedermann und den theologischen Liberalismus interessiert, sondern für jeden, der unter historischen und theologischen Perspektiven am 19. Jahrhundert arbeitet. Wer sich mit der Theologie des 19. Jahrhunderts beschäftigt, wird in Zukunft an Biedermann – und an Kuhns Biedermann-Buch – nicht mehr vorbeigehen können. Kuhns Arbeit wurde von Prof. Dr. Ulrich Gäbler betreut, seinerzeit Ordinarius für mittlere und neuere Kirchengeschichte, jetzt schon seit einigen Jahren Rektor der Universität Basel.
Der äussere Aufbau des Buches orientiert sich am Lebenslauf Biedermanns. Kuhn behandelt Biedermanns Kindheit in Winterthur und gibt dabei Einblicke in das Leben und die gesellschaftlichen Verhältnisse jener Stadt, die die Heimatstadt von Biedermanns Vater war und auf Alois Emanuel eine prägende Wirkung hatte, obwohl er dort nur die Jahre 1830 bis 1834 verbrachte. U. a. wurde die

Neigung zur Theologie schon in Winterthur geweckt (S. 106). Das 2. Kapitel über die Schulzeit in Basel (1834–1837) informiert wie auch das 3. Kapitel über das Studium in Basel (1837–1839) nicht nur über Biedermanns weiteren Werdegang, sondern auch auf den bisherigen Kenntnisstand erweiternde Weise über die Verhältnisse in der Stadt und an der Universität. Minutiös und doch ohne Weitschweifigkeit, immer an dem für Biedermann Relevanten orientiert, entfaltet Kuhn die Rahmenbedingungen von Biedermanns theologischer Existenz. Die theologische Entwicklung Biedermanns in den Basler Studienjahren wird im 4. Kapitel thematisiert. Biedermann wurde von de Wette und dem Philosophen Friedrich Fischer geprägt und hat sich damals bereits mit Schleiermacher und Strauß beschäftigt, einen ersten Essay verfasst – über «Innere und äussere Offenbarung» – und im Juli 1839 erstmals gepredigt. Biedermanns erste Predigt lässt «eine tiefe Gottesbeziehung» erkennen (S. 202) und zeigt, dass die «zentrale theologische Fragestellung» des reifen Biedermann schon damals ausgeprägt war (S. 202): «Welche Rolle spielt die Religion, spielt der christliche Glaube in einer Welt wachsender Rationalität?» Ferner wird die Fähigkeit Biedermanns deutlich, «von seinen theologischen und philosophischen Lehrern ausgehend, eigenständige Synthesen zu formulieren» (S. 202).

Im Herbst 1839 setzte Biedermann sein Studium – «[u]m wahrhaft festen philosophischen Boden zu erlangen» (S. 184) – in Berlin fort, wo er insbesondere von Vatke geprägt wurde, aber auch die Philosophie des 1831 verstorbenen Hegel rezipierte. Die durch Letzteren vermittelte «philosophische Grundlegung», insbesondere die Auseinandersetzung mit der Verhältnisbestimmung von «Begriff» und «Vorstellung», blieb für Biedermann «prägend», obwohl er sich später sprachlich von der hegelschen Terminologie wieder entfernte (S. 304). Das 6. und letzte Kapitel ist mit «Der Weg zur ‹Freien Theologie›» überschrieben und behandelt die Jahre von 1841 bis 1844, die Biedermann wieder in Basel verbrachte. Einzelthemen sind das Examen, die Probepredigt, die Ordination, der Eintritt ins Pfarramt, die Tätigkeit zunächst als Vikar und dann als Pfarrer in Münchenstein (Basel-Land), der Eheschluss. Als Teil des 6. Kapitels wird von Kuhn auch das Thema angeschnitten, auf das eigentlich alles hinausläuft. Unter der Überschrift «Kirchenpolitische Richtungsanzeige» behandelt Kuhn Biedermanns «Freie Theologie», die kleine, 1843 begonnene und 1844 in Tübingen bei Fues veröffentlichte «Programmschrift» (S. 383) des theologischen Liberalismus. Es handelt sich nicht um ein Kompendium der Theologie, nicht um «ein reifes Werk», sondern es war «das Erstlingswerk eines fünfundzwanzigjährigen Theologen», der «im Kontext widerstreitender theologischer Richtungen» seine «eigene Position zu umreißen» suchte (S. 382). Der Münchensteiner Pfarrer Biedermann entfaltete seine theologischen Grundpositionen mit Blick auf die Kirche, in der er arbeitete: Am Schluss der «Freien Theologie» formuliert er die «Ekklesiologie einer freien Landeskirche» (S. 383), ohne Bibelvergötzung, Bekenntnisverpflichtung und Gewissenszwang (vgl. S. 386 f.). Für den Rezensenten besonders interessant war es zu entdecken, dass auch Biedermann zutiefst vom – säkularisierten – Reich-Gottes-Gedanken geprägt war (vgl. u.a. S 200 f., 383). Diese Zentralidee des 19. Jahrhunderts, die uns auch bei so ungleichen Männern wie Ritschl und Schweitzer begegnet, stammt letztlich aus dem Pietismus, insbesondere aus dem Pietismus Württembergs (Bengel, Oetinger, Hahn), und dieser Sachverhalt

unterstreicht die grosse, aber in der gängigen Theologiegeschichtsschreibung meist wenig beachtete Fernwirkung pietistischer Grundgedanken des 18. auf die Theologie des 19. Jahrhunderts.
Dass Kuhns Buch mit einer detaillierten Bibliographie, einem ausführlichen Quellenverzeichnis und diversen Registern (neben Bibelstellen-, Namen- und Ortsregister enthält das Werk auch ein Sachregister) ausgestattet ist, müsste eigentlich nicht extra erwähnt werden. Von selbst versteht sich auch, dass es handwerklich und sprachlich ausserordentlich sorgfältig gestaltet wurde. Die Einzelkapitel werden mit schönen Zusammenfassungen («Ertrag») abgeschlossen, so dass auch eine kursorische oder schwerpunktmäßige Lektüre des Buches ermöglicht wird. Der letzte «Ertrag» versucht eine Charakterisierung von Biedermanns Persönlichkeit. Biedermann war ein «strebsamer und geistig reger junger Mann», den gleichzeitig eine auffällige «innere Zerrissenheit» kennzeichnete, die sich auf «verschiedenen Ebenen» auswirkte: in der Planung seiner «beruflichen Laufbahn», in seinem öffentlichen «Auftreten», im «Umgang mit Menschen» (394) und – von Kuhn ebenfalls thematisiert (S. 310–313, 367f., 371–373, 388–391) – in seinem Verhältnis zu Frauen.
Zu kritisieren oder vielmehr zu bedauern ist eigentlich nur eines, nämlich dass die Arbeit mit dem Jahr 1844 abbricht, also genau da, wo es eigentlich noch spannender und zugleich theologisch anspruchsvoller würde. Einer Dissertation wird man die Entscheidung, an diesem Punkt abzubrechen, jedoch nicht vorhalten können. Kuhn hat bereits das Maximum dessen geleistet, was in einer Dissertation leistbar ist; das zeigt schon allein der Seitenumfang des Buches. Und auch das Jahr, mit dem die Darstellung endet, ist überlegt gewählt. Mehr als wünschenswert wäre es allerdings, wenn Kuhn seine Arbeit über Biedermann fortsetzen und auch die zweite, von den Aussenwirkungen her und hinsichtlich des theologischen Denkens bedeutendere Phase der Lebensgeschichte in der gleichen soliden Weise behandeln könnte. Kuhns Werk ist bereits 1997 im Druck erschienen und wurde in allen relevanten theologischen und historischen Zeitschriften positiv rezensiert. Dass die Besprechung in der Zwingliana erst im Jahre 2003 erscheint, ist weder die Schuld des Autors noch die des Rezensenten, sondern die Folge eines unbeabsichtigten Versäumnisses. Dennoch kommt diese Rezension nicht wirklich zu spät, denn Kuhns Buch ist in keiner Weise veraltet und wird, wie schon eingangs hervorgehoben wurde, sicherlich lange Zeit aktuell bleiben.

Martin H. Jung, Osnabrück

Horst Carl, **Der Schwäbische Bund 1488–1534.** Landfrieden und Genossenschaft im Übergang vom Spätmittelalter zur Reformation, Leinfelden-Echterdingen: DRW-Verlag 2000 (Schriften zur südwestdeutschen Landeskunde 24), 592 S., ISBN 3-87181-424-5

Der Schwäbische Bund, wie der eidgenössische Bund eine Landfriedenseinung, wurde 1487/88 auf Initiative von Kaiser Friedrich III. zur Friedenssicherung im deutschen Südwesten gegründet. Im Gegensatz zur Eidgenossenschaft handelte es sich um einen ständeübergreifenden Bund, der Städte, Fürsten, Adlige und Prälaten zu seinen Mitgliedern zählte. Ursprünglich war er auf acht Jahre befristet, schliesslich wurde er in langwierigen Verhandlungen

in unterschiedlicher Zusammensetzung mehrmals verlängert (1496, 1500, 1512, 1523), bevor er 1534 an der konfessionellen Spaltung und letztlich auch am Fehlen von Bundesfeinden scheiterte.
Mit seiner noch von Volker Press angeregten Tübinger Habilitationsschrift legt Horst Carl eine umfassende Gesamtdarstellung des Schwäbischen Bundes vor. Dabei steht weniger die Ereignisgeschichte im Vordergrund, als vielmehr die systematische Analyse des Bundes als «politisches System sui generis» (S. 12), die auch Aussagen zur Struktur der Reichsverfassung liefert. Überblicksartig werden zu Beginn die Literatur zum Bund und die Ereignisgeschichte dargelegt. Danach betrachtet Carl in sieben Kapiteln die Rolle des Reichsoberhaupts im Bund, die Mitgliederstruktur, die Bundesgremien, die Bundesfunktionäre, Kanzlei und Finanzwesen, den Bund als Friedens- und Rechtsgemeinschaft sowie abschliessend die Feinde des Bundes. Zu diesen gehörten auch Herzog Ulrich von Württemberg und die Eidgenossen.
Der – vorwiegend in der schweizerischen Forschungstradition dominierende – Antagonismus zwischen dem schwäbischen und eidgenössischen Landfriedensbündnis wird in einem eigenen Unterkapitel mit dem Titel «Die Eidgenossen – der ‹ideologische› Bundesfeind?» (S. 451–463) behandelt. Darin finden auch die beiden Feldzüge des im Frühjahr 1519 aus seinem Territorium vertriebenen Herzogs Ulrichs gegen den Bund Erwähnung, die 1519 und 1525 zu «Nagelproben» des schwäbisch-eidgenössischen Verhältnisses wurden. Diplomatische Interventionen auf der Tagsatzung einerseits und das konsequente Reislaufverbot anderseits verhinderten einen militärischen Waffengang Ulrichs gegen den Bund. Ebenfalls verhindert wurde ein «Turning Swiss» der oberdeutschen Reichsstädte, eine Wende, die durch die konfessionspolitische Allianz der evangelischen oberdeutschen Bundesstädte Memmingen und Ulm mit Zürich und Bern unter der Ägide Zwinglis nochmals im Bereich des Möglichen gewesen wäre.
Die mit einer Fülle von Detailinformationen angereicherte Studie von Horst Carl ermöglicht zahlreiche neue Einblikke und ist das neue Standardwerk zum Schwäbischen Bund.

Doris Klee, Horgen

Manfred Vischer, **Zürcher Einblattdrucke des 16. Jahrhunderts**, Baden-Baden: Verlag Valentin Koerner 2001 (Bibliotheca bibliographica Aureliana, Bd. 185), ISBN 3-87320-185-2

Nachdem der Autor als Mitarbeiter der Sammlung Alte Drucke der Zentralbibliothek Zürich 1991 seine viel beachtete «Bibliographie der Zürcher Druckschriften des 15. und 16. Jahrhunderts» vorgelegt hatte, durfte man gespannt sein zweites angekündigtes Standardwerk erwarten, das hiermit vorliegt. Wie schon bei der «Bibliographie der Zürcher Druckschriften» existiert auch im Fall der «Zürcher Einblattdrucke» für keine andere Schweizer Stadt ein vergleichbares Werk. Vischer präsentiert im vorliegenden Katalog zunächst 94 Einblattdrucke allgemeiner Natur (Beichtzettel, Mandate, Ansichten, Karten, Gelegenheitsgedichte usw.), gefolgt von 154 Kalender-Einblattdrucken. Damit überbietet er schon rein quantitativ alles bisher Dagewesene. So beschrieb beispielsweise Ursula Baurmeister in ihrem 1975 im Gutenberg-Jahrbuch veröffentlichten Versuch einer Übersicht über die Einblattkalender der Offizin Froschauer lediglich 51 Stück.

Vischer gelang es nicht nur, die bekannte Zahl der Froschauer-Kalender mehr als zu verdoppeln, sondern er berücksichtigte auch die entsprechende Produktion anderer Zürcher Drucker. Geht man die erstgenannten 94 bibliographischen Nummern an Einblattdrucken durch, so verblüfft die thematische Weite der Druckerzeugnisse. Gleichzeitig wird einem in Erinnerung gerufen, dass sich verschiedene geisteswissenschaftliche Fächer in den vergangenen Jahren zurecht auf diese Quellengattung gestürzt haben, verbergen sich dort doch manche ungehobenen Schätze und gilt es, noch vielen Fragen und Zusammenhängen nachzuspüren und sie zu erhellen. Vischers Arbeit besticht aber nicht nur quantitativ, sondern auch qualitativ. Alle Drucke werden fein säuberlich nach allen (weitgehend noch ungeschriebenen) Regeln der Kunst beschrieben und zum Teil sogar kurz auf dem zeitgeschichtlichen Hintergrund erläutert. Vischers «Bibliographie der Zürcher Drucke» und seine «Zürcher Einblattdrucke» gehören diskussionslos in den geistigen Werkzeugschrank eines jeden Gelehrten, der sich mit der Zürcher Geistesgeschichte des 16. Jahrhunderts beschäftigt.

Urs B. Leu, Zentralbibliothek Zürich

Irena Backus, **Reformation Readings of the Apocalypse. Geneva, Zurich, and Wittenberg,** Oxford: Oxford University Press 2000 (Oxford Studies in historical Theology), 182 S., ISBN 0-19-513885-6

Die eschatologische Frage gewann im letzten Jahrhundert ausserordentlich grosse Aufmerksamkeit. Exegetische und systematische Entwürfe machten denn auch erwartungsgemäss nicht Halt vor der Frage, wie Eschatologie im Rahmen der Reformationstheologie zum Tragen kam.

Versuche, die Eschatologie der drei grössten Reformatoren, Luther, Zwingli und Calvin näher zu bestimmen, führten zu neuen Einsichten; handelte es sich doch darum, die Qualität des neu verstandenen Gotteswortes nicht nur im Sinne des Schriftprinzips und des sola fide zu bestimmen, vielmehr wurde jetzt seine soteriologische Dynamik auch nach ihrer eschatologischen Dringlichkeit hinterfragt. Dabei konnte – schon nur der schwärmerisch endzeitlichen und naherwartenden Positionen der Radikalen wegen – auch das Verständnis und die Auslegung der Apokalypse des Johannes nicht umgangen werden, dies obwohl sich die massgebenden Reformatoren (am wenigsten Luther) ihr gegenüber auf Distanz gehalten haben.

Auch wenn Auslegungen nicht ausgeblieben sind, zeigt sich im Blick auf die Johannes-Apokalypse eine auffällige Sprödigkeit der Reformation. Nicht zuletzt macht das, abgesehen von Bullinger, die Zweitrangigkeit und die letztlich marginale Bedeutung ihrer Verfasser offenbar wie z.B. Augustin Marlorat, Theodor Bibliander oder David Chytraeus. Wer schon kennt ihre Namen und ihren Rang im Rahmen des Reformationszeitalters? Eschatologie orientierte sich genuin reformatorisch ganz offensichtlich nie primär am letzten Buch der Bibel.

Es ist das Verdienst von Irena Backus, Professorin am Institut für Reformationsgeschichte der Universität Genf, in ihrem Buch aufgewiesen zu haben, warum. Mit exegetischer und vergleichender Akribie untersucht sie bis in kleinste Einzelheiten diese bisher kaum wahrgenommene und doch so offensichtlich klaffende Leerstelle. Dabei erweisen sich die Ergebnisse ihrer minutiösen Forschungsarbeit als Spiegel eines Reformationsverständnisses, das vor allem die zweite, wenn nicht schon dritte Generation der Nachfahren Luthers, Zwinglis und Calvins beschäftigt hat.

In der Einführung werden kurz aber präzis die Voraussetzungen der Exegese der Johannes-Apokalypse seit ihren Anfängen dargelegt, auf welche auch sämtliche Kommentare der Reformation zurückgreifen und sie vielfältig variieren:

die spirituelle Interpretation, die das Millenium von Apk 20 als die Zeit der Kirche seit Jesus und die Zahl 1000 symbolisch versteht, mit Victorinus, Tyconius, Augustinus, Primasius und Beda Venerabilis; die historisch-prophetische Interpretation (Backus verwendet den Begriff ‹eschatologisch› vor allem im historisch-prophetischen, endzeitlichen Sinne), welche die einzelnen Phasen der Johannes-Apokalypse als historische Epochen und Fakten deutet und sich selber im Rahmen der letzten Phase vor dem Jüngsten Gericht weiss, mit Rupert von Deutz und Nicholas von Lyra (das Millenium ist hier schon an sein Ende gekommen und die Zeit der Loslassung Satans nach Apk 20 angebrochen); und schliesslich die joachimitische Deutung der Johannes-Apokalypse und ihres Milleniums im Blick auf das dritte Zeitalter des Heiligen Geistes, welches jenes des Sohnes (NT) und vorher des Vaters (AT) ablöst, insbesondere in der Deutung der Franziskaner Spiritualen.

Bevor einzelne Ausleger der Reformation in Genf, Zürich und Wittenberg ausführlich zur Sprache kommen, geht Irena Backus im 1. Kapitel auf ‹Das Problem der Kanonizität› der Johannes-Apokalypse ein, wie es im 16.Jh. verhandelt wurde. Erasmus hat sie und damit die Verfasserschaft durch den Evangelisten Johannes radikal bestritten (wie in seinem Gefolge auch Zwingli); Luther schloss sich ihm im Vorwort von 1522 an, betonte dann aber in den Vorworten von 1528 und 1530 immer mehr den aktuellen Aspekt der Gleichung Papsttum = Antichrist und deutete seine Gegenwart im Lichte des siegreichen aber angefochtenen Gotteswortes als die Zeit der Loslassung Satans (dessen Wahrzeichen für ihn auch die Türken waren). An zeitgenössischen Stellungnahmen folgen detailliert jene von François Lambert (1528), der, wie auch Frans Titelmans, Kanonizität und johanneische Verfasserschaft verteidigte und in der Johannes-Apokalypse die Reformation prophezeit sah; ferner – nebst den später ausführlich behandelten Kommentaren – jene des viel beachteten Berner Exegeten Sebastian Meyer mit seiner Betonung der Christozentrik der Johannes-Apokalypse; dann die Position Theodor Bezas, der die Offenbarung des Johannes schlicht als Fortsetzung der AT-Prophetie verstand, sowie gegen Ende des Jahrhunderts jene von François du Jon und David Paraeus, denen die kanonische Geltung des letzten Buches der Bibel schon selbstverständlich war.

Breit und exemplarisch für die spirituelle Interpretation der Johannes-Apokalypse behandelt dann das 2. Kapitel den Kommentar von Antoine du Pinet in ständigem Vergleich mit seinen Modellen, insbesondere Sebastian Meyer, wobei auch die textlichen Veränderungen von Auflage zu Auflage philologisch exakt Beachtung finden.

Wie auch bei den folgenden Kommentaren fokussiert Irena Backus immer auf die Auslegung von Apk 12 (die apokalyptische Frau, ihr Kind und der Drache) und 20 (das Millenium und die Loslassung Satans), zu denen sich ab und zu auch noch Apk 6 (die sieben Siegel) gesellt. Diese Auswahl erlaubt stringente Quervergleiche und destilliert das jeweils Besondere der Genfer, Zürcher und Wittenberger Positionen heraus; auch für den Leser ein glücklicher Griff.

Bei du Pinet ergibt sich dabei kurz zusammengefasst Folgendes: auf der streng spirituellen Basis und ihrer zeitlosen Symbolik (im Gefolge von Primasius, Meyer und Lambert) dient die Johannes-Apokalypse ausschliesslich als Trostbuch für die Gläubigen, welche unter der antichristlichen Praxis der römischen Kirche zu leiden haben, ohne dass die spezifisch endgeschichtlichen Aspekte, wie z.B. das Ende des Milleniums, irgend von Bedeutung wären. Alles Gewicht liegt auf der spirituellen Deutung der Gegenwart, welche die unzweifelhafte Überwindung des Antichrists zu Rom verheisst.

Zwei weitere Genfer Exegeten kommen im 3. Kapitel zur Sprache: Augustin Marlorat und Nicolas Colladon.

Auch Marlorats *Expositio in Apocalypsin* (nach 1561 posthum erschienen) war ein Hoffnungstext, verstand sich aber, auf Meyer fussend, nicht nur spirituell symbolisch, sondern ganz konkret im Blick auf die Situation der Verfolgung in Frankreich, deren Opfer Marlorat geworden war. Zeitgeschichtlich aktuell bezieht sich Marlorat dabei auf Apk 20, den baldigen Sieg Christi, welcher den Gläubigen eine Zukunft eröffnet. Spirituelle und prophetische Aspekte gehen bei ihm ineinander über, ohne dass er auf Endgeschichte und Naherwartung Gewicht legt. Ihm liegt mehr an der Kontinuität des Kampfs der apostolischen (Ur-)kirche mit der Kirche des Wortes seiner eigenen Zeit.

Anders Colladon, der Herausgeber Calvins. Er wusste sich dem Reformator und dessen Distanz zum letzten Buch der Bibel verpflichtet. Wie Calvin alles Eschatologische, insbesondere die zeitliche Nähe des Jüngsten Gerichtes, im Lichte der schon bestehenden Christusgegenwart relativierte, so deutete Colladon die Johannes-Apokalypse zwar als Hinweis auf den baldigen Sturz des römischen Antichristen, nicht aber als Gewähr für das baldige Ende der Welt. Entsprechend verstand er das Millenium dreifach: 1. als die Zeit der alten Kirche und der Völkermission, während der der Satan (weitgehend, wenn auch nicht gänzlich) gebunden war, die mit der Loslassung Satans im erstarkten Papsttum ihr Ende fand; 2. als die mit Christi Erscheinen eröffnete Zeit der spirituellen Herrschaft der wahren Kirche auf Erden (und ihrer Bekenner im Himmel); und 3. die (zeitlosen) ‹tausend Jahre› der himmlischen Herrlichkeit in der Vollendung. Die Johannes-Apokalypse bot Colladon zudem eine wichtige biblische Stütze für das calvinistische Kirchenverständnis und die Prädestinationslehre.

Das 4. Kapitel ist den Zürcher Exegeten Leo Jud, Theodor Bibliander und Heinrich Bullinger gewidmet.

Leo Jud folgt der spirituellen Deutung der Johannes-Apokalypse bei Primasius und Beda Venerabilis, welche in vielerlei Bildern und Wiederholungen Lage, Zustand und Beschaffenheit der Christen in der Zeit bis zum Jüngsten Gericht beschreibt. Dabei vermeidet es Leo Jud, der Reformation irgend eine prophetisch endzeitliche Bedeutung zuzuschreiben.

Bezeichnender Weise interpretiert er die Sonnenfrau von Apk 12 originell als das Gotteswort, von dem sie schwanger ist, um den wahren Glauben zu gebären; und Gottes Wort ist nie ohne seinen Opponenten, den ‹Drachen›. Im Unterschied zu Joachim von Fiore ist für Leo Jud nicht ein erst noch anbrechendes Zeitalter des Geistes heilsgeschichtlich entscheidend, sondern die Inkarnation. Leo Jud ist dem entsprechend – anders als Bullinger – ein treuer Schüler Zwinglis und sieht sich nicht in der Endphase der Zeit, sondern am Anfang einer neuen. Freilich betont er nicht so sehr

wie Zwingli die eschatologische Qualität des Gotteswortes als vielmehr seine kontemplative Kraft.
Auch Theodor Bibliander lebt nach seinem Kommentar, der *relatio fidelis*, zu schliessen, nicht in der Endzeit und ist kein Millenarier. Für ihn ist das Millenium zwischen 70 n. Chr. und 1070 mit Gregor VII. und dem ersten Kreuzzug längst vorbei. Seither ist der Satan nach Apk 20 wieder freigesetzt und im Papsttum am Werk. Ganz im Sinne solcher konkret auf historische Fakten bezogenen Geschichtshermeneutik weisen die sieben Siegel für ihn nicht spirituell auf typische Ereignisse während der ganzen Zeit der Kirche; sie bezeichnen vielmehr – ein Originalbeitrag Biblianders zur Auslegung der Johannes-Apokalypse – konkret bestimmbare Phasen der biblisch verstandenen Weltgeschichte, welche von der Schöpfung über das Alte und Neue Testament bis in Biblianders Gegenwart reichen. Die Reformation eröffnet das siebente Zeitalter, Biblianders eigene Zeit. Sie rückt das Papsttum als Antichrist ins Licht und wird ihm bald ein Ende bereiten. Deshalb ist sie vor dem (nicht nah erwarteten) Jüngsten Tag die beste aller Zeiten und als letzte Phase der Geschichte in der Johannes-Offenbarung deutlich vorhergesagt.
Von besonderem Interesse ist Biblianders Verständnis des Islam. Als Übersetzer und Herausgeber des Korans interpretierte er den Islam nicht als antichristlich, sondern als eine mit dem Papsttum aufkommende häretische Bewegung, welche auf den Papst-Antichristen in besonderer Weise aufmerksam macht.
Heinrich Bullinger schliesslich unterscheidet sich von den beiden anderen Zürchern mit seiner entschiedenen Betonung des nicht mehr weiten, wenn auch noch nicht unmittelbar bevorstehenden, Jüngsten Gerichtes, welches schon seinen Schatten auf die letzte Epoche der Geschichte, Bullingers Gegenwart, wirft und den Gläubigen Mut und Hoffnung gibt. In seinen *Cent Sermons* (1565 in Genf herausgekommen), die als Verkündigungshilfen für Prediger der verfolgten Kirche gedacht waren, legt er sehr Gewicht darauf, dass die Johannesoffenbarung von Christus selber stammt. Christus selber steht hinter diesem Trostbuch, das zum Durchhalten ermutigt, indem es die zukünftigen Drangsale seiner Kirche auch für die Zeit der Reformation offenbart und sie seiner Herrschaft unterordnet (dem ursprünglichen Zweck der biblischen Apokalyptik entsprechend). Die sieben Siegel enthüllen denn bei ihm auch nicht Geschichtsepochen, sondern die göttliche Vorhersehung. Die Hauptabsicht Bullingers wird deutlich erkennbar, wenn er das erste Tier von Apk 13 mit dem bereits zerstörten römischen Reich und das zweite mit dem Papsttum identifiziert, in welchem sich das erste fortsetzt. Die Johannes-Apokalypse schildert seinen unzweifelhaften Untergang. Vorher aber ist – je näher dem Jüngsten Tag – mit wachsender Ungerechtigkeit, Not und Verfolgung zu rechnen. Denn auch für Bullinger fand das Millenium längst sein Ende, was bedeutet, dass auch er sich in der Zeit der Loslassung Satans wusste, dem gegenüber am Bekenntnis des neu entdeckten Glaubens treu festzuhalten war. Seltsam berührt dabei, dass Bullinger – im Unterschied zu Bibliander – der Reformation keine besondere Bedeutung zumass. Allerdings gab es in den Sechzigerjahren des 16. Jh.s zu einem triumphalen Geschichtsbild wenig Anlass. Im Vordergrund standen für Bullinger Ermutigung, Hoffnung und Trost.
Kapitel 5 thematisiert mit den Kommentaren von David Chytraeus und Nikolaus Selnecker den lutherischen Gegensatz.

Für beide war die Apokalypse des Johannes nun vollends ein Buch über das nahe Jüngste Gericht und über die Rolle, welche die Reformation dabei zu spielen hatte. Bei Chytraeus ist sie das zentrale apokalyptische Ereignis seiner Zeit, weil sie das Papsttum als den Antichristen schonungslos enthüllt und ihm den Untergang ankündigt, wie ihn das Jüngste Gericht verwirklichen wird. Dieses rückte damit so nahe, dass Chytraeus – ausgehend von der ominösen Zahl 666 – auch vor Berechnungen seines Eintritts nicht zurückschreckte. Die Reformation führte nach seiner Auslegung direkt zum Jüngsten Gericht.

Noch weiter ging Selnecker in seinem volkstümlichen, deutsch verfassten Kommentar: die apokalyptische Frau von Kp. 12, verstanden als die Repräsentantin der Reformation, wird in naher Zukunft einen endzeitlichen Erlöser wie Luther gebären, und im Text der Johannes-Apokalypse lassen sich laufend Ereignisse der lutherischen Reformation identifizieren. Alles in allem eine – im Unterschied zu Bullinger – triumphale Sicht.

Irena Backus' Buch schliesst mit einer knapp gehaltenen und doch alles Wesentliche einschliessenden Zusammenfassung. Zahlreiche Fussnoten folgen, nach den Kapiteln eingeteilt. Sie enthalten die englisch wiedergegebenen Zitate des Haupttextes in ihrer ursprünglichen Sprache Lateinisch, Französisch und Deutsch. Eine ausführliche Bibliographie mit Quellen und Sekundärliteratur sowie ein hilfreicher Index schliessen das Buch ab.

Irena Backus zeigt, dass die Auslegung der Johannes-Apokalypse auf Seiten der Reformation sich erstaunlich konservativ an die Tradition hielt und sie vor allem als Spiegel der Kirchengeschichte wahrnahm unter Einschluss ihrer Zeit als der letzten Phase des antichristlichen Papsttums und seines Untergangs. Dem apokalyptischen Aspekt als einem endzeitlichen selber bringen die Kommentare wenig Interesse entgegen. Offensichtlich entfaltete sich die Eschatologie der Reformation – wie eingangs bemerkt – nicht in solchen Exegesen, sondern in der Verkündigung des neuentdeckten Gotteswortes, seiner eschatologisch letztentscheidenden Bedeutung. So war die Reformation als eschatologischer Kairos der Verkündigung dieses Wortes oder als Gericht über seine Verächter zu verstehen, wie es im Blick auf ‹letzte Zeiten› bei Zwingli der Fall war.

Als kundigen Leser liess mich der Titel dieses Buches nicht nur eine umfangreiche und exakte Darstellung exegetischer Befunde erwarten.

Unter ‹Readings› verstehe ich immer zugleich den ganzen Hintergrund dessen, was und wie gelesen wird. Dieser Hintergrund freilich kommt im Buch von Irena Backus zu kurz. Schon ein flüchtiger Blick über die Bibliographie lässt grundlegende Titel zur Eschatologie der grossen Reformatoren vermissen. Im Zusammenhang der bearbeiteten Kommentare kommen Luther, Zwingli und vor allem auch Calvin mit ihrer Eschatologie nie wirklich in Sicht, obwohl sie sich alle zu apokalyptischen Aspekten des NTs geäussert und diese auch interpretiert haben. Ihre Standpunkte haben sich denn auch deutlich genug in Genfs, Zürichs und Wittenbergs Kommentare zur Johannes-Apokalypse niedergeschlagen. Calvins Zieleschatologie des wandernden Gottesvolkes im Lichte der Christusgegenwart, Zwinglis Verständnis der eschatologischen Entscheidung ‹letzter Zeiten› wie der Reformation, und Luthers zunehmend betonte Naherwartung in apokalyptischer Deutung der reformatorischen Verkündigung seiner Zeit drängen sich als jeweiliger Hintergrund der Kommentare geradezu auf. Das

Ausbleiben dieser geistesgeschichtlich wesentlichen Einbettung verleiht den aufwendigen Bemühungen von Irena Backus etwas Steriles und ab und zu Absonderliches.

Ganz abgesehen davon aber bietet dieses Werk eine herausragende, klar gegliederte Untersuchung. Irena Backus versteht es, ihre LeserInnen mit Rückgriffen, Gegenüberstellungen und Vergleichen durch das Dickicht der komplizierten, uns heute wenig vertrauten exegetischen Voraussetzungen, Hermeneutiken, Vorstellungen und Berechnungen zu führen. Wer an der Auslegung der Johannes-Apokalypse und an der Reformation interessiert ist, wird sich dieses aufschlussreiche Buch nicht entgehen lassen.

Walter Ernst Meyer, Biel

Calvin-Studienausgabe, hrsg. von Eberhard Busch u. a., Band 4: Reformatorische Klärungen, Neukirchen-Vluyn: Neukirchener Verlagshaus 2002, 416 S., ISBN 3-7887-1842-0

Mit dem vierten Band hat die Calvin-Studienausgabe nun die erste Halbzeit mit Erfolg bestanden: in vier wohlfeilen Paperback-Bänden wird der interessierte Leser mit einer repräsentativen Auswahl von Schriften durch die Entwicklung von Calvins Theologie von den «reformatorischen Anfängen» (Teilbände 1/1 und I/2) über Calvins Vorstellungen zur «Gestalt und Ordnung der Kirche» (Bd. 2) zu den «Reformatorischen Kontroversen» (Bd. 3) und «Reformatorischen Klärungen» (Bd. 4) geführt.

Auch im neuesten Band finden sich wieder die französischen und lateinischen Originaltexte zusammen mit in gut verständlichem Deutsch abgefassten Übersetzungen, welche doch stets genügend nahe an der Vorlage bleiben. Für die Originalfassungen konnten erneut die ältesten erreichbaren Drucke verwendet werden, die inzwischen zu einem Grossteil vom Genfer reformationsgeschichtlichen Institut auf Mikrofiche zugänglich gemacht wurden. Etwas angewachsen sind die Einführungen zu den einzelnen Schriften, was der an Calvin interessierte, jedoch nicht auf Calvin spezialisierte Leser nur begrüssen kann. Natürlich fehlen auch im neuesten Band weder Bibelstellen- noch Namenregister.

Zum Nachdenken Anlass geben mag dem Leser die Unterscheidung zwischen «reformatorischen Kontroversen» und «reformatorischen Klärungen» in den Bandüberschriften. Die Herausgeber selbst schreiben zum dritten, den Kontroversen gewidmeten Band, er enthalte eine Auswahl von «Streitschriften», mit denen Calvin an verschiedenen Fronten in die «religiösen Auseinandersetzungen des 16. Jahrhunderts» eingegriffen hatte. Band vier nun präsentiert «eine Reihe wichtiger, programmatischer Schriften, in denen Calvin nach den grossen Auseinandersetzungen der 40er Jahre des 16. Jahrhunderts (Band 3) den Weg zur Entstehung einer einheitlichen reformierten Kirche gebahnt hat». Die «kontroversen» Schriften gehen somit den «klärenden» zeitlich voraus: die Schriften in Band 3 stammen aus dem Zeitraum von 1544 bis 1547, jene in Band 4 mit Ausnahme der Schrift «Wider die Sekte der Libertiner» (1545) aus dem Zeitraum 1549 bis 1563. Als «kontrovers» kann sich ferner eine Schrift dadurch auszeichnen, dass Calvin in ihr *gegen* eine andere theologische Position kämpft und sie widerlegt, währenddem er in «klärenden» Schriften eher positiv *für* seine eigene Position eintritt und diese gegenüber seinen Gegnern verteidigt. Indes tanzt auch diesem Fall die Schrift gegen die Libertiner ein wenig aus der Reihe. Insgesamt hätte man also gut zwei Teilbände mit dem Titel «Reformatorische Kontroversen und Klärungen» herausgeben können, wenn auch im Blick auf die gesamte Werkausgabe die gewählte chronologische wie thematische Unterteilung sinnvoll bleibt.

Als Beispiel eines «klärenden Kompromisses» können wir die erste der in Band 4 enthaltenen Schriften bezeichnen: den *Consensus Tigurinus* von 1549. Die Einleitung von Eberhard Busch macht indes deutlich, dass es sich um einen Kompromiss handelte, der nicht nur einte, sondern auch entzweite, und der bis heute von Historikern unterschiedlich bewertet wird. «Klärender» Natur ist auch die *Confessio Gallicana*, das Bekenntnis der in Frankreich zerstreuten Kirchen von 1559, dessen Entwurf von Calvin verfasst oder zumindest mitverfasst wurde (Bearbeiter: Christian Link). Mit *Von der ewigen Erwählung Gottes* (Bearbeiter: Christian Link) haben wir sodann eine Schrift vor uns, welche ebenso «klärend» wie «kontrovers» ist, handelt es sich doch um das im Dezember 1551 in Genf vorgetragene Votum Calvins im Prozess gegen Hieronymus Bolsec, einen aus Frankreich stammenden ehemaligen Karmelitermönch, der öffentlich erhebliche Zweifel an der doppelten Prädestination geäussert hatte. Sein Votum unterteilt Calvin in eine biblische Grundlegung und die detaillierte Widerlegung der einzelnen Einwände. Auf eine «Widerlegung der trügerischen Verdrehungen» beschränkt sich Calvin in seiner Verteidigung der «orthodoxen» Trinitätslehre gegen den spanischen Juristen, Theologen, Astrologen und Mediziner Michael Servet (*1509 oder 1511). Bei dieser Schrift ist der interessierte Leser besonders dankbar über die ausführliche Einleitung von Peter Opitz, ist doch die am 17. Juni 1553 in Genf vollzogene Verbrennung des die Trinität leugnenden «Ketzers» besonders seit der Aufklärung zu einem Symbol der intoleranten Haltung des Genfer Reformators geworden. Peter Opitz zeigt in ausgewogener Weise Hintergründe des Prozesses auf (etwa die weitgehend geschlossene Haltung der reformierten Städte), ohne das Urteil selbst zu beschönigen oder gar zu rechtfertigen.

Bei der Schrift *Wider die Sekte der Libertiner* von 1545 handelt es sich im eigentlichen Sinne um eine «kontroverse» Schrift, in welcher uns Calvin über die Verwandtschaft der Libertiner mit biblischen und altkirchlichen Ketzern aufklärt, ihre Geschichte, ihren Sprachstil und ihre Hermeneutik nachzeichnet und ihre Lehraussagen kritisiert (Bearbeiter: Gottfried Wilhelm Locher). Verzichtet worden ist auf die Wiedergabe der letzten Teile der Schrift, in welchen Calvin die ethischen Konsequenzen libertinischer Irrlehre behandelt, ihre Vorstellung von der Auferstehung verurteilt und zum Schluss ausgiebig das Traktat eines ihres Anführers kritisiert. Mit dem kurzen Text *Zu den Fragen und Einwürfen irgendeines Juden*, den Calvin ca. 1563 verfasst hat, haben wir zum Abschluss noch eine kleine Perle vor uns. Es handelt sich um die einzige Schrift, in welcher Calvin sich explizit mit dem Judentum auseinandergesetzt hat. Wie Achim Detmers in seiner Einleitung nachweist, entstammen die jüdischen Anfragen einer 1555 in Paris erschienen Ausgabe des ursprünglich um 1385 vom spanischen Juden Schemtob ben Isaak ibn Schaprut verfassten *Eben bochan* («Prüfstein» nach Jes 28,16). Calvin entfaltet in seinen Entgegnungen auf der Basis des Alten Testamentes eine Bundestheologie. Achim Detmers beurteilt die Schrift eher kritisch: Calvin richte sich in ihr an eine christliche Leserschaft und zeige wenig Verständnis für jüdische

Einwände, wenn auch ohne einer etwa mit dem Judenratschlag Bucers vergleichbaren antijüdischen Haltung zu verfallen. Christian Link dagegen vertritt in seinem Vorwort die Ansicht, die Schrift gehöre mit ihrer Reflexion des Übergangs vom Alten zum Neuen Bund ins Zentrum der Theologie Calvins und könne mit ihrer fundamentalen These der Einheit der Kirche und Israels im Rahmen eines umfassenden Bundes als eine seiner wichtigsten Klärungen begriffen werden.

Insgesamt ist den Herausgebern schlicht und einfach ein grosses Lob auszusprechen: endlich ist nun neben der *Institutio* auch eine repräsentative Auswahl der wichtigen Schriften Calvins in einer wissenschaftlichen Ansprüchen genügenden und gleichzeitig allgemein verständlichen und zahlbaren Form einem breiten Leserkreis zugänglich. Nun ist zu hoffen, dass Calvins Werke sowohl in «stillen Studierstuben» wie auch gemeinsam in Kirchgemeinden vermehrt gelesen und wieder über sie nachgedacht wird.

Daniel Neval, Prag/Zürich

J. Jürgen Seidel, **Die Anfänge des Pietismus in Graubünden**, Zürich: Chronos 2001, 575 S., ISBN 3-0340-0513-X

Endlich liegt auch, nach den Arbeiten Dellspergers (Anfänge des Pietismus in Bern) und Hanimanns (Zürcher Nonkonformismus im 18. Jahrhundert) eine Arbeit über die Anfänge des Pietismus in Graubünden vor. Seidel hat über längere Zeit intensive Quellenstudien, nunmehr auch in den nach der Wende 1989 zugänglichen Archiven der ehemaligen DDR (Halle und Herrnhut), betrieben und versuchte darauf basierend einen Einblick in die Anfänge des Pietismus in Graubünden zu entwerfen. Die Bedeutung der geplanten Arbeit wurde schnell erkannt und in die Forschungsliste der Bündner Kulturforschung sowie des Schweizerischen Nationalfonds aufgenommen. Im Wintersemester 2000/01 wurde die Arbeit als Habilitationsschrift an der Theologischen Fakultät der Universität Zürich angenommen.

Methodisch wählt Seidel den Ansatz von Johannes Wallmann, d. h. dass er sich den Anfängen des Pietismus in Graubünden grundsätzlich über Biographien seiner Vertreter, namentlich Andreas Gillardon und Daniel Willi, nähert. Nach einer z. T. äusserst fruchtbar zu nutzenden Einleitung zur politischen und religiösen Ausgangslage in evangelisch Bünden (S. 31–67) teilt sich die Arbeit in drei Teile auf. Im ersten Teil (S. 69–115) geht er auf die ersten Kontakte in Bünden zum europäischen Pietismus ein und weist aufgrund von minutiösen Quellenstudien in einem Exkurs nach, dass die in der Literatur als Pietistin eingegangene Maienfelderin Hortensia Gugelberg von Moos-von Salis, die einen erstaunlichen Briefwechsel mit Gelehrten ihrer Zeit (Schweizer, Scheuchzer, Zwinger, u.s.w.) pflegte, keine pietistischen, geschweige denn separatistischen Gedanken hatte, sondern in reformiert-orthodoxer Tradition stand. Die ersten intensiveren Beziehungen zum Pietismus, insbesondere zu Halle, erkennt Seidel in der Familie Gillardon; bald hätte sich eine Korrespondenz zwischen Hallensern und Bündnern entwickelt, so dass auch immer mehr Bündner, vornehmlich Söhne aus Adels-, Arzt- und Pfarrhäusern, den Weg nach Halle wählten (Pädagogium Regium, Schola Latina, Universität). Obwohl bald verschiedenenorts einzelne Gemeindeglieder öffentlich über ihre persönliche Bekehrung sprachen und gemeinschaftlich frei beteten, kommt Seidel doch zum

Schluss, dass sich Hallenser Geist in den Drei Bünden weithin nur auf die Pädagogik Franckes in den Bündner Schulen beschränkte. Hintergrund dafür sei die noch im 18. Jahrhundert in Bünden anzutreffende, an Bibel und Bekenntnis orientierte stark ausgeprägte Kirchlichkeit gewesen. Letztere Feststellung Seidels müsste wohl noch weiter, anhand von Quellen und im Vergleich mit andern Gebieten Europas, kritisch untersucht werden.

Der zweite Teil (S. 117–270) der Darstellung beherrscht das Opus von Seidel: In Daniel Willi (1696–1755) erkennt er den ersten bedeutenden Vertreter des Pietismus in Graubünden. Willi, der zeitlebens um biblische Redlichkeit und ernsthaft gelebte Frömmigkeit bemüht war, gehörte zu jenem Pietistenkreis, der einerseits eine Separation von der Kirche ablehnte – wenn auch Willi während zehn Jahren aufgrund persönlicher ‹Busskämpfe› kein Pfarramt innehatte – andererseits aber seine kritische Haltung zu einem Bekenntniszwang mit dem Argument der Gewissensfreiheit zeitlebens verteidigte. Seidel liefert viele Ausschnitte aus Briefen, Gebeten und Predigten Willis. Daraus wird deutlich, dass Willi in jüngeren Jahren von Mystikern wie Böhme oder Poiret wesentlich beeinflusst war, weswegen auch seine Person in der Zensur der Synode mehrfach zu heftigen Auseinandersetzungen führte, schliesslich aber in seiner amtslosen Zeit immer mehr zur biblisch-reformierten Begrifflichkeit zurückkehrte, bis dass er gar Antistes von Chur (1752) wurde, ohne in dieser Stellung besonders glücklich gewesen zu sein.

Treffend bezeichnet Seidel Willi als ein «Konglomerat pietistischen Gedankengutes» (S. 328), denn in Willis Denken verbanden sich verschiedene Aspekte pietistischer Richtungen (Mystisches, Eschatologisches, ‹Separatistisches›). In diesen Zusammenhang fügt Seidel auch ein grundsätzliches Kapitel über den Separatismus in Bünden (S. 218–254) ein. Darin referiert er neben der Untersuchung von Willis ‹separatistischem› Gedankengut verschiedene in dieser Zeit in Graubünden entstandene Separatistenkreise (Thusis, Chur, Igis, Feldis), kommt schliesslich aber zum Schluss, dass aufgrund der kirchen- und staatspolitischen Grundstruktur Bündens der Separatismus nie ernsthaft eine Chance hatte. Ob Seidel die Bedeutung dieser politischen Strukturen (‹Demokratie›) im Falle des 18. Jahrhunderts nicht manchmal überbewertet, ist allerdings zu fragen.

Im dritten Teil (S. 273–323) liefert Seidel seine grundlegenden Studien zu den Anfängen des Herrnhuter Geistes in den Drei Bünden. Bezeichnenderweise steht auch hier an erster Stelle Andreas Gillardon und vor allem Daniel Willi. Willi verteidigte letzlich gar Zinzendorf, ohne je ein Herrnhuter geworden zu sein, gegenüber den Angriffen von Beat Holzhalb aus Zürich. Es folgt anschliessend eine äusserst wertvolle, mit vielen Einzelinformationen versehene und doch die Gesamtschau nicht aus den Augen verlierende Darstellung der Tätigkeit der Herrnhuter Sendboten in den Drei Bünden zwischen den Jahren 1745 und 1798, die in den frühen Jahren auch Willi aufgesucht und bei ihm vorübergehend logiert hatten. Aufschlussreiche Listen verdeutlichen, wo die Zentren herrnhuterischen Gedankenguts in Bünden waren. Nur am Rande kommt Seidel abschliessend noch auf die heftigen Auseinandersetzungen um die Herrnhuter in der Synode zu sprechen, da diesbezüglich von Holger Finze-Michaelsen bereits mehrere Einzelstudien vorliegen.

Es schliesst sich an die eigentliche Darstellung ein äusserst bemerkenswerter Quellenanhang an, in dem schriftliche Glaubenszeugnisse (Predigten, Gedichte und Gebete) und Briefe vom Ende des

17. Jahrhunderts bis zur ersten Hälfte des 18. Jahrhunderts, die Einblick in die Entwicklung des religiös-kirchlichen Lebens in den Drei Bünden geben, ediert werden. Die Dokumente sind nicht nur sehr sauber ediert, sondern enthalten auch viel wertvolles Material, das die Darstellung Seidels unterstützt und den Leser erst recht die Eigenart der Anfänge des Pietismus in Bünden verstehen lässt.

Abschliessend soll die Arbeit Seidels als Ganz kritisch gewürdigt werden: Kritische Anfragen sind vor allem im methodischen und formalen Bereich zu stellen. Seidel geht methodisch vom Ansatz Wallmanns aus; darum wird wohl auch öfters die Gesamtschau, die das Opus als Ganzes (vgl. Schlussbemerkungen S. 325–329) zum Ziel hat, verlassen. Insbesondere die beherrschende Stellung, die die Darstellung Willis einnimmt, lässt die Gesamtschau, die in den anderen Abschnitten (Anfänge, Separatismus, Herrnhuter) erfolgreich beibehalten wird, mehrfach in den Hintergrund treten. Weiter ist zu fragen, ob die streckenweise enge Verknüpfung von historisch-kritischer und theologischer Darstellung nicht auch Grenzen hat. Eine deutlichere Trennung zwischen historischer und theologischer Argumentation hätte m. E. mehrfach nahegelegen. In diesem Zusammenhang ist natürlich auf den Handschriftenband S 369 aus der Zentralbibliothek Zürich hinzuweisen, der nicht nur äusserst wertvolles Material zu Willi und seiner Zeit umfasst, sondern als historische Quelle auch äusserst schwierig auszuwerten ist. In formaler Hinsicht ist vor allem auf die Quellenangaben bzw. Archivbelege kritisch hinzuweisen. Abgesehen von einzelnen fehlenden Quellenangaben sind die Angaben hin und wieder unvollständig und nicht immer einheitlich. Dies betrifft insbesondere das Synodalarchiv (vgl. S. 192: Was ist mit dem ‹Synodalbuch Chur› gemeint?). Zudem ist zwischen einem Zitat und einem Verweis m. E. nicht immer deutlich genug unterschieden worden.

Diesen kritisch anfragenden Bemerkungen steht aber der ausnehmende Nutzen gegenüber, der diesem Werk eigen ist: Die häufigen wörtlichen Zitate von bislang unbekannten handschriftlichen Quellen sind sinnhaft in den Argumentationsgang eingebettet; gleichfalls geht Seidel mit der Forschungsliteratur kritisch um und korrigiert manche bislang geläufige Allgemeinplätze. Die theologischen Väter Willis werden minutiös herausgearbeitet, wodurch z. B. Willis ‹Rätzel›-Schrift in ihrem grösseren theologisch-geschichtlichen Kontext besser verständlich wird. Wertvoll sind auch die vielen einzelnen biographischen Hinweise zu bislang unbekannten Angehörigen der Familien Gillardon, Rosenroll, Loretz oder Leonhard sowie die nützlichen Listen und die zahlreichen Beiträge zur Synodalgeschichte. Dies alles ermöglicht einen wesentlichen Erkenntniszuwachs in der Frömmigkeitsgeschichte der reformierten Kirche in den Drei Bünden des 18. Jahrhunderts.

Jan Andrea Bernhard, Castrisch

Achim Detmers, **Reformation und Judentum: Israel-Lehren und Einstellungen zum Judentum von Luther bis zum frühen Calvin**, Stuttgart: W. Kohlhammer 2001 (Judentum und Christentum Bd. 7), 392 S., ISBN 3-17-6968-8

Die Arbeit gliedert sich in folgende Teile: A. Einleitung (1–36); B. Das Nebeneinander von Christen und Juden in der Reformationszeit (37–116); C. Die Israel-Lehren und Einstellungen zum Judentum bei ausgewählten Reformatoren

(117–238); D. Die Anfänge der Israel-Lehre Calvins in der Zeit des Baseler Exils (1535/36) (239–280); E. Die Weiterentwicklung der Israel-Lehre Calvins und die Veränderungen in seiner Haltung gegenüber dem Judentum (1536–1544), eine englischsprachige Zusammenfassung (322–327) und einen Anhang mit Bullingers «Gutachten ... zur Duldung von Juden vom 10. Juni 1572» (lateinisch mit Übersetzung).

Das Literaturverzeichnis umfasst (333–378) 45 Seiten, dazu kommen Abbildungsnachweise und Register (378–392). Allein daraus kann man auf die immense Fülle des vom Verfasser verwerteten Materials an Quellen, Sekundärliteratur und Abbildungen schliessen. Nicht zuletzt in der breiten Berücksichtigung von Quellen und Abbildungen zum zeitgenössischen Judentum v. a. in Teil B liegt schon ein grosser Wert dieser Studie. Im Zentrum steht allerdings «die Frage nach Entstehung und Entwicklung der frühen Israel-Lehre Calvins und seiner Haltung gegenüber dem Judentum (2). Dem Buch liegt denn auch die Dissertation des Vf. zu diesem Thema zugrunde.

Sein Fragehorizont ist weit gespannt : «Unter dem Topos *Israel-Lehre* werden in dieser Untersuchung alle Aussagen verstanden, mit denen sich christliche Theologie – implizit oder explizit – über Glaube und Religion Israels äussert und sich als Kirche zum biblischen Gottesvolk in Verbindung setzt. Hinter der Israel-Lehre verbirgt sich also der mehr oder weniger explizite Versuch, die Tatsache, dass die Kirche aus dem Judentum hervorgegangen ist, theologisch zu verarbeiten»(3). Die Israel-Lehre erhält darum nach Detmers eine Schlüsselstellung für alle Fragen christlicher Theologie. – Unterschieden werden bei Detmers nun eine primäre Israel-Lehre (Aussagen über den Glauben Israels in alttestamentlicher Zeit), eine sekundäre Israel-Lehre (theologische Aussagen über das Judentum nach Christi Kommen) und eine allgemeine Haltung gegenüber dem zeitgenössischen Judentum, was u. a. anhand terminologischer Unterscheidungen im Werk Calvins belegt wird (4–6). Teil A referiert dann im weiteren anhand eines Forschungsüberblicks die bisherigen Gesichtspunkte, unter denen Calvins Verhältnis zu Israel behandelt wurde: Antijudaismus, Verwerfung des Alten Volkes, Bild der Sündhaftigkeit, göttliches Strafgericht und relative Toleranz, strukturelle Übereinstimmung, Israel-Lehre als Funktion innerchristlicher Polemik, Verwerfung des jüdischen Volkes und Respekt vor dem Erwählungshandeln Gottes. Detmers will nun die Akzente der frühen Israel-Lehre Calvins in Auseinandersetzungen mit den Herausforderungen seiner Zeit gegenüber dem Judentum und im Vergleich mit den Haltungen anderer Reformatoren darstellen.

Teil B gibt eine höchst instruktive Darstellung 1. der «Lage westeuropäischer Juden in der Zeit vor der Reformation» und ein Darstellung der antijüdischen Stereotype in «2. Das christliche Bild vom zeitgenössischen Judentum am Vorabend der Reformation.» Eine allgemeine Übersicht bietet dann «3. Die Auswirkungen der Reformation auf das Verhältnis von Christen und Juden (1520–1546)». Hier werden vor allem Luthers Stellung zum Judentum und die Verhältnisse in seinem Umfeld dargestellt, so dass in Teil C. auf eine separate Darstellung Luthers verzichtet wird.

Teil C behandelt nun nacheinander die Israel-Lehren von Melanchthon, Zwingli, Bullinger, Bucer und – Servet, der natürlich nicht ins Schema der Reformatoren (so 117!) passt, aber dessen Ansichten schon früh zum geistigen Umfeld Calvins gehörten. Dabei ergibt sich u.E. das erstaunliche Ergebnis: Trotz fundamentaler theologischer Unterschiede zwischen Melanchthon und der oberdeutsch-schweizerischen Bundestheologie bei Zwingli, Bullinger und in etwas anderer Weise bei Bucer, und deren verschiedener Einschätzung des Alten Testamentes, was Detmers ausführlich darstellt, sind sich alle einig in der generellen Verwerfung der Juden und deren Ausgrenzung. Ihre heilsgeschichtliche Rolle ist mit dem Kommen Christi zu Ende, wobei auf reformierter Seite der Vorbehalt der Erwählung einzelner Juden betont wurde. Von Zwingli gibt es keine antijüdischen Äusserungen, er hatte aber auch höchstens vereinzelte Kontakte zu Juden. Bullinger wandte sich zwar scharf gegen Luthers späte Judenschriften, war aber auch gegen eine freiwillige Aufnahme der Juden in ein christliches Gemeinwesen. Bucer sah in den Juden in religiöser und sozialer Hinsicht eine Gefahr für die christliche Bevölkerung und konnte deshalb beinahe so harte Massnahmen fordern wie Luther (Judenratschlag von 1538, 208- 215). Die theologische Begründung einer Israel-Lehre leistete also kaum etwas in bezug auf das konkrete Verhältnis zum aktuellen jüdischen Mitmenschen, sondern die jeweilige Situation und Nachbarschaft gab den negativen Ausschlag. Die Feststellung Detmers': «Insgesamt aber waren alle reformatorischen Ansätze von einem mehr oder weniger ausgeprägten theologischen Antijudaismus bestimmt» (237) scheint dem Rez. bei aller Würdigung der Resultate von Detmers aber doch eine Überzeichnung und Verabsolutierung eines einzelnen Aspektes.

Für Servet kann Detmers nachweisen, dass dieser entgegen verbreiteter Meinung nicht jüdischen Lehren zuneigte, sondern nur sich auch jüdischer Argumente gegen die Fehlentwicklungen christlicher Dogmatik gegenüber den wiederherzustellenden apostolischen Anfängen bediente (227).

Teil D und E bringen sorgfältige und u.E. durchwegs zutreffende Analysen von Calvins «Israel-Lehre» und Stellungnahmen zum Judentum. Für die in Teil D behandelte Frühphase gilt: «1535/36 «mischten sich ... erste Ansätze einer Bundestheologie unter die am Hebräerbrief orientierte Gegenüberstellung von Altem und Neuem Testament» (242). Wichtig ist die Feststellung: «Das Charakteristikum seiner Israel-Lehre ergibt sich ... aus der Situation des französischen Protestantismus, insb. der Frontstellung zur römischen Kirche»; sowie der Exilsituation und den Problemen des Nikodemitismus und des Libertinismus (ebda). Damit war eine typologische Auswertung und eine Auswertung alttestamentlicher Verhältnisse in Analogie zur Gegenwart verbunden. Ausführlich wird die Verfasserschaft Capitos für die früher Calvin zugeschriebene Vorrede zur Olivetanbibel, welche sich an jüdische Leser richtet, belegt. Direkte Kontakte Calvins mit Juden sind nicht nachzuweisen, aber nach Detmers für die Aufenthalte in Ferrara und v.a. später in Strassburg vorauszusetzen. Einen ersten «expliziten Rückgriff auf den alttestamentlichen Bundesgedanken» findet Detmers bei der Beeidung des Glaubensbekenntnisses in Genf von 1537 (283–284). In Strassburg entfaltete Calvin dann die Lehre von der substantiellen Einheit des Alten und Neuen Bundes im Gegensatz zu den Täufern (287–290) und kam bei der Ausarbeitung des Römerbriefkommentars zu dem generellen reformierten Urteil der Verwerfung Israels mit dem Vorbehalt der Erwählung Einzelner und der Warnung vor christlichem Hochmut. – In späterer Zeit setzte sich Calvin eingehender mit dem zeitgenössischen Judentum auseinander und stand ihm »überaus ablehnend» gegenüber (297). Dies zeigt ein Urteil aus dem Danielkommentar von 1561 und die Schrift von 1563 «Zu den Fragen und Einwürfen irgend eines Juden» (jetzt von Detmers ediert und übersetzt in Calvin-Studienausgabe 4, 366–405), für die Detmers als Vorlage eine jüdische mit Einwürfen versehene Ausgabe des Mt-Evangeliums, den «Prüfstein» des spanischen Juden Schemtob, nachweist (293–297). Der Abschnitt «E 4. Auswertung und zusammenfassende Thesen» gibt einen sehr konzisen und instruktiven Überblick. Wenn auch für Calvin «keine eindeutig abgrenzbaren Quellen» etwa für die Bundeslehre nachgewiesen werden können (318) und direkte Kontakte und Stellungnahmen Calvins in bezug auf das zeitgenössische Judentum fehlen, so dass hier manches im Bereich historischer Vermutung bleiben muss, ist doch sowohl die Darstellung der Thesen des Reformators wie auch des geistigen Umfeldes vor allem der Strassburger Zeit von grossem Wert. Auch wer sich generell für die Problematik des zeitgenössischen jüdischen Umfelds der Reformation interessiert, findet hier ein Standardwerk vor.

Ernst Saxer, Dübendorf

Peter Opitz (Hrsg.), **Calvin im Kontext der Schweizer Reformation. Historische und theologische Beiträge zur Calvinforschung**, Zürich: Theologischer Verlag Zürich 2003, 336 S., ISBN 3-290-17-252-X

Die Aufsätze dieser Bandes gehen auf eine Tagung zurück, die im Juni 2001 zum Thema «Calvin und die Schweiz» vom Institut für Schweizerische Reformationsgeschichte der Theologischen Fakultät der Universität Zürich in Kappel durchgeführt wurde. Der Band gibt Einblick in verschiedene Perspektiven der gegenwärtigen Calvinforschung im deutschen und niederländischen Sprachraum und enthält Beiträge zu unterschiedlichen Kreisen von Calvins Wirken, v.a. seinen Beziehungen zu Zeitgenossen und seiner Exegese und Dogmatik. Die Arbeiten dieses Bandes profitieren in vielem von den Editionen der Briefe Bullingers, Melanchthons und Bezas und der Vorbereitung einer Neuedition der Briefe Calvins.
Cornelis Augustijn «Farel und Calvin in Bern» (9–23) beschäftigt sich mit den Entwicklungen, die zur Wegweisung der beiden aus Genf im Frühjahr 1538 führte. Anhand der reformatorischen Korrespondenzen behandelt er zunächst die Besuche der beiden in Bern 1. im Zusammenhang des Streites mit Caroli, und 2. im Zusammenhang der Abendmahlslehre. Beidemale anerkannte der Berner Rat schliesslich die Genfer (mit Viret) als orthodox und indirekt damit auch als Vertreter der Reformation im Welschland. 3. «Eintretende Entfremdung» und 4. «Die Frage der Zeremonien» betreffen die Differenzen mit Bern, v.a. hervorgerufen durch den Pfarrwechsel in Bern von Megander zu dem lutherischen Peter Kunz. Die in Bern und Genf geforderte und von Calvin und Farel verweigerte Einheit der Zeremonien hätte auch eine Einheit der Lehre demonstrieren sollen, was beide ablehnten. Was ihnen daran so wichtig war, sei nicht zu erschliessen. (Der Rezensent vermutet als Grund die radikale Ablehnung jedes auch äusserlichen Anscheins des «Katholisierens» durch die beiden in der verlangten Abhaltung der Feiertage und Verwendung der Hostie).
Frans Pieter van Stam stellt in «Das Verhältnis zwischen Bullinger und Calvin während Calvins erstem Aufenthalt in Genf» (25–40) eine «distanzierte Haltung Bullingers gegenüber Calvin in den Jahren 1536–38» fest. Er kann aus Brief-

wechseln belegen, dass die Ansuchen Calvins um Unterstützung nur halbherzig aufgenommen wurden, Bullinger v.a. mit den durch Bucer verursachten Streitigkeiten um die Wittenberger Konkordie beschäftigt war und mit der «Genfer Affäre» auch im Blick auf ein gutes Verhältnis mit Bern möglichst nichts zu tun haben wollte. Auch die Stimmung an der Zürcher Tagung vom 28. April bis 4. Mai 1538 war Calvin und Farel nicht wohlgesinnt. Entgegen bisheriger Anschauungen war also Calvin in Zürich nicht gerade herzlich willkommen.

Christoph Burger «Calvins Beziehungen zu Weggefährten in der Schweiz» (41–55) liefert wertvolle Angaben zu Farels Briefwechsel, zu den Trennungen Calvins von seinem Jugendfreund du Tillet und der Genfer Pfarrer von Caroli und zu dem – überraschenderweise – Hauptkorrespondenzpartner Calvins, Simon Grynaeus in Basel, der dann – ebenso wie Bullinger – Calvin im Caroli-Streit zur Eintracht ermahnte. Womöglich war dies mit ein Grund, weshalb Calvin sich v. a. auf Bucer stützte und dann auch von ihm in Strassburg eine Stelle erhielt.

Willem Balke «Calvin und Viret» (57–92) behandelt in einem gewichtigen Beitrag die Beziehung der beiden Persönlichkeiten von 1536 bis zu Calvins Tod. Viret wurde schon 1536 der gleichaltrige enge Freund, Gesprächs-und Briefpartner Calvins. Unter Einbezug des Dritten im Bunde, Farels, werden die gegenseitige Verständigung und Unterstützung in den Auseinandersetzungen v. a. mit Bern dargestellt. Sie führten zuletzt wie bekannt zur Entlassung Virets in Lausanne. Die Entfremdung Calvins von seinen Freunden Ende der 1550er Jahre führt Balke nicht einfach auf die Heiratspläne Farels und die Rivalität Viret-Beza als neuem Intimus Calvins zurück, sondern sieht sie grundsätzlich darin: Farel und Viret lebten immer noch in der Kampf- und Aufbruchstimmung der frühen Reformation, während Calvin eine neue Phase solider Förderung und Stützung des französischsprachigen Reformiertentums anstrebte (90). Schliesslich wird mit Recht auf die loyale politische Unterstützung Genfs durch Bern «trotz allem Ärger mit Calvin» (91) hingewiesen.

Hans Scholl behandelt «Der Geist der Gesetze – Die politische Dimension der Theologie Calvins dargestellt besonders an seiner Auseinandersetzung mit den Täufern» (93–117). Als Prinzipien Calvins für die Stellung des Christen in der Politik nennt Scholl die Ablehnung des Zwei-Reiche-Denkens, die politische Ordnung als Gabe Gottes auf der Grundlage des alttestamentlichen Gottesvolkes (109) und die humanitas als Ablehnung jedes revolutionären Vollkommenheitswahns in der Gesellschaft. So ist der Christ solidarisch mit der Welt und ihren Problemen. Diese Gegenposition Calvins zu den Täufern entfaltet Scholl an den Beispielen der Kindertaufe, der Bergpredigtauslegung, der täuferischen Trennung von Welt und Gemeinde und schliesslich des damit verbundenen «falschen» Martyriums.

Mirjam G. K. van Veens betont in ihrem Aufsatz «‹Les Sainctz Martyrs...› Die Korrespondenz Calvins mit fünf Studenten aus Lausanne über das Martyrium [1552]» (127–145) zu Recht, dass die Frage des Martyriums bei Calvin eine grosse Rolle spielt. Sie behandelt Calvins Seelsorge an den Märtyrern von Lyon mit der Betonung der Standhaftigkeit, die Bedeutung des Martyriums in der Polemik gegen die Nikodemiten als Leiden für den Glauben durch sichtbares Bekennen zur evangelischen Sache und die Gleichsetzung mit den altkirchlichen Märtyrern, wodurch die katholische Kirche der Reformationszeit mit den Christenverfolgern der ersten Jahrhunderte gleichgesetzt wird. Dadurch er-

folgt bei Calvin wie in der Alten Kirche eine Abwertung des irdischen Lebens zugunsten des ewigen Lohnes und die Betonung der «Werbewirksamkeit» (137) für den evangelischen Glauben..
Nicole Kuropka bringt wichtige neue Gesichtspunkte zu «Calvins Römerbriefwidmung und der consensus piorum» (147–167) . So basiert Calvin wesentlich auf Melanchthons Kommentararbeiten von 1529 – 32 (156). Die Nennung Melanchthons, Bullingers und Bucers meint zugleich die reformatorischen Zentren Wittenberg, Zürich, Strassburg und – mit der Widmung an Grynaeus – auch Basel. Sie stehen so gleichsam in der apostolischen Grusstradition an die zerstreuten, aber wahren Kirchen, als die Calvin die der reformatorischen Wahrheit verpflichteten Kirchen sieht. Ebenso werden deshalb im Kommentar dann selten reformatorische, sondern viel öfter altkirchliche Gewährsmänner zitiert, um so die wahre Schriftauslegung als Grund der wahren Kirche zu zeigen und für die Reformation in Anspruch zu nehmen (163). Dies steht auch im Kontext der kurz darauf erfolgten Antwort an Kardinal Sadolet und der versuchten Aussöhnung mit Luther (161 ff).
Christian Link stellt «Calvins Erwählungslehre zwischen Providenz und Christologie» dar (169–193). Seine einleuchtende These lautet: «Calvins Erwählungslehre hat … zwei Quellen, die Vorsehungslehre und die Christologie.» Dies wird im folgenden durch die verschiedenen Ausgaben der Institutio und die Prädestinationsschriften Calvins hindurch belegt. Link kommt zum Ergebnis: «Die Providenz erweist sich somit nicht nur als der ausführende Arm der Prädestination. Vielmehr manifestiert sich in ihr zugleich … jener ‹unbegreifliche› Wille Gottes, der den Menschen gewiss nicht ohne, aber hinsichtlich seiner prädestinierenden Kraft *jenseits* des Mittleramtes Christi zu dem von Gott ihm verordneten Ziel führt. Das christologische Fundament der Erwählungslehre wird überlagert und damit faktisch eingeschränkt durch das ältere, aus der mittelalterlichen Theologie stammende Motiv der Providenz» (193). Dies bestätigt ein Ergebnis, das der Rez. bereits in seiner Arbeit «Vorsehung und Verheissung Gottes» Zürich 1980 ausführlich erarbeitet und kritisch analysiert hat. «Mittelalterlich» ist betr. Providenzlehre, wie Link selbst angibt, als auf Augustin zurückgehend zu verstehen (192) und u.E. bei Calvin noch deterministisch verstärkt durch den Einfluss einer in der Renaissance neu aufkommenden stoischen Denkweise.
Herman Selderhuis analysiert unter dem Titel «Kirche im Theater: Die Dynamik der Ekklesiologie Calvins» (195–214) die Aussagen Calvins im Psalmenkommentar von 1557. Calvin richtet sich dabei an die Leser in Frankreich. «Die Parallelen zwischen dem Volk Israel in der Wüste, David auf der Flucht, dem Martyrium Christi und der Lage von Calvins Kirche sind ihm ganz klar und helfen ihm, die Natur der Kirche zu definieren und zu gleicher Zeit ihre Mitglieder zu trösten (195).» Seine Gesichtspunkte sind die Kirche als Bundesgemeinschaft, als corpus mixtum, das Band zu Christus, die Einheit der Kirche, Kirche und Israel und Kirche als ecclesia militans. Wegen seiner anderen Ausrichtung enthält daher der Psalmenkommentar eine «vollständigere und dynamischere Ekklesiologie» (214) als etwa die Institutio.
Christoph Strohm unternimmt in «Bullingers Dekaden und Calvins Institutio. Gemeinsamkeiten und Eigenarten (215–248) einen «Vergleich der Konzeption der Dekaden und der Institutio als Gesamtdarstellungen der christlichen Lehre» (217). Calvins Ausrichtung war eine «kontroverstheologische Sicherung

der wahren himmlischen Lehre»(221), diejenige Bullingers die Förderung der Einheit der Protestanten (ebda). Calvin gliedert nach dem Apostolikum, Bullinger unter den Oberbegriffen von «Glaube und Liebe als anthropologische Konkretion und existenzielle Wirkung des Zuspruchs und Anspruchs des Wortes Gottes». Sie «sind das Hauptthema der Bullingerschen Dogmatik. Ihr Zweck ist zuallererst, der seelsorgerlich-stärkenden Erbauung und der ethisch-normierenden Orientierung der Gemeinde zu dienen» (224). Differenzen zu Calvin sieht Strohm v. a. in der Prädestinationslehre (238–242). Generell gilt: Während Calvin die Souveränität Gottes betont, prägen Bullingers Denken «[heils-]geschichtliches Interesse und Bundesgedanken» (242).

Das theologische Verhältnis beider Reformatoren untersucht Peter Opitz unter dem Thema «‹Dein Reich komme› – Variationen reformierter Unservater-Auslegung» (249–269). Beide stellen das Unservater unter das Vorzeichen der Erwählung in Christus, die allein die Anrede «Vater» erlaubt. Unterschiedlich wird die Struktur des Gebets verstanden: Für Calvin sind die drei ersten Bitten nur auf die Ehre Gottes hin, die drei andern auf die Bedürfnisse des Menschen hin zu verstehen, nach Bullinger «haben alle Bitten sowohl mit Gott und dessen Ehre, wie mit der Sphäre menschlichen Tuns zu tun» (252). Wichtig ist Opitz' Herausarbeitung des grundsätzlichen Unterschieds im Verständnis der Reich-Gottes-Bitte. «Für ihn [sc. Calvin] vollzieht sich die Bitte um das ‹Reich Gottes› inmitten eines eschatologischen Kampfgeschehens der Gemeinde, die unter dem Kreuz, umringt von Feinden, dem Herrn die Treue hält und unversehrt ihr Ziel erreichen wird dadurch, dass Gott an seiner Erwählung festhält und seinen legitimen Rechtsanspruch machtvoll durchsetzt» (267). Für Bullinger geht es hauptsächlich um «das irdische und soziale Leben in dieser Weltzeit, ...die ethische und soziale Bildung des Menschen (261). ... Das Unservater-Gebet gehört deshalb in die Ekklesiologie und die Bitte um das Reich Gottes in die Ethik» (268). Beide Anliegen gehören nach Opitz «zum Nerv reformierter Theologie» (269).

Jan Andrea Bernhard behandelt «Das Verhältnis des Bündner Kirchenhistorikers Petrus D. Rosius à Porta [1734–1806] zu den ‹reformatorischen Vätern›, im speziellen zur Theologie Johannes Calvins» (271–301). Das Studium in Bern und Debrecen brachte diesen mit der alten Orthodoxie, der beginnenden Vernunfttheologie und der reformatorischen Tradition in Kontakt. Trotz Distanz zur Orthodoxie aus Vernunftsgründen war für à Porta das reformatorische Vermächtnis Calvins immer noch prägend, etwa in Beziehung auf Trinitätslehre oder Seelsorge – eine Kompromiss-Einstellung, typisch für das ausgehende 18. Jhdt. Bernhard gibt in seinen Ausführungen u. a. einen hochinteressanten Einblick in das Quellenmaterial und in die historische Beurteilung Calvins bei à Porta als Garant der reinen biblischen Lehre gegenüber dem Nonkonformismus.

Hans Scholl schöpft im abschliessenden höchst anregenden Aufsatz «Calvin und die Schweiz – die Schweiz und Calvin» (303–328) aus einer umfassenden Kenntnis der Calvinforschung und der schweizerischen Mentalitäten – wobei man den daraus entspringenden gelegentlich allzu pauschalen Aburteilungen nicht immer zustimmen mag. In den Beziehungen Calvins zu Bern, Basel, Zürich und Neuenburg werden die historischen Linien und Entwicklungen nicht nur in theologischer, sondern auch in konfessions- und machtpolitischer Orientierung v. a. für Bern aufgezeigt. Im Zusammenhang mit Basel geht Scholl auf die Fragen der

Kirchenzucht und der Toleranz (Castellio!) ein. Als Gemeinsamkeit Calvins mit Zwingli hebt Scholl neben der Einigung in der Abendmahlsfrage v.a. im Gegensatz zur lutherischen Zwei-Reiche-Lehre Zwinglis Grundsatz: Regnum Christi etiam externum (321) hervor, als ethische Orientierung und als Gestaltung der sichtbaren Kirche dann von Calvin geteilt und weitergeführt.

Von der Reichhaltigkeit des besprochenen Bandes kann die Rezension – trotz der vielleicht unüblichen Länge – nur einen einführender Eindruck geben. Für das Calvinbild im aktuellen Stand der Forschung ist der Band eine Fundgrube ersten Ranges.

Ernst Saxer, Dübendorf

Petra Seegets: **Passionstheologie und Passionsfrömmigkeit im ausgehenden Mittelalter: Der Nürnberger Franziskaner Stephan Fridolin (gest. 1498) zwischen Kloster und Stadt**, Tübingen: Mohr Siebeck 1998 (Spätmittelalter und Reformation. Neue Reihe, Band 10) ISBN 3-16-146862-7

Über Stephan Fridolin ist wenig bekannt, doch taucht er im Umkreis der Franziskaner des spätmittelalterlichen Nürnbergs mit steter Regelmässigkeit auf. Nicht zuletzt sein *Schatzbehalter*, ein katechetisch-frömmigkeitsgeschichtlich epochemachendes Werk des ausgehenden 15. Jahrhunderts hat ihn bekannt werden lassen. Bis anhin wurde aber weder dessen Verfasser noch der *Schatzbehalter* in einer modernen Arbeit grösseren Ausmasses gewürdigt. Nun hat Petra Seegets das in ihrer bei Bernd Hamm entstandenen Dissertation sehr exakt und kreativ getan.

Um 1430 wurde der nachmalig berühmte Nürnberger Franziskaner Stephan Fridolin geboren, wahrscheinlich bei Winnenden nordöstlich von Waiblingen. Nach Noviziat und Lehrzeit innerhalb des Ordens (auch darüber schweigen die Quellen beharrlich) entscheidet er sich für die observante Ordensrichtung.

Im August 1460 wird Fridolin durch das Tübinger Provinzkapitel zum Prediger in Bamberg eingesetzt und bekleidete damit eine der renommiertesten franziskanischen Predigtstellen. Daneben bekleidet er wiederholt wichtige Verwaltungsstellen und war in den Jahren 1475, 1481 und 1487 Diskret und Definitor des Ordens. Wir schliessen daraus, dass es sich bei Fridolin nicht um einen kleinen, unerfahrenen Bruder gehandelt hat, sondern um einen gebildeten observanten Vertreter der Franziskaner. 1477 wird er zum Lektor in Mainz ernannt, der nicht nur den Unterricht zweimal täglich in Form von Vorlesungen und Repetitorien für die Mitbrüder zu halten hatte, sondern darüber hinaus auch Predigten und ein frühes wissenschaftliches Werk verfasste, den verloren gegangenen, retrograden Stammbaum von Christus zu Adam (*genealogia salvatoris liber I*). Dieses genealogische Interesse lässt sich dann gem. Vf. auch in den späteren berühmten Werken des *Buches von den Kaiserangesichten* und im *Schatzbehalter* immer wieder nachweisen.

1479 machte sich Fridolin mit dem Ordensbruder Johannes Kempt auf eine Romreise, deren Zweck zwar bekannt, doch am ehesten in einem Auftrag des Ordens, näherhin der oberdeutschen Franziskanerklöster zu suchen ist. In seinen späteren Werken kehren sodann immer wieder Informationen wieder, deren Herkunft er mit dieser Romreise in Verbindung bringt. Auf der Rückreise wurden er und Johannes Kempt von Piraten entführt und nach Korsika verschleppt, wohl aber kurz darauf wieder frei gelassen – wir lesen das heute als Originalität, es mag in Fridolin aber weit existentiellere Ängste ausgelöst haben, als dass uns die Notiz in der Chronik des Nicolaus Glassberger wissen lässt. 1479 erwähnt ihn sodann das Provinzkapitel als Professmeister du Lektor des Nürnberger Klosters, Ämter, die er wohl kurz nach seiner glücklichen Rückkehr erhalten haben musste. Bis zu seinem Tod 1498 im Alter von stattlichen rund 70 Jahren blieb er in Nürnberg, versehen mit diversen weiteren Aufgaben und Ämtern und unterbrochen von einem zweijährigen Aufenthalt als Prediger in Basel.

Fridolin war ein spätmittelalterlicher Autor an mehreren Schnittpunkten. Das geht aus der Arbeit hervor: Am Schnittpunkt zwischen Frömmigkeitstheologie und der gelehrten wissenschaftlichen Theologie spätmittelalterlicher Orden: Am Schnittpunkt auch zwischen verschiedenen Auditorien, nämlichen Ordensangehörigen verschiedener Stände und Bildungsebenen, aber auch zwischen Religiosen und Laien, wenn auch das Laienpublikum Fridolins Schriften erst nach dessen Tod in breiterer Form kennenlernte und er nie als wirklicher «Volksprediger» bekannt war. Immerhin gehörte er zu denjenigen Theologen, deren Predigten am Ende des 15. Jhdts. bereits durch die neue Drucktechnik verbreitet wurden und so im gebildeten Bürgertum Resonanz fanden.

Die Vf. analysiert dann sorgfältig die Predigten, die weiteren Hauptschriften Fridolins (*Geistlicher Mai* und *Geistlicher Herbst, Lehre für angefochtene Menschen*) wie den *Schatzbehalter* formgeschichtlich sowie – und das macht die Arbeit für die Reformationsgeschichte spannend – hinsichtlich ihrer Funktion für die verschiedenen Rezipienten. Sowohl für die Predigtsammlungen wie für den *Schatzbehalter* gilt, dass Fridolin «sein Publikum anleiten [wollte], Gott das heilbringende Leiden und Sterben Christi im vertrauensvollen Gebet vorzuhalten und um seinetwillen Gnade und Vergebung zu erbitten» (S. 84). Sein sowohl gnadentheologischer wie gleichermassen frömmigkeitspraktischer Ansatz kulminiert im Bestreben, «das bittere Leiden Christi» (S. 89) in Wortgestalt den Lesern und Gläubigen zu vermitteln: Wer das Wort liest, der betrachtet lesend den leidenden Christus. Darum leuchtet es ein, dass in einer progressiven Art *schriftliche* Predigt (Meditation) und das Leiden Christi *illustrierende* Holzschnitte im Schatzbehalter sich gegenseitig deuten. Was in den illustrierten Flugschriften und späteren Konfessionsbildern zu Ende geführt wird, mag in diesen frömmigkeitstheologischen Werken begonnen haben.

In zwei Anhängen liefert Vf. sodann das von ihr verwendete Material über Fridolin: Der Aufbau des *Schatzbehalters*, Übersicht über die darin publizierten Holzschnitte (ein kunstwissenschaftliches Hilfsmittel, das bislang in der Theologiegeschichte von Spätmittelalter und Reformation wenig Tradition hatte und wohl einen interdisziplinären wie methodischen Epochenwechsel andeuten mag), Daten zum Leben von Fridolin sowie ein sehr ausführliches Literaturverzeichnis, das auch die nicht edierten Schriften Fridolins umfasst.

Alles in allem eine sehr erfreuliche, lesbare (!) und spannende Dissertation, die das verschränkte, religionsgeschichtliche Gemenge spätmittelalterlicher Theologie und Frömmigkeit plastisch darstellen kann und stets von neuem Mosaiksteine zu den frömmigkeitsgeschichtlichen Wurzeln der Reformation liefert. Man darf auf weitere solche Werke zur Genese der Stadtreformation hoffen.

Michael Baumann, Dorf

Caroline Schnyder, **Reformation und Demokratie im Wallis (1524–1613)**, Mainz: Philipp von Zabern 2002, IX, 355 S., ISBN 3-8053-2994-6

Caroline Schnyder legt ihre Dissertation bei Prof. P. Blickle in diesem Buch der Öffentlichkeit vor. Das Thema mag auf den ersten Blick erstaunen, steht das Wallis doch eher im Rufe, ein durch und durch katholisches Gebiet zu sein; jedoch bildet der Einfluss, den reformierte Politiker auf die Entstehung einer frühneuzeitlichen Demokratie ausübten, einen traditionellen Gesichtspunkt der Walliser Geschichtsschreibung.

Die Autorin hat sich vorgenommen, diesen oft behaupteten Einfluss näher zu untersuchen und neu zu beurteilen, ausserdem mehr Licht auf die Geschichte der Reformierten im Wallis zu werfen, ihre Glaubensauffassungen und religiösen Praktiken soweit nach den erhaltenen Quellen möglich zu erfassen.

Sie nähert sich dem Thema in verschiedenen, deutlich voneinander abgegrenzten Teilen:

In einem ersten Teil (SS. 9–60) stellt sie lebensweltliche, kirchliche und politische Verhältnisse im Wallis des 16. und 17. Jahrhunderts dar. Wer sich in der Geschichte des Wallis bereits auskennt, kann diesen Teil ggf. auslassen; wem dieses Wissen hingegen fehlt, wird aus diesem Teil wertvolle Informationen schöpfen, ohne die die nachfolgenden Ausführungen nicht verständlich sind.

Im zweiten Teil (61–108) werden Reformversuche innerhalb der tradierten katholischen Strukturen und solche, die diese Strukturen zu sprengen drohten, mithin in eine dezidiert reformatorische Richtung gingen, vorgestellt. Aus reformationsgeschichtlicher Sicht sind in diesem Teil von besonderem Interesse die teils privaten, teils von den politischen Gemeinden ausgehenden vorreformatorischen Bemühungen, Einfluss auf die Gestaltung kirchlicher Verhältnisse zu gewinnen, um z.B. Predigt und Seelsorge zu garantieren, wobei insbesondere Stiftungen und Patronatsrechte als Hebel dienten, eigene religiöse Anliegen gegen die kirchliche Hierarchie durchzusetzen. Solche Bestrebungen finden sich auch andernorts und mündeten z.B. in Bern letztlich in der Übernahme des Kirchenregiments durch die städtischen Räte im Zuge der Reformation. Dass im Wallis die Gemeinden sich erhebliche Rechte auch gegenüber der Kirche sichern konnten, könnte dazu beigetragen haben, dass es zu einer Reformation im eigentlichen Sinne nicht kam.

Im dritten Teil (109–164) werden Glaubensansichten und -praxis der reformierten Walliser, soweit fassbar, dargestellt, namentlich die reformierten Verbindungen in Sitten und Leuk sowie das Glaubensbekenntnis dieser Verbindungen, das sich glücklicherweise in einer Abschrift in der Burgerbibliothek Bern erhalten hat. Dieser Einblick in reformiertes Leben in der Diaspora in einem ansonsten katholischen Umfeld ist gewiss der reformationsgeschichtlich interessanteste Teil des Buches.

Im vierten (165–218) und fünften (219–274) Teil werden die Streitigkeiten um die Reformierten im Wallis, die schliesslich in ein offizielles Verbot reformierter Anschauungen und Praktiken mündeten, das allerdings nie strikt durchgesetzt wurde, nachgezeichnet.

Im abschliessenden sechsten Teil (275–317) schildert die Autorin die Vorgänge, die schliesslich im 17. Jahrhundert zur politischen Entmachtung des Fürstbischofs und zur Übernahme der Souveränität durch den Landrat als Vertretung der Gemeinden führten, wobei sie Rolle und Grad des Einflusses der Reformierten zu bestimmen sucht. Ihre These lautet, dass die Reformierten in den Streitigkeiten um ihre Konfession politische Argumente ausbildeten und dazu einsetzten, sich kirchlicher Bevormundung zu entziehen; nachdem diese Streitigkeiten ausgestanden waren, seien diese Argumente auch von der katholischen Bevölkerung als rein politische übernommen und schliesslich gegen den Bischof durchgesetzt worden.

Insgesamt ist ein höchst interessantes Werk entstanden, das eine Reihe bisher unbekannter oder unerschlossener Quellen verarbeitet hat und auf jeder Seite weitgehende Sachkenntnis erahnen lässt. Die Schilderung der historischen Ereignisse liest sich überdies auf weiten Strecken sehr spannend.

Dieser sehr gute Eindruck wird jedoch durch einige Schwächen getrübt: So zeigt sich, dass die Kenntnisse der Autorin über Reformation durchaus an Grenzen stossen. Dies wird besonders bei der Besprechung des Walliser Glaubensbekenntnisses (131–140) von 1592 deutlich: Wenn die Autorin einen Unterschied zwischen der Confessio Helvetica posterior und dem Walliser Bekenntnis darin sieht, dass in jener die zahlreichen Glaubens- und Bekenntnisformeln bloss stilistischer Natur seien, in diesem hingegen im vollen Sinne zu nehmen, dann mag dies trotz der Berufung auf Dowey (S. 131 mit Anm. 113) nicht völlig überzeugen. Zumindest wäre zu diskutieren, ob die Glaubens- und Bekenntnisformeln in der Confessio Helvetica posterior als die Aufmerksamkeit der Leser steuernde Signale dienen und ob sich dies im Walliser Bekenntnis ebenso verhält, wofür die Autorin selbst einen Hinweis gibt, indem sie das Bekenntnis nach dem Auftreten dieser Formeln gliedert. Wenn sie einen wesentlichen Unterschied zwischen dem Walliser und anderen reformierten Bekenntnissen darin sieht, dass diese im wesentlichen aus Bibelzitaten und biblischen Wendungen bestünden, jenes hingegen freier formuliert sei (137), dann erstaunt allerdings die Wahl der zwei Zitate aus dem Walliser Bekenntnis auf S. 133: Beide decken sich inhaltlich mit zahlreichen andern reformierten Zeugnissen, und die Formulierungen lassen durchaus noch den Wortlaut der zugrundeliegenden Bibelstellen Gal 4,22 bzw. Hebr 7,27 durchscheinen. (Dass die Autorin die wenigen Bibelstellenangaben, die überhaupt im ganzen Buch vorkommen, stets nur mit Kapitel-, nie mit Versangaben bietet, lässt vermuten, dass diese Verweise aus den Originalquellen ohne eigene Nachprüfung an der Bibel übernommen wurden.) Vollends nicht nachvollziehbar erscheint schliesslich die Behauptung S. 139, die zahlreichen Verurteilungen von Häresien und Schismata in der Confessio Helvetica posterior richteten sich gegen die katholische Kirche. Dies ist schon deshalb unmöglich, weil alle diese auch von der katholischen Kirche verurteilt wurden und weil sich die Urteile sämtlich auf Konzilsentscheide, Kirchenväterzeugnisse usw. stützen. Im Gegenteil dienen diese Verurteilungen dazu, gegenüber der katholischen Seite Ausweis der eigenen Rechtgläubigkeit zu sein.

Auch die Aussage auf den SS. 139/40 (mit Anm. 139), dass für eine Eingabe der Walliser Reformierten von 1591, die umfassende historische Kritik an der mittelalterlichen Kirche enthält, keine Vorbilder bekannt seien, stellt die Kenntnisse der Autorin nicht günstig dar. Solche Kritik verarbeitete z.B. Heinrich Bullinger in seinen Dekaden und in *De scripturae sanctae authoritate* ausgiebig, als Quelle kommt ferner die Papstgeschichte Platinas in Frage oder auch ein scharfer Angriff, der in der Form einer Synoden-Ansprache unter den Schriften Bernhards von Clairveaux überliefert ist, sowie schliesslich die Centurien des Flaccius Illyricus.

Etwas gar simplifizierend wirkt sodann auch, wenn auf S. 3 die Reformation allein auf Luther und die »Universitätstheologie« von Wittenberg zurückgeführt wird; die an sich sachlich zutreffende Unterscheidung zwischen lutherischer und im spezifischen Sinne reformierter Lehre am Ende derselben Seite erstaunt nach dieser einseitigen Herleitung der Reformation und wirft mehr Fragen auf, als sie in dieser Form klären könnte. Auch die Ausführungen auf S. 7, dass es gerade den Reformierten im Wallis weniger um die Übernahme einer akademischen Theologie ging als um die Anpassung solcher Gedanken an ihre konkrete Lebenswelt, scheinen eine etwas eingleisige Auffassung von Reformation zu verraten: Gerade in ihrer schweizerischen und calvinistischen Prägung bedeutete Reformation eine Neu- und Umgestaltung der Lebensverhältnisse bis in Kleinigkeiten hinein, *reformatio* heisst denn auch in der Grundbedeutung richtige Gestaltung der kirchlichen und gesellschaftlichen Verhältnisse. Reformation war daher – nicht bloss im Wallis – von Anfang an nicht nur Orthodoxie, sondern ebensosehr Orthopraxie.

Im allgemeinen leuchten die Urteile der Autorin ein und wirken gut begründet. Ausnahmen stellen die Folgerungen auf den SS. 164 und 217 dar, die in dieser Weise nicht eindeutig aus den vorausgehenden Ausführungen zu folgen scheinen. Im ersten Fall wäre zu fragen, ob die religiösen Gründe der Reformierten sich fein säuberlich von andern, auch politischen Motiven trennen lassen oder ob das Religiöse und das Politische nicht evtl. in deren eigener Auffassung weitgehend identisch waren – es sei nur an die obige Bemerkung zur Bedeutung der Orthopraxie in der Reformation erinnert, die nicht nur die kirchlichen, sondern auch die sozialen und zumindest teilweise die politischen Verhältnisse mit einschloss. Im zweiten Fall leuchtet zwar die Behauptung, dass nicht religiöse, sondern andere Gründe wie Neid auf die Stellung mancher reformierter Exponenten, die zugleich wichtige Politiker waren, für die Verfolgungen ausschlaggebend waren, durchaus ein, lässt sich aber aus den vorgeführten Ereignissen und Quellen kaum erheben. Die Möglichkeit, dass religiöse Motive zumindest auch einen Grund darstellten, muss wohl doch eingerechnet werden, zumal wenn man, wie die Autorin dies auf S. 164 selbst tut, die religiösen Motive der Reformierten im Wallis so klar herausstreicht.

Diese kritischen Ausführungen mögen vielleicht den Eindruck erwecken, dass das besprochene Werk schwere Mängel aufweise. Dagegen ist jedoch festzuhalten, dass es insgesamt einen sehr guten Eindruck hinterlässt, eine Fülle Materialien und neuer Erkenntnisse vorführt und, wie eben auch gerade die kritischen Bemerkungen beweisen, überdies zu weiterführenden und kontroversen Überlegungen anregt. In jedem Fall wird man dieses Buch mit Gewinn aus der Hand legen.

Philipp Wälchli, Evilard

Bruce Gordon, **The Swiss Reformation**, Manchester and New York: Manchester University Press 2002 (New Frontiers in History), 368 p., ISBN 0-7190-5117-7 (hardback) 0-7190-5118-5 (paperback)

Wie war im «intellectual backwater» (319) spätmittelalterliche Eidgenossenschaft eine so grundstürzende sozioreligiöse Dynamik wie die Reformation überhaupt möglich? Wie ist es vorstellbar, dass dieses voralpine Land von «peasants, priests and soldiers» (Überschr. Kap. 1) gleichsam über Nacht «into the forefront of Renaissance culture» (5) gelangen und dann für ein halbes Jahrhundert «alongside the leading cultural centres of Europe» (ebd.) agieren konnte? «New Frontiers in History» erschließt die vorliegende neue Gesamtdarstellung dadurch, dass solche Fragen explizit wie implizit ihren treibenden Motor bilden, Fragen, die nicht etwa wegen, sondern trotz ihrer elementaren Natur in der oftmals Gegenwärtiges durch seine historischen Anfänge legitimierenden und so deren radikale Kontingenz relativierenden Literatur bisher nicht häufig begegnen. «Nothing was inevitable about what happened in Zurich in the 1520s» (344): Sätze dieser Art sind für den «historical narrative» in diesem Buch charakteristisch und machen ersichtlich, wie der Autor alternative Entwicklungsszenarien an keinem Punkt *a priori* ausschließt, sondern einen möglichst unteleologischen Zugang zu den Ereignissen favorisiert: Wieder und wieder hätte alles auch ganz anders, – und das hieß häufig eben: überhaupt nicht mehr – weitergehen können. Das macht die Lektüre auch für einen Leserkreis spannend, der, wie die Subskribenten dieser Zeitschrift, mit Gestalt und Wirken der Zwinglischen Reformation im engeren Sinne hinreichend vertraut sein dürfte, denn unselbstverständlich, ja nachgerade unwahrscheinlich war ja nicht nur das anfängliche Aufkommen der Reformation in den eidgenössischen Orten, sondern sozusagen noch mehr ihr definitives Weiterdauern. Nicht allein das institutionelle Überleben der jungen reformierten Kirchentümer galt es in «war and disaster 1529–34» (Titel Kap. 4) bleibend zu sichern. Auch die längerfristige religionskulturelle Transformation der vehementen theologischen Impulse der zwanziger Jahre war allererst noch zu leisten, nachdem die stärksten politischen Bedrohungen überwunden waren. Um diese Konsolidierungs- und Transformationsprozesse, an deren Sichtbarmachung G. besonders viel liegt, sowohl auf politischer wie auch auf kultureller Ebenen adäquat darlegen zu können, gliedert er sein Buch faktisch in zwei annähernd gleich umfangreiche Hauptteile. Die ersten fünf Kapp. bieten einen «chonological study» (3), als «long view of the Swiss Reformation», Kapp. 7–10 wenden sich den weniger ereignisgebundenen lebensweltlichen Folgen und Errungenschaften der Bewegung zu, gipfelnd im Schlusskapitel 10 «The culture of the Swiss Reformation», das gefolgt wird von einer zusammenfassenden «Conclusion»; während sich Kap. 6 über den linken Flügel im Übergang von ereignisorientierter zu strukturellen Darstellung ansiedelt.

Nach einem informativen Personenlexikon zu den 80 «principal figures» orientert Kap. 1 «Peasants, priests and soldiers: the Swiss Confederation in the late Middle Ages» über das «'golden age' for the Swiss», d.h. vor allem das 15. Jh. Es zeichnet vorab die politische Entwicklung im Lichte der neueren Forschung nach, also unter Betonung der recht weitgehenden Autonomie der einzelnen Orte. So wird etwa erwähnt (11), dass Bern keinerlei Hemmungen hatte, schon 1357 (damit freilich nicht «only one year» nach seinem Eintritt) Zürich, mit welchem Stand es nicht verbündet war, militärisch anzugreifen. Als grundlegende Bildungsanstalt für die nachmalige Reformation wird die im ganzen Buch prominente Universität Basel geschildert. Wenig plausibel wirkt hier (nebst anderem, s.u.) freilich die panegyrische Hochschätzung des Basler Kirchenrechtlers Surgant als eines «spiritual father of the Swiss Reformation» (29) auf gleicher Stufe wie Erasmus, die er anscheinend seinem publizistischen Insistieren auf der Notwendigkeit lokaler Verfügbarkeit kirchlichen Personals verdankt, von dem aber etwa Zwinglis Kenntnisnahme Spekulation bleiben muss. G. setzt in seinem einführenden Gemälde die Akzente vor allem bei den regionalisierten, weitgehend lokal dominierten kirchlichen Verhältnissen, bilden sie doch die argumentative Basis seiner zentralen These zu den strukturellen Bedingungen der Möglichkeit des reformatorischen Umbruchs, wie sie anschließend entfaltet wird im 2. Kap. «Zwingli and Zurich». Die Reformation war, so betont G. mehrfach, wie später in allen eigenössischen Orten auch in Zürich nur eine Minderheitenbewegung. Dass sie sich dann dennoch in kurzer Zeit etablieren konnte, lag daran, dass einerseits die Bistumsleitung kaum mehr über effektive Disziplinierungs- und Kontrollmechanismen in der Stadt verfügte, Zwingli andererseits eben diese Schwäche durch gekonntes Networking mit deren politischer Elite nutzbar machte. Er konnte so die kirchlichen Institutionen praktisch ignorieren, statt sie bekämpfen zu müssen, eine Taktik, die in offensichtlichem Wechselverhältnis zu seinem theologischen Denken steht, das G. dahingehend skizziert, dass «the polarities of Zwingli's thought», nämlich «the material and the spiritual» (77) oder «the internal and external» (ebd.) allein durch den Geist Gottes (80) vermittelt werden können: Er ist die Quelle aller Inspiration für die Prediger oder um mit Zwinglis ominösem singularetantum zu sprechen für «the prophet» (78), jenem «conduit of God's will», der seine Botschaft zwar schrift-, aber kaum mehr institutionengebunden empfängt und weitergibt. Explizit (83) lehnt sich G. so an Berndt Hamms Interpretation der Theologie Zwinglis als eines in seiner Polarität christlich dynamisierenden Systems an, führt sie aber um einen entscheidenden Schritt weiter. Er setzt sie nämlich zu ihren institutionell-kulturellen Auswirkungen ins Verhältnis, die sich eigentlich nur als ironisches Paradox fassen lassen, insofern nämlich der Reformator mit dem womöglich stärksten Engagement für die soziale Umsetzung der evangelischen Idee derjenige war, der die dazu nötigen Institutionen am nachhaltigsten unterminierte (81). In einem gewissen Expansionsenthusiasmus durch «the spread of the Reformation» (Kap. 3) in der zweiten Hälfte der zwanziger Jahre blieb dies vorerst verdeckt, doch gerade er führte dazu, dass die genuine Stärke und der Ermöglichungsgrund aller Reformation in der Autonomie der einzelnen Bundesorte sich zunehemend auch als deren Hauptschwäche herausstellte, nicht nur, weil die Bündnisloyalität der Orte während der beiden Kappeler Kriege akut in Frage gestellt wurde, sondern vor allem auch, weil erst nach dem Tod Zwinglis in «war and disaster» (Kap. 4) klar werden sollte, wie sehr die relative Unabhängigkeit nach außen Zürich und mittelbar die halbe damalige Schweiz umso mehr nach innen von einer einzigen Person und deren Charisma hatte abhängig werden lassen. Folgerichtig schildet Kap. 5 «Consolidation and turmoil: 1534–66» die 1530er Jahre als «confusing period of conflicting impulses», in der die blutjungen Kirchentümer, noch immer ihrer führenden Stimme beraubt, erst allmählich von ziemlich unkoordinierten Reaktionen auf die faktischen Lutheranisierungsversuche von Seiten Bucers, Capitos und weiterer zu einer gemeinsamen und vor allem eigenen Initiative zurückfanden. Das erste Helvetische Bekenntnis spielte dabei eine entscheidende Rolle. Doch auch danach drohte die reformierte Eidgenossenschaft noch auf Jahrzehnte hinaus theologisch und gar kirchlich zu zersplittern, nicht zuletzt, weil für die aus Zürichs Sicht sprichwörtlich «unsicheren Kantone» Basel und Bern auch wirtschaftliche und territorialpolitische Überlegungen eine erhebliche Rolle pielten, wie G. trotz seines primär auf die personalpolitische Dramatik ausgerichteten Blickes erkennen lässt. Nur die stets wachsende und schließlich überragende Autorität Bullingers einerseits und die durch den allmählichen Aufstieg Calvins gegebene Verschiebung des theologischen Zentrums andererseits machten es möglich, dass mit dem *Consensus Tigurinus* und vor allem mit dem Zweiten Helv. Bekenntnis Glaubensgrundlagen geschaffen wurden, die auch politisch als nachhaltig genug abgestützt gelten konnten: «The 1560s brought to an end the great theological flowering of the Swiss Reformation». Zu dieser Vereinheitlichung trug wesentlich bei, dass Bullingers Normtexte als Konkretionen seiner gesamten Theologie Autorität erlangen konnten, weil sie allgemein zwar auf Zwinglis Schriften fußen, zugleich aber, da deren Legitimität ja nur durch jahrzehntelange Auseinandersetzungen nach innen wie nach außen hatte erkämpft werden können, auf Lehrgemeinschaft mit der Alten Kirche und den in Bullingers Augen unkorrumpierten Teilen der mittelalterlichen Kirche größten Wert legten (182–187). Auch Kap. 6 «The radical challenge» befasst sich mit der Frage nach den langfristigen Wirkungen Zwinglis, nämlich denen im sog. linken Flügel. In der mittlerweilen eher verfahrenen Diskussion, ob denn nun die Täufer von Zwingli (so zuerst Bullinger) oder genau umgekehrt Zwingli von den Täufern (so zuletzt Stayer) abgefallen seien, bleibt G. ziemlich unentschieden, bringt aber (194) einen weiterführenden Aspekt, indem er auf den letztlich äquivoken Gebrauch des beiderseits konstitutiven Geistbegriffs hinweist: Für Zwingli war der Geist wie für die Täufer wirksame Realität, so dass egalitarisierende kirchliche Veränderungen angesagt waren, zugleich aber verehrte er ihn mit der gesamten Tradition als so transzendent und souverän, dass er der Illusion einer rein christlichen Gesellschaft vorbaute. Bullinger fasste später diesen Sachverhalt in traditioneller Ekklesiologie: Kirchengemeinschaft ist stets gestiftet, sie darf nicht durch Perfektionismus erzwungen werden (210–212). Kap. 7 «Church-building» widmet sich weiter der Spannung von Geist und Gesellschaft und zeigt, wie die Zwinglianische Quadratur des Kreises, die Überführung eines tendenziell klar antiinstitutionellen Evangeliumsverständnisses in bleibende kirchliche Institutionen, Rituale und Konventionen einigermaßen erreicht oder zumindest nachhaltig angestrebt wurde. Die Geist-Institution-Divergenz brachte originelle Lösungen hervor, etwa in der Frage der Sittengerichtsbarkeit, in der die Rechtsfälle in personeller Kontinuität möglichst ohne Willkür, letztlich aber ohne fix kodifiziertes Recht entschieden wurden. Auch die «Letzgen» (lectiones) an den beiden Zürcher Münstern und später entsprechend auch in Bern waren eine Art Institutionalisierung des letztlich nicht zu bindenden freien Geistes der Auslegung des Gotteswortes in der Bibel, deren erfolgreiche Übersetzung ebenfalls eine Institutionalisierung oder doch zumindest Inkulturierung darstellte. Doch selbst mit solch wirksamen Mitteln gelang es erst im Laufe einiger Generationen, «Church and Society» zu einer Einheit werden zu lassen, die diesen Namen auch verdiente, wie das Kap. 8 anhand der Themen Wirtschaftsentwicklung, Kleidung, Ehe und -Scheidung, Stellung der Frau, Krankheit und Feuer, Inflation, Tod, Wunderglaube sinnfällig vor Augen führt: In den meisten dieser elementaren Lebensbereiche bewiesen traditionelle Anschauungen eine erhebliche Beharrungskraft, weil die Menschen angesichts der Mühsal des Alltags wenig Lust auf «schöngeistige» Experimente hatten, sondern sich lieber an das Altbewährte halten wollten. Dass letztendlich dann doch der Geist der Reformation die Lebenswelt der reformierten eidgenössischen Orte und ihrer Bevölkerung zu prägen begann, hält G. darum für die im Grunde größte Errungenschaft der Bewegung: «The most fascinating aspect of the Swiss Reformation from the 1530s onwards was not dramatic events, of which there were few, but the development of religious cultures as the Reformed religion encountered the realities of daily life.» Dafür zeichnen in seinen Augen nicht nur die unmittelbaren Institutionen bzw. Kirchen, sondern allgemein auch «The culture of the Swiss Reformation» verantwortlich, deren historiographische (Vadian, Anshelm, Stumpf, Bullinger) dramatische (Gengenbach, Manuel u.a. m.), künstlerische (Holbein), ökonomische (Froschauer, Oporin), und wissenschaftliche (Grynäus, Gesner, Amerbach, Paracelsus) Protagonisten in Kap. 10 vorgestellt werden. Solcher Vertiefung nach innen entsprach eine in Kap. 9 «International Zwinglianism: the Swiss Churches and Europe» geschilderte Expansion nach außen, die vor allem in den süddeutschen Städten und in der Pfalz, in England und in Polen zuerst vielversprechend erschien, längerfristig aber ihren Einfluss entweder gänzlich verlor oder an Genf abtreten musste.

In der abschließenden «Conclusion» bilanziert G. seine Sicht auf die reformierte Eidgenossenschaft bis 1574, beginnend mit dem markanten Satz «The Swiss Reformation occured because of Huldrych Zwingli»: Es handelte sich also klar um eine minoritäre Elitebewegung, die dank intensivem Networking mit den ihrerseits aufstrebenden städtischen Schichten rasch die politische Kontrolle erlangt, dann aber erst generationenlange Inkulturationsarbeit zur Durchdringung der Gesamtbevölkerung auch in den Landgemeinden zu leisten hatte, bevor das Erreichte einigermaßen als konsolidiert betrachtet werden konnte. Mit dieser griffigen und doch elastischen These betritt dieses angloamerikanische Buch forschungskonzeptionelles Neuland, das die deutschsprachige Literatur in dieser Weite erst noch erobern muss. Zwar ist es von weiterer Forschung in den einzelnen Parzellen zweifellos noch intensiv zu beackern, wozu anzuregen ausdrücklich (2) als ein Hauptzweck des Buches deklariert wird. Doch eröffnet bereits das vorliegende kompendienähnliche Werk, das sich durch einen kompakten, orientierungsstarken Stil auszeichnet, eine grundlegend weiterführende Perspektive. Es erhellt nicht allein zahlreiche einzelne Aspekte von zentraler Bedeutung, die bisher unterbelichtet blieben – etwa, um nur noch ein Beispiel zu nennen, dass ausgerechnet der Vorort dank der Person Bullingers innereidgenössisch gesehen einen staatskirchenrechtlichen Sonderfall mit weit überdurchschnittlich starkem kirchlichem Einfluss vor dem Rat darstellte. Vor allem wird das, was etwa im bisherigen Standardwerk Lochers unter dem bezeichnenden Label «Spätzwinglianismus» auf ingesamt etwa ein Zehntel des Gesamtumfangs schrumpfte, nun als gleichrangige und entscheidende Phase der Schweizer Reformation wahrgenommen und auf beinahe der Hälfte des Gesamtumfangs dargestellt. Wenn das wie insgesamt etwas stark personenorientiert geschieht, dann stets so, dass die Personen als Teil eines Geflechtes überindividueller historischer Prozessualität verstanden und gerade nicht hagiographisch verselbständigt werden. Nebst allen diesen und weiteren Stärken – auch interessante Nebenfiguren wie Nicolas Zurkinden (161) und selbst Doña Isabel Briceño (309) finden so noch ihr Plätzchen – hat dieser approach doch auch gewisse Grenzen. Überall dort, wo ein stärker interkonfessionell komparatistischer oder analytischer Zugriff vorstellbar wäre, bleiben Fragen zwangsläufig offen, so etwa, inwiefern die sozial- und wirtschaftsgeschichtlichen Panoramen des Kap. 8 oder etliche Gestalten und Werke des Kap. 10 denn eigentlich als spezifisch reformiert oder schweizerisch einzustufen und ob sie so überhaupt am adäquatesten wahrzunehmen sind (etwa Frauen oder Heiligenverehrung oder Holbein), oder, noch dringender, ob die in Kap. 5 geschilderten, ab den dreißiger Jahren beobachtbaren Verschiebungen zur Traditionsbetonung exklusiv reformierter Art waren (vermutlich nicht). Die Ausrichtung an den handelnden Personen führt zudem zu einer tendenziell stark tatverorteten Wahrnehmung, so dass Konvergenzen reformatorischer mit vorreformatorischen Intentionen primär dort gesehen werden, wo sie aktionsgeprägt erscheinen, wie vor allem in den kontinuierlichen Bemühungen um Klerus- und Bildungsreform, während passivere und sozusagen dunklere eindeutige Übernahmen, beispielweise des sowohl vorkonfessionell wie auch bei Zwingli und Bullinger enorm starken und bedrohlichen Vergeltungsglaubens wenig akzentuiert werden. Nicht zuletzt führt die Orientierung an den Leitfiguren dazu, dass sie zuweilen als Referenzpunkte überbetont erscheinen oder ihre Selbstsicht unkritisch übernommen wird. Das betrifft zumal wissenschaftsgeschichtliche Fragen, von denen hier nur eine Auswahl angeführt werden kann, wie etwa Behauptungen zu Universität und Humanismus in Basel: Wie Johannes von Wesel und der angeblich für Zwingli wichtige Ulrich Surgant als ihre «stars» bezeichnet (28), Heynlin vom Stein, Geiler vom Kaysersberg, Johann Reuchlin und Sebastian Brant aber ungenannt bleiben können, ist nicht wirklich nachzuvollziehen; die Behauptung, «it was only in the late 1520s that humanism began to make its mark in the university» (ebd.) ist angesichts der eben genannten Prominenz wie auch der Schaffung eines eigenen Lehrstuhls für Poesie bereits 1462 oder der demonstrativen Wiedereinführung der Minuskelschrift noch erstaunlicher. Und gehören die unbelegbaren Behauptungen, Wyttenbachs Römerbriefvorlesung sei «profoundly influential» (150) für Zwingli und Jud geworden und Surgant habe als «teacher and mentor» (249) für Zwingli fungiert, nicht eher ins Feld verklärender reformatorischer Legendenbildung als in ein quellenkritisches Lehrbuch? Nicht unerwähnt bleiben kann schließlich, dass einer zu erhoffenden Zweitauflage konsequentere Lektorierung dringend not täte. Erhebliche Mängel der geographischen Angaben schon im Text – Eglisau ist kein Nachbarort Zürichs (64); Biel liegt nicht im Berner Jura (150); das «Erguel» (151) war keine Ortschaft und erfordert den abs. Artikel; Schwäbisch sprach man weder in Straßburg noch in Zürich (289) –, vor allem aber im Kartenmaterial – meist ungenügend datiert; in der Schreibweise willkürlich inkonsistent teils dt., teils engl.; anachronistisch (S. 8: «Aargau» als separates Territorium), unklar (S. 48: wozu gehört die Leventina?), ungenau (S. 148: Ramsen war bikonfessionell) oder falsch (S. 8: Grenzen Basels und Schaffhausens, Standort von St. Jakob; S. 48 Grenzen Schaffhausens, S. 48 und 148: Schreibweise von «Lausaune», «Lucarno» und «Wovara» – wirken gerade für ein internationales Publikum wenig zweckdienlich und drohen auch deutschen/schweizerischen Interessenten einen fragwürdigen ersten Eindruck beim Blättern zu vermitteln. Druckfehler sind zumal in den deutschen Literaturangaben Legion, finden sich aber auch darüber hinaus: Kardinal Schiners Vorname fehlt durchweg ein -s; Lausannes Bischof hieß weder «Montfalçon» (153) noch «Montfaçon» (xvii), sondern Montfalcon; der Heidelberger Katechismus entstand nicht 1564 (289); der Plural von Prophezei wäre (falls überhaupt vorhanden) «Prophezeien». Solche Schatten sollten vom ungewöhnlich wegweisenden Licht, das dieses Buch für eine Sicht einer «langen Schweizer Reformation» (vgl. 2) vermittelt, nicht weiter ablenken.

Daniel Bolliger, Zürich

106. Jahresbericht des Zwinglivereins über das Jahr 2002

Mitgliederversammlung

Die ordentliche Mitgliederversammlung fand unter der Leitung des Präsidenten Pfr. H. Stickelberger am Mittwoch, den 12. Juni 2002, in der Helferei Grossmünster statt. Jahresbericht und Jahresrechnung 2001 sowie das Budget 2003 wurden ohne Wortmeldung aus dem Plenum einstimmig angenommen. Die Mitgliederbeiträge wurden unverändert belassen.

Heinzpeter Stucki trat als Co-Redaktor der Zwingliana und gleichzeitig auch als Vorstandsmitglied zurück. Seine Verdienste vor allem in der Redaktion der Zwingliana und als ehemaliger Mitarbeiter im Institut für Schweizerische Reformationsgeschichte wurden gewürdigt.

Neu in den Vorstand wählte die Versammlung Niklaus Peter, den Leiter des Theologischen Verlags Zürich. Damit ist der direkte Kontakt zum Verlag, der unsere Zwingli- und Bullinger-Werke herausgibt, noch besser gewährleistet.

Die Versammlung wurde über die geplanten Aktivitäten, insbesondere den Fortgang der Arbeiten an der Studienausgabe der Bullinger-Schriften und über die Vorbereitung zum Bullinger-Jubiläumsjahr 2004 (500. Geburtstag) mit einem international beschickten Kongress und einer Ausstellung, informiert, ebenso über die Absicht des Vorstandes, eine wissenschaftliche Edition von Heinrich Bullingers bisher nie gedruckter «Tigurinerchronik» in die Wege zu leiten.

Im Anschluss an die Vereinsgeschäfte sprach Martin Hirzel zum Thema: «Polemik um Lavater – Der Sendschreiben-Streit von 1775/76».

Jahresrechnung 2002

Die Jahresrechnung mit den Bemerkungen des Quästors befindet sich auf einem separaten Blatt.

Zwingli Werke (Exegetische Schriften Bände 3–9)

Nach einem auf integraler Korrektur des dritten Bandes beruhenden editorischen Zwischenbericht zum Stand des Typoskripts wurde beschlossen, aus Gründen der Arbeitsökonomie für den weiteren Fortgang die kritischen Apparate nur selektiv durchzusehen. Ein Probedruck zum ersten Band (CR 103) ist im Gange, ebenso wie die Redaktion der weiteren Bände, deren Text in TUSTEP aufbereitet und inhaltlich validiert und korrigiert wird. Als neuer Bearbeiter der Exegetica konnte lic.theol. Daniel Bolliger gewonnen werden.

Bullinger-Briefwechsel-Edition

Band 9 (Briefe des Jahres 1539) ist erschienen. Die Briefe des Jahres 1540 wurden fertig bearbeitet; die Drucklegung von Band 10 ist im Gange. Ausserdem konnten 20 von rund 25 Briefen aus dem Zeitraum 1526 – 1540/41, die nicht näher datierbar sind oder erst nachträglich erfasst wurden und deshalb in einem ersten Supplementband veröffentlicht werden sollen, bearbeitet werden. Von den knapp 150 Briefen des Jahrgangs 1541 (Schwerpunkt: Regensburger Religionsgespräch) ist ebenfalls schon ein gutes Drittel bearbeitet. Die Anzahl elektronisch erfasster Briefe ist inzwischen auf über 7500 angestiegen, dies vor allem dank der unermüdlichen Arbeit von Pfr. Sven Fischer, der bereits im Vorjahr seinen 80. Geburtstag feiern konnte. An einer kirchengeschichtlichen «Vierstädtesozietät» in Zürich sowie an einem Bullinger-Kolloquium im schottischen St. Andrews wurde Bullingers Briefwechsel von lic.theol.Rainer Henrich unter verschiedenen Gesichtspunkten vorgestellt.

Heinrich Bullinger, Schriften

In der Zwischenzeit liegen rund viereinhalb Bände der sechsbändigen Ausgabe ‹Heinrich Bullinger: Schriften› übersetzt vor. Sämtliche verbleibenden Texte sind in Bearbeitung und werden bis im Spätsommer 2003 in der Redaktion eintreffen. Die Korrekturarbeiten konnten bisher erst für die Hälfte der vorliegenden Übersetzungen beendet werden. Der erste Band liegt bis auf die Einleitungen druckreif vor und geht noch im März in einen Probesatz. Außerdem liegen zwölf Predigten der Dekaden (Bände 3 bis 5) und zwölf Fürträge und Gutachten (Band 6) druckreif vor.

Eine wichtige Personalmutation betrifft die redaktionelle und wissenschaftliche Leitung der Ausgabe: Dr. phil. Detlef Roth, der bisherige Leiter und Mitherausgeber, wird ab April 2003 aufgrund eines Rufs auf eine Juniorprofessur einen Teil seiner bisherigen Aufgabenbereiche abgeben. Neu soll Frau lic. phil. Ofelia Schultze-Kraft angestellt werden. Sie wird für die verbleibenden Predigten der Dekaden und ‹De scripturae sanctae authoritate› die Erstkorrekturen übernehmen sowie die Korrekturen von Prof. Dr. Peter Stotz einarbeiten, die Zitatnachweise und die formale Einheitlichkeit überprüfen und die Registereinträge markieren. Die Gesamtkoordination, die Verantwortung für eine einheitliche Textgestalt und die Kommentierung der Texte bleibt bei Detlef Roth.

Diese Personalmutation dürfte die Drucklegung der Ausgabe nicht verzögern, ja sogar eher etwas beschleunigen. Unser Ziel ist nach wie vor, dass Heinrich Bullingers Schriften spätestens im Sommer 2004 gedruckt vorliegen.

Heinrich Bulliger, «Tigurinerchronik»
Die vom Vorstand des «Zwinglivereins» am 12. Juni 2002 eingesetzte Arbeitsgruppe hat ein Konzept zur wissenschaftlichen Edition der «Tigurinerchronik» erarbeitet. Hauptaufgabe bleibt die Beschaffung der Gelder für das mehrjährige Projekt; während der «Schweizerische Nationalfonds zur Förderung der wiss. Forschung» vorläufig keine Unterstützung gewähren wollte, liegen von Seiten der Universität (IRG) und von privaten Stiftungen Zusagen vor.

Zwingliana
Der Band XXIX wurde Ende Jahr ausgeliefert. Auch für das Jahr 2002 hat die Schweizerische Akademie der Geistes- und Sozialwissenschaften, vermittelt durch die Schweizerische Theologische Gesellschaft der Zwingliana einen Druckkostenbeitrag von Fr. 3000.– zugesprochen. Der Zwingliverein und die Redaktion bedanken sich an dieser Stelle für die sehr willkommene Unterstützung.

Bullinger-Jahr
Die Planung für das Bullinger-Jubiläum 2004 ist im Berichtsjahr in die operative Phase eingetreten. Bis jetzt verlaufen die Arbeiten für den kommenden Kongress nach Plan, wie Erstellung des Programmes, Call for Paper, Kontakte mit den Referierenden. Damit verbunden sind in Zusammenarbeit mit dem Zwingliverein, den Zürcherischen und Aargauischen Landeskirchen, Kulturinstitutionen der Stadt und des Kantons Zürich sowie des Kantons Aargau die Vorbereitungen für eine Ausstellung unter der wissenschaftlichen Verantwortung des Instituts gut gediehen.

Mitgliederbestand
Am 31. Dezember 2002 zählte der Verein 297 Einzelmitglieder (2001: 309) und 44 Kollektivmitglieder (2001: 46).

Zürich, 28. April 2003

Der Präsident
Pfr. Dr. Hans Stickelberger

Der Aktuar
Dr. Matthias Senn

Register

VON DORIS KLEE

Personenregister

Ortsregister

Bibelstellenregister